D1985185

① Der Norden des Friaul

② Die Mitte des Friaul

③ Die friulanische Küste

Nachlesen & Nachschlagen

Wandern in Friaul-Julisch Venetien

Unterwegs mit

Eberhard Fohrer

Jahrgang 1952, geboren in Marburg. Der Müller-Autor der ersten Stunde studierte Germanistik und Geschichte, wandte sich aber gleich nach dem Staatsexamen dem Reisejournalismus zu. In den ersten Jahren nach der Verlagsgründung war er nicht nur Autor, sondern auch Lektor und Layouter. Mittlerweile arbeitet er seit über dreißig Jahren als hauptberuflicher Reisebuchautor.

Nur wenige Stunden sind es aus Bayern in den Nordosten Italiens. Wie oft bin ich diese Strecke gefahren – über den Brenner und durch Südtirol, nach Verona, Vicenza und Padua, nach Venedig und zur Adria. Diese Region hat mich schon immer gereizt, denn der Übergang aus Tirol in den üppigen mediterranen Raum ist und bleibt faszinierend. Als ich schließlich einen Führer zu Venetien verfasste und das benachbarte Friaul-Julisch Venetien darin einbinden wollte, wurde mir schnell bewusst, dass ich damit der immensen Vielfalt in der nordöstlichsten Ecke Italiens in keiner Weise gerecht werden konnte. Die landschaftliche wie kulturelle Spannbreite dieser zentraleuropäischen Region an der Grenze zwischen West– und Osteuropa ist schließlich so markant, dass sie mit Leichtigkeit einen eigenen Führer füllen kann. Gedacht, getan – das Ergebnis liegt hier nun in fünfter Auflage vor. Ich hoffe, dass ich damit auch einige Erstreisende gewinnen kann, Stammgäste gibt es ja bereits viele. Schon die Habsburger liebten Görz (Gorizia), es war für sie das „Nizza der Adria“ – und bis heute schätzen viele, viele österreichische Urlauber die kleine Region am Nordende der Adria, die sie über die „Alpen-Adria-Autobahn“ so rasch erreichen können. Sie alle wissen: Von den waldreichen Alpengebieten über die sonnigen Weinberge hinunter zu den großen Lagunen und langen Sandstränden bis zur einstigen k.u.k.-Hafenstadt Triest – Friaul-Julisch Venetien ist immer eine Reise wert. Versuchen Sie es doch auch einmal!

Was haben Sie entdeckt?

Haben Sie ein besonderes Restaurant, ein neues Museum oder ein nettes Hotel entdeckt? Wenn Sie Ergänzungen, Verbesserungen oder Tipps zum Buch haben, lassen Sie es uns bitte wissen!

Schreiben Sie an: Eberhard Fohrer, Stichwort „Friaul-Julisch Venetien“
c/o Michael Müller Verlag GmbH | Gerberei 19, D – 91054 Erlangen
eberhard.fohrer@michael-mueller-verlag.de

Friaul-Julisch Venetien

Eberhard Fohrer

5. komplett überarbeitete und aktualisierte Auflage 2019

Inhalt

Die Bergregion der Karnischen und Julischen Alpen – kleine Dörfer und große Wälder, türkisfarbene Stauseen, Seilbahnen und Sessellifte, einsame Naturparks und Traumrouten für Biker. Die Holzarchitektur von Sauris ist den Abstecher wert.

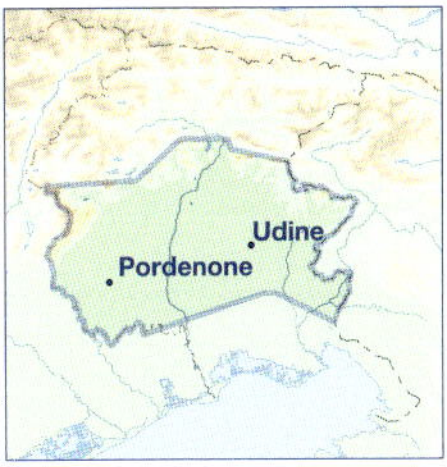

Die Mitte des Friaul ▪ 62

Das grüne Hügelland und die friulanische Tiefebene, geteilt durch den majestätischen Tagliamento-Fluss. Mittelpunkt ist das venezianische geprägte Udine, die weltberühmten Weißweine des Friaul stammen aus den benachbarten Regionen Colli Orientali del Friuli und Collio.

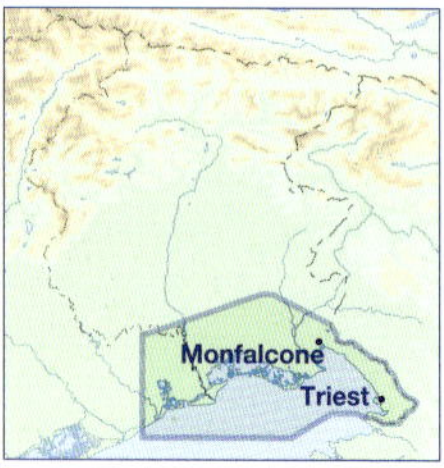

Kilometerlange Strände und Lagunen mit der Badegroßstadt Lignano und dem historischen Grado, aber auch die Welt des steinigen Karst an der Riviera Triestina. Unbedingt besuchen: Das altrömische Aquileia, die Schlösser von Duino und Miramare und natürlich die imposante k.u.k.-Hafenstadt Triest.

Was haben Sie entdeckt?

Haben Sie ein besonderes Restaurant, ein neues Museum oder ein nettes Hotel entdeckt? Wenn Sie Ergänzungen, Verbesserungen oder Tipps zum Buch haben, lassen Sie es uns bitte wissen!

Schreiben Sie an: Eberhard Fohrer, Stichwort „Friaul-Julisch Venetien"
c/o Michael Müller Verlag GmbH | Gerberei 19, D – 91054 Erlangen
eberhard.fohrer@michael-mueller-verlag.de

nachhaltig, ökologisch, regional

meinTipp Die besondere Empfehlung unseres Autors

Wanderweg am Plöckenpass

GPS Mittels GPS kartierte Wanderung. Download der GPS-Tracks inkl. Waypoints unter http://mmv.me/45801

Der gotische Palazzo Comunale von Pordenone

Orientiert

in Friaul-Julisch Venetien

Die Region im Profil

Friaul-Julisch Venetien ist ...

Friuli Venezia Giulia, autonome Region, Größe 7856 qkm, 1,2 Millionen Einwohner. Das Friaul nimmt 90 % der Fläche ein und hat eine eigene Sprache (Furlan), der Rest ist die einstige venezianisch geprägte Region Julisch Venetien, zu der vor dem Zweiten Weltkrieg noch die Halbinsel Istrien und Teile Dalmatiens gehörten). Siehe auch Steckbrief auf S. 244.

... mehr als abwechslungsreich

Die kleine Doppelregion am Nordende der Adria ist ein Gebiet mit komplexer Geschichte, eigener Sprache und interessanter Mischkultur, dank des Zusammenrückens von Bergen und Meer auf engstem Raum von großer landschaftlicher Vielfalt und nicht zuletzt eine kulinarische Hochburg wegen der fantastischen Weine, der naturreinen alten Käsesorten und des wunderbaren Schinkens von San Daniele und Sauris. Dazu kommt die altehrwürdige Hafen- und Handelsstadt Triest, eine aufregende multikulturelle Metropole an der Nahtstelle zwischen Nord und Süd, Ost und West. Eine Region also, in der es viel zu sehen und zu erleben gibt – und die bis auf die Badeorte touristisch noch kaum überlaufen ist.

... ein begehrtes Badeziel für Familien

Die Sandstrände von Lignano und Grado sind kilometerlang und fallen teilweise auf mehrere hundert Meter flach ins Meer ab – ideal für Kleinkinder, die hier gefahrlos das Meer kennenlernen können. Große, gut ausgestattete Campingplätze, Dutzende von Badehotels und zahllose Ferienwohnungen bieten Unterkunft in guter Qualität.

... ein Königreich für Gourmets

Schinken aus San Daniele oder aus der Bergregion um Sauris, Käse aus Montasio, Gubana-Nusskuchen aus den Natisone-Tälern, Olivenöl aus dem Gebiet von San Dorligo della Valle südöstlich von Triest. Die Aufzählung ist lang, die Spezialitäten sind vielfältig: von den Teigtaschen namens cjarsòns und dem deftigen Käsegericht Frico aus der Alpenregion bis zur Küche des Meeres und der Lagunen, z. B. sardelle in saor (frittierte Sardinen/Sardellen), grancevola (Krabben), seppie in nero (Tintenfisch in seiner „Tinte“) und capesante

(Jakobsmuscheln). Der San-Daniele-Schinken hat in Italien dieselbe Reputation wie der weltberühmte Parmaschinken. In San Daniele kann man ihn überall degustieren oder gleich in ganzen Keulen erwerben. Geschätzt wird auch der mit Buchenholz geräucherte Schinken aus Sauris, der vom renommierten Hersteller „Prosciuttificio Wolf" in alle Welt exportiert wird. Ein Einkauf lohnt aber auch beim Käseexperten „Tosoni", der natürlich auch den Montasio-Käse führt, eine der wenigen Käsesorten mit DOP-Siegel.

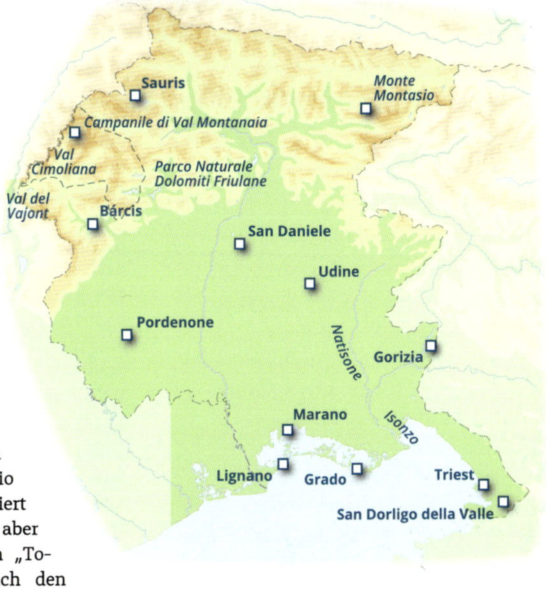

... ein Dorado für Weinliebhaber

Das „Weinwunder" im Friaul fand in den 70er Jahren statt. Damals erkannten innovative Weinunternehmer die Qualität der Böden zwischen Alpen und Adria. Nach den schweren Erdbeben von 1976 flossen Fördermittel in die Region und ermöglichten den Bau von modernsten Produktionsanlagen, in denen die heimischen Rebsorten aufs beste kultiviert werden konnten. Die Investitionen haben sich gelohnt, heute gehören die Weine des Friaul zu den begehrtesten Tropfen Italiens und werden im gleichen Atemzug wie die berühmten Weine des Piemont genannt.

... eine Region der Naturparks

Ein halbes Dutzend großer und kleiner Naturparks von den dünn besiedelten Alpinregionen bis zu den weiten Meereslagunen der Adria bieten Naturliebhabern und Wanderern vielfältige Möglichkeiten. Im größten Naturpark der Region, dem Parco Naturale Dolomiti Friulane, gehören der Stausee von Bárcis, das Val Cimoliana mit der 300 m hohen Felsnadel Campanile di Val Montanaia (auch für Wanderer zugänglich) und das Tal des Vajont, das in den 60er Jahren durch einen verheerenden Erdrutsch in die Schlagzeilen kam, zu den interessanten Zielen. Um die Isonzo-Mündung nisten zahlreiche Zugvögel und weiden Camargue-Ponys, die Lagune von Marano kann in organisierten Bootstouren erkundet werden.

... mindestens einen Urlaub wert

Fazit: Es muss nicht immer die Adria sein. Ein Weinaufenthalt in einem der zahlreichen komfortablen Agriturismi der Colli, Wanderurlaub in den Alpen, eine Studienreise auf den Spuren der friulanischen Renaissancekünstler, ein Abstecher zum weltbekannten Schinkenfest von San Daniele, ein Wochenende in Triest oder vielleicht auch eine Kombinationsreise mit dem Nachbarstaat Slowenien – das Friaul bietet Stoff für viele Urlaube und hat schon so manchen Liebhaber für sich gewonnen. „Mandi Friuli" – Sei gegrüßt, Friaul!

Venezianer und k.u.k.-Monarchie

Erlebnis Kultur

Jahrhundertelang war Friaul-Julisch Venetien umstrittenes Grenzland zwischen der Republik Venedig und den Habsburgern. Im 19. Jh. wurde es Schauplatz der Irredenta, deren Anhänger für die Angliederung der italienischsprachigen Gebiete Österreichs an den neu entstandenen Nationalstaat Italien kämpften.

Eine kulinarische Reise durchs Friaul

Schlemmerparadies Eataly in Triest, Olivenöl aus San Dorligo, Schinken aus Sauris und San Daniele, der „Vino del Pace" aus Cormòns, Gubana-Kuchen aus Cividale ...

Im 20. Jh. hat Friaul-Julisch Venetien von allen Regionen Italiens wohl die größten historischen Wunden erlitten. Im Ersten Weltkrieg bekämpften sich Österreicher und Italiener in den zwölf Isonzo-Schlachten gnadenlos. Im Zweiten Weltkrieg bescherte die SS nach der Kapitulation Italiens Triest das einzige Vernichtungslager auf italienischem Boden. 1945 nahmen die jugoslawischen Partisanenarmeen die Stadt ein, ab 1947 wurde sie von der UNO kontrolliert und erst 1954 wurde Triest wieder italienisch.

Die bewegte Geschichte hat ihre Spuren hinterlassen. Neben der italienischen Kultur haben sich auch österreichische, slawische und deutsche Einflüsse erhalten, so etwa in der Küche, die bei aller ursprünglichen Einfachheit äußerst abwechslungsreich ist und im Spannungsbogen zwischen Bergen und Meer eine große Bandbreite besitzt. Vor allem die lange Anwesenheit der Habsburger hat sich in der im 19. Jh. einzigen Hafenstadt des Reichs manifestiert und so erkennen Wiener in Triest manches wieder: die monumentale klassizistische Architektur, die gediegenen Kaffeehäuser, das Kaiserfleisch, das „Gselchte" mit Sauerkraut, den Strudel und die Sachertorte.

Neben der einstigen k.u.k.-Metropole sollte man natürlich auch unbedingt dem venezianisch geprägten *Udine* einen Besuch abstatten. Reizvoll und historisch interessant sind aber auch die kleineren Orte wie *Venzone*, *Cividale del Friuli*, *Spilimbergo*, *Sacile*, *Palmanova* und *San Daniele del Friuli* – letzteres ist die unumstrittene Schinkenhauptstadt Nordostitaliens, sie besitzt aber auch eine Kirche voll herrlicher Fresken, genannt die „Sixtinische Kapelle" des Friaul. Das zweifellos bedeutendste kulturelle Highlight ist jedoch die alte Römer- und Patriarchenstadt *Aquileia* mit dem größten frühchristlichen Mosaikboden Europas. Nicht weit ist es von dort in die sympathische Lagunenstadt *Grado*, ein klassisches Ziel für den Familienurlaub. Hochkarätige Ausflugsziele sind die prachtvoll am Meer stehenden Schlösser von *Duino* und *Miramare*.

Aquileia: Der mächtige Dom mit seinem riesigen, vielgestaltigen Mosaikboden, dazu die größten römischen Ausgrabungen im Nordosten Italiens. → S. 180

Künstler und Literaten: Triest gilt als „literarische Hauptstadt Mitteleuropas" Die alte Tradition lebt in den klassischen Cafés und Konditoreien der Hafenstadt weiter. → S. 218

Castello di Duino: Hier schrieb Rilke seine weltberühmten Duineser Elegien, nostalgische Inneneinrichtung, betörender Meerblick → S. 197

Castello di Miramare: Hollywood lässt grüßen – weißes Habsburger Schloss an den Gestaden des Mittelmeers. → S. 202

Cividale del Friuli: Das einstige Herrschaftszentrum der Langobarden ist heute das Eingangstor zur Weinregion, der filigrane Tempietto Longobardo ist ein Zeugnis dieser Epoche. Dazu gibt es hier das beste Archäologische Museum im Friaul. → S. 123

Gorizia (Görz): Die geteilte Stadt an der italienisch-slowenischen Grenze besitzt ein Kastell wie aus dem Bilderbuch. → S. 149

Grado: Lagunenstadt mit historischem Kern – Fischmarkt, flach ins Meer abfallende Sandstrände und Thermalkuren. → S. 185

Monte Lussari: Marienwallfahrtsort in 1789 m Höhe, viel Ruhe und prächtige Panoramen. → S. 54

Palmanova: Die einzigartige Festungsstadt in Form eines neunzackigen Sterns gehört seit 2017 zum Weltkulturerbe der UNESCO. → S. 175

San Daniele del Friuli: Schinken in Hülle und Fülle, dazu die herrlichen Fresken des Pellegrino di San Daniele. → S. 93

Triest: klassizistisches Gesamtkunstwerk mit Kaffeehaus-Romantik und dem Flair der k.u.k.-Monarchie. → S. 208

Spilimbergo: idyllische Kleinstadt, prachtvoller gotischer Dom, gemütliche Osterien, farbenprächtige Mosaike. → S. 102

Udine: Im repräsentativen, von den Venezianern geprägten Zentrum findet man bedeutende Fresken von Tiepolo, abends schmeckt ein „Tajut" (Gläschen) am Stadtkanal. → S. 112

Venzone: Nach den Erdbeben von 1976 wurde die kleine Stadt aus weißem Kalkstein wieder vollständig aufgebaut, allein eine Kirchenruine blieb als Erinnerung stehen. → S. 83

Alpen, Weinberge und Lagunen

Erlebnis Natur

Friaul besteht aus vier höchst unterschiedlichen Landschaften: den waldreichen Berglandschaften der Karnischen und Julischen Alpen, den Hügeln voller Weingärten, den Lagunen und kilometerlangen Sandstränden der Adria und dem rauen Karst um den Golf von Triest – Berge und Meer also auf engstem Raum.

Kleine Fluchten

Blick über die Weinberge von der „Antica Osteria Ramandolo" bei Nimis, die Ruhe der Isonzo-Mündung, mit dem Ausflugsboot zur Isola di Barbana bei Grado, der Rilke-Weg bei Duino, auf dem Alpe-Adria-Radweg durchs Val Canale, Schnorcheln im WWF-Meeresschutzgebiet von Schloss Miramare …

Für den Großteil aller Urlauber ist natürlich die Adria das heiß ersehnte Ziel. Vor allem österreichische Feriengäste finden heute über das Friaul den schnellsten Weg zum Mittelmeer und so ist die friulanische Adria allsommerlich fest in der Hand von Erholungssuchenden aus der Alpenrepublik, die auf der Alpen-Adria-Autobahn über Villach und Tarvisio im Handumdrehen anreisen. In den großen Badeorten *Grado* und *Lignano* ballen sich jeden Sommer Hunderttausende, doch liegt die ausgedehnte Region der Lagunen nur wenige Kilometer entfernt, wo man nach Herzenslust und oft fast völlig allein wandern, Rad fahren oder die eigentümliche Wasser- und Schilflandschaften mit ihren typischen „casoni" (Fischerhütten) mittels Bootstouren entdecken kann. Bei klarem Wetter sind dabei nicht selten die nahen Karnischen Alpen zu sehen.

Bei Abstechern ins Hinterland lohnt zunächst vor allem eine Fahrt über die Weinstraßen des *Collio* und der *Colli Orientali del Friuli* im sanft-hügligen Alpenvorland, deren innovative Rebenkultur seit den 70er Jahren Wohlstand in die Region gebracht hat. Die friulanischen Weinpioniere wie Livio Felluga, Silvio Jerman und Josko Gravner sind mittlerweile weltbekannt, ihre Weine erzielen Höchstpreise.

In den dünn besiedelten Karnischen und Julischen Alpen lockt die unverbrauchte Natur, denn hier erstrecken sich die größten Waldgebiete Italiens. Die Sommer- und Winterfrische Sauris mit dem märchenhaft anzusehenden Stausee hat ihren ganz eigenen Reiz und die einsamen Bergstraßen sind wie geschaffen für Biker. Mehrere große Naturparks bieten aber auch ideale Bedingungen für Wanderer und Mountainbiker und die kleinen Seen wie die *Laghi di Fusine*, der *Lago del Cavazzo* und der abgelegene *Lago del Predil* haben hohen Erholungswert, wobei die beiden Letzteren auch für Wassersportler interessant sind.

Ebenfalls eine Tour wert ist die schon deutlich slowenisch geprägte Hügellandschaft des *Triestiner Karst*, wo man ebenfalls bestens wandern kann und den erdigen Terrano-Wein kosten kann. Und keinesfalls versäumen sollte man die im wahrsten Sinne gigantische *Grotta Gigante*.

Abwechslung ist also Trumpf – wer vormittags im Liegestuhl am Strand döst, kann schon mittags zur genussvollen Weinverkostung in die Colli Orientali del Friuli fahren und abends die Sonne glutrot über den markanten Bergspitzen der Karnischen Alpen untergehen sehen.

Bordano: Das kleine Dorf besitzt eins der wichtigsten Schmetterlingshäuser Europas. Viele Häuserfronten sind mit anmutigen Malereien geschmückt, einziges Thema: Schmetterlinge in allen Variationen. → S. 90

Colli Orientali del Friuli und Collio: Weinreben bis zum Horizont, genussvolles Degustieren und Speisen auf hohem Niveau. → S. 123

Grotta Gigante: Die größte Einraumhöhle der Welt liegt gut versteckt im Triestiner Karst. → S. 236

Lago di Cavazzo: Der beschauliche, von üppigem Grün umgebene See in den Voralpen ist das beliebteste Badegewässer im friulanischen Inland, aber auch Treffpunkt für Windsurfer. → S. 89

Lagunen von Grado und Marano und Isonzo-Mündung: Naturparks am Meer, kilometerlange Sandstrände – Schilf, Wasser und Einsamkeit. → S. 172, S. 185 und S. 192

Laghi di Fusine: Zwei Kleinode in den Bergwäldern bei Tarvisio, zu Fuß kann man sie bequem umrunden. → S. 52

Monte Zoncolàn, Monte Paularo und Monte Cróstis: schmale Straßen in die Einsamkeit der Berge, Bikers Traum. → S. 34ff.

Parco Naturale Dolomiti Friulane: Der größte Naturpark der Region bietet mächtige Zweitausender, weite Wälder und tiefe Täler und Stauseen. → S. 77

Sauris: hoch gelegene deutsche Sprachinsel in fantastischer Alpenlandschaft, ruhiges Ambiente in klarer Luft, dazu ein imposanter, türkisfarbener Stausee. → S. 41

Tagliamento: Frei ungebändigt und majestätisch wirkt die letzte große Wildfluss-Landschaft im Alpenraum. → S. 82

Val Rosandra: Wanderparadies am Rand der Großstadt, dazu das beste Olivenöl der Region. → S. 239

In Cividale del Friuli

Unterwegs

in Friaul-Julisch Venetien

Der Norden des Friaul

Carnia (Karnien) wird der Westen der friulanischen Alpen genannt, das Tarvisiano bildet den Nordosten. In diesen dünn besiedelten Regionen erstrecken sich die größten zusammenhängenden Waldgebiete Italiens, durchzogen von markanten Tälern. Viele Gipfel liegen jenseits der Zweitausender-Grenze.

Friaul-Julisch Venetien ist nicht nur eine weltberühmte Weinregion. Das „Zahre Bier" aus Sauris ist das Craft-Bier des Friaul – hoch in den Bergen werden u. a. Räucherbier, helles Lager Pils, dunkles Bier und Hanfbier produziert.

Größere Städte gibt es in den Alpinregionen kaum, die Dörfer sind durch ihre traditionelle Architektur in Stein und Holz geprägt. Geruhsam und unberührt scheinen die Landschaften, die stillen, weiten Wälder wirken oft märchenhaft verschlafen. Orientierungslinien bilden die in Ost-West- und Nord-Süd-Richtung verlaufenden Flusstäler, durch die sich die Hauptverkehrsadern ziehen. Man findet römische Ruinen und freskenverzierte mittelalterliche Kapellen, Seilbahnen und Sessellifte, abenteuerliche Panoramastraßen, die vor allem Biker anziehen, viele Wanderw ege und überall viel, viel Grün. Kulturell stehen die beiden Regionen dem nördlich benachbarten Kärnten sichtlich näher als der mediterranen Adria. Das Wetter in den Bergen ist rau und die Touristensaison im Sommer entsprechend kurz, vor Juni und nach September findet man Campingplätze, Berghütten und Hotels oft geschlossen vor.

Wer über den pittoresken Plöckenpass anreist, erreicht Karnien, dort geht es auf der SS 52 nach Tolmezzo weiter. Unterwegs bieten mehrere Täler interessante Möglichkeiten für Abstecher. Das Tarvisiano wird auf der vielbefahrenen Alpen-Adria-Autobahn A 23 oder der annähernd parallel verlaufenden SS 13 über Tarvisio durchquert. Beide Routen treffen sich südlich von Tolmezzo im breiten Tal des Tagliamento (→ S. 82).

Was anschauen?

Cave del Predil: Die einstigen Blei- und Zinkbergwerke nördlich des Lago di Predil können u. a. mit einem kleinen Zug erforscht werden. **→ S. 58**

San Lorenzo und San Floriano: Die beiden kleinen Kirchen gelten wegen ihrer wunderbar erhaltenen Fresken des Renaissancemalers Gianfrancesco da Tolmezzo als „Schatzkästlein" des oberen Tagliamento-Tals. → **S. 39f.**

Sauris: Eine altdeutsche Sprachinsel in der Ruhe der Berge, die Holzhäuser sind wahre Kunstwerke, es gibt wunderbare Wandermöglichkeiten, eigenes Bier und Schinken, dazu einen pittoresken Stausee. → **S. 41**

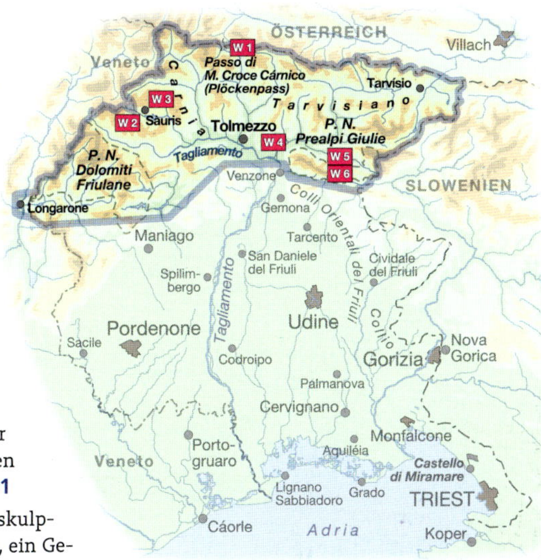

Sutrio: Das Dorf der Holzskulpturen lohnt einen Bummel, ein Gesamtkunstwerk ist die große Krippe, in der das Dorfleben nachempfunden ist. → **S. 26**

Val Pesarina: Schon seit dem 17. Jh. gilt es als „Tal der Uhren", im Hauptort sind zwölf Monumentaluhren und ein Uhrenmuseum zu besichtigen. → **S. 37**

Zuglio: Ausgedehnte römische Ausgrabungen und ein einschlägiges Museum zeigen die Bedeutung des Orts in der Antike. → **S. 29**

Was unternehmen?

Laghi di Fusine: Zwei glasklare Seen inmitten dichter Nadelwälder bei Tarvisio, die Seeumrundung ist ein Muss, die Einkehr im „Edelweiss" ebenfalls. → **S. 52**

Mercato di Tarvisio: Der fest installierte Markt für Kleidung und Lederwaren profitiert von seiner günstigen Lage im „Dreiländereck" und findet seit 1957 fast täglich statt. → **S. 51**

Monte Paularo: Ein Traum für Biker – mit vielen Kurven und Kehren führt eine ehemalige Militärstraße auf den Zweitausender bei Paluzzo, vom Endpunkt kann der Gipfel schnell bestiegen werden. → **S. 34**

Parco Naturale Prealpi Giulie: Der Naturpark der Julischen Voralpen ist eine reizvolle Wanderregion, ein Besucherzentrum mit Übernachtungsmöglichkeit steht im Hauptort Prato di Resia. → **S. 60**

Plöckenpass und Timau: Der Grenzpass zwischen Österreich und Italien ist die Eingangspforte zum Friaul, vieles erinnert an die Kämpfe des Ersten Weltkriegs. → **S. 21**

Santuario del Monte Lussari: Eine Seilbahn führt hinauf zu diesem populären Marienwallfahrtsort mit herrlichem Bergpanorama. → **S. 54**

Was sonst noch?

Radtour durchs Val Canale: Eine frühere Bahntrasse wurde zum reizvollen Radweg ausgebaut, man radelt durchs Val Canale und kann sogar bis zur Badestadt Grado weiterfahren. → **S. 50**

Sennereien von Sauris: Die „Malge" um die hochgelegene Sommerfrische sind beliebte Wanderziele, von Juni bis September werden sie großteils bewirtschaftet. → **S. 47**

Carnia (Karnien)

Der Nordwesten des Friaul wird von Kärnten über den Plöckenpass erreicht, eine Alternative bildet die Anfahrt über das Cadore-Gebiet im Veneto, das man von Cortina d'Ampezzo aus durchquert.

Vom Plöckenpass abwärts geht es im Tal des Bût nach Tolmezzo entlang der römischen „Via Julia Augusta", die ursprünglich als Militär- und Handelsstraße Aquileia an der Adria mit der Provinz Noricum (in etwa die heutigen österreichischen Bundesländer Kärnten, Salzburg, Oberösterreich und Steiermark) verband und darüber hinaus ihre Fortsetzung bis Norddeutschland fand. Wichtigster Ort an der römischen Straße war *Zuglio*, wo man ein Forum und eine Terme ausgegraben hat, der benachbarte beschauliche Kurort *Arta Terme* nutzt die heilkräftigen Quellen bis heute. Im Ersten Weltkrieg lag das italienisch-österreichische Grenzgebiet im Zentrum der Kämpfe, zahlreiche Relikte und Museen verweisen auf diese Zeit, z. B. im Umkreis der Sprachinsel *Timau*, wo sich ein mittelalterlicher deutscher Dialekt erhalten hat. *Monte Zoncolàn*, *Monte Cróstis* und *Monte Paularo* bieten Herausforderungen und Genuss für Biker und Mountainbiker. *Tolmezzo* besitzt ein hochkarätiges Museum und von *Forni di Sopra* im oberen Tal des Tagliamento kann man mit einem originellen, viersitzigen Sessellift in 1750 m Höhe hinaufgondeln. Zu den

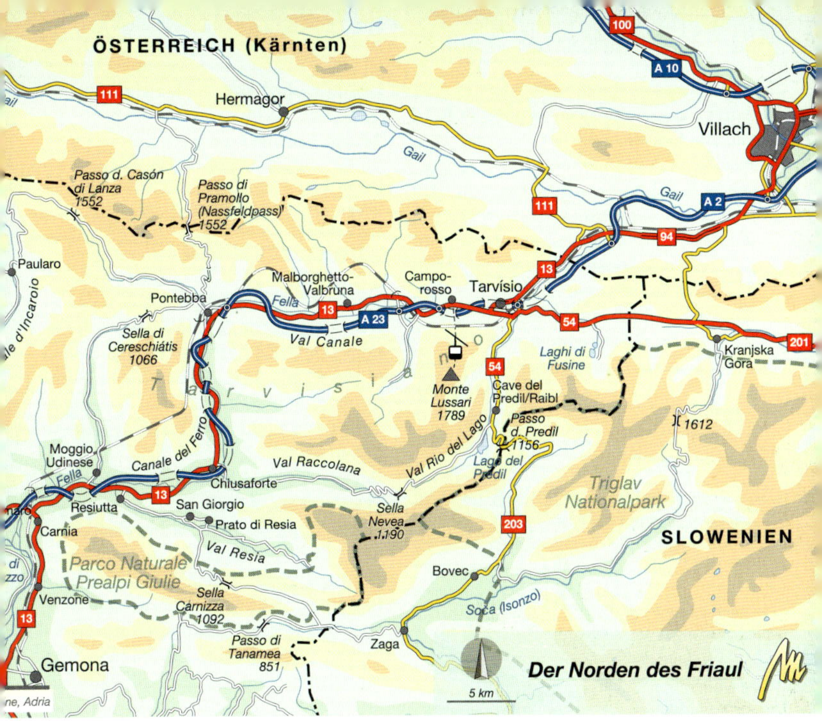

Der Norden des Friaul

interessantesten Zielen in Karnien zählt aber sicherlich das hoch gelegene Gebiet von *Sauris* mit seinem pittoresken Stausee, wo ebenfalls noch eine altertümliche deutsche Mundart gesprochen wird, „de zahrar sproche".

Im südlichen Bereich Karniens liegt der *Parco Naturale Dolomiti Friulane*, der größte und mit seinen Naturschönheiten sicherlich attraktivste Naturpark des Friaul. Da sich die Zufahrt am besten von Süden aus über Maniago durchführen lässt, sind die Informationen dazu im Kapitel „Der Westen" zu finden, S. 77.

Plöckenpass (Passo di Monte Croce Carnico) und Umgebung

Von Kärnten geht es hinter Kötschach-Mauthen im Gailtal 12 km in steilen Kehren und durch einen langen Tunnel hinauf zur Grenze am Plöckenpass, der in 1360 m die Grenze zu Italien bildet. Geschützt durch Steinschlaggalerien zieht sich von dort die SS 52bis mit steilen Haarnadelkurven nach Timau (Tischlbong).

Um den Plöckenpass verlief im Ersten Weltkrieg zwei Jahre lang die Frontlinie zwischen Österreich-Ungarn und Italien, zahlreiche Laufgräben und Geschützstellungen sind bis heute erhalten. Im Rathaus von Kötschach-Mauthen kann man dazu das **Museum 1915–1918** besichtigen. Auf 600 qm sind hier mehr als 1500 Dokumente und Fotos zur Front vom Ortler bis zur Adria ausgestellt sowie alpine Stellungen nachgebaut. An der Auffahrt zum Pass kommt man an einem österreichischen *Soldatenfriedhof* vorbei. Am Pass selber sind Grenzanlagen und Kaserne verlassen, ein Gedenkstein erinnert an den Bau der Straße von 1907 bis 1910 durch österreichische Pioniere mit dem Hinweis: „Möge er dem friedlichen Verkehr der Nachbarländer dienen".

▪ **Museum 1915–18,** Mitte Mai bis Mitte Okt. Mo–Fr 10–13, 15–18 Uhr, Sa/So 14–18 Uhr. Eintritt ca. 5 €, Senior 4 €, Kind/Jugendl./Stud. 3 €, Familie 12 €. ✆ 0043(0)4715-851332, www.dolomitenfreunde.at.

Übernachten/Essen **Plöckenhaus**, Gasthaus mit altösterreichischem Charme kurz vor dem Tunnel rechter Hand der Straße, noch auf Kärntner Seite. Ganztägig warme Küche, großer Gastgarten, Spielplatz und kleiner See. Keine Übernachtungsmöglichkeit. Geöffnet Mitte Mai bis Anfang Okt. ✆ 0043(0)4715-77324, www.ploeckenhaus.at.

Al Valico, das Gasthaus direkt am Pass bietet einfache Zimmer und solide Küche zu günstigem Preis, angenehm ist auch der freundliche Service. An kühlen Tagen wird der Kamin in der Gaststube angeheizt. ✆ 0433-779326, www.alvalicocarnico.com.

Rifugio Marinelli, prächtige Lage in 2122 m Höhe am Hang des Monte Cogliàns. Ristorante/Bar (Küche und Service werden häufig gelobt), 50 Betten in Schlafsälen. Nur Mitte Juni bis Ende Sept. (vorher anrufen, keine Mail). HP ca. 60 €. ✆ 0433-779177, www.rifugiomarinelli.com.

Östlich des Passes

Hier wurde das weitläufige Freilichtmuseum **Museo all'aperto della guerra in montagna 1915–18** eingerichtet, das in mehreren Sektoren die Stellungen des Ersten Weltkriegs rekonstruiert. 50 historische Objekte wurden allein im Gebiet des erbittert umkämpften *Pal Piccolo* (1866 m) wieder begehbar gemacht. Ein historischer Rundweg („Sentiero Storico") führt zu den einzelnen Sektoren, gelbe Tafeln mit schwarzem Rand und schwarzer Schrift schildern den Weg aus und markieren die wichtigsten Besichtigungspunkte. Am schnellsten (ca. 90 Min. hin/zurück) erreicht man vom Parkplatz am Pass die österreichische Verteidigungsanlage *Maschinengewehr-Nase (MG-Nase)*, das

Am Plöckenpass

einen Durchbruch der Italiener bis zum Raum des Plöckenhauses verhindern sollte. Es ist das einzige erhaltene Defensivfort in Österreich. Der Aufstieg zum Pal dauert deutlich länger.

Wichtig: Das Freilichtmuseum oberhalb vom Plöckenpass ist alpines Gebiet, gute Ausrüstung wie Bergschuhe, Regen- und Kälteschutz sind unabdingbar! Betreten Sie keinesfalls Höhlen oder Stollen, die nicht durch Schilder ausgewiesen sind, viele sind einsturzgefährdet. Nehmen Sie unbedingt starke Lampen und Ersatzbatterien mit. Im Gelände wie auch in den Stellungen befinden sich – auch noch nach 100 Jahren – scharfe Munition und Granaten. Berühren Sie keinesfalls Explosivkörper, Munition oder unbekannte Gegenstände. Melden Sie verdächtige Funde, Blindgänger werden entschärft oder gesprengt.

Westlich des Passes

Wenn man am Südende des Passparkplatzes ein paar Meter nach rechts geht (Beschilderung u. a. „inscrizione strada romana" und „Rif. Marinelli 2:40 Std."),

findet man in einer Felswand die kaum noch kenntlichen Reste einer Inschrift der alten Römerstraße „Via Carnica", die als Teilstück der „Via Julia Augusta" aus Aquileia über den Pass nach Kärnten führte. Wenn man hier weitergeht, kommt man nach etwa 20 Min. zu einem Berghof, wo man einen prächtigen Rundblick über die umliegenden Almwiesen hat. Die im kleinen Wanderführer beschriebene Wanderung von Timau zum Plöckenpass (→ S. 305) mündet hier und man kann vom Pass ausgehend in etwa 2:30 Std. auf dem Sentiero 146 zum „Rifugio Marinelli" am Hang des *Monte Coglians (Hohe Warte)* gelangen, mit 2780 m der höchste Berg des Friaul. Auf dem Sentiero 143 kann man vom Rifugio in ca. 2 Std. zum Gipfel aufsteigen.

Timau (Tischlbong/ Tischelwang) ca. 450 Einwohner

Eine deutsche Sprachinsel unter den hohen Felszinnen der Creta di Timau. Seit dem 13. Jh. hat sich in dem kleinen Ort ein eigener, für Außenstehende allerdings kaum verständlicher Dialekt herausgebildet, das „Tischlbongerische". Die älteren Menschen sprechen ihn noch fast alle (und z. T. auch Deutsch), doch die Jugend verlernt die Sprache der Eltern allmählich.

Der Überlieferung nach kamen im frühen Mittelalter Bergmänner aus dem Gailtal und dem Weißenseegebiet in Kärnten in das Büttal am Fuß der markanten Creta di Timau. Die ersten schriftlichen Zeugnisse, in denen der Ortsnamen als Teschilbang und Teschelwanch erwähnt wird, gehen auf 1342 und 1375 zurück. In späteren Jahrhunderten florierte der Bergbau – ein Silberbergwerk wird erstmals 1485 erwähnt – und weitere Einwanderer kamen. Im 18. Jh. wurde Tischlbong durch eine schwere Überschwemmung zerstört und neu aufgebaut.

Im Ersten Weltkrieg lag Timau im unmittelbaren Frontbereich. Am nördlichen

Claudio Unfer am Harmonium im Tempio Ossario

Ortseingang biegt rechts eine Zufahrt zum **Tempio Ossario** ab. Die Kirche wurde 1937 auf den Überresten einer alten Wallfahrtskirche errichtet und beherbergt in ihren inneren und äußeren Seitenwänden die sterblichen Überreste von 1764 Soldaten des Ersten Weltkriegs, unter ihnen auch 73 Gefallene der österreichisch-ungarischen Armee. Die letzen Gebeine wurden erst vor wenigen Jahren in den Felswänden oberhalb des Ortes geborgen. Auch Maria Plozner Mentil liegt im Ossario begraben, sie war eine von über tausend Frauen, die als sog. „Portartrici Carniche" (Karnische Träger) Proviant und Munition zur Bergfront brachten, jede Trägerin trug 30–40 kg. Maria Plozner Mentil wurde am 15. Februar 1916 von einem österreichischen Heckenschützen getötet, sie hatte vier Kinder und war die erste Frau, die an dieser Frontlinie ihr Leben ließ. Die Kaserne der Alpini in Paluzza ist heute nach ihr benannt – die einzige Kaserne Italiens, die einer Frau gewidmet ist. Claudio Unfer, der Kustode des Ossario, zeigt Besuchern ihr Grab, spielt auch gerne ein paar Takte auf dem von Mussolini gestifteten Harmonium und kann viel über die Entstehung der Kirche und das Bildnis der Madonna della Neve erzählen.

■ **Tempio Ossario,** Juni Sa/So 10–12, 15–18 Uhr, erste Julihälfte Di–Fr 15–18, Sa/So 10–12, 15–18, zweite Julihälfte Di–So 10–12, 15–18, Aug. tägl. 10–12, 15–18, erste Sept.-Hälfte Sa/So 10–12, 15–18, zweite Sept.-Hälfte Sa/So 15–18 Uhr. ✆ 0433-775143.

Die monumentale Pfarrkirche **Chiesa di Cristo Re** (Tischlbongerisch: „Olta Got"), steht in der Ortsmitte, ein riesenhafter Hallenbau aus Beton, der seit 1975 eins der größten Holzkreuze Europas beherbergt, 12 m hoch und 330 kg schwer. Ein paar Meter weiter steht links an der Durchgangsstraße das se-

Die wundertätige Madonna della Neve

Im Ossario wird ein Bild der Schneemadonna verwahrt, gemalt vom Venezianer Fragiacomo. Es war ursprünglich für die kleine Chiesetta di Pal Grande gedacht, die 1916 unmittelbar an der Front errichtet wurde. Zur Einweihung am 2. November veranstalteten die Österreicher ein infernalisches Bombardement, um die Kapelle dem Erdboden gleichzumachen, doch das Kirchlein und auch die Teilnehmer der Zeremonie blieben wie durch ein Wunder völlig verschont. Dies schrieb man dem göttlichen Schutz der Madonna zu. Tatsächlich blieben Kapelle und Bild bis Kriegsende unversehrt.

henswerte **Museo Storico della Grande Guerra,** das in mehreren Räumen zahlreiche Relikte, Fotos und Dokumente der Schlachten des Ersten Weltkriegs zeigt.

▪ **Museo Storico della Grande Guerra,** Juni u. Okt. Sa/So 9–12, 14–18 Uhr, Juli Di–Fr 14.30–18.30 Uhr, Sa/So 9–12, 14.30–18.30, Mo geschl., August tägl. 9–12, 15–19 Uhr, Sept. Di–Fr 9–12, 14.30–18.30 Uhr, Sa/So 9–12, 14.30–18.30, Mo geschl. Nov. bis Mai geschl. Eintritt ca. 3 €. ✆ 0433-779168.

Übernachten/Essen **Laghetti di Timau,** an der SS 52bis nördlich von Timau, großes, freies Gelände mit Stellplätzen für Womos und Zelte um einen kleinen Teich, Sanitäranlagen vorhanden, günstige Preise (10 €, ohne Strom 5 €). Dazu gehört die rustikale Trattoria/Bar von Andreina Coradazzi. ✆ 335-5314582.

Matiz da Otto, der alteingessene Gasthof am südlichen Ortsausgang von Timau wird seit Kurzem von „Einwanderern“ aus Umbrien geführt. Neben umbrischer Küche gibt es aber nach wie vor friulanisch-kärntnerische Spezialitäten, z. B. leckere *cjarsons*. Man kann auch hübsch auf der Balkonterrasse sitzen. Vermietung von einfachen, sauberen Zimmern mit teils geräumiger Dusche. DZ/F ca. 55–70 €. Via Maria Plozner Mentil 15, ✆ 0433-779002, www.ristorantealbergodaotto.it.

Shopping **Panificio Silverio,** neben dem Kriegsmuseum eine Gasse hinein. Bäckerei mit über 50-jähriger Tradition, u. a. gibt es hier die karnische Spezialität namens „Esse“ (kleine Mürbeteigkekse). Via Nazionale 88, ✆ 0433-779018.

Der Tempio Ossario in Timau

Via delle Malghe carniche (Karnischer Almweg)

Zwölf Wanderwege, zusammengefasst „Karnischer Almweg“ genannt, stellen im italienisch-österreichischen Grenzgebiet eine Verbindung zwischen der Carnia und Kärnten her. Im Rahmen eines europäischen Projekts saniert, sollen die früher hauptsächlich von Hirten und Schmugglern genutzten Wege mit so stimmungsvollen Namen wie „Keltenweg“, „Museumsweg“, „Sennerweg“, „Schmugglerweg“ etc. nun die Verbindung der beiden Nachbarregionen stärken. Ein Teil des „Römerwegs“ (Sentiero Via Romana) wird im Rahmen nachstehender Wanderung beschrieben. Prospekte zum gesamten Wegbereich erhält man in den Informationsbüros auf beiden Seiten der Grenze.

Wanderung 1: Von Timau zum Plöckenpass → S. 305
Weitgehend leichte Bergaufwanderung, jedoch mit einem steilen Wegabschnitt, wo Trittsicherheit und Kondition erforderlich sind.

Canale di San Pietro: von Paluzza nach Tolmezzo

Über Paluzza und den kleinen Kurort Arta Terme geht es auf der SS 52 das grüne Flusstal des Bût entlang bis nach Tolmezzo. Wenn man in Paluzza nach Westen abbiegt, kommt man ins Valcalda (→ S. 35). In Richtung Osten kann man eine Rundtour über Paularo und das gut ausgebaute Tal *Canale d'Incaroio* machen (→ S. 33).

Paluzza

Die **Chiesa di Santa Maria Annunziata,** ein harmonischer Baukörper aus dem 16. Jh., steht auf einem Hügel im Zentrum. Eine schöne Rosette dominiert ihre Fassade, im Inneren sind Fresken aus dem 16. Jh. erhalten. Auf einem Hügel am nördlichen Ortsausgang ist die wehrhafte **Torre Moscarda** aus dem 13./14. Jh. beschildert, eingebettet in einen weitläufigen botanischen Alpengarten – nett für einen Spaziergang. In römischer Zeit stand hier das Castrum Muscardum und überwachte das Tal.

Sutrio

ca. 1400 Einwohner

Das hübsche Dorf besitzt noch viel gut erhaltene, alte Bausubstanz. Die Hauptgasse lädt zum Bummeln ein, historische Fotos zeigen das frühere Dorfleben. Einen bedeutenden Faktor stellt die Holzbearbeitung dar – der ganze Ort steht voller uriger Skulpturen, es gibt mehrere Werkstätten und einen grasbewachsenen Platz mit Kunstwerken und Holzspielgeräten (bei der zentralen Auffahrt zur Hauptgasse links). Eine große Ausstellung in der **Casa Cau** (Via Roma 60) zeigt die großartige „Presepe (Krippe) di Teno" – Teno, das ist *Gaudenzio Straulino* (1905–88), der bis zum letzten Tag sei-

Holzkunst vom Feinsten: die Krippe von Teno

Maurizio Valdemarin Presepe Lignano

nes Lebens mit Holz arbeitete und die Krippe in über 30 Jahren geduldiger Arbeit anfertigte und dabei das Alltagsleben seines Heimatdorfs nachbildete.

Presepe di Teno, Dezember/Jan., Ostern u. Juni bis Sept. 10–12, 14–19 Uhr oder nach Vereinbarung, Eintritt ca. 2 €. ✆ 0433-778921

Über steile Stufen steigt man zur mächtigen **Chiesa di San Ulderico** aus dem 18. Jh. hinauf, von deren beiden Türmen nur einer fertig gestellt wurde. Der Innenraum ist mit Fresken des Venezianers Pietro Antonio Novelli geschmückt, an der Innenwand der Fassade hat sein Sohn Francesco über der Empore die „Schlacht am Lechfeld" thematisiert, in der 955 die Schwaben, Bayern, Franken und Böhmen den Ungarn eine vernichtende Niederlage beibrachten.

Südlich außerhalb steht die **Chiesa Ognissanti**, der Weg hinauf ist gesäumt von Gefallenendenkmälern. Der schlichte Innenraum besitzt ein großes Deckenfresko.

Information **Touristinfo** und **Rezeption** des Albergo Diffuso Borgo Soandri (→ Übernachten) sind im Untergeschoss des Rathauses eingerichtet (an der zentralen Zufahrt zur Hauptgasse rechts, gegenüber vom kleinen Park). Mo–Sa 9–12, 14–18 Uhr. Via Romano Linussio 1, ✆ 0433-778921, prolocosutrio@libero.it.

Mein Tipp **Übernachten/Essen** **Osteria da Alvise**, zentral gelegene, schmuck modernisierte Trattoria mit sehr guter, lokaler Küche (Mi geschl.), fünf hübsche Gästezimmer mit Holzbalkendecke in einem separaten Haus gegenüber, außerdem gut ausgestattete Apts. in Rivo di Paluzza. Gutes Frühstück, die Wirtin spricht Deutsch. DZ/F ca. 70–90 €. Via 1 Maggio 5, ✆ 0433-778692, www.osteriadaalvise.it.

Borgo Soandri, eine Reihe von Ferienwohnungen in authentischen Häusern liegt verstreut über den Ort und bildet dieses „Albergo Diffuso". Die Rezeption befindet sich im Untergeschoss des Rathauses (→ Information). Die freundlichen Damen helfen gerne bei der Wahl einer Unterkunft, es wird auch Englisch gesprochen. Mo–Sa 9–12, 14–18 Uhr. Apt./F ca. 60–80 €. Via Romano Linussio 1, ✆ 0433-778921, www.albergodiffuso.org.

Agriturismo Naunal, ruhige Lage, ein wenig südlich außerhalb im Grünen bei der Chiesa Ognissanti (ausgeschildert). Mehrere rustikale Apts. mit modernem Bad und Küche, schöner Speisesaal mit Fogolar (Essen Sa/So auf Vorbestellung), zahlreiche Tiere, darunter Esel, was besonders Kinder erfreut. HP ca. 50 € pro Pers. Località Naunal, Priola di Sutrio, ✆ 0433-778604, 335-7745403, www.agriturismonaunal.it.

Mein Tipp **Alle Trote**, die 2003 erbaute Trattoria von Gianni Badini und seiner Frau Maria liegt weithin sichtbar am Westufer des Flusses Bût, zu erreichen über Sùtrio oder Noiàris di Sùtrio. Die angeschlossene Forellenzucht sorgt für Forellen in diversen Variationen: als Carpaccio, geräuchert, vom Grill, als Filet, in Alufolie mit Gemüse etc. Drinnen sitzt man in der heimeligen Wirtsstube mit Kachelofen, draußen im Laubengang. Es werden auch geräumige und moderne Zimmer vermietet. DZ/F ca. 70–90 € (Restaurant Di geschl., außer Aug.) Via Peschiera, Frazione Noiaris. ✆ 0433-778329, alletrote@tiscali,it.

Monte Zoncolàn

Der 1750 m hohe Aussichtsberg zwischen Sutrio und Ravascletto ist ein erstklassiges Skirevier. Im Sommer kann man stattdessen die kilometerweite Aussicht genießen.

Von Sutrio geht es zunächst auf bestens ausgebauter Panoramastraße mit einigen Kehren zum Großparkplatz für Wintersportler in 1320 m Höhe. Hier

Historisches Foto: Altes Dorfleben in Sutrio

Der Norden des Friaul → Karte S. 20/21

Auf dem Gipfelplateau des Monte Zoncolàn

startet der Skilift zur Spitze und es gibt mehrere Rifugi, Restaurants und Bars. Nun hält man sich links und fährt auf deutlich schmalerer Straße weiter, die teilweise sehr steil ist. Auf dem Sattel *Sella Monte Zoncolàn* angekommen, kann man den herrlichen Rundblick genießen. Eine Seilbahn kommt von Ravascletto herauf (→ S. 35).

Die Abfahrt nach Westen in Richtung Ovaro ist schwieriger als die Auffahrt (deshalb besser auf demselben Weg zurückfahren), denn auf einer Länge von 9 km muss ein Höhenunterschied von über 1000 m bewältigt werden. Mit 13 % Gefälle geht es auf Schotter in Serpentinen hinab, drei unbeleuchtete kleine Tunnel (120, 50 und 100 m) werden durchquert. Nach einem Waldgebiet trifft man auf *Liariis*, wo es entweder nach Ovaro oder Comeglians weitergeht.

Übernachten/Essen ***** Enzo Moro**, großes Albergo mit 60 modern-rustikalen Zimmern, am Großparkplatz über die Straße gebaut. Ristorante, Fitnessraum und Sauna. HP pro Pers. ca. 66–77 €. ✆ 0433-775808, www.hotelenzomoro.com.

***** Baita Goles**, rustikales Berghaus in 1600 m Höhe, einsame Lage am Weg zum Gipfel, erbaut aus Stein und Lärchenholz. Gemütliche Wirtsstube, sieben vollständig mit Holz getäfelte Zimmer, Sauna und Whirlpool. HP ca. 70–80 €/Pers. Mitte Juni bis Mitte Sept. und im Winter. ✆ 346-4033400, www.baitagoles.it.

Baita da Rico, Familie Ortis führt das Ristorante am Beginn des Großparkplatzes rechts, gute lokale Küche, dazu Vermietung von fünf Zimmern. Ganzjährig. DZ/F ca. 70–90 €. Via Monte Zoncolan 1, ✆ 0433-775150, www.baitadarico.it.

Baita al Pignau, gemütliches „Hexenhaus" am Parkplatz direkt an der Straße, traditionelle Küche neu interpretiert. Schöne Terrasse und Liegewiese, Spielplatz für Kinder. ✆ 333-2468044.

Arta Terme ca. 2300 Einwohner

Der kleine Kurort liegt seitlich der Durchgangsstraße. Einige herrschaftlich anmutende Bauten zeigen, dass das venezianische Bürgertum und der friulanische Adel hier schon im 19. Jh. kurten. Doch auch die Römer der Antike kannten bereits die heilkräftigen Quellen (→ Zuglio).

Das Zentrum gruppiert sich um einen großzügigen Platz. An der Oberfront steht das aus zwei Gebäuden mit

Hof bestehende Municipio, weiter oben die Pfarrkirche im neoklassischen barockisierenden Stil, erbaut im 19. Jh. Die seitlich abzweigende Via Umberto I lädt zum Bummeln ein. Lang gestreckt an der Durchgangsstraße wurde das palastähnliche ehemalige Albergo Savoia (erbaut 1831–1846) von der Gemeinde für sieben Millionen Euro an öffentlichen Geldern zum Wellnesshotel umgebaut – doch es findet sich kein Betreiber. Der ruhige Ortsteil Piano d'Arta liegt weiter nördlich etwas höher und hat die typische Atmosphäre eines in die Jahre gekommenen Kurorts.

Am Flussufer auf der anderen Seite der Durchgangsstraße steht das pagodenförmige Gebäude der **Terme di Arta,** in dessen Nähe die schwefel-, sulfat-, kalzium- und magnesiumhaltigen Quellen namens „Fonte Pudia" in etwa 11 m Tiefe entspringen. Ihre Wirkung entfalten sie mittels Fangotherapie für die Behandlung des Knochenapparates, mit Heilbädern wird das Haut- bzw. Gefäßsystem behandelt, mit Inhalationstherapien das Atmungssystem. Daneben gibt es auch noch Wellnessanwendungen, z. B. wöchentliche Intensivprogramme für Kurzaufenthalte. Das angeschlossene Hallenbad mit Sauna darf auch ohne Kurangebote benutzt werden, für Kleinkinder gibt es eine Spielecke und Spielgeräte im Park.

Terme di Arta, Schwimmbecken tägl. 10.20–19.30 Uhr (Sauna Mo–Fr erst ab 14 Uhr). Eintritt ca. 10–12 €, Kinder 5–12 J. 7 €, unter 4 J. frei. ✆ 0433-929320, www.termediarta.it.

Information Ufficio turistico, zentral hinter dem ehemaligen Albergo Savoia. Mo–Sa 9–13, 14–18, So 9–13 Uhr. Via Umberto I 15, ✆ 0433-929290, info.artaterme@promoturismo.fvg.it.

Übernachten/Essen ***** Grand Hotel Gortani**, ganz zentral an der Hauptgasse, gut ausgestattetes Haus mit großem Garten, Hallenbad und Sauna. Parkplatz, Shuttlebus zur Terme. DZ/F ca. 76–100 €. Via Umberto I 47, ✆ 0433-928754, www.gortani.it.

***** Park Oasi**, größeres Haus im nördlichen Ortsbereich, 26 einfache Zimmer, gute Küche, Musikzimmer, großer Garten, Sauna und Dampfbad. Hotelier Mauro Löwental ist Naturliebhaber und berichtet seinen Gästen gerne über die Vegetation der Umgebung. DZ/F ca. 80–90 €. Viale delle Terme 15, ✆ 0433-92048, www.hotelparkoasi.it.

***** Gardel**, Familie Gardel führt das große Haus mit gut ausgestatteten Zimmern an der Hauptstraße im ruhigen Ortsteil Piano d'Arta, es gibt ein modernes Wellness-Zentrum mit Sauna, Hydromassage, türkischem Bad, Solarium und Hallenbad sowie ein ausgezeichnetes Restaurant, wo die traditionelle karnische Küche gepflegt wird. DZ/F 75–85 €. Via Marconi 6/8, ✆ 0433-92588, www.gardel.it.

**** Al Comune Rustico**, renoviertes Gutshaus mit rustikalem Restaurant bei der Kirche, Treffpunkt des Dorfes, im gemütlichen Hinterhof kann man unter einem großen Kastanienbaum essen. 18 solide möblierte Zimmer mit modernen Bädern, einige mit Balkon nach hinten. Kostenlose Leihfahrräder. DZ/F ca. 60–75 €. Via Fontana 14, ✆ 0433-92218, www.alcomunerustico.it.

B & B Sot i Volz, ebenfalls in Piano d'Arta, die freundliche Gastgeberin Daniela Di Ronco vermietet einige hübsche und saubere Zimmer in einem historischen Haus mit Laubengängen aus dem 16. Jh. (Sot i volz = unter den Gewölben). Im Parterre wird eine Art Apartment vermietet. Gutes Frühstück im Wohnzimmer der Familie. DZ/F ca. 70–80 €. Via G. Peresson 36, ✆ 348-0659019, sotivolz@bbcarnia.it.

Edelweiss, nördlich vom Zentrum, nettes Terrassenrestaurant unter Weinranken direkt an der SS 52bis, bodenständige karnische Küche, z. B. *cjarsòns*, aber auch gute Pizza. In der NS Mo geschl. Viale delle Terme 1, ✆ 0433-92002.

Zuglio

ca. 650 Einwohner

Das ehemalige Forum Julium Carnicum, seinerzeit der wichtigste römische Standort im Tal, erreicht man, wenn man südlich von Arta Terme den Fluss überquert. Die Römer leiteten damals das Wasser der Quellen beim heutigen Arta Terme in ihre Thermengebäude.

Die ausgedehnten Ausgrabungen des ehemaligen Forums mit einer zweischiffigen Basilica Civile und einem Tempel liegen am Ortseingang rechts, ummauert war das Forum mit einem Säulengang. Über den ganzen Ort verstreut liegen noch Reste von

Der Norden des Friaul → Karte S. 20/21

Das römische Forum in Zuglio

Wohnhäusern (Plan an der Oberkante des Forums), außerdem gibt es nördlich vom Forum Ruinen der antiken Terme, im Süden Reste einer frühchristlichen Basilika. Das **Civico Museo Archeologico Julium Carnicum** ist im Palazzo Tommasi Leschiutta im Ortskern untergebracht (Via Giulio Cesare 19) und zeigt in zehn Räumen die umfangreichen Funde aus vorrömischer und römischer Zeit bis hin zu Mittelalter und Renaissance.

Auf einem steilen Hügel nördlich von Zuglio hatten sich bereits vor den Römern die karnischen Kelten niedergelassen, Überreste ihrer Siedlung und einer Straße hat man gefunden. Hier oben steht auch die Kirche **San Pietro di Carnia** aus dem 14. Jh., weithin sichtbar ragt ihr Turm empor. Vom frühchristlichen Vorgängerbau aus dem 6. Jh. sind Reste im Inneren erhalten. Das gesamte Ensemble wurde beim Erdbeben von 1976 schwer beschädigt und umfassend restauriert. Prunkstück ist der Schnitzaltar von Domenico da Tolmezzo aus dem 14. Jh., dessen 18 Holzfiguren allerdings 1981 gestohlen wurden.

Forum Julium Carnicum, Führungen durch Museum, Forum und Kirche San Pietro im Juli/August jeweils So 10.30 Uhr, 9 € (Reservierung bei der Tourist Info in Arta Terme).

Civico Museo Archeologico Julium Carnicum, Juni bis Sept. Fr–So 9–12, 15–18 Uhr, Mi/Do 9–12 Uhr, März bis Mai Fr/Sa 9–12, 15–18 Uhr, Okt. bis Febr. Fr 9–12, So 9–12, 15–18 Uhr. Eintritt ca. 3 €, über 60 J. 2 €. ✆ 0433-92562.

San Pietro di Carnia, Mai, Juni, Sept. u. erste Okt.-Häfte Sa/So 10–13, 14–17, Juli/August tägl. 10–13, 15.30–18 Uhr. ✆ 0433-929084.

Tolmezzo

ca. 10.500 Einwohner

Das karnische Zentrum am Zusammenfluss von Tagliamento und Bût besitzt einen hübschen Altstadtkern um die Piazza XX Settembre mit dem Dom San Martino. Vor allem die Via Roma mit ihren niedrigen Laubengängen ist zum Bummeln geeignet.

San Martino ist eine mächtige Kirche mit klassizistischer Fassade und Kuppel im Stil der Renaissance, zahlreiche Ölgemälde schmücken die Seitenaltäre. Darüber hängen Bildtafeln von Nicola Grassi aus Zuglio, die die zwölf Apostel darstellen und jeweils mit Namen bezeichnet sind. Am zweiten Altar rechts ist die „Enthauptung des heiligen Hilarius" dargestellt, ein römischer Soldat, der in Karnien Dienst tat und 362 hingerichtet wurde. Seine Reliquien wurden jahrhundertelang in den Katakomben Roms verwahrt und liegen seit 1657 unter dem Altar.

Die *Via Roma* verbindet den Domplatz mit der weiter südwärts liegenden Piazza Mazzini. Unter den Säulengängen des Borgàt findet man zahlreiche Geschäfte aller Art. Die im schlichten alpenländischen Stil gehaltene **Kirche Santa Caterina** ist in der Nähe der Piazza Mazzini nahtlos in die Hausfronten eingefügt. Sie besitzt ein Altarbild von Pomponio Amalteo aus Pordenone, die „Mystische Hochzeit der heiligen Katharina", gemalt 1537. Auf den beiden Predellaszenen darunter ist dargestellt, wie der Henker vergeblich versucht, Katharina auf dem Rad zu töten und diese schließlich unter dem Schwert den Märtyrertod findet. Auch das Deckenfresko zeigt ein ähnliches Motiv. Die achtzehnjährige Katharina von Alexandrien warf Anfang des 4. Jh. dem oströmischen Kaiser Maximinus (oder dem weströmischen Kaiser Maxentius) vor, Götzen statt dem lebendigen Gott zu dienen. Bei der Nr. 32 kann man durch einen Durchgang zum Hügel

Im Zentrum von Tolmezzo

Der Norden des Friaul → Karte S. 20/21

Laubengang an der Via Roma

hinaufsteigen, auf dem die **Torre Picotta** steht, letzter Rest eines Kastells aus dem 13. Jh., das damals in strategischer Position den Ausgang des Valle di Bût kontrollierte.

Danach lohnt sich unbedingt ein Besuch des **Museo Carnico delle Arti Popolari „Michele Gortani"** in der Via della Vittoria 2 (bei Piazza Garibaldi) im nördlichen Altstadtbereich. Auf drei Stockwerken wurde hier im gediegenen Rahmen des Palazzo Campeis aus dem 18. Jh. eine umfangreiche Ausstellung karnischen Brauchtums vom 14. bis zum 19. Jh. eingerichtet, zusammengetragen seit den 20er Jahren von Professor Michele Gortani (1883–1966): in 30 Räumen Mobiliar, Gemälde (viele Porträts), Keramik, Geräte aus Landwirtschaft und Handwerk, traditionelle Holzmasken, Spinnerei und Weberei-Industrie (begründet im 17. Jh. von Jacopo Linussio aus Paularo) u. v. m., außerdem eine traditionelle karnische Küche mit großem Fogolar (Grillkamin) sowie ein vollständig eingerichtetes Schlaf- und Wohn-/Speisezimmer.

▪ **Museo Carnico,** Mai bisSept. Di–Fr 9–13, 15–18, Sa/So 10–13, 15–18 Uhr (übrige Zeit bis 17 Uhr), Mo geschl. Eintritt ca. 5 €, 7–14 u. über 65 J. 3 €. ✆ 0433-43233.

Das Industrieviertel im südlichen Ortsbereich wird von einer riesigen Papierfabrik dominiert.

Information Ufficio turistico, neben dem Museo Carnico, umfassendes Angebot an Broschüren und Prospekten, Tipp sind die kostenlosen Leihräder. Mo–Sa 9–13, 14.30–18.30, So 9–13 Uhr. Via della Vittoria 4, ✆ 0433-44898, info.tolmezzo@promoturismo.fvg.it.

Übernachten * Roma**, an der zentralen Piazza, das einzige Hotel im Zentrum. Vollständig renovierter Stadtpalast, kleine, moderne Zimmer mit Minibar und Sat-TV, geschmackvoll gestaltetes Ristorante (etwas teurer), kostenfreie Parkplätze im Innenhof. Frühstücksbuffet in der hauseigenen Enoteca mit gemütlichem Fogolar. DZ/F ca. 80–100 €. Piazza XX Settembre 14, ✆ 0433-468031, www.albergoroma tolmezzo.it.

Mein Tipp **Agriturismo Fornas**, ruhige Lage im grünen Bergland, 10 km nordwestlich von Tolmezzo (Straße über Fusea nehmen). Luigi und Ethel vermieten in ihrem schön renovierten Haus sechs Zimmer mit viel Holz. Gelobt wird das Restaurant im ehemaligen Stall, kleine Auswahl, aber frisch und hausgemacht. Eine Oase für Naturliebhaber. DZ/F ca. 50–70 €. Località Fornace 2, ✆ 0433-467002, www.agriturismo-fornas.it.

Essen & Trinken **Carnia**, traditionelles Lokal neben der Touristinfo, friulanische Küche vom Fogolar, auch Pizza, von Lesern für gut befunden. 7–24 Uhr durchgehend geöffnet, So geschl. Via della Vittoria 6, ✆ 0433-2542.

Vesuvio, im Säulengang schräg gegenüber der Kirche Santa Caterina (→ Sehenswertes). Beliebteste Pizzeria der Stadt, geräumig und viel besucht, flinker Service, Riesenauswahl zu günstigen Preisen. Auch einige Tische draußen im Säulengang. Di geschl. Via Roma 25, ✆ 0433-2789.

Al Borgat, am Südende der Via Roma, schummrig-gemütliche Gaststube mit musealem Mittelalter-Ambiente, von der Decke hängen Flaschen, davor eine pflanzenüberwucherte Pergola, hinten ein grasbewachsener Hof. Kleine Speisekarte mit lokaler Tradition, diverse friulanische Weine. So geschl. Piazza Mazzini 7/b, ✆ 0433-40372.

Antica Osteria Valle, ein wenig südlich der Via Roma (schräg gegenüber der Tankstelle), geräumige Spaghetteria mit hausgemachter Pasta und freundlichem Service, bereits 1909 gegründet. Auch Wiener Schnitzel ist zu haben. Außenterrasse an der mittelstark befahrenen Straße. Mo–Fr preiswertes Mittagsmenü. Di/Mi-Abend geschl. Via Giuseppe Marchi 13/15. ✆ 0433-468750.

Unterhaltung/Nachtleben **Flow**, am Südende der Via Roma, populäre Abendbar in der restaurierten Casa Janesi aus venezianischer Zeit (15. Jh.). Im Sommer legen manchmal DJs auf, Aperitivo, gute Laune und lautstarke Musik auf der Straße. Piazza Mazzini 12.

Tripoli, noch ein paar Meter weiter südlich, beliebter Treffpunkt auf ein Glas oder zwei. Via Carducci 13.

Shopping **Astori**, nördlich der zentralen Piazza, Feinkostladen von Tosoni (→ Udine) mit großer Auswahl. Via Cavour 3/b.

Markttag ist Montag.

Lago di Verzegnis

Das verzweigte, fast etwas fjordartig wirkende Gewässer unterhalb des recht weitläufigen Dorfs Verzegnis ist von dichtem Mischwald umgeben. Eine schmale Autobrücke führt quer hinüber, doch nur an wenigen Stellen kann man ans Ufer gelangen.

Der Norden des Friaul → Karte S. 20/21

Von Paluzza um den Monte Tersadia

Von Paluzza kann man auf der SP 42 in Richtung Osten eine schöne Rundtour über Paularo und den Canale d'Incaroio (Tal des Chiarso) machen, dabei umrundet man das Massiv des Monte Tersadia (1959 m). Die lange Schotterpiste auf den 2043 m hohen *Monte Paularo* ist bei abenteuerlustigen Bikern beliebt.

Zunächst geht es von Paluzza ins ruhige Örtchen *Treppo Carnico* und sehr steil weiter nach *Ligosullo* – eine reizvolle, wenn auch anstrengende Fahrt auf schmalen Straßen durch üppiges Grün. Etwa 1 km nach Ligosullo passiert man den Abzweig zum Monte Paularo (→ Kasten). Der hübsche, alte Hauptort *Paularo* im Chiarso-Tal bietet sich für eine Pause an, er wird vom Torrente Chiarso malerisch durchquert.

Im nächsten Ort namens *Dierico* steht die **Kirche Santa Maria Maggiore,** die beim Erdbeben von 1976 schwer beschädigt wurde. Der Renaissancealtar mit seinen geschnitzten Holzfiguren stammt von Antonio Tironi aus Bergamo und gehört zu den schönsten seiner Art. Ganz oben steht der auferstandene Christus, darunter kämpft der heilige Georg mit dem Drachen, unten sieht man die Madonna mit Kind, umgeben von Apostel Petrus, dem Erzengel Michael, Johannes dem Täufer und dem heiligen Leonhard.

Auf gut ausgebauter Straße folgt man dann dem Lauf des Chiarso durch den *Canale d'Incaroio*, bis man bei Cedarchis (südlich von Zuglio) wieder auf die SS 52 trifft.

Übernachten/Essen ***** Christofoli**, in Treppo Carnico oberhalb der Kirche, das seit 1965 von Familie Craighero geführte und grundlegend renovierte Albergo/Ristorante besitzt einen Speisesaal mit charakteristischem Fogolar und ruhiger Atmosphäre, serviert wird ausgezeichnete, typisch karnische Küche (So-Abend und Mo geschl.). Die Zimmer sind topmodern, auch eine kleine Wellnesszone mit Sauna gibt es. DZ/F ca. 70–80 €. Via G. Matteotti 10, ✆ 0433-777018, www.albergocristofoli.it.

Osteria al Camoscio, Berggasthof an der Abzweigung zum Monte Paularo (→ Kasten), weiter Blick über das Tal. Familie Morocutti serviert *frico*, *cjarsòns* mit Kräutern aus dem eigenen Garten und hausgemachtes Brot. Im Sommer Mo geschl., in der kalten Jahreszeit nur Sa/So geöffnet. Località Bivio Ron dal Neit, Via Provinciale 5, ✆ 0433-777144.

Castel Valdajer

Bikers Traum: Auffahrt zum Monte Paularo

Ein Wegweiser „Valdajer“ bzw. „Monte Paularo/Lago Dimon“ markiert hinter der Osteria al Camoscio den Beginn der anfangs noch asphaltierten Straße auf den Zweitausender. Es handelt sich dabei um eine ehemalige Militärstraße, die in vielen Kurven und Kehren bis kurz unterhalb des Gipfels führt. Die 10 km lange Strecke ist in gutem Zustand, sie hat Steigungen bis zu 18 %, über 900 m Höhendifferenz müssen überwunden werden. Nach etwa 2 km und vielen Kehren erreicht man zunächst in 1340 m Höhe das imposante *Castel Valdajer* aus dem 17. Jh., das zum Albergo/Restaurant umgebaut wurde, aber seit Längerem geschlossen ist. Hier hält man sich an der Gabelung links. Wenig später geht die Straße in einen schmalen Schotterweg über. Kurz vor Ende der befahrbaren Strecke umrundet man auf weitem Bogen den Bergsee *Lago Dimon*. Endpunkt der Tour ist ein großer Parkplatz, von dort kann man in einer halben Stunde zum 100 m höher liegenden Gipfel aufsteigen.

Valcalda

Das Seitental von Paluzza über Ravascletto nach Comeglians wird von der SS 465 durchzogen, nördlich flankiert vom Monte Cróstis (2250 m), südlich vom Massiv des Monte Zoncolàn (1750 m).

Ravascletto ca. 700 Einwohner

Der kleine Ort liegt am Nordhang des Tals, etwas oberhalb der Durchgangsstraße. Er ist ein guter Standort für Fahrten in die friulanische Bergwelt, allerdings sind in der Nebensaison (Frühjahr und Herbst) nur wenige Unterkünfte geöffnet. Im Winter ist Ravascletto dagegen das Zentrum des karnischen Skisports.

Die Auffahrt zum gegenüber aufragenden Hausberg **Monte Zoncolàn** ist vor allem Radsportlern ein Begriff, denn sie ist eine der steilsten in Europa (eine Etappe des Giro d'Italia wurde hier kürzlich gefahren). Bequemer ist der Funifor (Seilbahn), der im Hochsommer und Winter alle 15 Min. von der Straße aus zum Gipfel hinauffährt (→ S. 27).

Funifor, zweites u. drittes Juliwochenende, danach täglich Ende Juli bis Anfang Sept., außerdem im Winter 9–12.15, 13.15–17.30 Uhr. Abfahrten alle 15 Min., hin und zurück ca. 10 € (Kinder bis 10 J. gratis).

Am dritten Augustwochenende findet die *Fiesta tas corts* statt, ein großes gastronomisches Fest mit folkloristischen Darbietungen und Verkostungen.

Übernachten/Essen ****** La Perla**, im Tal unten, nicht weit von der Seilbahn zum Monte Zoncolàn. Familie Polo betreibt das komfortabel ausgestattete Haus mit Wellnesscenter und Indoor-Pool seit drei Generationen, sehr freundlicher Service. Ein besonderer Tipp ist das Restaurant, empfohlen werden *cjarsóns di Povolar* und *toc in braida* (Käse-/Polentagericht). Okt./Nov. und Mai geschl. DZ/F ca. 90–120 €. Via Santo Spirito 43, ✆ 0433-66039, www.laperlahotel.eu.

***** Bellavista**, solides und gemütlich eingerichtetes Albergo mit schweren Mauern an der Hauptstraße, schöner Blick aufs Tal. Dina und Pietro bieten gute Küche im großen hauseigenen Restaurant, gelobt wird der *frico con polenta e cipolla*. Einmal in der Woche gibt es einen Kochkurs für karnische Küche. Sauna und Dampfbad, Bikergarage. HP pro Pers. ca. 56–74 €. Viale Edelweiss 11, ✆ 0433-66089, www.bellavistaravascletto.it.

**** Pace Alpina**, einfache, aber sehr saubere Unterkunft in einem umgebauten Bauerngehöft direkt an der Taldurchgangsstraße. Frühstück wird im gemütlich-rustikalen Restaurant serviert, auch eine Sauna gibt es. Mit Campingplatz. DZ/F ca. 75–80 €. Via Valcalda 13, ✆ 0433-66018, www.pacealpina.it.

Camping Zoncolan, angeschlossen ans Albergo „Pace Alpina". In Terrassen angelegter Rasenplatz, Blick über das Tal, pieksaubere Sanitäranlagen, selbst im Hochsommer nur wenig belegt. Ganzjährig. Via Valcalda 13, ✆ 0433-66018, www.pacealpina.it.

Bar **Da Bepi**, gemütliche Abendkneipe an der Durchgangsstraße. Via Nazionale 11.

Canale di Gorto

Von Ravascletto kommend trifft man in *Comeglians* auf dieses von Nord nach Süd verlaufende Tal. Wenn man hier nach Süden abzweigt, passiert man *Ovaro* – dort gibt es einen der raren Campingplätze in Karnien – und erreicht bei Villa Santina das Obere Tagliamento-Tal mit der SS 52.

Übernachten **Albergo Diffuso Comeglians**, in Comeglians kann man in verschiedenen Ferienwohnungen unterkommen, die in traditionellen Bauernhäusern eingerichtet sind. Die Rezeption findet man in der Frazione Povolaro-Maranzanis. ✆ 0433-619002, www.albergo diffuso.it.

Camping & Caravan Zoncolan, oberhalb von Ovaro, flaches Wiesengelände mit asphaltierten Stellplätzen für Womos und 120 Plätzen für Zelte, auch eine Trattoria und ein Hostel mit Schlafsaal (zehn Betten) und Mehrbettzimmern gehören dazu. Via Vidrina di Chialina 31, ✆ 0433-67047, www.albergodiffusozoncolan.it.

Der Norden des Friaul → Karte S. 20/21

Panoramica della Vette: Auffahrt zum Monte Cróstis

Auf der Panoramica delle Vette kann man von Ravascletto eine reizvolle, allerdings anstrengende Tour (für Fahrer und Fahrzeug) in die Einsamkeit der Berge unternehmen. Man fährt dafür westlich aus dem Ort hinaus bis Tualis. Dort zweigt eine handtuchschmale Asphaltstraße ab (Vorsicht wegen Gegenverkehr!), die bis unterhalb des Gipfels des *Monte Cróstis* (2250 m) führt und sich als Piste im Bogen wieder hinunter nach Sella Valcalda/ Ravascletto zieht.

Zunächst geht es durch dichten Nadelwald mit prächtigen, hoch gewachsenen Bäumen, dann über die Baumgrenze hinaus, wo sich wunderbare Panoramablicke über die Bergketten eröffnen. Nach etwa 8 km endet der Asphalt kurz nach dem höchsten Punkt der Strecke. Auf guter Schotterpiste geht es noch ein Stück weiter bis zur Käserei „Malga Chiadinas" in einem weiten Kessel in 1900 m Höhe unterhalb des Gipfels zwischen Hochalmen. Hier kann man von Mitte Juni bis Sept. einkehren und den herrlichen Panoramablick genießen, auch 20 Übernachtungsplätze gibt es (ca. 20 €/Pers., ✆ 347-2287946, www.rifugiochiadinas.com).

Achtung: Erkundigen Sie sich in der Malga, ob die weitere Piste (Ostrampe) gut befahrbar ist, es gibt einige Passagen mit bis zu 14 % Gefälle. Nach ca. 9 km erreicht man die SS 465.

Die Malga Chiadinas auf dem Monte Cróstis

Val Pesarina

Das einsame und waldreiche Tal schlängelt sich von Comeglians westwärts entlang der Pesariner Dolomiten ins venezianische Cadore (Cortina d'Ampezzo). Bekannt ist es in Italien als „Tal der Zeit", da die hiesige Firma Solari (www.solari.it) schon seit dem frühen 18. Jh. Uhren herstellt und in alle Welt exportiert.

In der Pfarrkirche des Hauptorts *Prato Carnico* hat Michael Parth aus Bruneck (Südtirol) einen beeindruckenden Holzaltar geschaffen. Größte Sehenswürdigkeit ist aber wenige Kilometer weiter *Pesariis*, das Dorf der Uhren. Die Uhrmachertradition reicht hier bis ins 17. Jh. zurück und ein Spaziergang durch den Ort überrascht durch die Vielfalt an Uhren und Uhrwerken. So kann man auf dem „Weg der Monumentaluhren" (Percorso Monumentale, Infoblatt im Pro Loco) zwölf unterschiedliche Großuhren kennen lernen, darunter eine Wasserbeckenuhr, eine frühe Digitaluhr (1939), eine Schachbrettuhr, eine Planetenuhr und eine Uhr mit Glockenspiel aus den 50er Jahren. Dazu kann man in der Casa della Pesa (Waaghaus) das **Museo dell'Orologio** mit mehr als hundert Uhren besuchten.

■ **Museo dell'Orologio**. Ostern, Sommer u. Weihnachten Di–So 10–13, 14–18 Uhr, Mo auf Anfrage unter ✆ 0433-69034. Eintritt mit Führung ca. 1 €, mit Percorso Monumentale 2 €.

Information **Pro Loco**, im Zentrum von Pesariis, bei der großen Casa della Pesa. ✆ 0433-69420, www.prolocovalpesarina.it.

Mein Tipp **Übernachten/Essen** **Agriturismo Sot La Napa**, nettes „Alloggio con Ristoro" in einem Haus aus dem 18. Jh., ausgezeichnetes Essen und gut eingerichtete Zimmer. Mitte Juli bis Ende Aug. tägl., sonst nur am Wochenende. DZ/F ca. 70 €, unter drei Nächten 77 €. Frazione Pesariis 61, ✆ 0433-695103, www.sotlanapa.it.

Glockenspieluhr mit elf Glocken

Der Norden des Friaul → Karte S. 20/21

Oberes Tagliamento-Tal

Neben der Einfallschneise vom Plöckenpass nach Tolmezzo die Hauptachse Karniens. Die SS 52, „Carnica" genannt, führt teils kurvig und steil über Villa Santina und Ampezzo durch Waldgebiete zu den Skiorten Forni di Sopra und Forno di Sotto, wo Wanderwege in das große Naturschutzgebiet „Parco Naturale Dolomiti Friulane" hineinführen(→ S. 77).

Von Ampezzo kann man einen Abstecher hinauf in das deutschsprachige Gebiet von Sauris (= Zahre) machen, neben Timau die zweite Sprachinsel des Friaul, mit einem – vor allem an Sonnentagen – fast märchenhaft schönen Stausee. Doch nicht nur Naturschönheiten sind auf dieser Strecke zu finden, sondern mit den Fresken von Gianfrancesco da Tolmezzo auch kulturelle Highlights. Der erste Renaissancemaler des Friaul malte in dieser Region mehrere Kirchen aus, seine Werke sind bis heute bestens erhalten.

Villa Santina

Die erste Ortschaft in Richtung Tagliamento-Tal ist bekannt für ihre traditionellen Webwaren (Bettwäsche, Bettüberwürfe, Tischdecken, Vorhänge etc.), die man direkt an der Durchgangsstraße im großen Geschäft „Carnica Arte Tessile" erwerben kann (Via Nazionale 14, Mo–Sa 9–12.30, 15–19 Uhr, ✆ 0433-74129, www.carnica.it).

Übernachten/Essen ** **Al Fogolar**, großer, uriger Gasthof mit acht Zimmern und sieben Mini-Apts. an der Durchgangsstraße, ein Stück außerhalb vom Zentrum. Im Restaurant gute karnische Küche (Mi geschl.). DZ/F ca. 65–85 €. Via Cesare Battisti 60, ✆ 0433-750400, www.albergoalfogolar.it.

MeinTipp *** **Vecchia Osteria Cimenti**, gemütliche Slow-Food-Osteria im Zentrum, serviert werden die typischen Spezialitäten der karnischen Küche in ausgezeichneter Qualität, z. B. *cjarsòns*, *frico*, *polenta cuincjade* und *muset con Brovade* (Mo geschl., außer Juli/Aug.), dazu gibt es im eigenen Weinlokal eine umfassende Auswahl friulanischer Weine. Über dem Restaurant liegen acht ordentliche Mini-Apts., leckeres Frühstück mit hausgemachten Marmeladen. Apt./F ca. 80 €. Via Cesare Battisti 1, ✆ 0433-748053, www.albergocimenti.it.

Enemonzo

Weithin geschätzt wird die 1903 gegründete Käserei „Caseificio Val Tagliamento" am westlichen Ortsausgang, wo Sandro Fabiani eine reiche Auswahl an hausgemachten Käsespezialitäten bietet (Via Casolari 3, tägl. 8.30–12.30, 15–19 Uhr, Do-Nachm. geschl., ✆ 0433-74349, www.caseificio valtagliamento.it).

Wenn man hier ins weiter nördlich gelegene *Raveo* abbiegt, kann man die Bäckerei „Aldo Bonanni" in der Zona Artigianale 3 besuchen. Seit 1920 werden hier Mürbeteigkekse namens „Esse di Raveo" nach einem Familienrezept hergestellt (Mo–Fr 10–20 Uhr, ✆ 0433-746030, www.aldobonanni.com).

Socchieve

Hier wurde Gianfrancesco da Tolmezzo um das Jahr 1450 geboren. 1493 stattete er die kleine **Pfarrkirche San Martino** mit seinen Fresken aus: In der Apsis sind u. a. die zwölf Apostel mit dem segnenden Christus dargestellt, am Triumphbogen eine Verkündigung und die Heiligen Sebastian und Rochus. Linker Hand hat der Künstler seinen Namen und das Entstehungsjahr der Fresken hinterlassen. Im Gewölbe erkennt man die vier Kirchenväter, im Hauptraum den heiligen Martin mit Armen.

Ampezzo

Der 1100-Einwohner-Ort liegt mit seinen engen Gassen auf einer bewaldeten Hochebene. In der Pfarrkirche kann man die Gemälde des karnischen Malers Nicola Grassi betrachten (→ Tolmezzo), außerdem das modern konzipierte **Museo Geologico della Carnia** an der Piazza Zona Libera 1944 besuchen, in dem Fossilien und andere prähistorische Funde der Region ausgestellt sind. Zur Rast bietet sich das hübsche „Caffè alla Vittoria 1925" in der Via Nazionale 51 an.

▪ **Museo Geologico della Carnia,** Juni bis Sept. Di–So 9.30–12.30, 15–18 Uhr, Mo geschl., übrige Zeit Sa/So 15–18 Uhr oder nach Vereinbarung (Weihnachtszeit tägl.). Eintritt frei. ✆ 0433-487779.

Forni di Sopra ca. 1100 Einwohner

Die lang gestreckte Ortschaft in typisch alpenländischer Architektur liegt auf 900 m Höhe und besteht aus mehreren Teilen.

Am Ortseingang (von Ampezzo kommend) passiert man den Campingplatz, am Ortsende liegt die Talstation des Sessellifts, der in zwei Etappen auf

San Lorenzo: ein Schatzkästlein voller Fresken

Die kleine, im 15. Jh. erbaute Kirche steht kurz nach dem „Passo della Morte“ (so benannt nach Ereignissen im Jahr 1848, als eine Gruppe Friulaner hier den Österreichern erbitterten Widerstand leistete), etwa 2 km östlich von Forni di Sotto direkt oberhalb der alten Straße, die von der neuen Umgehungsstraße SS 52 direkt vor dem 2 km langen Tunnel San Lorenzo links abbiegt (Tipp: Wenn man die Abzweigung verpasst, kann man auch noch nach dem Tunnel abbiegen). Die Fresken im Inneren stammen von Gianfrancesco da Tolmezzo, der das Kirchlein 1492 ausmalte. Ihr Entstehungsdatum wurde vom Künstler selbst unter dem Apsisfenster auf einem Schriftband dokumentiert, das ein Kind hält. Linker Hand ist in der Apsis das „Martyrium des heiligen Laurenz“ dargestellt, dem die Kirche gewidmet ist, im Bogen eine „Verkündigung“ sowie das „Martyrium des heiligen Sebastian“, im Hauptraum u. a. eine „Thronende Madonna mit Kind“.

Der **heilige Laurenz** war im Rom des 3. Jh. für die Pflege der Armen zuständig. Dem Kaiser Valerian war jedoch zu Ohren gekommen, dass Laurenz auch die Schätze der Kirche verwaltete, die er dringend benötigte und deshalb von ihm einforderte. Laurenz bat den Kaiser um drei Tage Zeit, dann würde er ihm die Schätze bringen. Dieser gewährte die Frist. Laurenz aber trommelte die Armen der ganzen Stadt zusammen und sprach zum Kaiser: „Diese Armen sind die wahren Reichtümer der Kirche.“ Laurenz wurde daraufhin zum Tod auf dem Rost verurteilt und bei lebendigem Leib verbrannt. Noch auf dem Feuer soll er dem Kaiser zugerufen haben: „Deine Kohlen sind mir zu kühl!“

Falls die Kirche geschlossen ist, kann man sich an die Pfarrei von Santa Maria del Rosario in Forni di Sotto wenden (✆ 0433-87034).

In der Chiesetta di San Floriano (Forni de Sopra)

den *Monte Tiarfin* hinauf gondelt – die erste Etappe führt bis zum Rifugio Som Picol (1400 m), die zweite zur Malga Varmost mit dem gleichnamigen Self-Service-Restaurant (1750 m) – die viersitzigen Gondeln machen Jung und Alt sichtlich Vergnügen. Gegenüber der Talstation lockt der Abenteuerpark „Dolomiti Adventure Park" mutige Baumkletterer an (www.foradventure.it).

▪ **Sessellift,** 9–16.30 Uhr, Juli nur Sa/So, August tägl., erste Sept.-Hälfte Fr, Sa u. So; Preis hin u. zurück ca. 10 €.

Die große **Pfarrkirche Santa Maria di Assunta** mit freistehendem Campanile erhebt sich direkt an der Durchgangsstraße. Größte Sehenswürdigkeit im Ort ist aber gegenüber die kleine **Chiesetta di San Floriano** mit gut erhaltenen und wunderschön ausgeleuchteten Fresken, die wie in San Lorenzo (→ Kasten, S. 39) von Gianfrancesco da Tolmezzo stammen. Der Zyklus vom Anfang des 15. Jh. zeigt den heiligen Florian und die zwölf Apostel, außerdem Märtyrer, Heilige, Kirchenväter und Propheten. Der prachtvoll vergoldete Altar stammt von Andrea Bellunello.

▪ **Chiesetta di San Floriano,** im Sommer Mo–Fr 17–19, Sa 16–18 Uhr (kann sich ändern, vorher in der Touristeninformation nachfragen).

Vom Hotel Davost (→ Übernachten) führt ein Weg zum *Rifugio Flaiban-Pacherini* (✆ 0433-88555) in 1587 m Höhe, einer von vielen Wanderwegen der Region.

Information Ufficio turistico, zentral an der Durchgangsstraße. Mo–Sa 9–13, 14.30–18.30 Uhr, So 9–13 Uhr (Aug. tägl. 9–13, 14.30–18.30 Uhr). Via Cadore 1, ✆ 0433-886767, info.fornidisopra@promoturismo.fvg.it.

Informationen zum **Parco Naturale Dolomiti Friulane** erhält man im Besucherzentrum des Parks im Ortsteil Vico, Via Vittorio Veneto 1. Dort gibt es außerdem eine Ausstellung zur Pflanzenwelt des Parks, man kann den familiengeeigneten „Kinderwanderweg" begehen und einen botanischen Garten besuchen. Juni bis Ende Juli u. Sept. Fr–So 10–12, 15–19 Uhr (Ende Juli bis Anfang Sept. täglich), übrige Zeit Fr 16–18, Sa/So 10–12, 16–18 Uhr. ✆ 0427-87333, www.parcodolomitifriulane.it.

Übernachten ***** Davost**, gut geführtes Haus mit Restaurant in ruhiger Lage auf der anderen Flussseite, daneben ein großes Sportzentrum mit Hallenbad und Sauna, Tennis-, Basketball- und Fußballplatz, Eislauf-/Rollerskaterbahn und Verleih von Mountainbikes. DZ/F ca. 70–90 €. Via Tagliamento 26, ✆ 0433-88103, www.hoteldavost.it.

***** La Stube**, an der Durchgangsstraße, alteingesessenes Haus in zentraler Lage, gutes Restaurant, Bikegarage. DZ/F ca. 60–90 €. Via Nazionale 276, ✆ 0433-88158, www.lastube.it.

MeinTipp ***** Nuoitas**, das Albergo in der Località Nuoitas (westlich außerhalb) bietet ordentliche und geräumige Zimmer, dazu beste Bergküche, z. B. Hirsch, *polenta e frico* oder Risotto. Auch der Service ist zuvorkommend und herzlich. Mit Parkplatz. DZ/F ca. 70–90 €. ✆ 0433-88387, www.albergonuoitas.it.

Camping Tornerai, eingezäuntes Wiesengelände am östlichen Ortseingang direkt an der Straße, gemütliche Bar im Hauptgebäude. Ganzjährig. Località Stinsans 11, ✆ 0433-88035, www.campingtornerai.it.

Essen & Trinken **Dal Grîs**, gepflegte „Osteria con cucina" an der Durchgangsstraße im Ortsteil Cella, leckere hausgemachte Pasta, z. B. *ravioli alla carne di capriolo coi funghi porcini*, aber auch *frico* mit Speck und Polenta sowie Wildspezialitäten. Via Nazionale/Via Dante 1, ✆ 0433-88091.

Al Tulat, die Straße beim Touristinfo hinein, urige Osteria, geführt von Angelo mit Team. Mo und im Nov. geschl. Via Vittorio Veneto 22, ✆ 347-2291466.

Nuoitas → Übernachten.

Sauris

ca. 500 Einwohner

Die eigenwillig anmutende Sommerfrische mit zahllosen Wandermöglichkeiten liegt versteckt in den Bergen des oberen Lumiei-Tals, einige hundert Meter oberhalb vom Tagliamento-Tal. Bekannt ist sie für ihren Stausee, aber auch, weil sich hier seit Jahrhunderten eine frühe deutsche Mundart erhalten hat.

Wenn man die vielen Kurven entlang der Lumiei-Schlucht von Ampezzo herauffährt, erwecken die unbeleuchteten Tunnels vielleicht zunächst gemischte Gefühle – und die zweite Zufahrt über den Passo del Pura ist so schlecht beschildert, dass man sie leicht übersehen kann. Doch dann öffnet sich der Blick unvermittelt auf den im Wald wunderbar türkis schimmernden **Lago di Sauris** in 1000 m Höhe, der mit seiner mächtigen Mauer – der größten im Friaul – den Fluss Lumiei staut.

Am Seeufer stehen nur die wenigen Häuser von **La Maina,** die nach dem Bau des Staudamms im Jahr 1948 errichtet wurden – wenn der Wasserspiegel im Hochsommer sinkt, kann man manchmal die Häuser der ehemaligen Ortschaft erkennen, die damals dem Stausee zum Opfer fiel. Einziges Hotel am Ufer ist das topmoderne „Maanja", eine interessante Konstruktion aus Holz mit stylish verglastem Restaurant (www.sauris811.it).

Erst ein ganzes Stück höher liegt inmitten grüner Almen und Wälder die Ortschaft *Sauris di Sotto* (1212 m), darüber *Sauris di Sopra* (1390 m). Außerdem gibt es noch das abgelegene *Lateis* (1225 m), zu dem vom See eine steile Serpentinenstraße hinaufführt.

Aber nicht nur seine idyllische Lage ist es, die Sauris so anziehend macht. Auch das Ortsbild selbst bietet viel fürs Auge: Die großen, stabilen Häuser bestehen weitgehend aus Holz und sind wahre Baukunstwerke (z. B. das Hotel Plùeme, siehe unten), sie besitzen üppigen Blumenschmuck und z. T. historische Außenfresken. Um das Gesamtbild nicht zu stören, wurden sämtliche Stromleitungen unterirdisch verlegt. Und auch Kunstliebhaber kommen zu ihrem Recht: Die **Kirche Sant'Osvaldo** in Sauris di Sotto besitzt einen geschnitzten Flügelaltar von Michael Parth, ebenso die exponiert stehende Kirche *San Lorenzo* in Sauris di Sopra. Besichtigen kann man außerdem in Sauris di

Der Norden des Friaul → Karte S. 20/21

Leuchtend türkis: der Stausee Lago di Sauris

Sopra das **Centro Etnografico** im *'s Haus van der Zahre*, das eine liebevoll aufbereitete Ausstellung zur örtlichen Kultur zeigt, vor allem Handwerk, Landwirtschaft und traditionelle Weberei.

- **Centro Etnografico,** im Sommer tägl. 10–12, 15–18 Uhr, übrige Zeit Do–So 10–12, 15–18 Uhr. Eintritt frei. ✆ 0433-86262.

Kulinarisch ist Sauris vor allem für seine geräucherten Schinken bekannt, seit 1999 gibt es aber auch ein eigenes Bier, das „Zahre Beer". Die Freizeit verbringt man hauptsächlich mit Wandern und Spazierengehen, im Sommer kann man auf dem Stausee aber auch windsurfen, Kajak fahren und (mit Angelschein) fischen.

Ausflug zur Sella di Razzo: Wunderschön ist es, von Sauris di Sopra die Straße weiter nach Westen zu fahren. Sie führt etwa 10 km weit durch herrlichste Berglandschaften bis zum Pass *Sella di Razzo* (1760 m), unterwegs müssen acht steile Spitzkehren überwunden werden. Bei der „Malga di Razzo" kann man parken (Erwerb von Käse und Speck) und eine kleine Wanderung zu einem tiefgrünen See unternehmen, den man schon bei der Anfahrt links unterhalb der Straße liegen sieht. Herrlich ist der Blick vom Pass auf die *Monti Brentoni* (2548 m). Die Weiterfahrt ins venezianische Cadore ist problemlos möglich.

Basis-Infos

Information **Ufficio turistico**, in Sauris di Sotto am Parkplatz direkt an der Straße. Kompetentes Personal. Mitte Juni bis Mitte Sept.tägl. 9–13, 14–18 Uhr. ✆ 0433-86076, www.sauris.org, info.sauris@cmcarnia.regione.fvg.it.

Anfahrt/Verbindungen Zwei steile Straßen führen von der **SS 52** im Tagliamento-Tal hinauf in die abgelegene Idylle – eine beginnt direkt in Ampezzo (ca. 13 km), die andere, längere, führt über den Passo del Pura (1417 m), wenige Kilometer weiter westlich. Tipp ist dort das „Rifugio Tita Piaz" (→ Essen & Trinken).

SAF-Busse fahren von **Tolmezzo** (35 km) über Ampezzo nach Sauris.

De Zahrar Sproche: Sprachinsel im Friaul

Die ersten Menschen, die in der unberührten Wildnis um das Lumiei-Tal siedelten, kamen Mitte des 13. Jh. aus einigen Grenztälern zwischen Kärnten und Tirol. Urkunden vom Ende des 13. und Anfang des 14. Jh. belegen, dass sie sich in *Dörf* (Sauris di Sotto) und *Plotsn* (Sauris di Sopra) niedergelassen hatten, später kamen noch die Fraktionen von *Latais* (Lateis) und *Ame Lataise* (La Maina) dazu. Bis heute hat sich das Saurische („de zahrar sproche") als eigene Sprache erhalten, es handelt sich dabei um einen frühen südbayerischen Dialekt – verstehen kann man ihn als Deutscher allerdings kaum, es sei denn, man hat Kenntnisse in Althochdeutsch. Jahrhundertelang wurde das Saurische nur mündlich überliefert. Erst seit der zweiten Hälfte des 19. Jh. gibt es eine schriftliche Tradition, damals verfasste der Pfarrer Giorgio Plozzer eine deutsche Übersetzung des lateinischen Katechismus für die einheimischen Kinder, die sich ausschließlich in der Zahrar Sprache verständigten. Später kamen auch immer wieder poetische Veröffentlichungen in der Zahrar Sprache dazu, so dass Zahre heute auf eine erhebliche Zahl von lyrischen Werken stolz sein kann. Seit über 50 Jahren wird außerdem das Pfarrblatt „De Zahre reidet" (Die Zahre spricht/redet) mit Artikeln in der Zahrar Sprache veröffentlich und bis heute werden zu Weihnachten die *Sternliedlan* („Sterngesänge") gesungen, von denen einige bis ins 16. Jh. zurückreichen. Gemeinde und örtliche Vereine pflegen heute intensiv die kulturellen und sprachlichen Eigenheiten, da sie wegen der geringen Zahl der Einwohner auszusterben drohen. So ist die Sauraner Sprache mittlerweile Unterrichtsfach im Kindergarten und in der Grundschule. Erhebungen sprechen davon, dass die Zahrar Sprache derzeit noch von 70 % der Einwohner gesprochen wird.

Der Norden des Friaul → Karte S. 20/21

Übernachten

Mein Tipp *** **Garni Plùeme**, schönes, neues Haus, entstanden aus einer Scheune aus dem 17. Jh., vollständig aus Holz und tadellos gepflegt, originelle, behagliche Zimmer verschiedener Zuschnitte, hübscher Speiseraum und Terrasse. Luca Schneider führt sein Reich mit Hingabe und guter Laune, er spricht auch Deutsch. DZ/F ca. 75–100 €. Sauris di Sotto 26/a, ✆ 0433-866374, www.hotelpluemesauris.it.

*** **Morgenleit**, großes, solides Albergo in Sauris di Sotto, 22 Zimmer mit Panoramablick, Speiseterrasse vor dem Haus, gute Küche. DZ/F ca. 90–110 €. Piazzale Morgenleit 59, ✆ 0433-86166, www.morgenleit.it.

*** **Albergo Diffuso Sauris**, hübscher Komplex von Holzhäusern mit Ferienwohnungen, weitere verstreut im Ort, beliebt bei Familien, gut eingerichtet mit Küche, TV etc. Rezeption an der Durchgangsstraße von Sauris di Sopra (neben Pizzeria „Da Fausto"). Sauris di Sopra 7/G, ✆ 0433-86221, www.albergo diffusosauris.com.

Pa' Mairlan, am Ortsende von Sauris di Sopra links hinunter, allein stehendes, typisches Haus aus Tannenholz, sehr hübsch. Drei nette Zimmer (eins mit sonnigem Balkon und eigenem Bad, die beiden anderen teilen sich eines), dazu Apts. in einem ökologisch gestalteten Anbau. Gemeinschaftsraum, Garten und Liegestühle. Freundlich geführt von Familie Plozzer, Mutter Armida bereitet ein wunderbares Frühstück mit selbst gebackenem Brot und Kuchen, dazu gibt es hausgemachte Marmeladen. DZ/F ca. 60–80 €, Apt. ca. 90 €. Sauris di Sopra 42, ✆ 0433-86009, www.pamairlan-sauris.it.

MeinTipp **Borgo Eibn Mountain Lodge**, der alleinstehende Komplex von Holzhäusern etwas außerhalb von Sauris di Sotto wurde in ein gemütliches Boutiquehotel umgebaut, beim Prosciuttificio Wolf ist die Zufahrt ausgeschildert, zu Fuß ca. 10 Min. Ansprechende Räumlichkeiten, kleines Wellnesszentrum mit Indoorpool und Jacuzzi, sehr ruhig, gutes Frühstück und leckere Küche. DZ/F ab ca. 320 € für drei Tage (Mindestaufenthalt). ✆ 392-0027191, www.borgoeibn.it.

**** Riglarhaus**, gemütliches Haus im ruhigen Örtchen Lateis, vom See auf kurviger Straße zu erreichen. Paola Schneider hat bayerische Vorfahren und spricht Deutsch, ein nettes Team kümmert sich um die Gäste. Geräumige und moderne Zimmer mit modernen Bädern, Balkone laufen rundum, schöner Blick, Wellnessbereich mit Sauna. Gutes Restaurant (→ Essen & Trinken), beste Grappaauswahl und reichhaltiges Frühstück. Die Bar besuchen auch gerne Einheimische. DZ/F ca. 84–110 €, HP empfehlenswert. ✆ 0433-86049, www.riglarhaus.it.

Camping Treinke, neuer Terrassenplatz im Wald an der Straße zwischen Sauris di Sotto und Sauris di Sopra. Stromanschlüsse für Wohnmos, benachbart das örtliche Sportzentrum mit kleiner Gaststätte (→ unten). ✆ 0433-86093, https://campeggio-sauris.com.

Das Zahre Beer: Naturbier aus Sauris

Das gute Wasser von Zahre soll 1999 für die zwei Brüder Sandro und Massimo den Anstoß gegeben haben, hier oben in den Bergen eine Mikrobrauerei zu gründen. Produziert werden *Pils* (helles Lager Pils), *Rossa Vienna* (dunkles Bier), *Ouber Zahre* (America Pale Ale) und *Canapah* (Hanfbier), dazu noch *Affumicata* (Räucherbier mit 35 % geräuchertem Malz), um die berühmten Wurstwaren von Sauris zu begleiten – alles weitab von Industrieverschmutzung und Smog produziert, weder pasteurisiert noch gefiltert. Eine Erfolgsgeschichte mittlerweile, denn jährlich werden über 3400 Hektoliter produziert, und auch in der friulanischen Ebene findet man Sauris-Bier schon häufig. Eine Verkostungsstelle mit schöner Terrasse liegt am Ortsende von Sauris di Sopra.

Zahrebeer S. S. A., Frazione Sauris di Sopra 50, ✆ 0433-866314, www.zahrebeer.com.

Alles aus Holz: traditionelle Architektur in Sauris

Essen & Trinken/Shopping/Feste/Sport

In Sauris isst man gut und bodenständig. Delikatesse im Frühjahr ist *Radic di Mont* (Cicerbita Alpina, Alpen-Michlattich), der sog. „Radicchio der Berge", der nach der Schneeschmelze auf den Almen zwischen 1000 und 1800 Meter wächst.

Essen & Trinken **Pame Stifl (Da Fausto)**, beliebtes Ristorante/Pizzeria in Sauris di Sopra, neben dem Albergo Diffuso Sauris. Beliebter Treffpunkt und hübsch zum Draußensitzen, neben leckerer Pizza (nur abends) auch Speck, prosciutto und Almkäse, dazu natürlich Zahre Beer und sogar ein Hauswein („Friulano") mit eigenem Etikett. 9–23 Uhr. Auch Frühstück wird serviert. Mi geschl. Sauris di Sopra 3/b, ✆ 0433 86278.

Alla Pace, behagliches Steinhaus von 1804, mitten in Sauris di Sotto, schön zum Essen, auch einige Plätze auf der Außenterrasse, Preise im Rahmen. Das alteingesessene Restaurant mit Fogolar bereitet seine Gerichte weitgehend mit lokalen Produkten zu, z. B. *vellutat a di orzo* (Gerstensuppe), Hirschbraten mit Polenta und Gulasch. Netter Service durch Wirtin Franca. Mi geschl. (nicht im Sommer). Via Roma 38, ✆ 0433-86010.

Agriturismo Monte Ruke, uriges Haus in 1400 m Höhe, etwa 1,2 km von Sauris di Sopra, ideales Ziel für einen nicht zu weiten Spaziergang (→ S. 307), schöner Blick von den Bänken vor dem Haus. Die älteren Betreiber bieten die typische lokale Küche mit Frico, Polenta und Aufschnitt. Juni bis Sept. tägl., ganzjährig Sa/So. ✆ 339-6166143.

Rifugio Eimblateribn „Da Miro", nördlich oberhalb von Sauris di Sotto, zu Fuß ca. 45 Min. ab Prosciuttificio Wolf (ausgeschildert). Von Lateis erreicht man die Hütte auf asphaltierter Straße per Auto (zu Fuß 1:30 Std.). Das rustikale Haus aus Steinmauerwerk und Holz besitzt eine überdachte Terrasse mit weitem Ausblick, sehr gute lokale Küche. Auch Zimmer werden vermietet. Mitte Juni bis Mitte Sept. tägl., am Wochenende das ganze Jahr. Località Eimblateribn, ✆ 339-5723559.

meinTipp **Riglarhaus**, ruhig gelegenes Albergo/Ristorante im kleinen Ort Lateis (→ Übernachten). Traditionelle karnische Küche, z. B. frischer Molkenkäse, grüne Gnocchi mit Brennnesselsoße und die Spezialität des Hauses namens *dunkatle* (Schweinefleisch mit Polenta). Zum Abschluss wird eine Vielzahl friulanischer Schnäpse angeboten, aromatisiert mit Bergkräutern und Blumen. Im Sommer kann man draußen sitzen. ✆ 0433-86049.

Gut zu Fuß zu erreichen: der Agriturismo Monte Ruke

Die Sennereien von Sauris

Vor dem Einsetzen des Tourismus waren die Almhütten/Sennereien im Umkreis von Sauris ein bedeutendes Standbein der Dorfwirtschaft. Seitdem haben viele von ihnen geschlossen, denn mit den Urlaubern lässt sich schneller und bequemer Geld verdienen. Die verbliebenen Hütten sind beliebte Anlaufpunkte für Ausflügler und Wanderer geworden. Sie sind nur in den Sommermonaten aktiv (meist Juni bis Sept.), die hergestellten Produkte wie Milch, frischen oder geräucherten Ricotta (Molkekäse), Butter und Käse kann man verkosten und erwerben. Um den Tourismus zu fördern, wurden die geschotterten und betonierten, teils aber auch asphaltierten Zufahrten seit wenigen Jahren für den motorisierten Verkehr freigegeben – die folgenden Adressen sind also alle mit dem Auto zu erreichen. Weitere Details erhält man im Informationsbüro von Sauris di Sotto.

Malga Novarzutta: Die Sennerei in 1625 m Höhe zwischen Monte Torondon und Monte Novarza ist Zwischenstopp bei der Wanderung zur Malga Losa, aber seit einigen Jahren geschlossen.

Malga Losa: Die große Hütte mit Sennerei liegt in 1765 m Höhe am höchsten Punkt des Tals des Torrente Novarza und ist erreichbar von Lateis und Sauris di Sotto (→ Wanderung 3, S. 308). Familie Petris verkauft Mitte Juni bis Ende Sept. ihre Almprodukte, vor allem ihren naturbelassenen Slow-Food-Käse „Çuç di Mont“. Serviert werden „Taglieri con affettati e formaggi misti“ (gemischter Aufschnitt und Käse), auch Bier ist zu haben. Übernachtungsmöglichkeit gibt es derzeit keine. ✆ 0433-96662, www.famigliapetris.com.

Malga Pièltinis: Die Almhütte von Eneo steht unterhalb des Monte Pièltinis in 1739 m Höhe und ist erreichbar von Sauris di Sotto. Verkostung und Verkauf von frischerMilch, Käse und Salami. ✆ 348-3050308, lauraadami88@libero.it.

Malga Malins: Dieser Betrieb steht auf einem Plateau in 1672 m Höhe an den nördlichen Hängen des Monte Pièltinis, in der Nähe liegt der kleine Laghetto di Malins. Erreichbar ist die Malga mit Geländewagen von Sauris di Sopra. Verkauf von Produkten und warme karnische Küche, dazu Vermietung von Zimmern mit 2 bis 8 Betten. ✆ 392-0027179, mario.nassivera@gmail.com.

Malga Vinadia Grande: Die Almhütte steht auf einer Höhe von 1734 m im Norden des Monte Pièltinis, erreichbar ist sie mit Geländewagen von Sauris di Sopra. Auch hier Verkostung und Verkauf von Produkten. ✆ 339-2319957, ilariapiazza1991@libero.it.

Im Prosciuttificio Wolf

Rifugio Tita Piaz, großes Holz- und Steinhaus am Passo del Pura (1417 m) an der Auffahrt von der SS 52 zum Stausee. Guter Stop-over, man isst recht gut und beim Haus beginnt ein Rundweg mit Tafeln zur Fauna und Flora. Mit Zimmervermietung. ✆ 339-1378897.

Schene Welde, Agriturismo im Grünen beim Passo del Pura in 1428 m Höhe, gutes hausgemachtes Essen, schöner Blick, 15 Betten in sechs Zimmern. Geöffnet Juni bis Sept. ✆ 0433-80366.

Shopping **Prosciuttificio Wolf**, am oberen Ortsrand von Sauris di Sotto, nicht zu verfehlen. Seit 1862 wird in dieser Großmetzgerei der berühmte *prosciutto di Sauris* hergestellt, traditionell geräuchert mit Buchenholz aus den umliegenden Wäldern. Die Keulen werden mehrmals mit Salz eingerieben, einige Tage in den Rauch gehängt, schließlich gebeizt und für zwölf Monate getrocknet. Den richtigen Geschmack erhält das Schinkenfleisch dann durch das gekonnte Öffnen oder Schließen der zahlreichen Fensterchen im Trocknungsraum. Die große Produktion (ca. 50.000 Keulen) wird nicht nur vor Ort verkauft, sondern in alle Welt exportiert. Außerdem gibt es bei Wolf noch diverse Speck- und Wurstvariationen sowie zahlreiche weitere Kulinaria, z. B. Wein, Bier, Käse und Gubana. In einem Zelt vor dem Haus kann man die Produkte auch zum Essen bestellen. Tägl. 8.30–19 Uhr. Sauris di Sotto 88, ✆ 0433-86054, www.wolfsauris.com.

Tessitura di Sauris, in Sauris di Sotto, wenige Schritte von Infobüro. Sandra und Adriana Schneider stellen an traditionellen Handwebstühlen Teppiche, Wandteppiche, Kissenbezüge, Tücher u. Ä. her. ✆ 0433-86208, www.tessiturasauris.com.

Laboratorio Artistico Legnostile, Danilo und Ermanno Plozzer fertigen aus Holz Skulpturen, Einrichtungsgegenstände, Kunstwerke und Karnevalsmasken. Sauris di Sopra 50/d, ✆ 0433-86252, www.legnostileplozzer.com.

Feste **Schinkenfest** am zweiten und dritten Wochenende im Juli, **Käsefest** Mitte August. Im **Karneval** werden geschnitzte Holzmasken getragen.

Sport/Wellness **Borgo del Sport e del Benessere**, das von der Gemeinde betriebene Zentrum liegt beim Campingplatz zwischen Sauris di Sotto und Sauris di Sopra. Hier gibt es Fußball-, Basketball- und Volleyballfeld, Tennisplatz (mit Lehrer) und Tischtennis, eine Turnhalle, ein ansprechend gestaltetes, kleines Hallenbad mit Wasserfall, Sauna und türkischem Bad sowie einen Reitplatz und Spielgeräte für Kinder. ✆ 339-8016901, www.sauris.org/de/wellness.

Wanderrouten im Umkreis von Sauris findet man auf der lokalen Website www.sauris.org.

Wanderung 2: Von Sauris di Sopra über den Agriturismo Monte Ruke zum Lago di Sauris → S. 307
Anfangs Wanderung auf bequemer Waldstraße, dann steil hinunter zum See

Wanderung 3: Von Lateis über die Malga Novarzutta zur Malga Losa → S. 308
Längere Tour zur Käserei Malga Novarzutta, oben überwältigendes Panorama

Auf zur Adria: Alpen-Adria-Autobahn A 23 im Val Canale

Tarvisiano

Die waldreiche Bergregion zwischen Karnischen und Julischen Alpen im Nordosten von Friaul-Julisch Venetien ist wegen der Alpen-Adria-Autobahn A 23 für viele sonnenhungrige Urlauber nur Durchgangsgebiet. Die hübschen, kleinen Seen und die vielen Wandermöglichkeiten können einen Aufenthalt aber durchaus kurzweilig werden lassen.

Hauptdurchgangstal ist das *Val Canale*, das in das Tal *Canale del Ferro* übergeht und schließlich in der breiten Flussebene des Tagliamento mündet. Im Umkreis erstreckt sich auf 24.000 Hektar die *Foresta di Tarvisio*, der größte Staatsforst Italiens (ausgenommen Naturparks). Das Gebiet umfasst außer dem Haupttal auch zahlreiche Täler im Süden und im Norden und ist eines der naturkundlich wertvollsten Gebiete Italiens. U. a. sollen hier noch Bären leben und das Schlagen von Holz ist streng reglementiert, damit stets eine kontinuierliche Walddecke bestehen bleibt.

Reizvolle Ziele im Tarvisiano sind die *Laghi di Fusine* und der *Lago del Predil* nahe der slowenischen Grenze. Der *Monte Lussari* mit seinem idyllisch gelegenen Marienheiligtum kann per Seilbahn oder zu Fuß bezwungen werden, das ethnografische Museum in *Malborghetto-Valbruna* gibt Aufschluss über die Region, genussvoll wandern lässt es sich im *Parco Naturale Prealpe Giulie*.

Eine interessante und wenig befahrene Anreisealternative zur Autobahn ist der Nassfeldpass (1530 m) vom Gailtal nach Pontebba.

Nassfeldpass (Passo di Pramollo)

Etwa 30 km östlich von Mauthen, wo es steil zum Plöckenpass hinaufgeht (→ S. 21), führt eine zweite Passstraße aus dem Gailtal ins Friaul. Nördlich der Grenze ist die Auffahrt mit zwölf weiten Kehren hervorragend ausgebaut, denn am Pass liegt ein großes Skigebiet mit mehreren Hotels, Supermarkt und

Sportgeschäften. Auf italienischer Seite hingegen ist die Straße eng, besitzt schlechten Straßenbelag und zieht sich auf 13 km Länge mit zahlreichen Kurven und Kehren steil nach Pontebba hinunter(→ S. 56).

Übernachten ******* Falkensteiner Hotel Sonnenalpe**, topmodernes Hotel auf dem Pass, u. a. mit Hallenbad, Terrassenpool, Meerwasserfreibad und Saunalandschaft. Übernachtung nur mit Vollpension. Sonnenalpe, Nassfeld 9, AT-9620 Hermagor, ✆ 0043(0)428-58211, www.falkensteiner.com/de/hotel/sonnenalpe.

***** Al Gallo Forcello**, großes, wohnliches Haus 300 m südlich vom Pass, direkt am Nassfeld-See, auch bei Bikern und Mountainbikern beliebt (Garage, Trockenraum, Waschplatz), Wellnessbereich mit Sauna, im Restaurant durchgehend warme Küche von 11.30–20 Uhr. Mitte Juni bis Mitte Sept. DZ/F ca. 90–110 €. ✆ 0428-991291, www.forcello.com.

Erlebnis Pontebbana: Mit Zug und Rad durchs Val Canale

Die „Pontebbana" fährt von Udine bis zur Staatsgrenze und existiert schon seit den 1870er Jahren. Doch die Trasse, die dem Verlauf des Flusses Fella folgt, war immer wieder von Zerstörungen betroffen. So hat man in den 1970er Jahren begonnen, eine Neubaustrecke anzulegen, die im Jahr 2000 vollständig eröffnet werden konnte. Auf der 94 km langen Trasse durchquert die neue Hochleistungseisenbahn 13 lange Tunnels, die fast die Hälfte der Strecke einnehmen.

Neuer Radweg auf der alten Bahntrasse

Die stillgelegte alte Bahntrasse wurde mit EU-Mitteln zu einem reizvollen Radweg ausgebaut, Teilstück (Etappen 5 und 6) der sog. „Ciclovia Alpe Adria" (FVG 1), auf der man in einer Woche von Salzburg bis Grado fahren kann (www.alpe-adria-radweg.com). Der Radweg kommt aus Villach, überquert die Grenze bei Thörl-Maglern, führt danach über den Pass von Coccau nach Tarvisio und weiter über Valbruna, Pontebba, Dogna und Chiusaforte bis Resiutta. Die durchgehend asphaltierte Strecke verläuft dabei immer wieder durch Tunnels und über hohe Brücken, wo man herrliche Ausblicke ins Flusstal und in die Berge hat. An einigen Stellen sind kurze Umfahrungen notwendig, aber die Beschilderung ist sehr gut. Eine detaillierte Beschreibung findet man unter www.bahntrassenradwege.de. Da vom Radweg aus die Bahnhöfe der neuen Bahnlinie erreicht werden können, ist eine Rückfahrt mit der Bahn gut machbar. Ein willkommener Stopp unterwegs ist der zum Bistro umgebaute alte Bahnhof von Chiusaforte (→ S. 57).

Tarvisio

ca. 5100 Einwohner

Der Hauptort Tarvisio (friul.: Tre viis = drei Straßen bzw. Täler) liegt nur wenige Kilometer von der österreichischen Grenze entfernt und ist Mittelpunkt eines großen Skigebiets. Berühmt ist sein großer Markt, der dank der Lage im Dreiländereck vor allem im Sommer viel besucht wird.

Zum Bummeln bietet sich am ehesten die zentrale Einkaufsstraße *Via Roma* an. An der südlich parallel verlaufenden Via Vittorio Veneto liegt der basarähnliche, seit Jahrzehnten von 106 lokalen Familien organisierte **Mercato di Tarvisio**. In seinen Ursprüngen reicht er bis ins 15. Jh. zurück, seit 1957 findet er täglich statt, seit 1985 ist er überdacht. 2009 wurde er vollständig neu gestaltet und besteht nun aus fest installierten Kiosken in einer großen Holzhalle, die alle ein ähnliches Angebot haben: Lederwaren, Kleidung und Schuhe. Täglich kommen Dutzende von Bussen mit Kauflustigen, im Umkreis gibt es Kneipen, Cafés und „Pizza non-stop".

Die zentral gelegene **Pfarrkirche Santi Pietro e Paolo** aus dem 15. Jh. besitzt einen Glockenturm mit Zwiebeldach, im Inneren sind Fresken des 16. Jh. erhalten. Auf der *Piazza Unità* davor sind noch Reste der früheren Stadtbefestigung und ein alter Wachturm zu sehen. Hinter der Kirche stehen römische Grabstelen.

In der näheren Umgebung sind vor allem die beiden hübschen **Laghi di Fusine** nahe der slowenischen Grenze einen Abstecher wert. Und ein besonderer Anziehungspunkt für Kinder ist natürlich der Vergnügungspark „Tarviland" an der SS 13 in Richtung Camporosso, eine Menge Spaß bietet z.B. die 880 m lange Sommerrodelbahn (Ende Juni bis Anf. Sept.).

Information **Ufficio turistico**, tägl. 9–13, 15–19 Uhr. Via Roma 14, ✆ 0428-2135, info.tarvisio@promoturismo.fvg.it.

> Die **Holiday Card** für 72 Std. (35 €) oder eine Woche (50 €) bietet zeitlich unbegrenzt über die ganze Sommersaison Ermäßigungen für viele touristische Angebote, Hotels und Restaurants im ganzen Tarvisiano.

Markt Mai bis Sept. Mo–Sa 9–18, So 9–16.30 Uhr, Okt. bis April Di–Sa 9.30–17.30 Uhr, So/Mo geschl. Ein großer Parkplatz liegt unterhalb davon (www.mercatotarvisio.it).

Übernachten ****** Edelhof**, am Ortsrand (Straße nach Camporosso), der Name trügt nicht, das ehemalige Jagdhaus aus der k.-u.-k.-Epoche ist sehr ansprechend eingerichtet, die Zimmer sind geräumig und geschmackvoll, das Restaurant mit seiner elegant geschwungenen Holzdecke bietet beste Qualität. Dazu gibt es ein Wellness-Center und einen schönen Garten. DZ/F ca. 126–146 €. Via Armando Diaz 13, ✆ 0428-40081, www.hoteledelhof.it.

***** Valle Verde**, großes Chalet oberhalb der Stadt in der Nähe von Skipisten und -lift, Tennis- und Golfplatz, schöne, waldreiche Umgebung. Mit viel hellem Holz eingerichtet, die gepflegten Zimmer alle verschieden voneinander, herrlicher Blick auf die Stadt. Fitnesszentrum mit Solarium, Saunabad und Unterwassermassage, Restaurant und Weinstube/Bar. Freundlicher Service. DZ/F ca. 120 €. Via Priesnig 48, ✆ 0428-2342, www.hotelvalleverde.com.

B & B Belvedere sulle Giulie, ein Stück außerhalb schön im Grünen gelegen, herrlicher Blick. Enzo und Angelina führen das ehemalige Haus der Guardia di Finanza sehr freundlich. Die Zimmer sind geräumig und gemütlich, dazu gibt es ein leckeres Frühstück. DZ/F ca. 64–80 €. Località Oltreacqua 10, ✆ 335-6416128, www.belvederetarvisio.com.

Essen & Trinken **Tschurwald**, neben der Tourist Information. Die alteingesessene Gaststätte wird seit Ende des 19. Jh. von Familie Tschurwald geführt. Man trifft sich zu Kaffee und Kuchen und danach zur friulanisch-kärntnerischen Küche, auch Pizza wird serviert. Ein bisschen Wartezeit einplanen. Do geschl. Via Roma 8, ✆ 0428-40534.

Der Norden des Friaul → Karte S. 20/21

Alpino, gemütliche Pizzeria am Südende der Via Roma, freundlich geführt von Familie Morpante. Dutzende verschiedener Pizza- und Spaghettivarianten. Mo geschl. Via Roma 48, ✆ 0428-2524.

meinTipp **Ex Posta**, nördlich außerhalb an der SS 13 bei Coccau di Sotto. Schönes, altes Gebäude einer ehemaligen Post- und Grenzstation, geführt von Alcide und Karin. Gute friulanische Küche mit nur wenigen Gerichten, abe r stets frischen Zutaten, dazu preislich sehr korrekt. Keine Pizza. Auch Vermietung von fünf Zimmern (DZ/F ca. 80 €). So-Abend u. Mi geschl. Via Friuli 55, ✆ 0428-644055.

Al Vecchio Skilift, traditionelles Holzhaus mit Blumenschmuck am Ortsausgang in Richtung Camporosso (beim Vergnügungspark „Tarviland"), hübsche Plätze vor dem Haus. Küche leider tagesformabhängig und wenig abwechslungsreich. Via Alpe Giulie 53, ✆ 347-3231629.

meinTipp **Dawit**, am Kreisverkehr etwas nördlich von Camporosso, freundlich geführte Raststätte mit Enoteca und Shop im hellen, modernen Stil, große Auswahl, leckere Jause nach Art des Hauses, Wein, Grappa und Kaffee nach Triestiner Tradition. 6–20 Uhr, So bis 18, Mo bis 14 Uhr. Via Alpi Giulie 30. ✆ 0428-63012.

Cafés **Kirchenwirt**, große Bar mit vielen Freiluftplätzen auf der Piazza Unità neben der Pfarrkirche. ✆ 0428-2319.

Julius Kugy: Alpinist aus Leidenschaft

„Ich erinnere mich ganz genau des Augenblicks, da ich den Namen ‚Julische Alpen' zum ersten Mal hörte. Wenn sie mir auf den Höhen des Karstes erschienen, im farbigen Abglanz des nahen Meeres, vom Licht der südlichen Sonne überflutet, so feierlich ruhig, so unerreichbar weit, umfasste ich sie mit aller Kraft und mit allen Träumen meiner jungen Seele. Und wie es damals war, so ist es bis heute geblieben. So viel ich an Bergen gesehen habe, nichts kommt in meinem Herzen den Julischen gleich." (Julius Kugy, Aus dem Leben eines Bergsteigers). Dem Andenken an Julius Kugy sind die sommerlichen Wanderungen gewidmet, die man über das Informationsbüro buchen kann, genannt „Sulle Orme di Julius Kugy" (Auf den Spuren von Julius Kugy). Der Bergsteiger, Dichter und Botaniker lebte von 1858 bis 1944 im Friaul, machte in den Julischen Alpen in über drei Jahrzehnten 50 Erstbesteigungen, entdeckte viele neue Wege und fertigte Landkarten an. Ab dem 60. Lebensjahr verfasste er mehrere Bücher über die Berge und den Alpinismus.

Laghi di Fusine (Weißenfelser Seen)

Ein besonders schönes und idyllisches Fleckchen Erde – zwei glasklare Seen liegen in einer von Gletschern geformten Mulde zwischen dichten Nadelwäldern, darüber ragt eindrucksvoll der 2677 m hohe Monte Mangart auf. 1971 wurde hier der **Parco Naturale di Fusine** als erster Naturpark des Friaul eingerichtet. Die Schönheit dieser Ecke ist allerdings nicht unbekannt geblieben und so sind die Seen im Sommer ziemlich überlaufen.

Der nördliche der beiden unterirdisch miteinander verbundenen Seen heißt **Lago Inferiore** (Unterer See). Er liegt in 924 m Höhe, ist 13,5 ha groß,

Lago Inferiore mit Osteria Belvedere

bis zu 48 m tief und sehr kalt, Forellen und Saiblinge gibt es hier zuhauf. In der Osteria „Belvedere" kann man gemütlich am Ufer sitzen und Boote leihen. Der **Lago Superiore** (Oberer See) liegt 800 m weiter südlich und etwa 5 m höher. Er ist etwa 9 ha groß und relativ flach, besitzt z. T. sumpfige Ufer und ist als Vogelschutzgebiet ausgewiesen. Hier dürfen Wohnmobile stehen, es gibt eine Wiese mit Picknickbänken und die urige Bar „7 Nani" unter hohen Fichten. Ein hübscher Aussichtspunkt aus Holz liegt am Nordufer. Die mächtigen Tannen, die im Umkreis stehen, gehören zur Familie der Rottannen und heißen auf italienisch „Abete di risonanza", ihr Holz wird für den Bau von Saiteninstrumenten verwendet.

Man kann den Lago Inferiore in ca. 40 Min. auf bequemem Weg umrunden, unterwegs trifft man auf einige riesige Findlinge, sog. „erratische Blöcke", die zu den größten ihrer Art in den Alpen gehören. Von der südöstlichen Seeecke führt ein Pfad in 10 Min. durch den Wald zum Lago Superiore, den man ebenfalls problemlos umrunden kann. Vom Lago Superiore wiederum könnte man auf dem Wanderweg 512 in knapp 2 Std. zum „Rifugio Luigi Zacchi" in 1380 m Höhe an den Hängen der *Ponza Grande* hinaufsteigen.

Anfahrt Von **Fusine in Valromana** sind es noch etwa 2 km. Kurz nach der Locanda Mandhi kann man seitlich der Straße parken und einen schönen Fußweg am Bach entlang nehmen, bis zum Lago Inferiore geht man etwa 15 Min. Beschränkte Parkmöglichkeiten gibt es auch noch in Seenähe.

Übernachten/Essen **Rifugio Luigi Zacchi**, herrliche Lage am Hang des Monte Mangart, vor einigen Jahren komplett renoviert, 20 Betten in drei modernen Räumen, Rosa Puntel serviert leckere friulanische Pfannengerichte. Ü/F ca. 29 €/Pers., HP ca. 48 € (Schlafsack mitbringen). Località Conca delle Ponze, ✆ 0428-786064, 338-5030887, www.rifugiozacchi.it.

Mein Tipp **Edelweiss**, Holzhaus mit Restaurant direkt am Ufer des nördlichen Sees. Frau Laura Pio spricht hervorragend Deutsch und vermietet drei Zimmer, zwei davon mit Balkon. Die leckere und bodenständige Küche wird sehr gelobt, Terrasse mit Seeblick. DZ/F ca. 90 € (Reservierung dringend erforderlich). Via dei Laghi 8, ✆ 0428-61050, www.albergo-edelweiss.com.

Der Norden des Friaul → Karte S. 20/21

Val Canale und Canal del Ferro

Von Tarvisio aus ziehen sich Autobahn und SS 13 in reizvoller Streckenführung das Tal des Flusses Fella entlang, zunächst Val Canale, dann Canale del Ferro genannt.

Das bis dahin österreichische Kanaltal fiel 1919 an Italien. 1939 wurden die bis dahin gut 80 % deutschstämmigen Bewohner vor die Option gestellt, die italienische Staatsbürgerschaft anzunehmen oder nach Kärnten bzw. Steiermark auszuwandern (→ Geschichte, S. 256). Die meisten verließen daraufhin das Tal, italienische Siedler rückten nach und eigneten sich die zurückgelassenen Besitztümer an.

Ein Stopp lohnt zunächst in Camporosso, von wo eine moderne „Telecabina" (Seilbahn) zum Marienheiligtum auf den Monte Lussari hinauffährt. In Malborghetto kann man das ethnografische Museum des Tarvisiano besuchen, kurz danach das Waldmuseum des Staatsforstes.

Santuario del Monte Lussari

Das beschauliche Marienwallfahrtsörtchen liegt auf 1766 m Höhe und besteht nur aus einer Marienkirche, einigen robusten Bergunterkünften mit großen Restaurantterrassen und einer Hand voll schindelgedeckter Häuser, die eine Art Basargasse mit Souvenirshops und höchst rustikalen Imbissstuben bilden.

Pilger aus Österreich, Italien und Slowenien kommen gleichermaßen in Scharen herauf, doch auch viele Touristen schätzen das herrliche Bergpanorama und die himmlische Ruhe, da es hier oben so gut wie keine Autos gibt. Nach der Besichtigung kehrt man ein, speist Apfelstrudel, Würstel oder Polenta mit Gulasch, genießt vielleicht später noch den gemäldegleichen Blick auf das Heiligtum von dem Hügel hinter der Bergstation der Seilbahn.

Die Ursprünge des hiesigen Marienkults gehen ins 14. Jh. zurück, damals fand ein Hirte auf dem Monte Lussari eine kleine Statue der Madonna mit Kind, der zu Ehren bald eine erste Kapelle gebaut wurde. Im 16. Jh. wurde dann eine Kirche errichtet, von der das Presbyterium erhalten geblieben ist. Im Ersten Weltkrieg lag die kleine Siedlung auf dem Monte Lussari mitten im Kampfgebiet und wurde völlig zerstört. 1925 wurde das Santuario wieder originalgetreu aufgebaut, heute wird es von Franziskanern unterhalten. Die schöne Spitzgewölbedecke aus Holz ist der Decke der Basilika von Aquileia nachempfunden. Hinter dem Altar befinden sich zahlreiche Votivgaben für die verehrte Madonnenstatue aus Lindenholz, von der man annimmt, dass es sich dabei noch um das vom Hirten gefundene Original handelt. Die Wandmalereien zeigen Szenen aus der Vita Marias und stammen vom slowenischen Maler Tone Kralj.

Gleich hinter der Kirche kann man eine kleine Anhöhe mit Gipfelkreuz (1789 m) erreichen und den Rundumblick genießen. Wer zu Fuß ins Tal zurückwandern will, findet hier den Beginn des „Via Crucis" genannten Wanderwegs nach Camporosso (ca. 2 Std.), nach Tarvisio braucht man ca. 3 Std. Zum Gipfelkreuz der in Richtung Süden steil aufragenden Bergwand der *Cima del Cacciatore* (2071 m) steigt man in etwa 1:30 Std. hinauf.

Tipp für Skifahrer: Im Winter lockt die berühmte, 3,5 km lange Abfahrt „Di Prampero", die vom Monte Lussari mit 1000 m Höhenunterschied bis Camporosso im Tal führt, Scharen von Könnern an, denn sie gilt als schönste Piste im ganzen Friaul.

▪ **Santuario del Monte Lussari,** täglich durchgehend geöffnet, Messe in Italienisch, Slowenisch und Deutsch werktags 10, 11 und

Perfekter Blick von der Bergstation der Seilbahn

12 Uhr, an Sonn- und Feiertagen 10, 11, 12 und 15 Uhr.

Anfahrt/Verbindungen **Telecabina del Monte Lussari**, von Camporosso dauert die Auffahrt ca. 15 Min. Mitte Juni bis Mitte Sept. Mo–Sa 9–17.15, So 8.30–18.15 Uhr, außerdem an den Wochenenden von Mai bis Mitte Juni und ab der zweiten Septemberhälfte bis zur ersten Oktoberwoche. Dez. bis März wieder täglich geöffnet. Hin u. zurück ca. 14 €, 8–15 J. und ab 65 J. ca. 10,50 € (Kinder bis 10 J. frei), gratis mit FVG Card und Holiday Card. ✆ 0428-653915.

Im August gibt es jeden Freitag bis 23 Uhr stimmungsvolle **Nachtfahrten** für / €.

Via Crucis, manche Pilger und Wanderer nehmen den Fußweg mit Kreuzwegstationen nach oben, etwa 2:30–3 Std. muss man für den Aufstieg veranschlagen.

Übernachten/Essen ***** Al Rododendro**, gemütliches Berghotel, 2002 von Familie Baron eröffnet. Rustikale DZ und einige Familienzimmer (bis 5 Pers.). Im Restaurant wird die typisch friulanische Küche serviert, große, offene Terrasse mit herrlichem Blick, dazu einige Spielgeräte für Kinder. Geöffnet Juni bis Sept. und Dez. bis März. DZ/F ca. 85–120 €. Località Monte Lussari, ✆ 0428-653923, www.hotelspartiacque.com/ hotel-rododendro.

Rifugio "Locanda Al Convento", einige Schritte weiter in Richtung Kirche, elf schlicht-moderne, mit Holz eingerichtete Zimmer, jeweils mit Bad, dazu ein Restaurant. Juni bis Sept. und Dez. bis März. HP ca. 45 €/Pers. ✆ 338-1781133, www.rifugioalconvento.it.

Malborghetto-Valbruna

ca. 1000 Einwohner

Der hübsche, kleine Ort besteht im Kern aus einigen malerischen, alten Palazzi und der architektonisch verspielten Dorfkirche.

Im Palazzo Veneziano, 1591 im Auftrag eines begüterten Venezianers erbaut, ist das **Museo Etnografico** untergebracht, das sich den geologischen, paläontologischen und vorgeschichtlichen Aspekten des Valcanale und Canal del Ferro widmet. In der „Sala della Foresta" wird die lokale Tier- und Pflanzenwelt dargestellt, aber auch die Geschichte des Palastes wird thematisiert. Besonders anschaulich ist die Rekonstruktion eines Bergwerksschachts der Miniera di Raibl (heute: Cave del Predil) im nahen Val Rio del Lago

Der Norden des Friaul → Karte S. 20/21

Museo Etnografico in Malborghetto

(→ S. 58). Im Hof des Palastes steht eine prächtige, 400 Jahre alte Linde.

▪ **Museo Etnografico,** Di–So 10.30–12.30, 15–18 Uhr, Mo geschl., Eintritt ca. 3 €, gratis mit FVG Card. ✆ 0428-64970.

Übernachten *** Valcanale**, alteingesessener Familienbetrieb am zentralen Dorfplatz, acht behagliche Zimmer, Abstellraum für Fahrräder. DZ/F ca. 75–80 €. Piazza Palazzo Veneziano 7, ✆ 0428-60063, www.albergovalcanale.it.

meinTipp **Casa Oberrichter**, ebenfalls ganz zentral in Malborghetto. In jahrelanger Arbeit hat die Künstlerin Marina Gioitti den 600 Jahren alten, 70 Jahre leer stehenden und völlig heruntergekommenen Palazzo höchst originell wieder hergerichtet, alle Möbel in der eigenen Schreinerei gezimmert und die Wandmalereien gestaltet. Es gibt fünf geräumige und individuell eingerichtete Zimmer ganz in Holz und einen großen Salon, abends kann man gut und teuer essen (Mo–Mi geschl.). In ihrer Kunsthandwerksstätte restauriert Marina Gioitti Mobiliar, stellt aber auch Figuren, Masken und Spielzeug her. DZ/F ab ca. 95 €. Via Superiore 4, ✆ 0428-41888, www.casa-oberrichter.com.

Essen & Trinken **Antica Trattoria da Giusi** (bis 2005: Antica Trattoria Schönberg), die historische, allerdings umgebaute Gaststätte zelebriert die „cucina storica" des Valcanale mit seinen stark österreichisch geprägten Gerichten, es gibt aber auch Pizza. Seit Kurzem ist hier ein neuer, junger Wirt tätig. Mo–Mi geschl. Via Bamberga 19, ✆ 0428-60014.

Agriturismo Ristoro Rosic, zu erreichen von Ugovizza (östlich von Malborghetto), die Bergstraße ca. 7 km nach Norden, dann links. Im urigen Lokal von Wirtin Anna Rosic gibt es keine Menükarte, man speist, was gerade zu haben ist (evtl. vorher anrufen und besprechen). Mai bis Okt. von mittags bis abends, es wird auch Deutsch gesprochen. Località Val Uque, ✆ 338-1575344.

Pontebba ca. 1700 Einwohner

Der kleine Ort wurde im Ersten Weltkrieg vollkommen zerstört, denn hier verlief bis 1919 die Grenze zwischen Italien und Österreich. Zum Nassfeldpass an der österreichischen Grenze (→ S. 49) führt eine steile Straße mit vielen Kurven hinauf.

Größte Sehenswürdigkeit ist die **Pfarrkirche Santa Maria Maggiore**, die 1504 erbaut und später erweitert wurde. Der dreischiffige Gewölberaum wird dominiert von einem wunderbar filigran konstruierten gotischen Flügelaltar im Chor, gebaut 1517, wahrscheinlich von Heinrich aus Villach. In geöffnetem Zustand steht eine große Krönung Mariens im Mittelpunkt, umgeben von Szenen der Evangelien: Weihnachten, Die Heiligen Drei Könige, Auferstehung Christi und Tod Mariens. Die Bildtafeln der Außenfront (nur im Advent und in der Fastenzeit ist der Altar geschlossen) zeigen „Verkündigung", „Heimsuchung", „Flucht nach Ägypten" und „Pfingsten". In der Kapelle des linken Seitenschiffs sieht man das „Martyrium des heiligen Sebastian" von Palma il Giovane, rechts eine „Madonna auf den Wolken" von Antonio Morocutti.

Moggio Udinese ca. 2100 Einwohner

Über dem Flusstal, in dem Tag und Nacht eine Papierfabrik geräuschvoll arbeitet, thronen weithin sichtbar die Überreste einer frühmittelalterlichen Festung, die bereits 1119 in das Benediktinerkloster Abbazia di San Gallo umgewandelt wurde.

Vor der Anlage steht die massive **Torre delle Prigioni** (zu deutsch „Kerkerturm"), ein Überbleibsel des alten Kastells, von hier genießt man einen wunderbaren Blick auf das Tal unterhalb. Die barocke **Klosterkirche Santa Maria degli Angeli** besitzt einen großen Christus am Kreuz aus dem Jahr 1466, gearbeitet in Nussbaum (in einer Kapelle vor dem Altarraum rechts). Im Kloster selber leben seit 1987 Klarissinnen in strenger Klausur. Besonders malerisch ist der Kreuzgang um einen begrünten Innenhof.

Übernachten/Essen ***** Locanda San Gallo**, das von Ada mit Team freundlich geführte Ristorante mit hübscher Terrasse (Mo geschl.) liegt wenige Meter von der kleinen, zentralen Piazza. Alle Gerichte sind frisch und hausgemacht und auch einige ordentliche Zimmer werden vermietet. DZ/F ca. 70–80 €. Piazzetta Sandro Pertini 2, ✆ 0433-550318, www.locandasangallo.it.

Moggio Udinese am Fluss Fella

meinTipp **Agli Artisti**, nettes, kleines Ristorante an der zentralen Piazza, leckere friulanische Küche aus vorwiegend lokalen Produkten, es wird auch Deutsch gesprochen. Mo/Di geschl. ✆ 335-7050534.

Resiutta ca. 300 Einwohner

Gegenüber von Moggio Udinese zweigt das Val Resia in den einsamen Naturpark der Julischen Voralpen ab (→ S. 60). An der SS 13 hat sich ein großer Bikertreff etabliert, wo ein gutes halbes Dutzend Rosticcerie mit Hähnchen vom Grill auf motorisierte Kundschaft aus Österreich wartet. Reizvoller ist vielleicht ein Stop-Over etwa 8 km weiter östlich im alten Bahnhof von *Chiusaforte*, der zum gemütlichen Bistro „Stazione di Chiusaforte" umgebaut wurde und auch Zimmer vermietet (✆ 0433-52344, www.stazionedichiusaforte.it).

Wanderung 4: Durch das Tal des Torrente Glagno bis Stavoli

→ S. 309

Schöne Flusswanderung westlich von Moggio Udinese zum nur im Sommer bewohnten Bergdorf Stavoli

Ruinen der alten Bergwerksanlagen von Raibl

Val Rio del Lago und Val Raccolana

Das dünn besiedelte Tal zieht sich von Tarvisio schier endlos durch die dicht bewaldeten Berge, bis die SP 76 bei Chiusaforte auf das breite Tal Canal del Ferro trifft. Reizvollstes Ziel ist im Sommer der Lago del Predil.

Cave del Predil ca. 400 Einwohner

Die Bergwerkssiedlung (früher: Miniera di Raibl) nördlich des Lago di Predil besaß im Mittelalter die größten Blei- und Zinklager der nordöstlichen Alpen.

Seit 1991 sind die Bergwerksanlagen stillgelegt und zeigen sich als imposantes Industriedenkmal am Hang jenseits des Fiume Slizza. Seitdem hat sich die Einwohnerzahl von über 2000 auf wenig mehr als 400 reduziert. Man sieht im Dorf viele triste Wohnblöcke, von denen der Putz blättert, aber neben der alten Kapelle steht auch eine moderne Betonkirche.

Zur Besichtigung lädt heute der sog. „Polo Museale di Cave del Predil" ein, bestehend aus dem **Museo della Tradizione Mineraria** (Geschichte der Bergwerke, alte Maschinen und Gewinnungstechniken), dem **Museo Storico Militare Alpi Giulie** (von den napoleonischen Kriegen bis zum Zweiten Weltkrieg) und dem **Parco Internazionale Geominerario**, eine stillgelegte Mine, die man zu Fuß oder mit einem kleinen Zug etwa 1 km weit erforschen kann.

▪ **Polo Museale**, Mai bis Sept. tägl. 9–13, 14.30–18 Uhr, übrige Zeit nur Sa/So bis 17.30 Uhr. Sammelticket für alle drei Museen ca. 12 €, 7–14 u. über 65 J. 9 €, Einzeltickets 8 €, Museo della Tradizione Mineraria 6 €. ✆ 346-7674714.

Über den Passo del Predil nach Slowenien

Nördlich vom Lago del Predil zweigt eine Straße über den *Passo del Predil* (1156 m) ins nahe Slowenien ab und führt durch den malerischen Triglav-Nationalpark, einen der ältesten Naturparks Europas, ins Touristenzentrum Bovec.

Mit *Gorenji Log* jenseits der Grenze war Raibl früher durch einen 5 km langen Stollen verbunden, der unter dem Pass verlief und durch den die Bergleute früher zur Schicht ins Raibler Bergwerk fuhren.

In *Bovec* trifft man auf die Soča, die aus dem Nationalpark kommend parallel zur Grenze nach Süden verläuft und als *Isonzo* zwischen Monfalcone und Grado ins Meer mündet. Der Ort und seine Umgebung haben sich zu einem bekannten Freizeitparadies für Aktivurlauber und Naturliebhaber entwickelt: Von Wildwassersport in der Soča über Bergwandern, Extremklettern, Karsthöhlenbesichtigung und Gleitschirmfliegen in unberührter Natur bis zur Besichtigung von Almen und Museen ist alles machbar. Vielfältig ist auch das Angebot an Unterkünften: Zahlreiche Hotels, Pensionen und schön gelegene Campingplätze stehen zur Wahl.

Tipp: Viele Information zum Triglav-Nationalpark, zu Bovec und zum Tal der Soča finden Sie in unserem Reiseführer „Slowenien" von Lore Marr-Bieger.

Lago del Predil (Raibler See)

Der tiefgrüne See ist knapp 1,5 km lang, etwa 500 m breit und bis zu 35 m tief. Er ist fast völlig von Wald umgeben und unbesiedelt. Ein fichtenbestandenes Inselchen, Teil eines zerstörten Moränenbogens, liegt pittoresk im Wasser.

In den Sommermonaten ist der See bei Windsurfern und Bootsfahrern beliebt, Schwimmer müssen dagegen abgehärtet sein, denn der Raibler See gehört zu den kältesten Gewässern der Alpen. Am Ufer findet man viele malerische Fleckchen, oft mit Sitzbänken, herrlich ist der Blick nordwärts auf die pittoresken *Cinque Punte* bzw. *Raibler Fünfspitz* (1900 m).

Essen & Trinken **Chalet al Lago**, gemütliches Plätzchen mit Terrasse am Nordende des

Das Dorf der habgierigen Bewohner

Eine Legende erzählt von der Entstehung des Lago del Predil. In alten Zeiten lag an der Stelle, wo sich heute der See ausbreitet, ein wohlhabendes Dorf. Seine Bewohner waren geizig und misstrauisch gegenüber Fremden. In einer eiskalten Winternacht, als alle in ihren Häusern um die Feuerstelle saßen, kam eine arme Frau mit einem kleinen Kind auf dem Arm ins Dorf. Verzweifelt und halb erfroren klopfte sie an alle Türen, doch niemand gewährte ihr Einlass. Schließlich sah sie ein kleines, ärmliches Haus, aus dem ein schwaches Licht leuchtete. Hier wurde ihr sofort geöffnet, die Familie empfing sie und ihr Kind wie alte Freunde und bot ihnen einen Platz am Feuer an. Da begann draußen unvermittelt ein heftiger Sturm, die Erde erbebte und große Wassermassen strömten in wilden Bächen von den Bergen herunter. Am nächsten Morgen war das Dorf mitsamt seinen Bewohnern verschwunden, ein tiefer See hatte sich an der Stelle ausgebreitet. Nur das kleine, ärmliche Haus war auf einer Insel unversehrt geblieben. Die arme Frau und das Kind aber waren verschwunden. Man erzählt seitdem, dass es die Muttergottes und das Jesuskind gewesen seien.

 → Karte S. 20/21

Sees, Küche und Service schienen beim letzten Check allerdings verbesserungswürdig. Hier dürfen auch Wohnmobile stehen. ✆ 347-1085534.

Sport **Centro Nauticave**, kleines Wassersportzentrum am nördlichen Seeende, Kiosk mit Snacks, Liegestühle, Verleih von Tretbooten, Kajaks, „Surfbikes" und Mountainbikes. Anfang Juni bis Mitte Sept. tägl. ✆ 335-7886927.

Pit Stop & Surf, am Westufer, VDWS-Windsurfschule mit Bar und Liegewiese, Michele bietet Kurse von Juni bis Sept., auch schön zum Schwinmmen. ✆ 339-5282532.

Sella Nevea

Das Wintersportzentrum liegt einsam auf einer Passhöhe von 1162 m. Es gibt mehrere große Hotelbauten und eine Seilbahn führt zum *Monte Canin* mit dem großartig gelegenen Rifugio Gilberti in 1850 m Höhe – ein schöner Abstecher.

Nach Norden zweigt eine 4 km lange Straße zum *Altopiano di Montasio* unterhalb vom Massiv des Montasio ab, wo der berühmte „Montasio"-Käse erzeugt wird (→ S. 280). Nur für wenige Wochen im Sommer bringen die Bauern ihr Vieh hinauf, ab Oktober wird die Alm nicht mehr bewirtschaftet.

In Richtung Chiusaforte schraubt sich die Straße in Serpentinen zum Canal del Ferro hinunter.

Anfahrt/Verbindungen **Telecabina del Canin**, Mitte Juli bis Mitte Sept. 8.30–17.30 Uhr und Anfang Dez. bis Anfang Mai 9–16 Uhr. Hin/zurück ca. 10 €, Holiday Card 8 €, FVG Card gratis. ✆ 0433-54026.

Übernachten ***** Canin**, großes Wintersporthotel, im Sommer aber auch Standort für Wanderer. Geöffnet im Winter und Juli bis Sept. DZ/F ca. 80–100 €. ✆ 0433-54019, www.hotelcanin.it.

Rifugio Celso Gilberti, sechs DZ und ein Schlafsaal mit zehn Betten. Dez. bis April und Juni bis Sept. ✆ 0433-54015, 333 8192055, iri.piri@virgilio.it.

Parco Naturale Prealpi Giulie

Der dünn besiedelte Naturpark der Julischen Voralpen ist das zweitgrößte Schutzgebiet der Region Friaul-Julisch Venetien. Er erstreckt sich über die von Ost nach West verlaufenden Bergketten südlich des Val Resia. Man erreicht ihn durch das *Val Resia*, das bei Resiutta(→ S. 57) vom großen Hauptal Canal del Ferro abzweigt.

Panoramablick von Prato di Resia

Die etwa 1300 Bewohner leben in fünf Fraktionen: *Prato di Resia*, *San Giorgio*, *Gniva*, *Oseacco* und *Stolvizza*, dazu gibt es noch mehrere kleinere Weiler. Die frühere jahrhundertelange Isolation hat die Konservierung einer alten Mundart slawischer Herkunft ermöglicht, die heute unter gesetzlichem Schutz steht. Besiedelt sind ausschließlich die Talregionen, so dass hier lange Wanderungen in unberührter Natur möglich sind.

Hauptort ist **Prato di Resia.** Dort steht das Besucherzentrum des Naturparks, ein ehemaliges Hotel auf einem Aussichtspunkt über dem Wildbach Torrente Resia, wo man herrliche Ausblicke auf die *Cime del Musi* im Süden und den *Monte Canin* (2587 m) im Osten genießen kann, letzterer schließt das Tal nach Slowenien hin ab. Im Haus informieren Schautafeln, Fotografien, Tiermodelle und geologische Funde über das Schutzgebiet und ein Lehrpfad führt zum Fluss hinunter.

Sehenswert ist zudem das **Museo dell'Arrotino** am Ortsausgang von Stolvizza, das den alten Wanderberuf des Scherenschleifers erläutert. Die Schleifer waren auf Fahrrädern unterwegs, die gleichzeitig mobile Schleifmaschinen waren. Einige der alten Maschinen sind noch erhalten. Auf der Piazza am Ortseingang ist ihnen ein Denkmal gewidmet.

Museo dell'Arrotino, April bis Okt. Di–Sa 10.30–12.30, 13.30–15.30 Uhr, So und übrige Zeit nach Vereinbarung. ✆ 335-6275763.

Information **Pro Loco Val Resia**, in San Giorgio, Via Prato 7/a. Di–So 9–13, 14–17 Uhr. ✆ 0433-53353, www.resianet.org.

Übernachten/Essen **Centro Visite Parco Naturale Prealpi Giul**, das Besucherzentrum des Naturparks liegt gegenüber der Kirche in Prato di Resia, zu erkennen an der europäischen und italienischen Fahne. Das dazugehörige Gästehaus (Foresteria) besitzt 20 Betten, aufgeteilt in vier Zimmer (2/4/6/8 Betten), die den Tieren und Pflanzen der Märchen aus Resia (Rosen, Eiben, Fuchs und Eichhörnchen) gewidmet sind. Wer hier wohnt, bekommt eine Karte, mit der er vergünstigt frühstücken und essen kann, die Möglichkeiten sind allerdings begrenzt. Geöffnet Mitte März bis Mitte Okt. u. Ende Dez. bis Anf. Jan. Di–So 9–13, 14–17 Uhr. Anmeldung 48 Std. vor Ankunft erwünscht. Preis pro Tag/Pers. ca. 18 €, Kinder unter 10 J. und für Schulklassen 9 €, Bettzeug inbegriffen. Geführte Ausflüge im Park werden angeboten, außerdem Verleih von Mountainbikes. Piazza del Tiglio 3, ✆ 0433-53534, www.parcoprealpigiulie.it.

meinTipp *** Alle Alpi**, das einzige Hotel im Naturpark, von Valentina freundlich geführtes Haus mit 15 Betten und gutem Essen im gemütlichen Restaurant (Mi geschl.). DZ/F ca. 60–70 €, mit Etagendusche ca. 50 €. Via San Giorgio 2, Prato di Resia. ✆ 0433-553912, allle.alpi@gmail.com.

meinTipp **Osteria alla Speranza**, in San Giorgio (3 km vor Prato di Resia) gegenüber der Kirche. Gemütliches Wirtshaus mit ausgezeichneter lokaler Küche, an den Wänden historische Fotos von örtlichen Musikern. An der Rückseite auch ein Garten. Di geschl. Via Prato 3, ✆ 0433-53057.

Panificio Pasticceria Renzo Pugnetti, gute Bäckerei/Konditorei in San Giorgio. Via Prato 14, ✆ 0433-53238.

Rundwanderung 5: Bei Prato di Resia → S. 310
Panoramaweg mit Bademöglichkeit rund um Prato di Resia

Wanderung 6: Zum Wasserfall Fontanone di Barman und über die Scharte „La Forchia" (1192 m) zum Rifugio Casera di Rio Nero (865 m) → S. 311
Leichte Wanderung zu einem Wasserfall, im Anschluss anstrengender Aufstieg zum unbewirtschafteten Rifugio

Die Mitte des Friaul

Südlich der hohen Gipfel und tiefen Täler von Karnien und Tarvisiano läuft das Gebirge im üppig grünen Hügelland der Voralpen aus, bevor man unvermittelt die große friulanische Tiefebene erreicht, die sich bis zur Küste erstreckt.

Am letzten Sonntag im Mai öffnen einige Dutzend Weinkellereien ihre Tore für interessierte Besucher, genannt „Cantine aperte". Das größte Schinkenfest der Welt findet am letzten Juniwochenende in San Daniele del Friuli statt, das große Stadtfest „Friuli Doc" Mitte September in Udine.

Der breite Lauf des Flusses *Tagliamento* teilt die Region Friaul-Julisch Venetien gleichsam in zwei Hälften. In seinem Einzugsgebiet liegen die berühmte Schinkenstadt *San Daniele del Friuli* und das malerische *Spilimbergo*, aber auch der Bade- und Windsurfersee *Lago di Cavazzo* und die sehenswerten Orte *Venzone* und *Gemona*, die durch die Erdbeben von 1976 schwer beschädigt, mittlerweile aber in vorbildlicher Weise wiederaufgebaut wurden.

Westlich des Tagliamento zieht sich der *Parco Naturale Dolomiti Friulane* mit seinen Zweitausendern weit nach Süden. Dieser größte Naturpark des Friaul besticht durch seine herrlichen Panoramen und die Einsamkeit abseits der gängigen Touristenrouten. Im weiter südlich gelegenen *Pordenone* kann man den schönen Corso mit seinen venezianischen Palazzi, dem pittoresken Rathaus und dem mächtigen Dom mit einem der höchsten Campanile im Land bewundern.

Größte Stadt des Voralpengebiets ist *Udine*, das seit dem Mittelalter von den Patriarchen aus Aquileia als Residenzstadt auserkoren und später von den Venezianern prachtvoll ausgebaut wurde. Die Stadt ist Ausgangspunkt für die großen Weingebiete *Colli Orientali del Friuli* und das sich östlich anschließende *Collio*. Dank ihrer exzellenten Böden und der ausgezeichneten klimatischen Verhältnisse gibt es kaum einen Quadratmeter, der nicht für den Anbau von Reben genutzt wird. Einige der besten Weißweine Italiens werden hier produziert, verkosten kann man sie z. B. in der Enoteca des geruhsamen Weinbaustädtchens Cormòns.

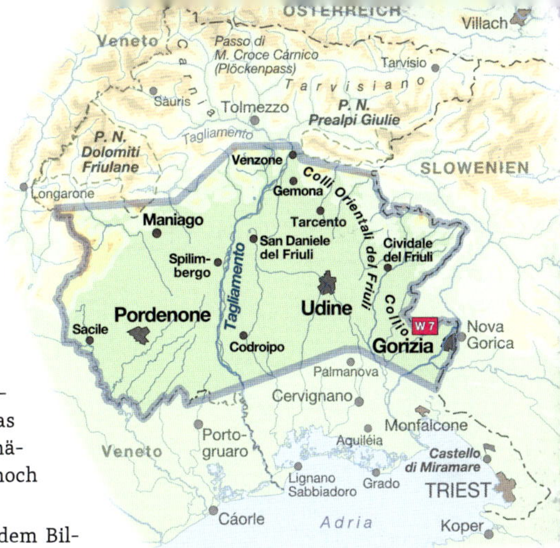

Was anschauen?

Cividale del Friuli: Das Eingangstor zu den Weinbaugebieten ist ein schönes Städtchen mit römischen Wurzeln und einigen hochkarätigen Sehenswürdigkeiten. → S. 123

Gemona: Der Dom der Hügelstadt gehört zu den bedeutendsten im Friaul. Das beim Erdbeben schwer beschädigte Kastell wird derzeit noch restauriert. → S. 86

Gorizia: Ein Kastell wie aus dem Bilderbuch krönt die Stadt, die die Habsburger wegen ihres milden Klimas sehr schätzten. → S. 149

Pordenone: Die Stadt des Malers „Il Pordenone“ bietet Kunstliebhabern einiges. → S. 66

Udine: Das Zentrum der lebendigen Universitätsstadt prunkt mit seinen venezianischen Repräsentationsbauten. Die Jugend schätzt die vielen Osterien und das quirlige Nachtleben. → S. 112

San Daniele del Friuli: Die bekannte Schinkenstadt ist nicht nur ein Gourmetziel, hier steht auch die sog. „Sixtinische Kapelle“ des Friaul mit den großartigen Fresken des Pellegrino da San Daniele. → S. 93

Spilimbergo: Die Stadt der Mosaiken besitzt einen prachtvollen gotischen Dom, aber auch urige Osterien. → S. 102

Venzone: Die Stadt aus hellem Kalkstein ist nach dem Wiederaufbau ein wahres Gesamtkunstwerk – und Pflicht auf dem Weg zur Küste. → S. 83

Was unternehmen?

Colli Orientali del Friuli und Collio: Eine Tour durch die beiden berühmten Weinbaugebiete ist ein Muss, eine Verkostung bei einem der zahlreichen Weingüter ebenfalls. → S. 123 und S. 140

Grotta Nuova di Villanova: Von den Weinhängen der Colli Orientali ist es nicht weit bis zu dieser tiefen Tropfsteinhöhle. → S. 131

Isonzo-Schlachten: Das entsetzliche Sterben im Ersten Weltkrieg wird deutlich auf Italiens größtem Militärfriedhof in Redipúglia. Das multimediale Museo del Monte San Michele veranschaulicht die damalige Kämpfe. → S. 158

Parco Naturale Dolomiti Friulane: Der größte Naturpark der Region besitzt mehrere Stauseen, darunter den heute fast leeren Lago del Vajont, der 1963 Schauplatz eines schrecklichen Unglücks war. → S. 77

Wo baden?

Lago di Cavazzo: Der idyllische See besitzt eine ausgedehnte und im Hochsommer erfreulich schattige Badezone. → S. 89

Was sonst noch?

Bordano: Familien sollten den Abstecher zu einem der größten Schmetterlingshäuser Europas machen – und den Tag mit einem Bad im nahen Lago di Cavazzo abrunden. → S. 90

Sella Campigotto 1790
Sella di Razzo 1760
Passo di Pura 1425
868
660
Ampezzo
Tolmezzo
Villa Santina
Lago di Verzegnis
790
954
52
51
Tagliamento
Piave
Parco Naturale Dolomiti Friulane
Val Cimoliana
Val Settimana
Passo di M. Rest 1052
Tramonti di Sopra
Tramonti di Sotto
Val Tramontina
Lago di Ca' Zul
Lago di Ca' Selva
Lago dei Tramonti
Grotte di Pradis
Riserva Naturale del Lago di Cornino
Passo di S. Osvaldo 827
Cimoláis
Casso
Val del Vajont
Erto
Longarone
Lago del Vajont
Claut
Poffabro
Meduno
Clauzetto
Forgaria nel Friuli
Andreis
Frisanco
Cavasso Nuovo
Pinzano al Tagliamento
Bárcis
Lago di Bárcis
Maniago
Ragogna
Ponte n. Alpi
Montereale Valcellina
464
San Daniele del Friuli
Spilimbergo
Lago di S. Croce
Aviano
Dignano
Provesano
A 27
la Crosetta 1120
251
463
Vittorio Véneto
Fontanafredda
Pordenone
Valvasone
Sedeglia
Casarsa d. Delízia
Sacile
Porcia
13
Codroipo
Villa Manin
Passariano
Fiume Véneto
Prata di Pordenone
S. Vito al Tagliamento
Livenza
53
Azzano Décimo
A 28
Conegliano
Sesto al Réghena
Oderzo
Motta di Livenza
Portogruaro
Latisana
Concordia Sagittaria
A 4
14

Fella
Sella di
Cereschiátis
1066
Chiusaforte
Fella
13
52
Armaro
Lago di
Cavazzo
Venzone
Bordano
13
A 23
Trasaghis
Gemona
Sella
Nevea
1190
Passo
d. Predil
1156
203
Sella
Carnizza
1092
Passo di
Tanamea
851
Soca (Isonzo)
Zaga
SLOWENIEN
soppo
Grotta
di Villanova
Kobarid
Tarcento
Nimis
463
Áttimis
54
102
Tolmin
Cassacco
Púlfero
Drénchia
Colloredo di
M. Albáno
Tricésimo
356
Natisone
Faedis
13
Reana
d. Roiale
Tavagnacco
Togliano
di Torreano
San Pietro
al Nat.
Fagagna
Cividale
del Friuli
Villalta
Martignacco
64
54
Castelmonte
103
Udine
Pasiàn
di Prato
Premariacco
Plave
356
Prepotto
Búttrio
Rocca
Bernarda
Dolegna
Soca (Isonzo)
Corno
di Rosazzo
13
56
San Floriano
del Collio
Manzano
Abbazia
di Rosazzo
352
Goriška Brda
Oslavia
353
Brazzano
Nova
Gorica
Cormòns
Mossa
Mortegliano
Trivignano
252
A 23
10
56
Gorizia
Capriva
del Friuli
305
Talmassons
Palmanova
Torre
Mariano
del Friuli
H 4
Gonàrs
Gradisca
d'Isonzo
Monte
San Michele
Rivignano
353
Aiello
del Friuli
Strassoldo
Redipuglia
S. Giórgio
di Nogaro
351
55
Ronchi
Legionari
A 4
14
A 4
Komen
Cervignano
Monfalcone
Palazzolo
d. Stella
Fiumicello
Marano
Lagunare
Aquiléia
Ausa-
Corno
352
5 km
Die Mitte des Friaul

Gotische Eleganz: Der Palazzo Comunale stammt aus dem 13. Jahrhundert

Der Westen

Der friulanische Westen um Pordenone, dessen Ostgrenze das breite Bett des Flusses Tagliamento bildet, ist für viele Urlauber nur Durchgangsland, zumal er keinen Zugang zum Meer besitzt. Mit dem Parco Naturale Dolomiti Friulane nennt er allerdings eine Naturlandschaft höchster Qualität sein Eigen.

Im Tiefland ist die autobahnnahe Stadt *Pordenone* mit ihren schönen venezianischen Palazzi einen Abstecher allemal wert. Idyllisch ist das historische Zentrum von *Sacile* und auch die in Sesto al Reghena gelegene Abtei *Santa Maria in Sylvis* könnte man besuchen. Von dort ist es dann nur noch ein Katzensprung über die Regionalgrenze ins venezianische *Portogruaro* und vielleicht über den Tagliamento weiter zur Küste mit der großen Ferienstadt Lignano.

Pordenone

ca. 50.000 Einwohner

Die Industriestadt am Noncello ist Stammsitz des bekannten Haushaltsgeräteherstellers Zanussi, dessen Elektroherde und Kühlschränke in vielen Einbauküchen zu finden sind. Die Altstadt ist zum großen Teil Fußgängerbereich und besitzt einige ansehnliche Baudenkmäler, die venezianischen Einfluss verraten.

Schönster Straßenzug ist der gepflasterte und beiderseits von Arkaden gesäumte *Corso Vittorio Emanuele II*, genannt „Contrada Maggiore". Flankiert von zahlreichen Palästen aus

Mittelalter und Renaissance führt er von der geschäftigen Piazza Cavour zu Palazzo Comunale und Dom. Viele Fassaden besitzen Reste schöner Freskenmalereien, z. B. Nr. 17, 21, 26, 37, 40, 42, 45, 52 und 54. Eins der markantesten Gebäude ist der große **Palazzo Gregoris** mit sehr gut erhaltenen Malereien (Nr. 44). Das Südende des Corso markiert der elegante gotische **Palazzo Comunale** aus dem 13. Jh. mit spitzbogiger Loggia, zwei kleinen seitlichen Campanilen und vorgebautem Uhrturm, auf dessen Dach wie am Markusplatz in Venedig zwei Mohren die Glocke schlagen.

Das **Museo Civico d'Arte** im Palazzo Ricchieri gegenüber zeigt in den reich mit Fresken bemalten Räumen im ersten und zweiten Stock Gemälde lokaler Künstler, darunter einige von „Il Pordenone" (→ Dom) und des Porträtmalers Michelangelo Grigoletti, außerdem Skulpturen und Holzschnitzarbeiten. Ein herausragendes Werk ist die „Pala di San Gottardo": der heilige Gotthard auf dem Thron, flankiert von den Pestheiligen Sebastian und Rochus.

▪ **Museo Civico d'Arte,** Mi–So 15–19 Uhr, Mo/Di geschl., Eintritt ca. 3 €. ✆ 0434-392935.

Benachbart steht der spätgotische, innen klassizistisch restaurierte **Dom San Marco** mit einem freistehenden, 79 m hohen, romanisch-gotischen Campanile, der zu den schönsten Italiens zählt. Die helle, einschiffige Kirche besitzt zahlreiche Kunstwerke, darunter am ersten Seitenaltar rechts das berühmte Gemälde „Madonna della Misericordia" des einheimischen Malers Giovanni Antonio de'Sacchis (1483–1538), genannt „Il Pordenone". Auch das unvollendete Bild hinter dem Altar stammt von ihm, ebenso einige der Fresken an den Pfeilern, von denen das Porträt des Heiligen mit der Lanze ein Selbstbildnis des Malers sein soll. Weiterhin besitzt die „Cappella Ricchieri" rechts vorne ein Freskengewölbe von Gentile da Fabriano (Anfang des 15. Jh.), die vollständig ausgemalte „Cappella Mantica" wurde von Giovanni Maria Zaffoni, genannt Calderari, gestaltet (16. Jh.). Am zweiten Altar links sieht man die „Pala di San Girolamo" von Jacopo Tintoretto, Taufbecken und Portal stammen von Pilacorte.

Über die Via Motta kommt man zur nahen *Piazza della Motta*. Dort findet

Bemalte Fassaden am Corso Vittorio Emanuele II

corso Vittori Emanuele_palazzo_Ricchieri_Pordenone_Elio e Stefano (Por FESR 2007-2013)

Die Mitte des Friaul → Karte S. 64/65

man das ehemalige Kloster *San Francesco* mit dem Lesecafé „Al Convento", einem zweistöckigen Kreuzgang und Fresken des 15. Jh., das **Museo Civico di Storia Naturale** sowie das alte Schloss, das heute als Gefängnis dient.

Museo Civico di Storia Naturale, Mi–So 15–19 Uhr, Mo/Di geschl., Eintritt ca. 3 €. ✆ 0434-392950.

Basis-Infos

Information **Ufficio turistico**, Mai bis Sept. Mo–Sa 9–13, 14–18 Uhr, So 9–13 Uhr, übrige Zeit nur bis 17.30 Uhr. Palazzo Badini, Via Mazzini 2, ✆ 0434-520381, info.pordenone@promoturismo.fvg.it.

Anfahrt Mit Parkscheibe kann man 90 Min. kostenfrei auf dem großen, zentrumsnahen **Piazzale Filanda Marcolin** (→ Stadtplan) parken.

Shopping Mittwoch- und Samstagvormittag großer **Markt** auf der Piazza della Motta, der Piazza XX Settembre und der Via Roma.

Viele geschmackvolle **Boutiquen** am Corso Vittorio Emanuele und in den Fußgängergassen in Richtung Piazza XX Settembre.

Übernachten/Essen & Trinken

Übernachten ****** Best Western Park Hotel 6,** zentrale Lage zwischen Bahnhof und Corso Vittorio Emanuele, moderne und gut ausgestattete Zimmer, Parkplatz, kostenlose Gästefahrräder. DZ/F ca. 80–120 €. Via Mazzini 43, ✆ 0434-27901, www.parkhotelpordenone.it.

***** Montereale 2,** an der Ausfallstraße nach Norden, eigener kleiner Parkplatz, Gästefahrräder gegen Gebühr, zu Fuß 15 Min. ins Zentrum. 23 topmoderne Zimmer und elf Mini-Apts., zur Straße hin Schallschutzfenster. DZ/F ca. 70–80 €. Via Montereale 18, ✆ 0434-551011, www.hotelmontereale.com.

B & B Civico 22 1, nördlich vom Zentrum, schickes, neues Haus im Designerstil, gepflegte und helle Zimmer ganz in Weiß, Freundlicher Service durch Natalia, gutes Frühstück im Gemeinschaftsraum mit sonniger Terrasse. DZ/F ca. 85 €. Via San Quirino 22 (Eingang in der Via Eraclea), ✆ 335-6791330, www.bbcivico22.it.

Außerhalb ****** Villa Luppis**, etwa 15 km südlich von Pordenone, reizvolles Ambiente in einem ehemaligen Kloster mit gepflegtem Park und großem Pool. Schöne alte Zimmer und gutes Restaurant, Fahrradverleih. DZ/F ca. 110–200 €. Rivarotta Pasiano, Via San Martino 34, ✆ 0434-626969, www.villaluppis.it.

****** L'Ultimo Mulino**, 10 km südöstlich von Pordenone, romantische Oase in einer restaurierten Mühle am grünen Flüsschen, das Richtige für die Hochzeitsreise. Mit Restaurant (So-Abend u. Mo geschl.). DZ/F ca. 145–160 €. Bannia di Fiume Veneto, Via Molino 45. ✆ 0434-957911, www.lultimomulino.info.

Essen & Trinken **La Vecia Osteria del Moro 12,** in einer Seitengasse des Corso Vittorio Emanuele, nette Außenplätze, aber nicht gerade preiswert. So und im August geschl. Via Castello 2, ✆ 0434-28658.

MeinTipp **Alla ferrata 14,** gemütliche Osteria und Trattoria in einer überwölbten Gasse neben dem Caffè Municipio, Holzmobiliar, Kupfergeschirr, Keramik, Bilder und Fotos. Gute Küche zu angemessenen Preisen. Di geschl. Viale Gorizia 5, ✆ 0434-20562.

Enoteca al Campanile 16, unmittelbar neben dem Glockenturm am Domplatz, nett zum draußen Sitzen, auch das Essen ist gut. Geöffnet bis 24 Uhr, So geschl. ✆ 0434-520628.

Piazzetta San Marco Tredici 18, elegantes Design in einem der ältesten Häuser hinter dem Palazzo Comunale, Blick auf den Campanile. Bei Sternekoch Marco Carraro werden „Gourmet-Burger" und Fleisch (roh und cotto) serviert, darunter auch *spiedo tradizionale* (verschiedene Fleischsorten am Spieß gegart), etwas teurer. Mo/Di geschl. Piazzetta San Marco 13, ✆ 0434-247530.

Dok dall'Ava 10, große Prosciutteria der Gastronomiefamilie dall'Ava (→ San Daniele), nett zum Sitzen, Außen- und Innenplätze, auch leckere Pastagerichte. So geschl. Piazza della Motta, ✆ 0434-20520.

Al Cenacolo 9, schönes Restaurant in einer ehemaligen Poststation, wo die Pferde gewechselt wurden, hinten großer Innengarten. Fleischgerichte wie *mista di carne*, natürlich

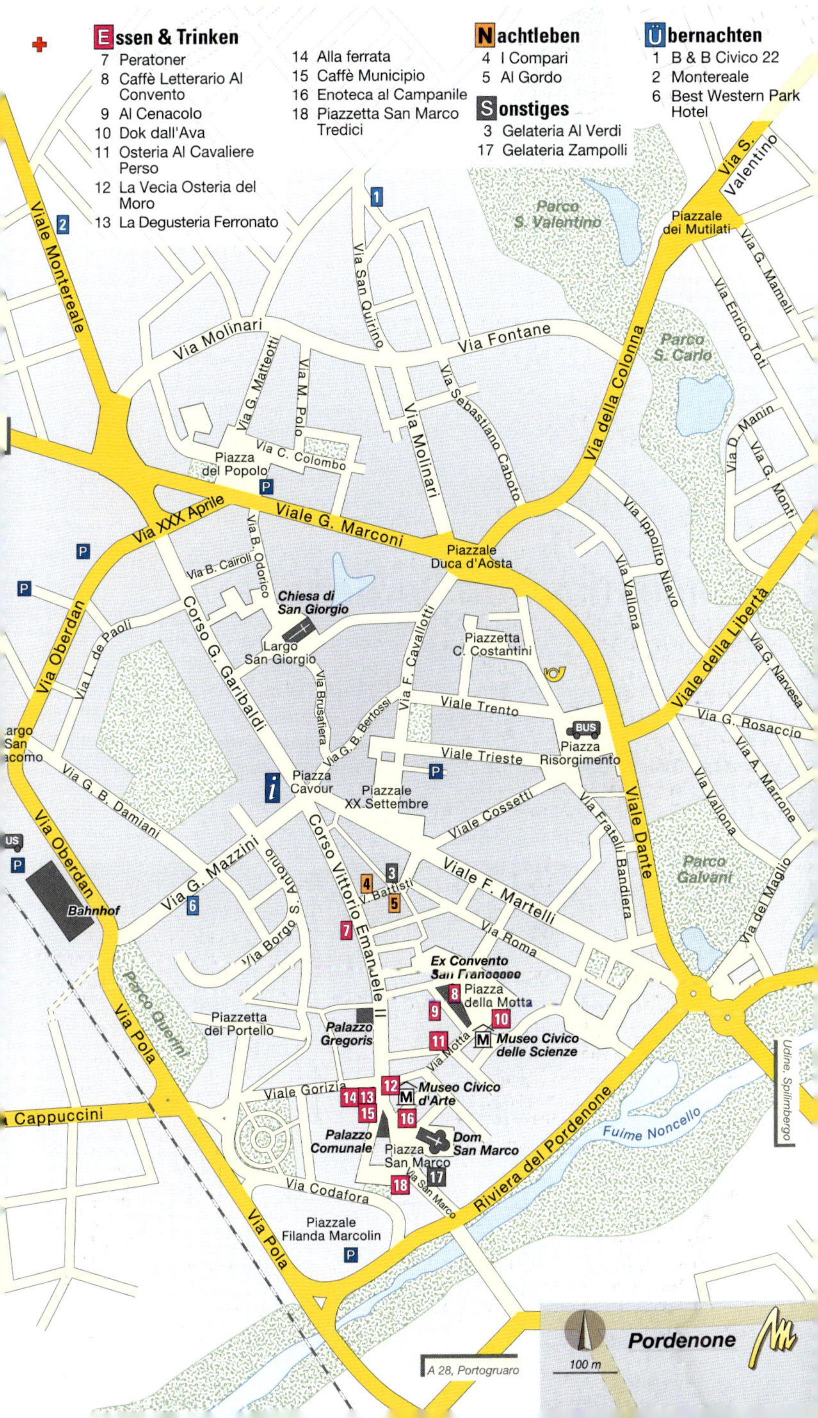
Essen & Trinken
7 Peratoner
8 Caffè Letterario Al Convento
9 Al Cenacolo
10 Dok dall'Ava
11 Osteria Al Cavaliere Perso
12 La Vecia Osteria del Moro
13 La Degusteria Ferronato
14 Alla ferrata
15 Caffè Municipio
16 Enoteca al Campanile
18 Piazzetta San Marco Tredici
Nachtleben
4 I Compari
5 Al Gordo
Sonstiges
3 Gelateria Al Verdi
17 Gelateria Zampolli
Übernachten
1 B & B Civico 22
2 Montereale
6 Best Western Park Hotel
Viale Montereale
Via S. Valentino
Parco S. Valentino
Piazzale dei Mutilati
Via G. Mameli
Via Enrico Toti
Parco S. Carlo
Via San Quirino
Via Molinari
Via Fontane
Via G. Matteotti
Via M. Polo
Via Sebastiano Caboto
Via della Colonna
Via D. Manin
Via G. Monti
Piazza del Popolo
Via C. Colombo
Viale G. Marconi
Via XXX Aprile
Piazzale Duca d'Aosta
Via Ippolito Nievo
Via Vallona
Via B. Odorico
Via B. Cairoli
Chiesa di San Giorgio
Largo San Giorgio
Via F. Cavallotti
Piazzetta C. Costantini
Viale della Libertà
Via G. Narvesa
Via Oberdan
Via L. de Paoli
Corso G. Garibaldi
Via Brusafiera
Viale Trento
BUS
Piazza Risorgimento
Via G. Rosaccio
Via A. Marrone
Largo San Giacomo
Via G. B. Bertossi
Viale Trieste
Piazza Cavour
Piazzale XX Settembre
Via G. B. Damiani
Viale Cossetti
Via Fratelli Bandiera
Viale Dante
Parco Galvani
Via Oberdan
Via G. Mazzini
Via S. Antonio
Corso Vittorio Emanuele II
V. Battisti
Viale F. Martelli
Via del Maglio
Bahnhof
Via Borgo S. Antonio
Via Roma
Ex Convento San Francesco
Piazza della Motta
Parco Querini
Via Pola
Piazzetta del Portello
Palazzo Gregoris
Via Motta
Museo Civico delle Scienze
Udine, Spilimbergo
Viale Gorizia
Museo Civico d'Arte
Cappuccini
Palazzo Comunale
Dom San Marco
Piazza San Marco
Fuime Noncello
Riviera del Pordenone
Via Codafora
Via San Marco
Piazzale Filanda Marcolin
Via Pola
A 28, Portogruaro
100 m
Pordenone

auch *frico*, auch Meeresfisch, preislich etwas höher. Di geschl. Via San Francesco 1/b, ✆ 0434-080160.

Mein Tipp **Osteria Al Cavaliere Perso 11**, behagliches Ambiente mit großen Zeichnungen und Bildern an den Wänden, geführt von Sonia Zorat mit ausschließlich weiblichem Personal. Gute hausgemachte Pasta, *frico con polenta*, Fleischgerichte und Schinken, dazu lokale Weine. Auch einige Tische draußen. Mo geschl. Via della Motta 9, ✆ 0434-28061.

Cafés **Caffè Municipio 15**, seit 1870 das erste Café am Platz, gediegene Einrichtung mit Kronleuchtern, Straßenterrasse mit Blick auf den Palazzo Comunale. Corso Vittorio Emanuele 56.

La Degusteria Ferronato 13, gleich daneben, große Bier- und Weinauswahl.

Peratoner 7, alteingesessene Pasticceria mit gediegenem Café im Laubengang, hinten Blick ins Grüne. Corso Vittorio Emanuele 26.

Caffè Letterario „Al Convento" 8, ruhiges Lesecafé im ehemaligen Kloster San Francesco, Tische im Innenhof. Piazza della Motta 2, ✆ 0434-523365.

Eis **Gelateria Zampolli 17**, Eiscafé am Platz hinter dem Palazzo Comunale. Via San Marco 10.

Gelateria Al Verdi 3, Eisdiele mit bester Qualität in zentraler Lage. Via Cesare Battisti 9.

Nachtleben/Unterhaltung Auf der zentralen **Piazza Cavour** ist im Sommer immer etwas los, Tanz, Livebands etc. Gut besuchte Bars findet man in der kleinen Via Cesare Battisti (Seitengasse des Corso), z. B. **I Compari 4** und **El Gordo 5**.

Umgebung von Pordenone

Sacile ca. 18.000 Einwohner

Die kleine Stadt westlich von Pordenone besitzt einen stimmungsvollen historischen Kern, der vom Fluss Livenza durchflossen wird. Geht man vom halbrunden Hauptplatz ein Stück nach Westen, genießt man von einer Brücke (Tipp: Eisdiele „Il Gelato") einen wahren Postkartenblick auf den Flusslauf mit anmutigem Seegrasbewuchs und prächtigen Trauerweiden.

Hübsches Fleckchen: das Oratorio della Pietà in Sacile

Gleich dahinter erhebt sich der **Duomo di San Nicolò** aus dem 15. Jh. mit seinem schlanken Campanile. Die idyllische Kirchenpiazza ist umgeben von restaurierten Palazzi, in der ruhigen Siestazeit der richtig Ort für ein zeitloses Viertelstündchen. Am Weg zwischen Hauptplatz und Dom steht außerdem das achteckige **Oratorio della Pietà** (18. Jh.) am Flussufer.

Im August findet am ersten Sonntag nach Ferragosto (Mitte des Monats) in Sacile die *Sagra dei Osei* statt, einer der größten und ältesten Vogelmärkte im Land.

Übernachten ****** Due Leoni**, elegantes Haus direkt am Hauptplatz, 60 komfortable Zimmer, z. T. mit schönem Blick auf den Fluss. Mit Parkplatz, Sauna und Gästefahrrädern (gegen Gebühr). DZ/F ca. 100–130 €. Piazza del Popolo 24, ✆ 0434-788111, www.hotelldueleoni.it.

Essen & Trinken **Il Pedrocchino**, „exklusive Momente" in einem mittelalterlichen Palazzo, Gourmet-Treff in Sachen Fisch und Meeresfrüchte. Exzellente Küche und entsprechend teuer, dazu Vermietung von vier schicken Zimmern. So-Abend u. Mo geschl. Piazza IV Novembre 4, ✆ 0434-70034.

Cellini, großes, überwachsenes Terrassenlokal in lauschiger Lage direkt am Fluss. Mo geschl. Via della Pietà 20. ✆ 0434-72868.

Ostaria al Duomo, vis à vis vom Dom, gepflegte Osteria mit guter Qualität. Di geschl. Piazza Duomo 2, ✆ 0434-781969.

Sesto al Reghena ca. 6300 Einwohner

Dieses kleine Örtchen südöstlich von Pordenone gehört zu den sog. „schönsten Orten Italiens" (http://borghipiubelliditalia.it). An einem pittoresken Platz steht die eindrucksvolle ehemalige **Benediktinerabtei Santa Maria in Sylvis**, gegründet von den Langobarden im 8. Jh. Die wehrhafte Anlage mit ihrem weiten Hof und dem dahinterliegenden Park wird vom Flüsschen Reghena umströmt, von der einstigen Ummauerung mit sieben Verteidigungstürmen ist nur noch der Torturm samt Graben erhalten. Bevor man die Kirche betritt, durchquert man eine

Das einstige langobardische Wehrkloster Santa Maria in Sylvis

ungewöhnlich tiefe Vorhalle. Die romanische Kirche selbst ist vollständig mit mittlerweile recht verblassten Fresken ausgemalt, bemerkenswert ist „Christus am Baum des Lebens" im südlichen Querschiff. In der Krypta unter dem erhöhten Chor steht der mit Reliefschnitzereien verzierte Marmorsarkophag der heiligen Anastasia.

▪ Tägl. 9–12, 15–18 Uhr, Eintritt frei.

Von Sesto al Reghena sind es nur wenige Kilometer ins malerische Portogruaro, das bereits in der Region Venetien liegt.

Portogruaro ca. 25.000 Einwohner

Das ruhige historische Städtchen liegt nur etwa 30 km landeinwärts der Adria und bietet sich auch als Ziel für einen Ausflug aus der Badestadt Lignano (→ S. 163) an.

Ins Zentrum des ehemaligen Handelszentrums, das über Kanäle mit der Lagune von Venedig verbunden war, gelangt man durch eines der drei erhaltenen Tore der früheren Stadtbefestigung – *Porta San Gottardo*, *Porta San Giovanni* und *Porta Sant'Agnese*. Der sympathische Altstadtkern gruppiert sich um die beiden arkadengesäumten Hauptstraßen Via del Seminario und Corso Martiri della Libertà mit zahlreichen Palazzi aus Mittelalter und Renaissance. Zentrum des Corso Martiri della Libertà ist die palmenbestandene Piazza della Repubblica. Der gotische **Palazzo Municipale** bildet hier mit Schwalbenschwanz-Zinnen und Außentreppe einen malerischen Blickfang, daneben thront der mächtige **Dom** mit beachtlich schiefem Glockenturm.

Wenige Schritte hinter dem Dom findet man ein besonders malerisches Fleckchen am kleinen Fluss Lémene, der in mehreren Armen die Stadt durchzieht und nördlich von Cáorle in die Lagune mündet: eine Loggia mit dem hübschen **Oratorio della Pescheria** – erbaut 1627 von Fischern aus Cáorle, die damit dem Fischreichtum von Fluss und Lagune Respekt zollten. Daneben sind zwei alte Mühlen mit mächtigen Mühlrädern erhalten, dort kann man auf einer Brücke den Fluss überqueren.

Auf der anderen Flussseite liegt etwas versteckt an der Via del Seminario der große *Parco della Pace* mit ruhigem Freiluftcafé (Eingang neben dem Palazzo della Comune, schräg gegenüber vom Hotel Antico Spessotto). Gegenüber kann man auf einem Fußweg direkt am Lémene entlanggehen (Percorso Pedonale „Lungo Il Lémene) und kommt so zum liebevoll gestalteten **Museo Archeologico Nazionale Concordiese,** das seine Stücke pittoresk in einer dreischiffigen Basilika ausstellt (Via del Seminario 26). Es handelt sich hauptsächlich um Funde aus der ehemaligen Römerstadt *Concordia Sagittaria,* die nur wenige Kilometer südlich liegt. In der **Area Archeologica** unter der dortigen Kirchenpiazza wurden die frühchristliche Basilica Apostolorum und erst vor Kurzem umfassende Teile der römischen Siedlung ausgegraben, darunter Straßen und Gebäude, Lagerräume, Mosaiken und Reste einer Therme.

- **Museo Archeologico Nazionale Concordiese & Area Archeologica,** tägl. 8.30–19.30 Uhr, Eintritt ca. 6 € (mit Ausgrabung in Concordia Sagittaria), unter 18 J. frei. ✆ 0421-72674.

Die Loggia der Fischer steht malerisch am Fluss

Übernachten **** **Antico Spessotto**, zentrale Lage wenige Schritte vom Dom, auf der anderen Flussseite. Liebevoll gepflegtes Haus im venezianischen Jugendstil, 1920 eröffnet. Zimmer mit Mini-Bar, gutes Restaurant (So-Abend u. Mo-Mittag geschl.), Parkplatz, kostenlose Leihfahrräder. DZ/F ca. 65–120 €. Via Roma 2/Ecke Via Garibaldi, ✆ 0421-71040, www.hotelspessotto.it.

Essen & Trinken **Antico Pozzo**, zentrale Lage am Hauptplatz, Pizzeria mit schattigen Außentischen, benannt nach dem benachbarten Brunnen. Mo geschl. Piazza Repubblica 12, ✆ 0421-71336.

Ai Tre Scalini, gediegen-gemütliches Ristorante neben dem Oratorio della Pescheria, innen leicht kitschig dekoriert mit Kupfergeschirr und ausgestopften Wildvögeln aller Art, draußen eine kleine, überdachte Terrasse direkt am Fluss. Schöne Lage und leckere Meeresküche. Via Molini 3, Mo-Abend u. Di geschl. ✆ 0421-71318.

Antica Locanda al Campanile, Weinbar hinter dem Dom, schattige Plätze im Freien. Mo geschl. ✆ 0421-74997.

Shopping Donnerstag ist **Markttag**.

Bosco di Alvisopoli: Östlich von Portogruaro verwandelte am Ende des 18. Jh. der venezianische Adlige Alvise Mocenigo ein malariaverseuchtes Sumpfgebiet in fruchtbares Ackerland. Im Park der nicht zugänglichen *Villa Mocenigo*, die dem Architekten Baldassare Longhena zugeschrieben wird, hatte er exotische Pflanzen angesiedelt, Kanäle gezogen und Heckenwege angelegt. Heute ist der Park verwildert und die typische Flora der Feuchtwälder hat sich verbreitet – ein Spaziergang lohnt sich trotzdem.

▪ Geöffnet nur sonntags 10–12, 15.30–17 Uhr, Eintritt frei.

Wenn man bei *Latisana* den Tagliamento überquert, kommt man wieder ins Friaul und kann nach 15 km die Badestadt Lignano erreichen (→ S. 163). In *San Vito al Tagliamento*, San Giovanni und Casarsa della Delizia am Fluss Tagliamento wuchs der Literat und Filmemacher Pier Paolo Pasolini auf (→ S. 108).

Maniago ca. 11.000 Einwohner

„Città delle Coltellerie", Stadt der Messermacher, nennt sich stolz die geschäftige Kleinstadt am Fuß der Karnischen Voralpen.

Mindestens seit dem 14. Jh., vielleicht aber schon seit der römischen Antike waren die nahen Eisenminen Voraussetzung für die intensive Entwicklung des Schmiedehandwerks, das die Zeiten überdauert hat. Bis ins 18. Jh. stellten die Schmiedewerkstätten der Stadt den unerschöpflichen Bedarf an Waffen für die expansive venezianische Dogenrepublik sicher. Als dann 1796 Napoleon das Ende der Republik verkündete, verlegten sich die Schmiede auf die Fertigung von Haushalts- und Landwirtschaftswerkzeugen, wobei Messer und Scheren naturgemäß die wichtigste Rolle spielten. Noch heute produzieren hier über hundert

Über den Fluss und in die Wälder

In der Villa Mocenigo lebte die 19-jährige Adriana Ivancich, in die sich der 50-jährige Ernest Hemingway, der in vierter Ehe verheiratet war, Ende der 40er Jahre verliebte. Sie inspirierte ihn zu dem autobiografischen Roman „Über den Fluss und in die Wälder" (Across the River and into the Trees), wo sie als Renata erscheint – eine zarte Liebesgeschichte zwischen einem todkranken Oberst und einer jungen Frau vor der morbiden Kulisse Venedigs.

Die Mitte des Friaul → Karte S. 64/65

Betriebe und stellen gut die Hälfte des landesweiten Bedarfs her, aber auch wertvolle handgefertigte Einzelstücke für Sammler. 2007 wurde das **Museo dell'arte fabbrile e delle coltellerie** (Museum der Schmiedekunst und Messerfabriken) in eine ehemalige Messerfabrik im „Edificio Coricama" in der Via Maestri di Lavoro 1 (relativ zentral, südöstlich der Piazza Italia) verlegt, wo es im modernen Rahmen die Entwicklung der Messerherstellung von den Anfängen bis zur Fabrikkultur des 20. Jh. zeigt.

▪ **Museo dell'arte fabbrile e delle coltellerie,** 9.30–12.30, 15.30–18.30 Uhr, Di/Mi-Nachmittag geschl. Eintritt ca. 4 €, über 60 J. und Stud. unter 25 J. 2 €, gratis mit FVG Card. ✆ 0427-709063.

Touristisch ist Maniago eher Durchgangsstation. Eine Attraktion ist sicherlich die zentrale *Piazza Italia*, einer der größten Plätze des Friaul und heute um ihren zentralen Brunnen weitgehend Fußgängerbereich, wo Kinder Frisbee spielen und Passanten entspannt bummeln können. Rundum reihen sich einige historische Palazzi, am auffallendsten wohl der **Palazzo d'Attimis-Maniago** mit seinem großen Löwenfresko von Pomponio Amalteo. In der dreiteiligen **Loggia Comunale** wurde einst Gericht gehalten. Versteckt steht in einer Passage an der rückwärtigen Platzseite der spätgotische **Duomo San Mauro** aus dem 15. Jh., der aber auf einen frühmittelalterlichen Bau zurückgeht. Er besitzt einen freistehenden Campanile und in der schlicht gehaltenen Fassade über dem spitzbogigen Eingangstorbereich dominiert eine filigrane Rosette. Der einschiffige Innenraum besitzt eine hölzerne Decke, mehrere Gemälde schmücken die Seitenfronten, darunter links ein Triptychon von de'Cramaris, in der Apsis sind Fresken von Pomponio Amalteo erhalten.

Von der Nordostecke der Piazza Italia aus kann man über die Via Castello die Ruinen des 1511 durch ein Erdbeben zerstörten **Kastells** erreichen, die auf einem bewaldeten Hügel nördlich der Piazza liegen, beschildert mit „Rovine" (Ruinen). Das Auto muss man am Ende der Via Castello auf einem Parkplatz abstellen und zu Fuß weitergehen.

Die Piazza Italia im Zentrum Maniagos

Neben der Piazza steht der Duomo San Mauro

Information **Pro Maniago Ufficio turistico**, im selben Gebäude wie das Museum der Schmiedekunst, tägl. 9.30–12.30, 15.30–18.30 Uhr, Di/Mi-Nachmittag geschl. Via Maestri di Lavoro 1, ✆ 0427-709063, coricama@maniago.it.

Übernachten *** **Montenegro**, Albergo mit Bar direkt an der zentralen Piazza, zwölf ordentliche und saubere Zimmer für ca. 70–90 €, eigene Parkplätze, Gästefahrräder gegen Gebühr. Piazza Italia 48, ✆ 0427-700337, www.albergomontenegro.net.

Area Attrezzata, Stellplatz für max. fünf Wohnmobile in zentraler Lage. Via Colvera, ✆ 0427 707223.

Essen & Trinken **Antica Coltelleria**, gemütliche Pizzeria in einer ehemaligen Messerschmiede am Ortsausgang in Richtung Frisanco (etwa 1 km vom Zentrum), originelles Lokal, gute Pizza. Mo-Mittag geschl. Via Battiferri 25/27, ✆ 0427-700664.

Shopping Montags findet auf der Piazza Italia der große **Wochenmarkt** statt.

Consorzio Coltellinai, die ganze Palette der örtlichen Schmiedekunst findet man an der Via della Repubblica 21. ✆ 0427-71185, www.consorziocoltellinai.it.

Del Tin Armi Antiche, Fulvio del Tin stellt Schwerter nach historischen Vorbildern her, von der Antike bis zum 18. Jh. Via dei Fabbri 13, ✆ 0427-72550, www.deltin.it.

Sport **Golf Club Castel d'Aviano**, 18-Loch-Platz mit Club House/Restaurant und prächtigem Park bei Castello d'Aviano, südwestlich von Maniago. Via San Gregorio, ✆ 0434-652305, www.golfclubcasteldaviano.it.

Maniago/Umgebung

Cavasso Nuovo: Wenige Kilometer nordwestlich von Maniago kann man in einem imposanten Adelspalast (heute Rathaus) das *Museo dell'Emigrazione* besuchen, das in zwölf Räumen die Geschichte der friulanischen Emigration im 19. und 20. Jh. beleuchtet.

▪ **Museo dell'Emigrazione**, Mo–Fr 10–12, 14–16, Sa 15–17 Uhr, So Juni bis Sept. 10.30–12.30, 15–18 Uhr, übrige Zeit 15–17 Uhr. Eintritt frei. ✆ 0427-77014.

Poffabro: Das schmucke Dorf schmiegt sich nördlich von Maniago in 500 m Höhe an einen Waldhang der Karnischen Voralpenhügel. Am runden Vorplatz des großen, weißen Doms *San Nicolò* kann man parken und den weiten Blick genießen, Blickfang ist ein dekorativer Brunnen. Neben der Kirche steht das *Centro Visite* (Besucherzentrum), in dem bis in die 1960er Jahre

Die Mitte des Friaul → Karte S. 64/65

eine Käserei untergebracht war. Im Erdgeschoss werden die Gerätschaften der Käserei präsentiert, ergänzt durch eine Ausstellung im ersten Stock zur Landwirtschaft, Pflanzen- und Tierwelt der Region. Im Umkreis gruppieren sich an verschlungenen Wegen die malerischen alten Steinhäuser mit Holzbalkonen und Innenhöfen – die traditionellen Baustrukturen sind hier bestens erhalten, weswegen Poffabro zu den „Borghi più belli d'Italia" gezählt wird (http://borghipiubelliditalia.it). Ein Fußweg führt hinüber ins Zwillingsdorf *Frisanco*.

Besucherzentrum, Juni, Juli u. Sept. Sa 10–12, So 10–12, 16–19 Uhr, Aug. tägl. 10–12, 16–19 Uhr, übrige Zeit So 16–19 Uhr. Eintritt ca. 3 €. ✆ 0427-87333.

Übernachten **La Cucagna Due**, neben dem Besucherzentrum. Noud aus Holland vermietet mit Gattin Rita drei gut eingerichtete Apartments in bester Lage. Zu mieten über Airbnb.

B & B Louc Gubit, ordentliche Zimmer mit Garten im nahen Frisanco, leckeres Frühstück auf der Veranda. DZ/F ca. 70–90 €. Via Pala Barzana Est 3, ✆ 0427-78167, www.bbloucgubit.com.

Essen & Trinken **La Pignata**, erst kürzlich im Dorf eröffnet, gute friulanische Küche, schöne Panoramaterrasse, etwas Wartezeit einplanen. Di geschl. Via Colussi 8, ✆ 340-6112653.

Aviano: Südwestlich von Maniago liegt dieses 10.000-Einwohner-Städtchen, das vor allem durch seine große US-Flugbasis bekannt geworden ist, die hier schon seit 1955 besteht. Während des Kosovo-Kriegs im Frühjahr 1999 starteten Kampfbomber nach Serbien, darunter auch deutsche Tornados, um 80 Tage lang die Republik Jugoslawien zu bombardieren, und 2003 flog die in Vicenza stationierte 173. US-Luftlandebrigade von Aviano aus Einsätze im Irak. An der Ausfallstraße nach Pordenone fährt man kilometerweit an den Mauern und Zäunen der Airbase entlang. Amerikanische Autohändler und Restaurants wie „Steakhouse", „Western House" und „Pogue Mahone's Pub" weisen auf die massive Präsenz der US Air Force hin, dazu gibt es unverhältnismäßig viele Hotels.

Blick über Poffabro

Parco Naturale Dolomiti Friulane

Nördlich von Maniago liegt dieser größte friulanische Naturpark mit einer Reihe von majestätischen Zweitausendern und endlosen Waldgebieten, im Norden begrenzt vom oberen Tagliamento-Tal, im Westen vom Fluss Piave.

Der Park ist 37.000 ha groß und völlig unbesiedelt, die wenigen Orte der Region liegen alle außerhalb der Parkgrenzen. So kann man kilometerweit wandern, ohne auf menschlichen Spuren zu stoßen. Die Hauptwege des Parks sind mit Holztafeln beschildert und auf den Broschüren des Parks gekennzeichnet. Gute Wanderkarten gibt es von Tabacco.

Bequemste und schnellste Anfahrt von Maniago ist die SR 251 durch den fast 4 km langen Fara-Tunnel. Kurz danach erreicht man *Bárcis* am gleichnamigen Stausee, im Weiteren folgt die Straße mit prächtigen Landschaftseindrücken dem *Val Cellina* mit dem Wildbach gleichen Namens (Torrente) am Südrand des Naturparks weiter nach *Claut* und *Cimolais*. Von dort ist es nicht mehr weit zum Staudamm von Vajont, der als Verursacher des „Vajont-Desasters" von 1963 in die Geschichte eingegangen ist (→ unten).

Andrèis ca. 250 Einwohner

Das einsame kleine Bergdorf liegt auf einer grünen Terrasse im Schatten hoher Berge, steile Zufahrt von der SR 251 kurz vor Bárcis. Das Besucherzentrum an der Durchgangsstraße mitten im Ort (Parkplatz um die Ecke) zeigt die hübsche ornithologische Ausstellung „L'Avifauna del Parco", ergänzt durch Knochen, Hörner und andere Tierarten der Berge. Ein Vogelschutzgebiet mit sog. „Vogelhäusern" liegt ausgeschildert nordöstlich außerhalb um den Berg *San Daniele*, in den Volieren leben Wanderfalken, Turmfalken, Mäusebussarde, Waldkäuze, Sperber, Habichte und sogar Steinadler.

▪ **Besucherzentrum**, Juni bis Ende Juli u. Sept. Sa/So 10–12, 15–19 Uhr, Ende Juli bis Anfang Sept. tägl. 10–19 Uhr, übrige Zeit nur So 14–17 Uhr.

Übernachten/Essen **Al Vecje For**, das Dorfgasthaus mit Bar an der zentralen Piazza serviert im ersten Stock eine Handvoll Gerichte, im Hochsommer kann man auch draußen auf der Terrasse sitzen. Im zweiten Obergeschoss werden fünf Zimmer mit viel Holz und eigenem Bad vermietet. DZ/F ca. 76 €. Restaurant Mo-Abend und Di geschl. Via Centrale 43, ✆ 0427-764437, www.alvecchiofornoandreis.it.

La Foresteria del Parco delle Dolomiti Friulane, Gästehaus des Naturparks neben dem Besucherzentrum, 24 Stockbetten in Schlafsälen, kein Frühstück. Pro Pers. ca. 15 €. Via Acquedotto 1, ✆ 0427-87333, www.parcodolomitifriulane.it.

Bárcis und Lago di Bárcis ca. 250 Einwohner

Der smaragdgrün schimmernde Stausee erstreckt sich inmitten üppiger Waldzonen, *Bárcis* liegt direkt am Nordufer. Entstanden ist der See in den 50er Jahren durch die Stauung des Wildbachs Cellina, der in einer pittoresken Felsklamm nach Montereale abfließt. Er kann per PKW, zu Fuß oder mit dem Rad umrundet werden (Länge der Tour ca. 6 km), im Sommer werden Kajaks verliehen.

Am Ortseingang kann man zum Südufer hinüberfahren (ausgeschildert mit Piancavallo), dort beginnt bei der Osteria Ponte Antoi die schmale Straße um den See (am Beginn einspuriger Tunnel mit Ampeldurchfahrt). Ein paar Meter von der Osteria entfernt liegt auch das Besucherzentrum von Bárcis mit Fotos, Modellen und Literatur zum Naturpark.

▪ **Besucherzentrum Bárcis**, Juni bis Ende Juli u. Sept. Sa/So 10–12, 15–19 Uhr, Ende Juli bis Anfang Sept. tägl., übrige Zeit So 14–17 Uhr.

Die Mitte des Friaul → Karte S. 64/65

Am Lago di Bárcis

Übernachten ***** Celis**, größeres Haus fast direkt am See, 32 Zimmer wunderbarer Blick aufs Wasser, hübsche Speiseterrasse und Pool. In der Küche werden Produkte aus biologischem Anbau verwendet, Risotti, Wildgerichte und Forellen aus dem Fluss. DZ/F ca. 72–82 €. Via Dante Alighieri 3, ☏ 0427-76376, www.celis.it.

Camping San Francesco, etwas östlich von Bárcis, grasbewachsenes Terrassengelände oberhalb der Straße. Geöffnet Anfang Juni bis Mitte Sept. und an den Wochenenden von April, Mai, zweiter Sept.-Hälfte und Okt. ☏ 0427-76366, 331-9450910, www.campingbarcis.it.

Area Attrezzata, am östlichen Ortseingang, 600 m ins Zentrum. Stellplatz für 20 Wohnmobile in schöner Lage fast direkt am See. Max. Aufenthalt 48 Std., ca. 0,50 €/Std. Ganzjährig. Località Portuz. ☏ 0427-76300.

Essen & Trinken **Aquila Nera**, kleine, putzige „Enoteca con Cucina" direkt an der Durchgangsstraße, gleich beim Campanile. Gerade mal fünf Tische gibt es beim Wirtspaar Emidio und Oriana, die einige lokale Gerichte servieren (lange Wartezeit). Mo geschl. Via Roma 18, ☏ 0427-76390.

Osteria Ponte Antoi, rustikales Gasthaus am See, bevorzugter Bikertreff. Große Portionen und nicht teuer. Di-Abend und Mi geschl. ☏ 0427-76224.

Claut ca. 1000 Einwohner

Das Wintersportzentrum liegt am Zusammenfluss der Cellina mit dem Wildbach Settimana vor der Kulisse mächtiger Zweitausender. Das **Museo Casa Clautana** verwahrt Zeugnisse aus der Ortsgeschichte der lokalen Gemeinschaft und stellt das traditionelle Leben im Tal dar. 1994 wurden in der etwa 16 km entfernten *Località Casavento* über 200 Mio. Jahre alte Dinosaurierspuren entdeckt. Man erreicht sie im Rahmen einer mehrstündigen Wanderung ab *Lesis*, östlich von Claut.

Das *Val Settimana* zieht sich entlang des gleichnamigen Wildbachs Richtung Norden tief in den Park hinein bis zum 26 km entfernten Rifugio Pussa. Die schöne Strecke führt über mehrere Brücken und kann mit dem Mountainbike befahren werden. Im Winter und frühen Frühjahr ist sie gesperrt.

Übernachten ***** Vittoria**, zentral gelegenes, solides Albergo mit sauberen Zimmern, Ristorante und Bar. DZ/F ca. 85 €. Piazza IV Novembre 5, ☏ 0427-878429, www.albergovittoriaclaut.it.

Albergo Diffuso Valcellina e Valvajont, große Auswahl an Apartments in typischen Häusern von Claut, Bárcis, Cimolais, Erto und Casso, jeweils mit Küche und Terrasse, Balkon oder Garten. Rezeption in Claut, Via Roma 43, ☏ 0427-878445, 338-1570963, www.albergodiffusovalcellinavalvajont.it.

Rifugio Pussa, architektonisch reizvolles Holzhaus mit lang heruntergezogenen Dächern in 930 m Höhe am Ende des Val Settimana, Energieerzeugung durch Solarpanels. Etwa 20 Stockbetten in Mehrbettzimmer und ein DZ, Hüttenschlafsack mitbringen. Juni bis Sept. ☏ 0427-87050, 366-3888477, www.rifugiopussa.com.

Cimolais ca. 400 Einwohner

In dem recht belebten Dorf gibt es mehrere Restaurants und Unterkünfte, auch die Parkverwaltung hat hier ihren Sitz. Das Besucherzentrum hilft mit dem „Percorso didattico naturalistico", Fauna, Flora, Gesteine und Vegetation des Parks kennen zu lernen.

Das gut 20 km lange *Val Cimoliana* kann mit dem Fahrzeug befahren werden, der letzte Parkplatz liegt in 1160 m Höhe. In 2173 m Höhe thront dort über

dem Talschluss der *Campanile di Val Montanaia*, eine markante, 300 m hohe Felsnadel, entstanden durch alpine Erosion. 1902 wurde sie zum ersten Mal bestiegen, Freeclimber finden hier heute ein ideales Objekt. Der Zugang ist auf gut markiertem Schottersteig auch für Wanderer gut möglich.

■ **Besucherzentrum**, Juni bis Ende Juli u. Sept. Sa/So 10–12, 15–19 Uhr, Ende Juli bis Anfang Sept. tägl., übrige Zeit Sa/So 9–12, 14–17 Uhr. ✆ 0427-87046. Parkverwaltung, Via Roma 4, ✆ 0427-87333, www.parcodolomitifriulane.it.

Übernachten/Essen **** Margherita**, an der Durchgangsstraße, solides Stein-/Holzhaus mit zwölf Zimmern und empfohlenem Restaurant (Mo geschl.). Seit rund 40 Jahren von Familie Protti geführt, gemütliche Atmosphäre. DZ/F ca. 80 €. Via Roma 7, ✆ 0427-87060, www.parks.it/alb/margherita.

Rifugio Pordenone, am Ende des Cimoliana-Tals in 1249 m Höhe, nur wenige Minuten vom letzten Parkplatz entfernt. 60 Schlafplätze im Mehrbettzimmern, zwei Gemeinschaftsbäder. Marika bereitet gute Küche. HP ca. 53 €/Pers. Juni bis Sept. Località Val Cimolliana, ✆ 0427-87300, www.rifugiopordenone.it.

Camping Bresin, knapp 2 km nördlich von Cimolais, schöner Wiesenplatz mitten in der Natur, 28 Stellplätze für Wohnmobile und Zelte, sehr ruhig, allerdings keine Bar. Mitte Juni bis Mitte Sept. Località Bresin, ✆ 335-5269762.

Al Triestin, familiengeführte Trattoria im Ortskern, gute Qualität. Di geschl. Via Vittorio Emanuele II 30, ✆ 0427-87017.

Agriturismo Passo Sant'Osvaldo, ein Stück in Richtung Lago del Vajont, Einkehrmöglichkeit in einem gemütlichen Holzhaus am gleichnamigen Pass. Juni bis Sept. Di–So (Mo geschl.), übrige Zeit Fr–So. ✆ 0427-87170.

Val del Vajont

Wenige Kilometer westlich von Cimolais kommt man zum *Passo di Sant'Osvaldo* (827 m), kurz danach sieht man linker Hand den heute fast leeren Stausee *Lago del Vajont*. Am Abend des 9. Oktober 1963 kam es hier nach längeren, starken Regenfällen zu einem verheerenden Erdrutsch von 270 Mio. Kubikmetern Erde und Gestein, 1917 Menschen verloren im darunter liegenden Piave-Tal ihr Leben. Verantwortlich für das schreckliche Desaster war die fahrlässige Errichtung des Staudamms *Diga del Vajont*, damals mit 265 m eine der höchsten der Welt, unterhalb von Casso im instabilen Tal des Wildbachs Vajont. Man hatte beim Bau die geologischen Gegebenheiten des südlich gelegenen Hanges des Monte Toc (1921 m) nicht ausreichend bedacht – die Erdmassen stürzten in den Stausee, 25 Mio. Tonnen Wasser schwappten über die Mauer, eine 160 m hohe Flutwelle ergoss sich ins Tal und zerstörte fünf

Mauro Corona: Künstler der Berge

Der 1950 geborene Schriftsteller, Bildhauer und Bergsteiger Mauro Corona (www.maurocorona.it) hat sein Atelier in der Via IX Ottobre 13, schräg gegenüber der Pfarrkirche. Seine lebensgroßen Skulpturen sind höchst authentisch und lebensecht. Drei seiner Bücher wurden ins Deutsche übersetzt. „Die Spur des Marders" erzählt aus dem Leben im Tal des Lago del Vajont vor der Katastrophe. Eine alte Frau hatte damals geweissagt, mit dem Bau des Staudamms würde Erto untergehen – und so kam es denn auch. In „Die Stimme des Waldes" schildert Corona die Eigenschaften und Charakteristiken der Bäume seiner Heimat. Die Tiefenpsychologie deutet den Wald als Symbol für unser Unbewusstes. Corona versteht die Sprache der Bäume, er verwandelt sie – wie auch in seiner bildhauerischen Tätigkeit – literarisch in Figuren, die wie jeder Mensch ihren eigenen Charakter haben. „Im Tal des Vajont" schließlich thematisiert die Geschichte zweier Männer und das harte Leben in einem Bergdorf am Ende des 19. Jh.

Dörfer völlig, weitere zu großen Teilen. In Longarone kam es zu den meisten Opfern.

Bis heute kann man die 2 km lange und 500 m hohe Abrisskante am *Monte Toc* im Gelände gut erkennen und das Vajont-Tal mit den Dörfern *Erto* und *Casso* ist noch immer von dem Ereignis gezeichnet. Der Gerichtsprozess um die Verantwortlichkeit für die Katastrophe dauerte über acht Jahre und erst 37 Jahre nach dem Erdrutsch wurde die staatliche Elektrizitätsgesellschaft ENEL zu Schadensersatz in Höhe von lediglich 6 Mio. Euro verurteilt.

Erto wurde als *Erto Vecchio* z. T. wiederaufgebaut. Es ist noch immer weitgehend verlassen, mit seinen gespenstischen Hausruinen aber einen Spaziergang wert. Das Besucherzentrum im ehemaligen Schulhaus zeigt eine umfangreiche Dokumentation zur Katastrophe von Vajont, darunter auch Filmmaterial. Das oberhalb der Durchgangsstraße liegende *Erto Nuovo* ist dagegen eine eher unattraktive Ansammlung von Beton.

Besucherzentrum Erto, Juni bis Ende Juli u. Sept. Sa/So 10–12, 15–19 Uhr, Ende Juli bis Anfang Sept. tägl. 10–12, 15–19 Uhr, Januar bis Mai Sa/So 10–12, 14–18 Uhr, Okt. bis Dez. Sa/So 9.30–12.30, 14–17 Uhr. Eintritt ca. 3 €. Piazzale del Ritorno 3, Erto Vecchio. ✆ 0427-87333.

Seeumrundung: Man kann den Stausee auf eindrucksvoller Strecke umfahren: Zunächst fährt man von Erto auf der Regionalstraße SR 251 in Richtung Longarone. 250 m nach der Abzweigung nach Casso liegt linker Hand der Straße ein großer Parkplatz. Hier beginnt eine Asphaltstraße, die südlich vom See an den wenigen Häusern von *Pineda* vorbei oberhalb vom See nach Osten führt. Am Ende des Tals erreicht man wieder die Hauptstraße und fährt nach Erto zurück.

Information Pro Loco, Via IX Ottobre, Erto Nuovo. ✆ 347-6773472, info@prolocoertoecassoit. Von Juni bis Oktober veranstaltet das Pro Loco Führungen zur Staumauer (Voranmeldung nötig, ca. 8 €/Pers.).

Übernachten ** Erto, in Erto Vecchio, solides Albergo mit Parkplatz und Restaurant. DZ/F ca. 80 €. Piazzale del Ritorno 1, ✆ 331-9326037.

B & B Emma de Cal, einfache, aber sehr saubere Zimmer mit älterer Einrichtung gegenüber vom Ristorante Stella in Erto Nuovo, freundliche Vermieterin, Frühstück mit selbstgemachter Marmelade. DZ/F ca. 60–70 €. Via Therenton 18, ✆ 0427-879006.

Essen & Trinken Gallo Cedrone, im urigen, mit viel Holz schön restaurierten Restaurant von Massimo Bernarda in Erto Vecchio kann man leckere Gerichte im Wechsel der Jahreszeit versuchen, z. B. im Herbst Wildgerichte und *gnocchi zucca di polenta*. Mi/Do geschl. Via Roma 37, ✆ 339-5616728.

Stella, gemütliches Ristorante/Pizzeria in Erto Nuovo, Terrasse mit schönem Blick. Via IX Ottobre 1963 13, Di geschl. ✆ 0427-879025.

MeinTipp **Al Cervo Bianco**, ebenfalls in Erto Nuovo, Terrasse mit herrlichem Blick, gute Wildgerichte und lokale Küche mit Zutaten aus der Umgebung, z. B. die hausgemachten *gnocchi del poverello* mit Ricotta, dazu freundlicher Service. Via Val della Bruasa 26, ✆ 0427-879077.

Val Tramontina

Naturliebhabern sei neben dem Parco Naturale Dolomiti Friulane noch dieses lange und weitgehend einsame Tal nordwestlich von Maniago empfohlen. Die SR 552 verläuft entlang des Flusses Meduna mit dem Stausee *Lago dei Tramonti*, überquert den *Passo di Monte Rèst* (1060 m) und trifft bei Ampezzo auf das Obere Tagliamento-Tal (→ S. 37). Ein guter Standort im Tal ist der Campingplatz „Valtramontina" hinter *Tramonti di Sotto*.

Camping Valtramontina, das naturbelassene Gelände liegt direkt am Fluss, es gibt einen großen Picknickbereich und ein Restaurant/Pizzeria mit Bar. Im Fluss kann man baden und angeln. Vermietet werden Bungalows und Wohnwagen. Mitte April bis Mitte Sept. Località Sottoriva, ✆ 0427-869004, 333-6262164, www.camptramontina.com.

Die Mitte des Friaul → Karte S. 64/65

Imposante Naturlandschaft: der Tagliamento

Tal des Tagliamento und Umgebung

Der mächtige Flusslauf des Tagliamento ist die markanteste Landmarke von Friaul-Julisch Venetien. „Re dei Fiumi Alpini", König der Alpenflüsse, wird er genannt.

Der Tagliamento teilt die Region in eine West- und Osthälfte und stellt mit nur 170 km Länge eine Verbindung zwischen den Alpen und der Adria her, 1200 Höhenmeter werden dabei überwunden. Während die meisten europäischen Flüsse kanalisiert und begradigt wurden, sucht sich der Tagliamento wild und ungebändigt seinen Weg durchs Friaul. Bis zu 2 km ist sein Bett breit, das im Sommer nur von einzelnen Wasseradern durchflossen wird und aus großen Kiesbänken, Inseln, begrünten Ufern und Kleingewässern besteht. Ein Gefühl majestätischer Weite überkommt einen, wenn man den Fluss von einer der Brücken überblickt und die winzig kleinen Badenden sieht, die es sich mit Sonnenschirmen auf den Schotter- und Sandflächen im Flussbett gemütlich machen. Ganz anders in Frühjahr und Herbst sowie nach lang andauernden, heftigen Regenfällen – dann kann der Pegel innerhalb weniger Stunden extrem ansteigen und die Wassermassen füllen das gesamte Bett aus.

Am schönsten ist der Tagliamento dort, wo er aus den Alpen heraustritt und sich in der Ebene ausbreitet. Gerade in dieser Region haben 1976 zwei verheerende Erdbeben schwerste Schäden verursacht (→ Kasten S. 87). Die Städte *Venzone* und *Gemona* wurden dabei großteils zerstört, sind aber seitdem mustergültig wiederaufgebaut worden und durch den Fahrradweg „Ciclovia Alpe-Adria" miteinander verbunden.

Weitere interessante Ziele im Umkreis sind der malerische *Lago di Cavazzo* mit dem nahen „Schmetterlingsdorf" *Bordano*, die Schinkenstadt *San Daniele del Friuli* und das hübsche Städtchen *Spilimbergo*. Der Flusslauf selber bietet sich für erholsame Ruhepausen an, man kann stundenlang spazieren gehen, baden und sich dem eigenartigen Reiz seiner Landschaft hingeben.

Bedrohtes Naturparadies

Wissenschaftlern gilt der Tagliamento als wichtiges „Referenzökosystem" und als letzte große Wildfluss-Landschaft im ganzen Alpenraum. Seine Uferlandschaften blieben bisher – abgesehen vom südlichsten Abschnitt – von menschlichen Eingriffen nahezu verschont. Biologen sprechen z. B. von allein 50 verschiedenen Schmetterlingsarten, die hier den Uferauen leben – Indiz für eine unverbaute und ökologisch wertvolle Flusslandschaft. Am Beispiel des Tagliamento wird untersucht, wie sich ein natürlicher Flusslauf verhält, denn wegen der schweren Überschwemmungen der letzten Jahre in den Alpen und in Mitteldeutschland hat sich die Erkenntnis durchgesetzt, dass die eingesperrten Flüsse wieder mehr Platz brauchen und renaturiert werden müssen. Dem „betonierten" Schicksal seiner europäischen Flusskollegen ist der Tagliamento bisher wegen seiner Randlage im äußersten Nordosten Italiens nahe der früheren jugoslawischen Grenze entgangen. Hier wurde wenig investiert und vieles vernachlässigt. Doch die Osterweiterung der EU hat das Friaul näher an Westeuropa heranrücken lassen und manches in Bewegung gebracht. Die Regionalregierung plant nun große Rückhaltebecken und andere Hochwasser-Schutzmassnahmen für den Tagliamento, die sein in Europa einzigartiges natürliches Gefüge zerstören würden. Der WWF und andere Umweltschutzorganisationen kämpfen gegen dieses Vorhaben und fordern die Einbeziehung der betroffenen Anwohner in die Planungen, diese sind zum großen Teil gegen das Regierungsprojekt.

Venzone

ca. 2100 Einwohner

Das malerische Städtchen am Tagliamento ist vollständig von einer imposanten mittelalterlichen Doppelmauer mit 14 Türmen und begrüntem Festungsgraben umgeben. Der weißgraue Kalkstein, aus dem das ganze Städtchen besteht, bietet einen eindrucksvollen und ungewöhnlichen Anblick.

Bereits 1965 war Venzone zum Nationaldenkmal ernannt worden, doch die Erdbeben von 1976 zerstörten die Altstadt völlig, kaum ein Haus blieb

Die Mitte des Friaul → Karte S. 64/65

stehen. Auch die beiden großen Kirchen, die Brücken und fast alle Türme der Stadtmauer brachen in sich zusammen. Innerhalb von zehn Jahren wurde Venzone mit einer eigens dafür entwickelten Technik wieder detailgetreu aufgebaut, teilweise unter Verwendung des früheren Mauerwerks.

Von den vier Stadttoren ausgehend (von der Porta di Sopra im Norden sind nur die Grundmauern erhalten), münden die gepflasterten Gassen auf die weite, offene Piazza Municipio mit dem gotischen **Palazzo Comunale** aus dem 14. Jh. und einigen Straßencafés, der Monte San Simeone auf der anderen Seite des Tagliamento bildet dazu eine reizvolle Kulisse. In der nach zwei Seiten offenen Loggia des Palazzo Comunale kann man eine Fotodokumentation zur Zerstörung und den Aufbauarbeiten betrachten, die schwere Holzdecke ist schön bemalt, im Hintergrund sind verblasste Fresken erhalten. An der Hauptgasse etwas nördlich der Piazza dokumentiert das **Museo Tiere Motus** (Erdbebenmuseum) in einem Dutzend Räume im großen Palazzo Orgnani Martina die schrecklichen Beben von 1976 und den Wiederaufbau.

Museo Tiere Motus, Fr 15–19, Sa/So 9–13, 15–19 Uhr, Mo–Do geschl., Eintritt ca. 5 €. ✆ 328-5930517.

1995 konnte auch der 1338 geweihte gotische **Dom Sant'Andrea Apostolo** wieder zur Benutzung freigegeben werden. Im beeindruckenden, noch immer unfertig wirkenden Innenraum findet man Fresken des 14. Jh., über dem Hauptaltar hängt ein großes, geschnitztes Holzkruzifix aus dem 15. Jh. Die rechte Apsis schmückt eine Pietà der Salzburger Schule.

In der Krypta der **Rundkapelle Sant'Michele** neben dem Dom sind fünf mumifizierte Leichname ausgestellt, deren Zersetzungsprozess durch parasitären Pilzbefall (wiss. Name: Hypha Bombicina Pers) verhindert wurde. Der älteste ist „Il Gobbo" (gestorben 1384), den 1807 bereits Napoleon höchstpersönlich begutachtete.

„Le Mummie di Venzone" sind im Sommer von 9 bis 19 Uhr, im Winter bis 17 Uhr zu besichtigen, Eintritt ca. 1,50 €. Einlassmünzen sind u. a. im Laden „Ce Cal Conte" an der Hauptgasse Nr. 10 **5** erhältlich, Mo geschl., dann in den umliegenden Shops fragen (→ Stadtplan).

Die Ruine der zweiten Hauptkirche **San Giovanni Battista** wurde nicht wieder aufgebaut und blieb als Mahnmal stehen.

Wenn man mit dem Auto in Richtung Pioverno und Bordano abbiegt, kommt man kurz vor der Brücke über den Tagliamento an einer vorgelager-

Der mächtige Palazzo Comunale dominiert die zentrale Piazza

ten Bastion vorbei, zu der man hinaufsteigen und den Blick über Venzone genießen kann.

Information **Pro Loco**, kleines Büro beim Hauptplatz, gegenüber der Locanda al Municipio. Di–So 10–13, 15–18 Uhr, Mo geschl. Via Glizoio di Mels 5/4, ✆ 0432-985034, www.prolocovenzone.it.

Anfahrt/Verbindungen Kostenlose **Parkplätze** findet man vor allem nördlich der Stadtmauer (Porta di Sopra), aber auch an der östlichen Umgehungsstraße vor der Stadtmauer und beim westlichen Stadttor direkt an der SS 13.

Übernachten/Essen Die meisten Lokale bieten durchgehend warme Küche.

***** Carnia** 1, direkt an der SS 13 nördlich von Venzone, großes, modernes Haus mit bekannt guter Küche regionaler Prägung, beliebt bei Bikern, Motorrad- und Fahrradräume. Mo geschl. DZ/F ca. 90–95 €. Via Canal del Fero 28, ✆ 0432-978013, www.hotelcarnia.it.

B & B La Culla d'Oro 8, etwas zurück von der SS 13, nicht ganz ruhig. Neu eröffnet, ordentliche Zimmer, bikefriendly. DZ/F ca. 70–90 €. Via Pontebbana 29, ✆ 0432-985026, www.laculladoro.it.

Locanda al Municipio 4, bei der Piazza Municipio, schlichtes Gasthaus mit Terrasse hinter dem Haus. Gute lokale Küche, dazu eine Reihe von Weinen aus dem Collio. An den Wänden hängen Fotos vom Erdbeben und von Filmen, die in den 70er Jahren gedreht wurden. Einige Gästezimmer werden vermietet. Mo geschl. DZ/F ca. 60–80 €. Via Glizoi di Mels 4, ✆ 0432-985801.

Locanda al Fogolar 2, nördlich außerhalb der Stadtmauer, unten gemütliche Stube mit großem Fogolar, oben vier Zimmer, nette Wirtsleute, gutes Essen, Raum für Fahrräder. Do geschl. Via Antonio Bidernuccio 8, ✆ 0432-985164.

Alla Scaligere 6, solide Trattoria, schön zum Draußensitzen, Küche in Ordnung. Mi geschl. (außer Aug.). Via Roma 1, ✆ 349-1634894.

MeinTipp **Caffè Vecchio** 3, Familienbetrieb seit 1945 an der zentralen Piazza Municipio, vorne die Bar mit integrierter Lottoannahmestelle (!), sehr gutem Kaffee und preiswertem Hauswein, hinten im Gewölbe die zwei Speiseräume, dort gibt es z. B. leckere Pasta. Di geschl. Via Mistruzzi 2, ✆ 0432-985011.

Shopping **Coop Agricola Alto Friuli** 7, wer Venzone nach Süden verlässt, sieht die Käserei rechts an der Straße nach Udine. Dort kann man guten Montasio und einige weitere Sorten probieren und kaufen, außerdem Wurstwaren und andere Köstlichkeiten der Region. Mo 10–13, 14–18, Di–Sa 9–13, 15.30–19.30, So 15.30–19.30 Uhr. Via Pontebbana 5 (SS 13), ✆ 0432-985595.

Die Mitte des Friaul → Karte S. 64/65

Gemona del Friuli

ca. 11.000 Einwohner

Der Hauptort im unteren Tagliamento-Tal liegt 30 km nördlich von Udine in steiler Hanglage am Fuß des Monte Cuarnan. Die beiden verheerenden Erdbeben von 1976 haben weite Teile der Stadt zerstört. In einer einzigartigen Gemeinschaftsleistung hat man sie wieder aufgebaut, darunter den berühmten Dom aus dem 14. Jh., dessen rechtes Schiff vollständig eingestürzt war.

Zentraler Platz der Oberstadt ist die Piazza del Municipio. Hier steht der **Palazzo Comunale** (auch: Palazzo Botòn) aus der Renaissance mit einer schönen Loggia und einem dreibogigen Fenster mit Balkon im ersten Stock. Die schmale, mit glatten Quadern gepflasterte *Via Giuseppe Bini* führt hinüber zum Dom, unter den schattigen Arkadengängen der historischen Palazzi findet man einige hübsche Läden. Im Palazzo Elti mit der Touristinfomation zeigt das **Museo Civico** Gemälde und Skulpturen des 15.–18. Jh., darunter „Madonna mit Kind" von Giambattista Cima da Conegliano. Schräg gegenüber vom Museum kann man in der Nr. 24 die umfangreiche Fotoausstellung **„1976 Frammenti di Memoria"** zum damaligen Erdbeben besuchen.

▪ **Museo Civico,** Di–So 9.30–13, 15–19 Uhr, Eintritt frei. Frammenti di Memoria, Di–So 10–18 Uhr, Mo geschl. Eintritt frei.

In der Nachbarschaft liegt neben der Nr. 10 (beschildert mit „Vista Panoramica") der etwas versteckte Aufgang zum **Kastell**, das hoch über der Stadt thront und beim Erdbeben stark zerstört wurde. Oben kann man von einem terrassierten Garten aus den weiten Blick genießen, eine Innenbesichtigung ist jedoch nicht möglich, denn erst seit Kurzem wird es restauriert und die Arbeiten werden wohl Jahre dauern.

Am Ende der Straße erreicht man den **Dom Santa Maria Assunta** aus dem 14. Jh. mit seiner prachtvollen Fassade. Rechts steht eine 7 m hohe Christophorus-Statue mit Christuskind, über dem

Arkadengänge an der Via Giuseppe Bini

Erdbeben: Die Geißel des Friaul

Schon aus den Jahren 1390, 1511 und 1640 sind schwere Erdbeben aus dem Udiner Raum überliefert. Am Abend des 6. Mai 1976 war es wieder soweit: Nur eine einzige Minute bebte die Erde, doch die Schäden waren schrecklich. Das Epizentrum des Bebens mit Stärke 6,5 auf der Richter-Skala lag nördlich von Udine um die Städte Gemona und Venzone, die fast völlig dem Erdboden gleichgemacht wurden. Insgesamt wurden in 17 Gemeinden etwa 20.000 Wohnungen zerstört, mehr als 50.000 weitere schwer beschädigt, fast tausend Menschen starben, 70.000 wurden obdachlos. Am 15. September folgte ein heftiges Nachbeben und vollendete das Vernichtungswerk. Nach dem Erdbeben floss viel Geld in die Region, alle Ruinen wurden beseitigt und kaum ein Haus ist hier heute älter als 40 Jahre. Wissenschaftler erklären die Erdstöße als Folge der Kontinentaldrift, d. h. des Zusammenstoßes der europäisch-asiatischen Kontinentalplatte mit der afrikanischen Scholle, die auf dem zähflüssigen Erdinneren schwimmen und im Mittelmeerraum aufeinandertreffen. Diese gewaltigen Kräfte waren einst auch verantwortlich für die Auffaltung der Alpen.

Portal sieht man eine gotische Galerie mit der Muttergottes und den Heiligen Drei Königen, darüber eine filigrane Rosette, die zu den schönsten ihrer Art zählt. Vis-à-vis erhebt sich der mächtige Campanile, der beim Erdbeben völlig eingestürzt war und mit altem und neuem Material Stein für Stein wieder aufgebaut wurde. Der mächtige dreischiffige Innenraum der Kirche hat seit dem Erdbeben eine leichte Schräglage, die in Erinnerung an das Beben beibehalten wurde. Rechts vom Eingang wird hinter Glas eine vergoldete Holzschnitzerei des Venezianers Moranzone aus dem 14. Jh. mit Themen des Alten und Neuen Testaments verwahrt, einst schmückte sie den Hauptaltar. Die erste Seitenkapelle rechts zeigt ein Holzkreuz aus dem 15. Jh., das schwer beschädigt aus den Trümmern der Kirche gerettet werden konnte. Im Hauptschiff

Die Mitte des Friaul → Karte S. 64/65

Der Dom von Gemona wurde nach dem Erdbeben aufwändig restauriert

blieb die prächtige Orgel aus dem 18. Jh. erhalten. In der mit schönen Fresken verzierten *Cappella Feriale* im linken Schiff beschreiben Informationstafeln den Wiederaufbau des Doms.

In einer Seitengasse vor dem Dom liegt das **Museo della Pieve e Tesoro del Duomo** mit dem Domschatz.

▪ So 10.30–12.30, 15–19 Uhr, Eintritt frei.

Information **Ufficio Turistico**, im Erdgeschoss des Palazzo Elti, gleichzeitig Eingangsbereich des Museo Civico. Tägl. 9.30–13, 15–19 Uhr. Via Giuseppe Bini 7, ✆ 0432-981441, www.prolocogemona.it.

Anfahrt/Verbindungen Die historische Oberstadt liegt mehr als 200 m über der Neustadt im Tal, kurvenreiche Zufahrten führen hinauf, oben gibt es beschränkte Parkmöglichkeiten an der Piazza Giuseppe Garibaldi.

Übernachten ***** Willy**, im Tal unten nördlich vom Bahnhof, an der Straße parallel zu den Gleisen, vor Jahrzehnten gegründet von einem süditalienischen Gastarbeiter und seitdem von den Familienmitgliedern ausgebaut und erweitert. Heute ein großes, aufmerksam geführtes Hotel mit guter, bodenständiger Küche und Biergarten. Zimmer großzügig und solide eingerichtet (etwas laut nach vorne). Prächtiger Garten und Spielplatz, Fahrradgarage. DZ/F ca. 85–90 €. Via Bariglaria 164, ✆ 0432-981733, www.hotelwilly.com.

**** Da Si-Si**, einfaches Haus mit sauberen Zimmern im südlichen Ortsbereich, Restaurant mit hübscher Sommerterrasse, hinten Garten, eigener Parkplatz im Innenhof. Gutes Preis-Leistungs-Verhältnis. DZ/F ca. 60–75 €. Via Piovega 15, ✆ 0432-981158, www.hotelsisi.it.

B & B Al Centrâl, etwas versteckt, beim Palazzo Elti um die Ecke, die einzige B & B-Adresse im Zentrum. Enzo vermietet in seinem historischen Haus große, historisch eingerichtete Zimmer. DZ/F ca. 70–80 €. Via Vicinale 4, ✆ 0432-980091, www.alcentral.it.

Camping Ai Pioppi, 1 km vom Zentrum entfernt (beschildert), seit 1958, schlauchförmiger Wiesenplatz, keine Dauercamper. Am Eingang gemütliche Bar, wo sich abends die Männerwelt trifft. Mitte März bis Mitte Nov. Via Bersaglio 118. ✆ 0432-981276, www.aipioppi.it.

Essen & Trinken **Rive Grande**, kleine Osteria con cucina unterhalb der Piazza Garibaldi, nette Außenterrasse, leckere hausgemachte Pasta und *antipasti di pesce*. Mo geschl. ✆ 0432-972851.

Pan e Salam di Londero Sandy, beliebte Weinbar im Laubengang schräg gegenüber vom Palazzo Elti. Panini, Taglieri, Salate und einige leckere, warme Fleischgerichte. Mo geschl. Via Giuseppe Bini 2, ✆ 0432-892031.

Gemona del Friuli/Umgebung

Artegna

ca. 2900 Einwohner

Das Städtchen südlich von Gemona wird vom trutzigen **Castello Sarvognan** überragt, erbaut von der gleichnamigen Udineser Adelsfamilie (→ S. 115). Nach der Zerstörung durch die Erdbeben von 1976 wurde es in den letzten Jahren wieder vollständig instandgesetzt und kann nun besichtigt werden. Es gibt eine Ausstellung zur Archäologie und Geschichte des Orts und eine Bar mit Panoramaterrasse. Den Turm kann man besteigen.

Castello Sarvognan, Sa/So 10–12.30, 15.30–19 Uhr, Spende erbeten. ✆ 345-6454855.

Fortezza di Osoppo

Osoppo liegt südwestlich von Gemona oberhalb des breiten Betts des Tagliamento. Eine Fahrstraße führt vom Zentrum auf den dicht bewaldeten Burgberg mit den Ruinen einer großen Festungsanlage, die in ihren Ursprüngen bis auf die Kelten zurückgeht.

Beim Parkplatz stehen die Überreste der großen klassizistischen **Chiesa di San Pietro** aus dem 17. Jh. mit Grundmauern mehrerer Vorgängerbauten aus Mittelalter und vorchristlicher Zeit, auch eine Zisterne ist erhalten.

Die heutige Fortezza wurde von den Venezianern erbaut und von Österreichern und Franzosen erweitert. Vor allem in den Risorgimento-Kriegen war sie heftig umkämpft, 1848 verteidigte sich hier eine Gruppe freiwilliger italienischer Kämpfer mehrere Monate lang gegen die österreichischen Truppen. 1923 wurde die Burg zum nationalen Denkmal ernannt. Erhalten sind weitläufige Mauern, Türme, Schützengräben und Kasematten, z. T. sind sie überwuchert und grasbewachsen. Nach Westen blickt man auf das ruhige Tagliamento-Tal hinab, von der anderen Seite dröhnt der Lärm der Autobahn herauf.

Tägl. 8–17 Uhr, im Sommer 8–20 Uhr, Eintritt frei. Mehrmals im Sommer finden auf der Fortezza mittelalterliche Feste mit Bewirtung statt.

Lago di Cavazzo

Der idyllische, von dichtem Grün umgebene See liegt nordwestlich von Gemona auf der anderen Seite des Tagliamento. Auf dem Weg zur Küste bietet er sich als Stop-Over an. An windreichen Tagen treffen sich hier bereits frühmorgens die Windsurfprofis der Region. Dazu gibt es eine große, schattige Badezone, das Wasser ist glasklar, aber auch ziemlich kalt.

Der Lago di Cavazzo ist der größte See im Friaul, er besitzt eine Fläche von 1,2 qkm, ist 2,2 km lang und bis 36 m tief. Zwar wird der nördlichste Zipfel von der Autobahn auf malerisch anzusehenden Stelzen überquert, doch das stört am Südende des Sees nicht, wo der eigentliche Bade- und Erholungsbetrieb stattfindet. Dort findet man einen Bootsverleih und den Kiosk „Al Molo" mit Seeterrasse, einen Kiesstrand und einen schönen Uferbereich mit vielen schattigen Bäumen zum Spazierengehen. Zwei Campingplätze (einer mit Windsurfschule) liegen am südlichen Westufer, außerdem hat dort eine Segelschule ihren Standort.

Übernachten Am Südufer ist das Hotel **Trilago** mit Pool in Bau.

Zwei Campingplätze liegen nebeneinander am Westufer des Sees. Geöffnet sind sie von Anfang April bis Ende Sept., bei wenig Betrieb wird aber auch schon früher geschlossen.

**** Camping Lago Tre Comuni**, größerer, sonniger Wiesenplatz mit wenigen Bäumen. Moderne, sehr saubere Sanitäranlagen, große Bar, Laden, Windsurfschule; Kanus. Via Tolmezzo 52, ✆ 0432-979464, www.lago3comuni.com.

**** Camping Val del Lago**, kleinerer Platz mit reichlich Baumschatten. Geführt vom netten

Die Mitte des Friaul → Karte S. 64/65

Schattige Badezone am See

Ehepaar Stefanutti, ebenfalls sanitär gut, wenn auch etwas wenig Duschmöglichkeiten. Im Restaurant wird mit biologischen Produkten gekocht. Via Tolmezzo 54, ✆ 348-2431337, www.valdellago.it.

Essen & Trinken **Alla Darsena**, einfaches Pizzalokal bei der Badezone am südlichen Ostufer, in der Bar trifft sich abends die Jugend. Mo geschl. ✆ 0432-979533.

Trattoria alla Trota, südlich vom See an der SR 512 nach Trasaghis, idyllische Lage an einem kleinen Flusslauf mit Teichen und viel Grün, wirkt aber leider ungepflegt. Vieles ist tiefgekühlt, Spezialität sind die selbst gezüchteten Forellen. Via Armando Diaz 20, ✆ 0432-984457.

Sport **Nautilago**, Segelschule am Westufer, kurz nach den Campingplätzen, Verleih von Segelbooten und Kanus. Via Tolmezzo 58, ✆ 0432-979288, www.nautilago.com.

Bordano ca. 800 Einwohner

In dem kleinen Dorf zwischen Lago di Cavazzo und Venzone dreht sich alles um Schmetterlinge, denn mit der **Casa delle Farfalle** gibt es im südlichen Ortsbereich eine große Attraktion, die vor allem für Familien ein beliebtes Ausflugsziel darstellt.

Der Standort des „Schmetterlingshauses" wurde nicht von ungefähr gewählt, denn die Region des Tagliamento ist bekannt für ihre zahlreichen Schmetterlingsarten. Zahlreiche Künstler haben das zum Anlass genommen, die Hausfassaden im Ort – und neuerdings auch im benachbarten Interneppo am Lago di Cavazzo – mit fantasievollen Motiven zu bemalen. Bei einem Bummel entdeckt man immer wieder neue Kreationen, nicht nur Schmetterlinge.

In der Casa delle Farfalle leben Tausende der exotischen Farbflügler in einer tropischen Pflanzenwelt, die man auf einem Rundgang durch drei Hallen bewundern kann. Auf 2000 qm können hier sämtliche Lebensphasen von über 400 Schmetterlingsarten aus aller Welt beobachtet werden. In den drei großen Glashäusern hat man das natürliche Habitat von Regenwäldern mit exotischen, bunt blühenden Pflanzen erzeugt. Vier Zonen werden so dargestellt: Afrika, Indien, Australien und das Amazonasbecken. Daneben gibt es noch weitere, frei lebende Tiere wie Vögel, Chamäleons, Fische und Insekten. Im Eingangsbereich ist die gut bestückte Touristinformation untergebracht, draußen lädt ein großer, überdachter Bereich mit Tischen und Bänken zum Picknick ein.

▪ **Casa delle Farfalle,** Ende März bis Ende Sept. tägl. 10–18 Uhr, Eintritt ca. 8 €, von 4–12 J. und über 65 J. 6 €. Via Canada 5, ✆ 0432-1636175, www.bordanofarfalle.it.

Essen & Trinken **Alle Sorgenti**, ruhig gelegenes Ristorante am südlichen Ortsausgang (Straße nach Braulins), nicht teuer. Do-Abend geschl. Viale Udine 2, ✆ 0432-988200.

Die Welt der Schmetterlinge: farbenprächtige Wandmalereien in Bordano

Monte San Simeone (1505 m)

An der Straße von Bordano nach Interneppo biegen wir ungefähr an der Hälfte der Strecke nach rechts in eine schmale Straße ein (zu erkennen an den drei Schautafeln). Sie führt uns in Serpentinen auf das Plateau unterhalb des *Monte San Simeone* mit der *Chiesa di San Simeone* in 1239 m Höhe.

Das Sträßchen ist mit seinen Kehrtunneln ca. 11 km lang, bis zum Plateau kann man mit dem Auto fahren (Vorsicht: In den Kehren und Tunnels Hupe benutzen, da sehr schmal!) oder mit dem Mountainbike. Man kann aber auch zu Fuß gehen, der rot-weiß gekennzeichnete Weg, der die einzelnen Spitzkehren miteinander verbindet, führt dabei steil nach oben. Bis zum Plateau muss man (je nach Parkmöglichkeit) etwa 800 Höhenmeter zurücklegen. Aber egal für welche Variante man sich entscheidet, oben öffnet sich ein atemberaubender Blick auf das Tagliamento-Tal und die friulanische Ebene.

Auf dem Plateau führt links ein kleiner Pfad zur *Chiesa di San Simeone* (ein Schild weist den Weg). Man kann aber auch in etwa 1 Std. auf dem Sentiero 838 auf den 300 m höher gelegenen Monte San Simeone wandern, der einen zusätzlichen Ausblick auf die Julischen und Karnischen Alpen ermöglicht.

Wem dies alles zu steil und anstrengend erscheint, der hat die Möglichkeit, weiter unten (gekennzeichnet) den „Sentiero delle Farfalle" (Schmetterlingspfad) bzw. „Sentiero Entomologico" zu begehen. Schilder, die entlang des Weges stehen, ermöglichen einen Einblick in die Welt der zarten Insekten, denn über 100 Tagfalterarten und etwa 550 Nachtschmetterlingsarten leben hier.

■ **Wanderkarte**: *Tabacco* Blatt 013, Prealpe Carniche – Val Tagliamento (1:25000).

Braulins

Der kleine Weiler direkt am Tagliamento liegt unter einer hohen, dicht bewachsenen Felswand, von der manche Einheimische sagen, dass sie recht gefährlich über dem Dorf hängt. Oben gibt es eine Einsiedelei, wo man den herrlichen Blick über den Fluss und den Burghügel von Osoppo (→ S. 89) genießen kann.

Die Mitte des Friaul → Karte S. 64/65

Gedenken in Avasinis: Kriegsverbrechen im Friaul

Wenige Kilometer südlich vom Lago di Cavazzo liegt das kleine Dorf *Avasinis*, heute Ortsteil des benachbarten Städtchens Trasaghis, noch in den letzten Tages des Zweiten Weltkriegs Schauplatz eines Blutbads der SS. Als die deutschen Truppen in Italien am 28. April 1945 kapitulierten, glaubten alle im Dorf, der Krieg wäre endlich vorbei. Doch am 1. Mai waren noch Männer der 1. Kompanie der SS-Karstwehr im Tagliamento-Tal auf dem Rückzug nach Norden. Sie wurden von Partisanen angegriffen und in Schusswechsel verwickelt. Daraufhin marschierten sie nach Avasinis, holten alle Bewohner, derer sie habhaft werden konnten, aus den Häusern und erschossen sie. 51 Zivilisten wurden an diesem Tag von den SS-Männern ermordet, darunter Frauen, die vorher vergewaltigt wurden, sowie fünf Kinder. Über ein halbes Jahrhundert blieben die Täter unbehelligt, erst 1997 eröffnete die Staatsanwaltschaft Würzburg ein Ermittlungsverfahren. Die Spur führte nach Pottenstein in der Fränkischen Schweiz (Bayern), wo die SS-Karstwehr zur Partisanenbekämpfung gedrillt worden war. Diese „Elitetruppe" war an zahlreichen Kriegsverbrechen beteiligt. 41 noch lebende Karstsoldaten konnten ermittelt werden und wurden vernommen, doch unisono behaupteten sie, Avasinis nicht zu kennen und niemals an einem Massaker dort teilgenommen zu haben. Die Staatsanwaltschaft sah dies zwar als abgesprochene Schutzbehauptungen, doch mangels Beweisen wurde das Ermittlungsverfahren 2007 eingestellt.

Gedenkstätte in Avasinis

Eine Gedenkstätte für die Ermordeten liegt hinter der großen Dorfkirche von Avasinis. Alljährlich am 2. Mai wird hier der Toten gedacht, ein Schweigemarsch mit Überlebenden des Massakers und ehemaligen Partisanen an der Spitze zieht durch das Dorf.

Von Trasaghis nach Süden

Bei der Fahrt auf der schmalen Straße direkt am rechten (westlichen) Ufer des Tagliamento entlang, gibt es gute Möglichkeiten, ins breite Flussbett zu gelangen, sich auf den großen, trocken liegenden Kiesflächen zu sonnen und zu baden. In *Cornino* kann man wieder auf die andere Flussseite wechseln, wo die Hauptstraßen nach Gemona und Udine verlaufen. Oder man fährt über Forgaria in die Berge zu den Grotten von Pradis (→ S. 101).

Riserva Naturale del Lago di Cornino

Der idyllische Lago di Cornino ist Zentrum eines kleinen Naturparks mit Besucherzentrum an der SP 22 nördlich von Cornino, nicht weit vom Tagliamento.

Mit einem gemütlichen Spaziergang von etwa 1,5 km Länge kann man sich den glasklaren Karstsee erschließen und dabei die Farbenvielfalt von Türkis bis Smaragdgrün bewundern. Auch zum Picknick lädt der Lago ein und mit Ruhe und Geduld lassen sich sogar Gänsegeier und Uhus beobachten, die hier seit Ende der 80er Jahre heimisch gemacht wurden. In ganz Europa sind die Bestände an Gänsegeiern stark zurückgegangen, die hiesige Population umfasst derzeit 60 bis 100 Tiere und wird von Jahr zu Jahr größer, da immer mehr durchziehende Einzelvögel den Weg hierher finden oder von Vogelliebhabern gebracht werden. Die Gänsegeierpaare brüten in den Felswänden der Umgebung, ein großer Futterplatz wurde eingerichtet.

In der Adventszeit baut der örtliche Tauchverein in 9 m Tiefe eine Krippe auf. Am Heiligen Abend wird das ganze Ufer von Fackeln beleuchtet, anschließend wird die Krippe bis zum Dreikönigstag Stück für Stück herausgeholt und an Land aufgebaut.

■ **Centro Visite Riserva Cornino,** Mai bis Sept. tägl. 9–13, 14–18 Uhr, übrige Zeit Di/Do 9–13, Sa/So 9–13, 14–17 Uhr (Okt. bis Febr. bis 16 Uhr). ✆ 0427-808526, www.riservacornino.it.

Übernachten **B & B Da Gi & Jo**, in San Rocco di Forgaria nel Friuli, Panoramalage mit Blick auf den Tagliamento, zwei Zimmer (eins mit vier, eins mit zwei Betten) mit gemeinsamem Bad. Nachts schlägt die benachbarte Kirchturmuhr jede Stunde, Frühstück mager, viele Katzen im Haus. DZ/F ca. 50 €. Via Belvedere 1, ✆ 339-2717999, giuliamondolo@libero.it.

Albergo Diffuso Forgaria Monte Prat, nördlich von Forgaria nel Friuli kann man von Mai bis Sept. im Gebiet der hoch gelegenen Ebenen des Monte Prat in alten Steinhäusern mitten in der Natur der Voralpen übernachten. Case per Vacanze, Piazza Tre Martiri 4, Forgaria nel Friuli. ✆ 0427-809091, www.monteprat.it.

San Daniele del Friuli

ca. 8000 Einwohner

Hier dreht sich alles um „prosciutto“. Die berühmte Schinkenstadt des Friaul liegt etwa 27 km nordwestlich von Udine, wenige Kilometer östlich vom Tagliamento. Die kalte Luft aus Carnia im Norden mischt sich hier mit den warmen Strömungen von der Adria, was für den Reifungsprozess des Prosciutto ideal ist.

Daneben hat San Daniele aber auch eine wirkliche Top-Sehenswürdigkeit zu bieten, denn in der Kirche Sant'Antonio Abate ist ein einzigartiger Freskenzyklus des Künstlers Pellegrino da San Daniele (1476-1547) erhalten, der zu den bedeutendsten im Friaul gehört.

Insgesamt gesehen ist das Hügelstädtchen keine spektakuläre Schönheit, denn auch San Daniele wurde durch die Erdbeben von 1976 schwer mitgenommen. Doch sind es hier nicht die architektonischen Feinheiten, sondern die kulinarischen, um die es geht. In den Gassenzügen um die zentrale Piazza mit dem Dom bietet jedes Lokal Schinken bis zum Abwinken – statt Pizzerien gibt es hier „prosciutterie“, in denen man das ganze Jahr über den San-Daniele-Schinken verkosten kann. Die großen Fabrikhallen für die Schinkenproduktion liegen hauptsächlich an der Ausfallstraße nach Süden. 30

Die Mitte des Friaul → Karte S. 64/65

Betriebe, die alle Mitglied der Schutzgenossenschaft „Consorzio del Prosciutto di San Daniele“ sind, produzieren alljährlich gut zwei Millionen Keulen. Mindestens 13 Monate müssen sie reifen, bis sie das begehrte Siegel „San Daniele DOP“ erhalten und in alle Welt exportiert werden. Der Duft des San-Daniele-Schinkens hat Haselnussnuancen, er schmeckt süßlich und besitzt einen ausgeprägten, aromatischen Nachgeschmack. Das Räuchern von Schinken, wie es in Sàuris üblich ist (→ S. 41), lehnt man in San Daniele ab.

Kulinarische Kostbarkeit: Der Schinken von San Daniel

Der San-Daniele-Schinken gehört zu den bedeutendsten kulinarischen Produkten Italiens und hat 1996 die geschützte Ursprungsbezeichnung DOP (Denominazione di Origine Protetta) erhalten. Markiert werden die Keulen mit einem Feuerzeichen, das ein stilisiertes Bild von einem Schinken darstellt, in der Mitte steht die Abkürzung SD, umkreist von der Aufschrift „Prosciutto di San Daniele“, der Nummernkodex des Herstellers ist ebenfalls enthalten.

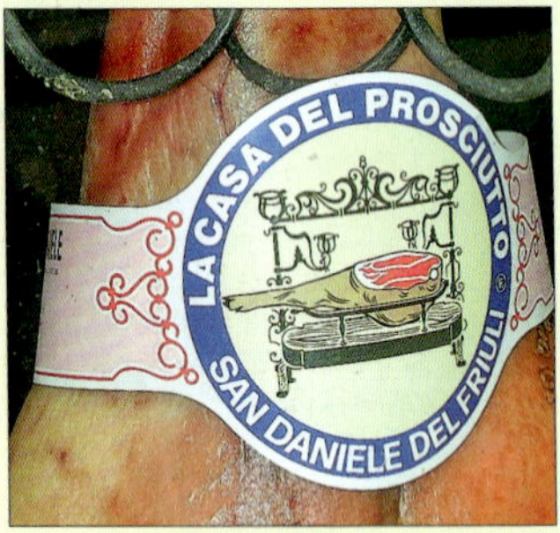

Für die Herstellung gelten strenge Regeln. Als Rohmaterial werden nur frische Schweinekeulen verwendet, die Verwendung der Keulen von Zuchtebern und Sauen ist verboten. Die Tiere stammen aus einer von elf autorisierten Regionen Nord- und Mittelitaliens (von Piemont bis Molise) und müssen dort gezüchtet werden, dabei dürfen sie nach exakten Vorgaben nur mit Molke und Getreide gefüttert werden. Das Gewicht jedes Tieres darf nicht unter 160 kg liegen und es darf erst geschlachtet werden, wenn es neun Monate alt ist. Innerhalb von fünf Tagen nach dem Schlachten müssen die Keulen verarbeitet werden. Die Arbeitsgänge bestehen aus Abkühlen, Beschnitt, Salzen (mit Meersalz), Pressung (dadurch verteilen sich die mageren und die fetten Anteile des Fleisches gleichmäßig), Ruhephase, Waschung, Trocknung und Reifung. Bei letzterer werden die Schinken in großen Räumen mit engen, langen Fenstern in Nord-Süd-Richtung vertikal aufgehängt, um die richtige Belüftung zu gewährleisten. Das Gewicht einer frischen Keule darf nicht unter 12 kg liegen, das Endteil (der Fuß) bleibt am Schinken. Konservierungsmittel dürfen nicht verwendet werden. Nach Ende der Reifezeit werden die Keulen gründlich untersucht, bevor sie für den Handel zugelassen werden, die Konsistenz des Fleisches wird dabei mit einer aus Pferdeknochen geschnitzten Nadel geprüft.

Der weiße Dom im Stil Palladios

Sehenswertes

Der mächtige weiße **Duomo di San Michele** mit seinem freistehenden Campanile wurde im 18. Jh. im Stil Palladios klassizistisch umgestaltet. Über dem Hauptportal thront die Skulptur des Erzengels Michael mit zwei weiteren Engeln, über den Nebentoren sieht man die vier Propheten. Innen gibt es ein Taufbecken von 1510.

Rechts neben dem Dom steht das alte Rathaus mit großer fünfbogiger Loggia und dem Zugang zur berühmten **Civica Biblioteca Guarneriana,** der ältesten Bibliothek im Friaul, gegründet im 15. Jh. vom damaligen Stadtpfarrer Guarnerio dei Signori d'Artegna. Größte Kostbarkeit ist die auf Leder geschriebene „Byzantinische Bibel" mit einer bedeutenden Sammlung mittelalterlicher Miniaturcodices.

■ **Civica Biblioteca Guarneriana,** Mi 9–12, 15–18, Sa 15–18 Uhr oder nach Vereinbarung im Informationsbüro. ✆ 0432-946560.

Wenn man die Straße weiter hügelan geht, sieht man rechter Hand gegenüber vom Glockenturm *La casa del Trecento* das älteste, weitgehend original erhaltene Haus der Stadt (14. Jh.). Durch eine schmale Gasse kommt man hier zur kleinen **Kirche Santa Maria della Fratta** mit einem filigranen Portal, die heute allerdings fast leer ist.

Das **Museo Civico del Territorio** steht an der Via Udine, etwas außerhalb vom Zentrum, und bewahrt Kunstwerke aus verschiedenen Bauten der Stadt, die vom Erdbeben verschont blieben.

■ **Museo Civico del Territorio,** geöffnet nur an Fest- und Feiertagen, Auskunft im Informationsbüro. Eintritt ca. 3 €, für Stud. u. über 65 J. 2 €. ✆ 0432-954484.

Die Mitte des Friaul → Karte S. 64/65

Sant'Antonio Abate: Sixtinische Kapelle des Friaul

Die Kirche *Sant'Antonio Abate* aus dem 14. Jh. steht an der von einem Laubengang flankierten Via Garibaldi, die linker Hand vom Dom beginnt. Im nahezu leeren Innenraum („Sixtinische Kapelle des Friaul") kommen die farbenprächtigen Fresken der Apsis hervorragend zur Geltung, an denen Pellegrino da San Daniele (eigentlich Martino da Udine) von 1497 bis 1522 arbeitete. Er zeigt sich darin von berühmten Malern seiner Zeit wie Raffael, Michelangelo und Giorgione, aber auch von Pordenone und vor allem von Gianfrancesco da Tolmezzo beeinflusst (→ S. 39,106,259).

An der Rückwand der Apsis sieht man eine dramatische Kreuzigung, wobei vor allem die beiden Schächer dramatisch und lebensecht dargestellt sind, während der Christus eher starr und konventionell wirkt. In den Lünetten darüber thronen die Kirchenväter, die in Farbigkeit und Ausdruck durchaus bereits an die Sixtinische Kapelle erinnern.

An den Seiten des Chors sind Begebenheiten aus dem Leben Christi verarbeitet: links „Fußwaschung Petri", rechts „Christus in der Vorhölle", in den Lünetten darüber Szenen aus dem Leben des Kirchenpatrons: links „Versuchung und Tod des heiligen Antonius", rechts „Der heilige Antonius erweckt ein Kind vom Tod".

Die Triumphbogenwand zeigt sich als manieristisch anmutende Mischung aus Bildräumen, Landschaftsausblicken, Scheinarchitekturen und lebensecht gemalten Menschen: links oben „Anbetung der Hirten", darunter Heilige und Engel mit einer illusionistisch gemalten Nische, rechts oben „Die Anbetung der Könige", darunter die wunderbar lebensecht dargestellten Heiligen Sebastian und Rochus mit dem in der Mitte auf seinen Stock gestützten Propheten Hiob, wiederum darunter die Heiligen Jacobus und Leonhard, auch hier mit einer gemalten Nische.

Die in ganz anderem Stil gemalten Fresken an den Seitenwänden sind nur noch teilweise erhalten. Sie stammen, wenn überhaupt, wohl nur z. T.von Pellegrino, auch Vitale da Bologna und andere haben daran mitgewirkt.

Basis-Infos

→ Karte S. 99

Information **Ufficio turistico**, im ehemaligen Rathaus neben dem Dom. Mo–Fr 9–13, 14.30–18.30 Uhr, Sa/So 10–13, 15.30–18.30 Uhr. Via Roma 3, ☎ 0432-940765, www.infosandaniele.com.

Shopping Eine Schinkenkeule (ca. 11–13 kg) kostet je nach Lagerdauer (13–30 Monate) um die 200–250 €, z. B. in der **Bottega del Prosciutto** **6** von Gregoris Levi gleich unterhalb vom Hauptplatz (Mo und Mi nachmittags geschl.). Via Umberto I 2.

Garlatti **11**, im gut sortierten Laden von Signore Garlatti gibt es Schinken, Wein, Käse, Grappa, Öl, Essig usw. Piazza Vittorio Emanuele 20. Mo nachmittags geschl.

Dok dall'Ava **1**, touristisch stark besuchtes Schinkenzentrum mit kleinem Museum und Schauraum an der Durchgangsstraße nördlich unterhalb vom Hügelzentrum, bei der Abzweigung zum See von Ragogna. Im angeschlossenen Lokal kann man speisen und natürlich im Shop den *prosciutto* auch kaufen. Tägl. 10–22 Uhr (warme Küche nur mittags und abends). Via Gemona 29, ☎ 0432-957335, www.dokdallava.com.

Übernachten

→ Karte S. 99

***** San Daniele** **5**, das einzige Hotel im Ort, ganz zentral, schickes Designerhaus, extrem modern-stylish eingerichtet. Kein Parkplatz. DZ/F ca. 90–110 €. Via del Lago 1, ☎ 0432-941131, www.sandanielehotel.com.

***** Relais Picaron** **13**, das ehemalige Jagdhaus des Patriarchen von Aquileia ist heute ein Hotel mit 36 kleinen, sauberen Zimmern und Blick auf San Daniele, ins Zentrum geht man ca. 15 Min. Dazu gehört ein gutes Grillrestaurant. Das Frühstück ist reichhaltig. DZ/F ca. 60–90 €. Via Astemio 3, ☎ 0432-940688, www.relaispicaron.it.

B & B La Casa del Fiume **14**, bei Aonedis oberhalb vom Tagliamento. Nett geführt, gute Zimmer und schöner Pool, allerdings z. T. nur mit Gemeinschaftsbad. DZ/F ca. 50–70 €.Via Aonedis 120, ☎ 0432-956564.

Agriturismo Casa Rossa ai Colli **9**, etwas außerhalb bei Ragogna, großes, gemütlich-elegantes Bauernhaus aus der ersten Hälfte des 20. Jh., schöne Hügellage im Grünen. Sechs Zimmer (einige mit Küche), hübsch mit Holzmobiliar und Antiquitäten eingerichtet, Sonnenterrasse mit Liegestühlen, gutes Restaurant. Der Agriturismo produziert Konfitüren, Senf und Olivenöl. DZ/F ca. 80–100 €. Via Ai Colli 2, ☎ 0432-030115, www.casarossaaicolli.it.

Essen & Trinken

→ Karte S. 99

Den San Daniele-Schinken genießt man zum Aperitif am frühen Abend gerne mit einem trockenen Weißwein, z. B. einem klassischen (Tocai) Friulano. Geschmack und Aroma entfalten sich besonders gut, wenn man ihn nur mit etwas Salat, Brot oder ein paar Grissini genießt. Er wird aber auch mit zahlreichen Beilagen gereicht, z. B. Käse, Pilze, Spargel, Gemüse oder Gnocchi. Degustation wird in allen Lokalen angeboten.

Enoteca La Trappola **10**, beliebtes Weinlokal, seit 1929 in einem schmalen Gässchen beim Dom versteckt, altehrwürdiges, von einer

In den meisten Lokalen wird der San-Daniele-Schinken noch kunstgerecht auf alten, meist leuchtend rot lackierten **Berkel-Maschinen** geschnitten. Erfunden wurden die Aufschnittmaschinen vom Rotterdamer Fleischermeister Wilhelmus Adrianus van Berkel, der sie ab 1898 in einer eigens dafür gegründeten Fabrik fertigen ließ. „Berkel" gilt als der Ferrari unter den Aufschnittmaschinen, erhältlich sind die alten Maschinen nur noch auf Antiquitätenmärkten, bei Restaurantschließungen oder auf einschlägigen Internetportalen (Stichwort: „original Berkel"). Wer sich für die moderne Produktionslinie der Firma interessiert, wirft einen Blick auf www.berkel-shop.de.

Die Mitte des Friaul → Karte S. 64/65

Säule gestütztes Gewölbe, vor der Tür viel besuchte Bierbänke unter Sonnenschirmen. Mo geschl. Via Cairoli 2, ✆ 0432-942090.

Antico Caffè Toran 7, direkt am Hauptplatz, historisches Caférestaurant mit gediegener Einrichtung, gute warme Küche, vor dem Haus Terrasse, schön zum Schauen. Mo geschl. ✆ 0432-957544.

La Corte di Bacco 3, Schinken-/Weinbar gleich neben dem Dom, im Hof sitzt man gemütlich, gute Weine und feiner Prosciutto. Do geschl. Piazza Vittorio Emanuele 15, ✆ 0432-957004.

La Tavernaccia 12, kleines, mit Liebe eingerichtetes Lokal mit Fogolar. Beste Fleischgerichte, San-Daniele-Schinken und guter offener Wein, dazu aufmerksame Bedienung. Mo/Di geschl. Via Umberto I 18, ✆ 328-3093404.

Al Teatro 8, kleine, schlichte Trattoria unterhalb der Piazza, gutes Preis-Leistungs-Verhältnis. Fr geschl. Via Cesare Battisti 5, ✆ 0432-957090.

La Bussola 4, gemütliche Adresse, wenn's regnet (keine Außenplätze) und es mal Pizza sein soll. Mi geschl. Via del Lago 4, ✆ 0432-957895.

meinTipp **L'Osteria di Tancredi 2**, in einer Seitengasse der Via Garibaldi. Schön renoviertes Weinlokal mit Holzbalkendecke, hervorragende Weinauswahl, dazu San-Daniele-Schinken und friulanische Spezialitäten. Einige Tische auch vor der Tür. Mi geschl. Via Monte Sabotino 10, ✆ 0432-941594.

Antica Osteria Al Ponte 16, unterhalb vom Stadthügel, gemütliche historischeTrattoria (seit 1927), hinter dem Haus schöne Terrasse, leckere Fleischgerichte vom offenen Fogolar. Mo-Abend und Di geschl. Via Tagliamento 15, ✆ 0432-1798622.

Ai Bintars 17, beliebte Slow-Food-Trattoria an der südlichen Ausfallstraße, gegenüber vom Krankenhaus. Hauchzarter Schinken in bester Qualität. Im Sommer hübsche Plätze im Innenhof. Mi-Abend und Do geschl. Via Trento Trieste 67, ✆ 0432-957322.

meinTipp **Da Catine 15**, alteingesessene, sympathische Trattoria etwas südlich außerhalb im winzigen Örtchen Aonedis am Tagliamento, neben leckeren Fleischgerichten und Schinken gibt es auch viel Vegetarisches. Mo abends und Di geschl. ✆ 0432-956585.

Aria di Festa: Schinken für alle

Das größte Schinkenfest der Welt findet alljährlich am letzten Juniwochenende statt (Fr–Mo). Alle großen Hersteller haben Verkaufs- und Degustationsstände im Stadtzentrum, viele tausend Besucher sitzen an langen Tischen und verkosten die hauchdünn aufgeschnittenen Scheiben, dazu friulanische Weine, Montasio-Käse und andere Produkte der Region, dazu gibt es Musik und Unterhaltung. Geparkt wird außerhalb, von dort fahren Shuttlebusse ins Zentrum. Auch die großen Produktionshallen in der Ebene südlich der Stadt sind für Führungen geöffnet, sie werden ebenfalls mit Bussen angefahren.

Kontakt: Auskünfte erteilt das „Consorzio del Prosciutto di San Daniele", Via Ippolito Nievo 19, ✆ 0432-957515, www.prosciuttosandaniele.it & www.ariadisandaniele.it.

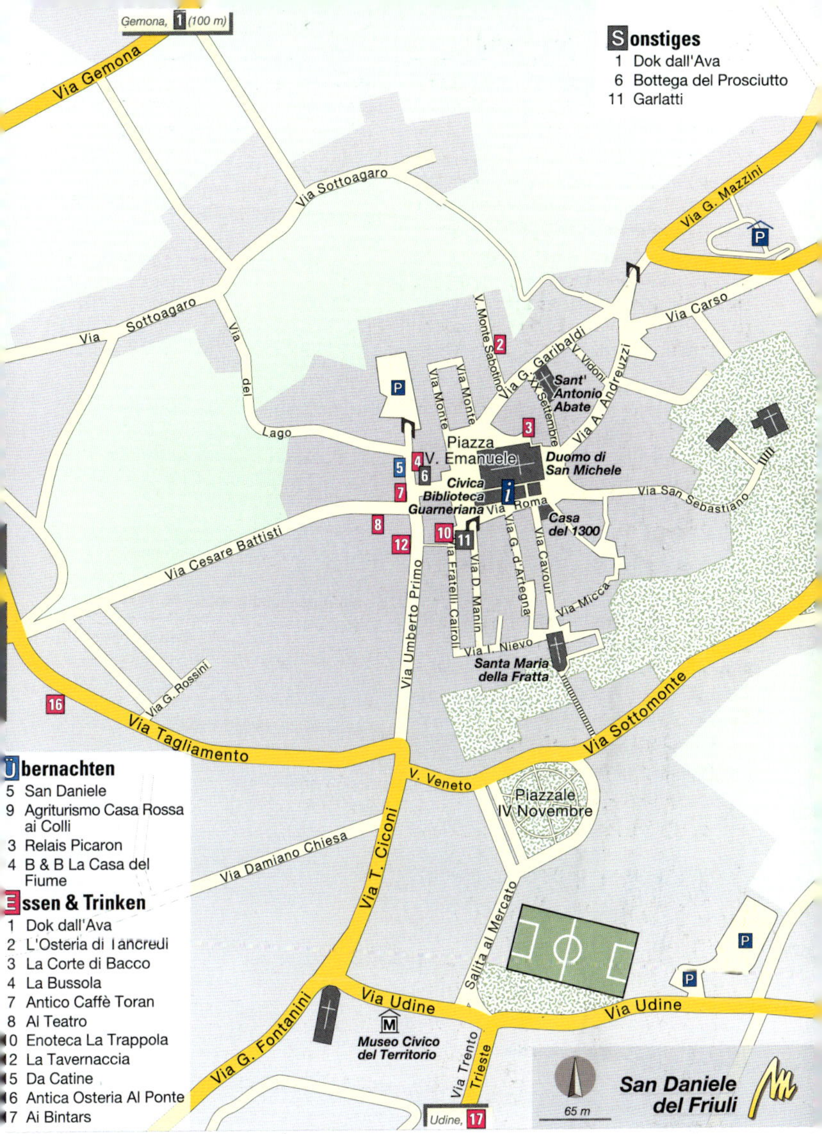

San Daniele/Umgebung

In der Umgebung von San Daniele stehen mehrere Burgen, z. B. das **Castello di Ragogna** über dem Tagliamento, das prächtige **Castello di Susans** mit vier markanten Ecktürmen, in dem viele Veranstaltungen stattfinden (vor allem Hochzeiten), sowie in Richtung Fagagna das malerische **Castello d'Arcano**.

▪ **Castello di Ragogna**, Juni bis Okt. Sa 14.30–17.30, So 10.30–12.30, 14.30–17.30 Uhr, Eintritt frei. Audioguides verfügbar. ✆ 0432-940310.

Castello di Susans, Besichtigung nur im Rahmen von „Castelli Aperti" (einmal im Frühjahr, einmal im Herbst). ✆ 0432-948090.

Castello d'Arcano, Besichtigung nur für Gruppen nach Vereinbarung und im Rahmen von „Castelli Aperti". ✆ 0432-288588.

Lago di Ragogna

Der kleine Gletschersee nördlich von San Daniele ist von dichtem Grün umgeben, ein Fuß-/Radweg umrundet ihn, auch mehrere Vogelbeobachtungstürme stehen hier.

Fagagna

ca. 6.300 Einwohner (mit Villalta)

In dem hübschen, aber etwas verschlafenen Ort kann man zum grasbewachsenen Burghügel hinaufsteigen oder -fahren und den Blick genießen. Vom einstigen Kastell sind allerdings nur noch ein Rundturm und Ruinen erhalten. Außerdem findet man hier oben die Kapelle *San Michele in Castello* mit allein stehendem Glockenturm sowie das Ristorante San Michele.

Sonntags kann man im oberen Ortsteil die **Cjase Cocèl** besichtigen. Das alte Bauernhaus wurde in eine Museumswerkstatt umgebaut, die das traditionelle Leben der friulanischen Bauernfamilien darstellt.

▪ **Cjase Cocèl,** Via Lisignana 40, nur sonntags, Juni bis Sept. 15.30–19.30 Uhr, April/Mai und Okt./Nov. 14.30–18.30 Uhr; Eintritt ca. 3 €. ✆ 0432-801887.

Übernachten ***** Alle Crosere**, Mittelklassehotel im benachbarten Ciconicco, 29 Zimmer und Restaurant (Juli/Aug. So geschl.). DZ/F ca. 70–75 €. Via Spilimbergo 203, ✆ 0432-810066, www.albergoallecrosere.it.

B & B Stop & Sleep, mitten in Fagagna, zwei geschmackvolle Suiten für je 3 Pers., ca. 70 €, Frühstück extra. Via Umberto I 74, 3397561610, www.stopsleepudine.com.

Essen & Trinken **San Michele**, schöne Lage auf dem Burghügel, man sitzt unter Sonnensegeln auf einer grünen Wiese und genießt den weiten Blick. Für Qualität bürgt der Küchenchef aus Asti im Piemont, der zweiten Feinschmeckerregion Italiens. Mo/Di geschl. ✆ 0432-810466.

Die Bilderbuchburg von Villalta

Al Castello, an der Auffahrt zum Burghügel rechts ab (beschildert). Familienbetrieb in einem schön restaurierten Landhaus, innen gehobene Behaglichkeit mit viel Holz, draußen eine offene Terrasse. Leckere regionale Küche, Wachtel, Hirsch- und Lammbraten gehören zu den Spezialitäten. Mo geschl. Via San Bartolomeo 18. ✆ 0432-800185.

Castello di Villalta

Die stolz ummauerte Burg mit Zugbrückentor, Schwalbenschwanz-Zinnen, Türmen und schönen Innenhöfen thront auf einem Hügel über Villalta.

Ihre Ursprünge liegen bereits im 11. Jh., damals war sie eine der Stammburgen des alten friulanischen Adels, wurde deshalb wiederholt von den Venezianern zerstört, aber immer wieder aufgebaut. Die heutige Struktur erhielt sie im 16. Jh., später wurde sie sorgfältig restauriert, mittlerweile ist sie in Privatbesitz. Die Innenräume sind eindrucksvoll erhalten, es gibt eine Küche, mehrere große Säle mit Fresken und Kerkerzellen. Oft werden Bankette veranstaltet.

Gut zu wissen: In Vollmondnächten spukt es, dann geht der Geist der schönen Ginevra di Strassoldo auf dem Burgwall um und beweint ihren Geliebten Odorico von Villalta.

▪ Besichtigung nur auf Anfrage, meist nur im Rahmen von „Castelli Aperti" (einmal im Frühjahr, einmal im Herbst). ✆ 0432-800171, www.castellodivillalta.it.

Nicht weit ist es von hier zu den Schlössern von *Colloredo di Monte Albano* und *Cassacco* (→ Udine), S. 122.

Le Grotte Verde di Pradis

Das Höhlensystem mit bizarren Auswaschungen und Tropfsteinen liegt im Kalkmassiv einer engen Wildbachschlucht bei Pradis di Sotto, nordwestlich von San Daniele. Die langwierige Anfahrt führt vom Tagliamento-Tal über Forgaria nel Friuli oder Ragogna bis Clauzetto und weiter nach Pradis di Sotto.

Zunächst besichtigt man die *Grotta della Madonna*, einen lang gestreckten, in diffuses grünes Licht getauchten Höhlenraum, in dem eine Statue der Madonna steht. Bereits seit 1968 wird hier am 24. Dezember die Weihnachtsmesse gelesen. Im Anschluss steigt man von der Imbissbar mit Picknickbänken eine Treppe von 207 Stufen hinunter zu einer schmalen Brücke, auf der man die enge Kluft des Wildbachs Cosa überquert. Wenn man auf der anderen Seite nach rechts geht, erreicht man mehrere schlauchförmige Höhlen, die von den gewaltigen Wassermassen bizarr verformt wurden. Wenn man von der Brücke nach links geht, kommt man zu einem Aussichtspunkt, von dem man einen Wasserfall sieht.

In den Grotten wurden vorgeschichtliche Funde gemacht, die die Anwesenheit des Menschen schon seit ältesten Zeiten bezeugen. Sie erbeuteten wilde Tiere wie z. B. den „Ursus Speleus", eine Bärenart, die hier in der Umgebung weit verbreitet war. Von dieser Gattung wurden zahlreiche Überreste gefunden. Im Ort oben wurde eigens ein Museum errichtet, wo diese und viele andere Fundstücke der Ausgrabungen besichtigt werden können.

▪ Im August täglich, sonst oft nur am Wochenende oder an bestimmten Tagen geöffnet (kann auf der Website stehen, aber besser vorher anrufen!). Eintritt Grotten ca. 3,50 €, Museum ca. 2,50 €, Sammelticket 5 €. ✆ 0427-80323, www.grottedipradis.it.

Castello Ceconi

Etwa 10 km nordwestlich der Grotten steht beim Dörfchen *Pielungo* dieses wahrhaftige „Märchenschloss" im neugotischen Stil. Es wurde in den letzten Jahren aufwändig restauriert, kann aber nur an den beiden Terminen der „Castelli aperti" im Frühjahr und Herbst von innen besichtigt werden. Aber auch von außen beeindruckt der Anblick.

Val Tramontina und Parco Naturale Dolomiti Friulane→ S. 77.

Die Mitte des Friaul → Karte S. 64/65

Spilimbergo

ca. 11.000 Einwohner

Die kleine Stadt auf einer Terrasse oberhalb des Tagliamento-Tals besitzt ein kompaktes und hübsches Zentrum. Der kieselgepflasterte Corso Roma zieht sich als Fußgängerzone quer durch die Altstadt, flankiert von Arkadengängen und farbenfrohen Hausfassaden. Samstags findet hier der Markt statt. Einige stilvolle Osterien laden zum Einkehren ein.

Die Fußgängerzone führt nach Osten, vorbei am freskenbemalten **Palazzo Monaco** (16. Jh.) und durch die **Torre Orientale** zum rasenbestandenen Domplatz mit der mächtigen Kirche, die dem Platz ihre lange Seitenfront zuwendet. Gegenüber stehen der Zollpalast **Casa del Daziario** und der **Palazzo della Loggia della Macia**, letzterer der einstige Sitz der Stadtverwaltung.

Der gotische **Dom Santa Maria Maggiore** aus dem 13. Jh. gehört zweifellos zu den eindrucksvollsten im Friaul. Er besitzt drei asymmetrische Schiffe, die *Porta Moresca* an der Platzseite ist ein besonders schön gestaltetes Reliefportal, die Westfassade besitzt sieben eigentümliche Rosetten. Die schmalen Fenster lassen nur wenig Licht in den Innenraum, der von freskenverzierten Säulen getragen wird. Die zentrale Apsis ist vollständig mit gut erhaltenen Fresken der Schule des Vitale da Bologna (14./15. Jh.) ausgemalt, thematisiert sind Szenen des Alten und Neuen Testaments. In der Krypta mit Kreuzgewölbe ruht der Sarkophag des Grafen Walpertoldo. Besonders bemerkenswert ist außerdem die Orgel aus dem 15. Jh., deren prächtige Bildwerke von Il Pordenone stammen. Östlich hinter dem Dom steht die **Kapelle Santa Cecilia**, die ebenfalls schöne Innenfresken besitzt.

Eine Brücke führt über den Burggraben in den Innenhof des **Kastells**, das

Im gotischen Dom fällt die prächtige Orgel ins Auge

Spilimbergo, Stadt der Mosaiken

Weltweit gefragt ist die 1922 gegründete Scuola Mosaicisti del Friuli (Schule der Mosaikkünstler von Spilimbergo). Ihre Werke findet man auf dem Foro Italico in Rom ebenso wie in Lourdes, Jerusalem oder Japan und sogar in New York ist in der neuen U-Bahnstation „Ground Zero" ein 36 m langes Mosaik aus Spilimbergo vertreten. Und natürlich besitzt auch Spilimbergo selbst zahlreiche Mosaiken, z. B. die Umfassungsmauer der Schule (→ Stadtplan). Die Kunst der Mosaikmacherei geht auf die großen römischen und byzantinischen Vorbilder im nordöstlichen Oberitalien zurück, wie sie sich in Aquileia und Ravenna eindrucksvoll manifestiert haben. Ehemalige Absolventen der Schule haben in den letzten Jahrzehnten zahlreiche Werkstätten im In- und Ausland gegründet, so dass sich die Tradition der Spilimbergo-Schule weiter fortsetzt.

Die mit vielen Mosaiken geschmückte Schule steht nördlich der Altstadt und kann besichtigt werden (Mo–Fr 8–12 u. 13–16 Uhr, Via Corridoni 6, ✆ 0427-2077, http://scuolamosaicistifriuli.it).

lange dem Kärntner Adelsgeschlecht Spengemberch gehörte, woraus sich der Stadtname ableitet. Es besteht aus mehreren aneinandergebauten Palazzi, von denen vor allem der **Palazzo Dipinto** (Bemalter Palast) mit seinen farbenfrohen Fassadenfresken aus dem 15. Jh. auffällt. Nach Süden hin ist der Komplex offen, dieser Gebäudeteil brannte 1511 ab.

Basis-Infos

Information **Pro Spilimbergo**, im Palazzo della Loggia della Macia gegenüber vom Dom. Juni bis Sept. Di–So 10–13, 16–19 Uhr (Mo geschl.), übrige Zeit 10–13, 16–18 Uhr (Di- bis Do-Nachmittag u. Mo geschl.). Piazza Duomo 1, ✆ 0427-2274, www.prospilimbergo.org.

Shopping **Arte Dolce Stefano Venier** **2**, wunderbare Eis- und Schokoladenkreationen. Mo geschl. Viale Barbacane 21.

Salumificio Lovison **1**, seit 1903 traditionelle Wurstwaren. So, Mo u. Mi geschl. Via Ugo Foscolo 18.

Tosoni **15**, seit über 60 Jahren Käse vom Feinsten (Tipp ist der klassische Asìno), dazu viele andere Kulinaria in großer Auswahl. Mo- u. Mi-Nachmittag u. So geschl. Via Barbeano 9/f.

Markttag ist Samstag.

Übernachten

****** Villa Cigolotti**, 10 km westlich von Spilimbergo, prächtige herrschaftliche Villa aus dem 18. Jh. in einem großen Park, Zimmer und Suiten mit Stilmöbeln, elegantes Restaurant mit sachkundiger Beratung. DZ/F ca. 90–120 €. Via San Marco 4, Basaldella di Vivaro, ✆ 0427-976083, www.villacigolotti.it.

***** Osteria/Trattoria Da Afro** **3**, zentrale Lage, Osteria mit acht gemütlichen Gästezimmern, Parken im Innenhof, gutes Frühstück (→ Essen & Trinken). DZ/F ca. 90–100 €. Via Umberto I 14, ✆ 0427-2264, www.osteriadaafro.net.

***** Stella d'Oro** **14**, zentrumsnahes Haus, schon etwas älter, aber saubere Zimmer und netter Service. Viele Einheimische besuchen die Bar. Parken kostenlos. DZ/F ca. 70 €. Via XX Settembre 58, ✆ 0427-2262, www.albergostelladoro.net.

***** Consul** **12**, ordentliche Unterkunft in einem alten Stadthaus, seit über 20 Jahren von Familie Franco geführt. Sieben Zimmer und neun Apts. mit Küchenzeile, Bad und TV, alles entsprechend modernisiert, unten eine günstige Trattoria (→ Essen & Trinken). DZ/F ca. 50–55 €. Piazza Borgolucido 28, ✆ 0427-2322, www.albergoconsul.it.

B & B La Macia **6**, stilvolle Adresse in der Fußgängerzone, drei gepflegte Zimmer nach Kontinenten benannt und entsprechend eingerichtet, dazu ein Apt., gastfreundlicher Vermie-

ter Lucio. Einfaches Frühstück in der modernen Bar unten im Haus. DZ/F ca. 70–80 €, Apt. ca. 95 €. Corso Roma 84, ✆ 338-7625868, www.lamaciahouse.it.

B & B Relais La Torre 5, bei der Torre Occidentale am Westende der Fußgängerzone, Patricia und Claudio vermieten zwei sehr gepflegte Apts. im Dachgeschoss, Frühstück mit Selbstbedienung im eigenen Apt., ca. 80–90 €. Corso Roma 28, ✆ 339-2697717, www.relaislatorre.com.

Mein Tipp Camping **Agricamping Gelindo dei Magredi**, in Vivaro, etwa 12 km von Spilimbergo. Schönes, großes Gelände, gutes Restaurant und sehr netter Service. Für Kinder gibt es viel Platz und alle möglichen Tiere (Pferde, Ponys, Esel, Schweine, Gänse, Schildkröten usw.). Auch zehn hübsche Zimmer werden vermietet. Ganzjährig geöffnet. Via Roma 14, ✆ 0427-97037, www.gelindo.it.

Stellplatz für Wohnmobile 16, wenige Meter südlich vom Zentrum, Teil eines großen

Parkplatzes vor einer Schule, Platz für etwa zehn Womos. Strom, Frischwasser und Abwasserentsorgung kostenlos. 24 Std. 5 €, maximaler Aufenthalt 48 Std., ganzjährig. Via Udine 3, ✆ 0427-40195.

Essen & Trinken

La Torre 13, Gourmettipp im Kastell, gemütlich-stilvolles Ambiente im alten Gemäuer des freskenverzierten Palazzo Dipinto, fantasievolle Regionalküche und 380 Weinetiketten, Preise entsprechend. So-Abend u. Mo geschl. ✆ 0427-50555.

Osteria/Trattoria Da Afro 3, wenige Schritte westlich außerhalb des historischen Zentrums. Gepflegte Osteria im alten Stil, dunkle Holztäfelung, lange Bar und Speiseraum, nach hinten auch hübsche Plätze unter Weinranken im Freien. Im Hauptraum steht eine Berkel-Schneidemaschine für den exzellenten Schinken aus San Daniele. Dario Martina spricht perfekt Deutsch und serviert leckere friulanische Küche im Wechsel der Jahreszeiten, im Frühling z. B. diverse Risotti, im Herbst *piatta mista di funghi* (gemischte Pilze) und *piccione al forno di Polenta* (gebratenes Täubchen). Das Gemüse stammt aus eigenem Anbau, die Weinauswahl ist vielfältig und gut. So-Abend geschl. Via Umberto I 14, ✆ 0427-2264.

Consul, sympathische, schlichte Trattoria, in der zu günstigen Preisen Hausmannskost serviert wird, vor allem zum Mittagstisch beliebt. So geschl. Piazza Borgolucido 28, ✆ 0427-2322.

Al Porco Caldo Buffet 11, preiswert essen an einer ruhigen Piazza, auch im Freien kann man sitzen. Di geschl. Piazza Borgolucido 2, ✆ 0427-40333.

Casa Dipinta 10, direkt neben dem Osttor, innen schlicht gehalten, netter Gastgarten mit Olivenbaum, die Küche wird gelobt. Mi geschl. Via Piave 3, ✆ 0427-41697.

Al Mus C'al Svuale 8, ein wenig außerhalb der Altstadt, gemütliche Pub-Osteria mit guten Pastagerichten und Schinkenverkostung. So-Abend u. Mo geschl. Via XX Settembre 10, ✆ 0427-51588.

meinTipp **Osteria Bachero 4**, in einer Seitengasse des Corso Roma, eine Institution seit 1897, authentisch geblieben. Innenraum von Säulen gestützt, großer Fogolar. Deftige Küche zu günstigen Preisen, z. B. *baccalà con polenta* oder *spezzatino e patate*, dazu süffiger Hauswein und Tropfen aus dem Friaul. Viele einheimische Stammgäste. Mo-Abend und So geschl. Via Pilacorte 5, ✆ 0427-2317.

Enoteche und Bars **Enoteca La Torre 9**, an der gemütlichen Piazza beim Osttor (Torre Orientale). Beliebter Abendtreff für ein Glas, draußen steht man um große Weinfässer oder sitzt auf Bierbänken, im gemütlichen Innenraum baumeln Schinken von der Decke, dazu ertönt coole Jazzmusik. Bis 24 Uhr geöffnet. Di geschl. ✆ 0427-2998.

Osteria Al Buso 7, in einer Seitengasse der Fußgängerzone, Fotos und Bilder an den Wänden, jugendliches Publikum, nette Atmosphäre, Getränke und Imbiss. So geschl. Via Simoni 8, ✆ 0427-2014.

Südlich von Spilimbergo

Provesano

In der von außen unscheinbaren **Pfarrkirche San Leonardo** östlich der Durchgangsstraße ist im Presbyterium und an der Chorwand der bedeutendste Freskenzyklus von Gianfrancesco da Tolmezzo erhalten, gemalt um 1496. Zentrales Bild ist die „Kreuzigung Christi", die wohl Vorbild für Pellegrinos Kreuzigungsfresko in Sant'Antonio Abate in San Daniele del Friuliwar (→ S. 96). Der Christus ist darin noch ganz dem Mittelalter verhaftet, während die Schächer auf beiden Seiten in ihrer stark betonten Körperlichkeit bereits renaissancehaft natürlich wirken. Auch die Gruppe der Menschen darunter ist betont naturalistisch gemalt.

Kreuzigung Christi

Valvasone

ca. 4000 Einwohner

Das ruhige historische Städtchen ist einen Zwischenstopp wert. Von der großen Piazza aus kann man das Kastell betrachten, das aus einem Konglomerat von noch heute bewohnten Häusern aus Mittelalter und Renaissance besteht. Ein paar Schritte weiter kommt man zum Platz mit dem **Dom**, in dem die einzige venezianische Orgel aus dem 16. Jh. erhalten ist. Die Verzierungen stammen z. T. von „Il Pordenone".

Casarsa della Delizia

ca. 8500 Einwohner

In dem flachen und recht modern wirkenden Städtchen wuchs der 1922 in Bologna geborene Literat und Filmemacher *Pier Paolo Pasolini* auf. In seinen Romanen und Gedichten tauchen Casarza und das südlich benachbarte San Vito al Tagliamento wiederholt auf. 1975 starb er unter mysteriösen Umständen in der Hafenstadt Ostia (→ Kasten, S. 108), sein Grab befindet sich auf dem Friedhof von Casarsa. Sein Geburtshaus, die **Casa Colussi** in der Via Pasolini 4, wurde zum musealen **Centro Studi Archivio Pier Paolo Pasolini** umgebaut. Es dokumentiert sein Leben und Werk mit zahlreichen Originalstücken.

▪ **Centro Studi Archivio Pier Paolo Pasolini,** Mo–Fr 15–19, Sa/So 10.30–12.30, 14.30–18.30 Uhr. ✆ 0434-870593, www.centrostudipierpaolopasolinicasarsa.it.

In der Umgebung von Casarsa erstrecken sich ausgedehnte Weinberge und mitten in der Stadt steht an der Durchgangsstraße die große Weinkellerei „Vini Delizia" (www.ladelizia.com), deren süßlicher Mostduft im Herbst über der Stadt hängt (Probierstube und Verkauf).

Übernachten ***** Al Posta**, zentrale Lage, modernisiertes Haus aus dem 17. Jh. Zimmer zum schönen Garten mit kräftigen Bäumen, dort auch das Restaurant mit sehr erfreulicher Küche (auch Pizza). Kostenlose Gästefahrräder. DZ/F ca. 60–80 €. Via Valvasone 12–14, ✆ 0434-870808, www.hotelalposta.it.

mein Tipp **B & B The Cottage**, originelle Unterkunft im englischen Landhausstil, die Eigentümer sind leidenschaftliche Liebhaber der

Die Mitte des Friaul → Karte S. 64/65

britischen Kultur. Vermietet werden zwei Zimmer namens England und Scotland, jeweils mit britischen Originalmöbeln und Klimaanlage. Ruhige, aber zentrumsnahe Lage. Frühstück auf Originalporzellan im Garten oder auf der Terrasse. DZ/F ca. 60–65 €. Fahrradverleih ca. 10 €/Tag. Via Salvo d'Acquisto 11, ☏ 0434-869651, www.thecottagebedandbreakfast.it.

San Vito al Tagliamento ca. 115000 Einwohner

Das hübsche Städtchen besitzt im Zentrum noch Reste seiner mittelalterlichen Mauern und Türme mit drei Stadttoren. Innerhalb vom östlichen Stadttor steht ein 1369 gegründetes Klosterhospiz mit dem **Kirchlein Santa Maria dei Battuti**. Sein Innenraum wurde von Pomponio Amalteo im 16. Jh. reich mit Renaissancefresken ausgestattet, die in illusionistischer Manier Marmor, Säulen und Friese täuschend echt nachahmen. Der Altarraum zeigt sich dagegen als ein einziges Menschengewimmel, thematisch ist die Himmelfahrt dargestellt, wobei zwei der Jünger gleichsam aus dem Altarraum heraustreten. Der berühmte Architekt und Künstler Vasari äußerte sich seinerzeit sehr lobend über die Fresken.

Wenige Schritte weiter dominiert an der großen, freien Piazza del Popolo der **Dom** aus dem 18. Jh., dessen freistehen-

Pier Paolo Pasolini: Dichter, Filmemacher und Rebell

1922 als Sohn eines Berufsoffiziers und einer Lehrerin in Bologna geboren, begann Pasolini im Alter von sieben Jahren, Gedichte zu schreiben. 1942 erschien sein erster Gedichtband „Poesie a Casarsa" (Gedichte an Casarsa) in Furlan, eine im Westfriaul gesprochene Variante des Friulanischen. In Casarsa della Delizia gründete er später auch die „Academiuta de lengua furlana", einen Dichter- und Künstlerkreis zur Aufwertung der westfriulanischen Sprache und Kultur. Nach Kriegsende schloss er sich der Kommunistischen Partei Italiens an und wurde 1947 zum Sekretär der kommunistischen Ortsgruppe von San Giovanni di Casarsa gewählt. Seine offen gelebte Homosexualität brachte ihm 1949 eine Anzeige wegen Verführung Minderjähriger ein. Verurteilt wegen angeblich „obszöner Handlungen", schloss ihn die kommunistische Partei aus, auch von seinem Amt als Lehrer wurde er suspendiert. So verließ er 1950 seine Heimat, was ihm unendlich schwer fiel, und ging nach Rom.

Dort begann er als 39-Jähriger mit dem Filmemachen und polarisierte wie kein anderer Publizist seiner Zeit die italienische Gesellschaft. Seine Filme, in denen er faschistoide Strukturen und den Verfall der Werte in der Gesellschaft thematisierte, lösten oft Skandale aus, z. B. „Decameron", „Erotische Geschichten aus 1001 Nacht", „Das Erste Evangelium – Matthäus" (Der Versuch, ein realistisches Bild von Jesus zu entwerfen) und sein umstrittenster Film „Salò oder die 120 Tage von Sodom", der während der faschistischen Republik von Salò am Gardasee spielt und wegen der Darstellung von Folter, Mord und Vergewaltigung in vielen Ländern verboten wurde. Als politischer Intellektueller saß Pasolini zwischen allen der Campanile noch von einem Vorgängerbau stammt. Der **Palazzo Rota** in der nordwestlichen Ecke der Piazza beherbergt heute das Municipio und fällt durch seinen fahnengeschmückten Vorbau auf. Dahinter erstreckt sich ein schöner Park. Die **Torre Raimondo** markiert mit dem Westtor das Ende der Piazza, im ersten Stock zeigt das **Museo Civico „Federico De Rocco"** Funde aus vorgeschichtlicher und römischer Zeit.

Museo Civico, Nur nach Voranmeldung, Eintritt frei. ✆ 0434-80405, 833295.

Das sehenswerte **Museo Provinciale della vita contadina del Friuli Occidentale „Diogene Penzi"** gibt im restaurierten Palazzo Altan in der Nähe vom Südtor (Via A. Altan 83) in mehreren Sälen einen umfassenden Überblick über die bäuerliche Kultur des Westfriaul.

Museo Provinciale, Mo–Fr 9–12.30 Uhr, Eintritt frei. ✆ 0434-833275.

Nach Süden kommt man über Sesto al Reghena mit seiner ehemaligen Benediktinerabtei Santa Maria in Sylvis nach wenigen Kilometern ins schöne Städtchen Portogruaro, das bereits in der Region Venetien liegt, Näheres im Abschnitt „Der Westen" (→ S. 71). Wenn man stattdessen den

Stühlen und kämpfte an allen Fronten – gegen die Doktrin der kommunistischen Partei, indem er auf den Rechten des Einzelnen beharrte, gegen die katholische Kirche, die er mit der revolutionären Botschaft des Neuen Testaments konfrontierte, und gegen den christdemokratischen Staat, den er der Zusammenarbeit mit faschistischen Kreisen bezichtigte. Seine Homosexualität sah er als stete Herausforderung aller Konformität und setzte sich in seinen Romanen und Filmen mit den Missständen in der italienischen Gesellschaft auseinander, stellte darin oft die politische Klasse bloß. Seine Charaktere waren Einzelgänger, sozial ausgegrenzt und rebellisch, oft Bewohner des Mezzogiorno und der Dritten Welt.

Im November 1975 wurde Pasolini im römischen Vorort Ostia brutal ermordet. Als Täter wurde der minderjährige Stricher Pino Pelosi verurteilt, der Pasolini zusammengeschlagen und dann mit seinem Auto überfahren haben soll. Doch gibt es bis heute starke Zweifel an dieser Version, nicht zuletzt, da der 46-jährige Pelosi im Mai 2005, also fast 30 Jahre später (!) und nachdem er längst seine Haftstrafe verbüßt hat, öffentlich erklärte, er habe gesehen, dass Pasolini von drei Süditalienern überfallen und ermordet worden sei. Tatsächlich wurde die Bluttat damals von der Polizei eigenartig halbherzig verfolgt – so wurde ein zu gründlich recherchierender Carabiniere versetzt und ein Auto aus Catania, dessen Nummer ein Zeuge in der Nähe des Tatorts erkannt hatte, nicht überprüft. Man vermutet heute, dass es sich um einen Auftragsmord rechter Kreise in Italien gehandelt habe und dass der italienische Geheimdienst darin verwickelt gewesen sei.

Frei und luftig: die Piazza del Popolo in San Vito

Tagliamento überquert, erreicht man Codroipo, von dort ist es nur ein Katzensprung zur berühmten Villa Manin.

Übernachten *** **Patriarca**, größeres Albergo mit 28 Zimmern unmittelbar außerhalb der Torre Raimonda mit dem Westtor, moderne Gemütlichkeit zwischen alten Mauern, Parkplatz/Garage und Restaurant „La Pyramide" mit apulisch inspirierter Küche. DZ/F ca. 80–100 €. Via Pascatti 6, ✆ 0434-875555, www.hotelpatriarca.it.

Antico Borgo Torricella, das Landwirtschaftsgehöft westlich außerhalb wude zu einem schönen Hotel mit Pool und Wellnessbereich umgebaut. DZ/F ca. 100–120 €. Via Pordenone 71, ✆ 0434-834072, www.hotelanticoborgotorricella.it.

Borgo dei Conti della Torre, das Landgut aus dem 17. Jh. liegt 9 km südöstlich der Stadt. Es wird viel von Gruppen gebucht und für Events genutzt, besitzt edle Zimmer und einen schönen Pool. DZ/F ab 100 €. ✆ 348-5169135, www.borgodeicontidellatorre.it.

Essen & Trinken **Osteria al Vecchio Castello**, beliebter Treff in einer Seitengasse der Piazza, man sitzt gemütlich in einer schattigen Passage neben dem Haus, die Küche wird gelobt. Mo geschl. Via Giuseppe Marconi 14, ✆ 0434-833271.

Ostarie Furlane, authentisch-friulische Hausmannskost in einem hübschen Hof beim östlichen Stadttor, neben der Kirche Santa Maria dei Battuti. Di-Mittag u. Mo geschl. Via Bellunello 12/b, ✆ 0434-833961.

Shopping **Markttag** ist Freitag.

Villa Manin

Die Villa mit ihren geradezu schlossartigen Ausmaßen steht in *Passariano* bei Codroipo, wenige Kilometer östlich des Tagliamento. Erbaut wurde sie im 18. Jh., Ludovico Manin, der letzte Doge Venedigs (1789–97), bewohnte sie. 1797 unterzeichnete hier Napoleon den Friedensvertrag von Campo-Formio, der das Ende der Republik Venedig besiegelte und Friaul der Habsburger Monarchie zusprach.

Heute ist der Palast (Zitat Napoleon: „Zu groß für einen Grafen, zu klein für einen König") mit seinen halbkreisförmigen Laubengängen, die an den Petersplatz in Rom erinnern und in deren Dachstöcken früher in großem Maßstab Seidenraupen gezüchtet wurden, im Besitz der Region Friaul-Julisch Venetien und wird für wechselnde Kunstausstellungen genutzt, in deren Rahmen man die sonst geschlossenen Innenräume des Hauptbaus besichtigen kann. In ihren Eingangshalle sind opulente Freskenmalereien von Louis Dorigny (1654–1742) erhalten.

Täglich außer montags ist der rechte Seitentrakt der Villa zugänglich. Dort befindet sich eine Touristeninformation, die anschließenden Räume werden für Fotoausstellungen zur Region Friaul genutzt. Besichtigen kann man die aus zwei Räumen bestehende Hauskapelle, einige historische Kutschen sowie drei mit Fresken ausgemalte Säle. Und auch der hinter der Villa liegende große Park ist zur gleichen Zeit geöffnet.

■ Villa Manin, Haupthaus je nach Ausstellung Eintritt ca. 8–12 €. ✆ 0432-821211, www.villamanin-eventi.it. Rechter Seitenflügel & Park, April bis Okt. Di–So 10–19 Uhr (Winter bis 16.30 Uhr), Mo geschl., Eintritt frei.

Übernachten/Essen **Osteria alla Risorgive**, traditionelles Lokal in Codroipo, gute Küche und Vermietung von gut gepflegten Zimmern. DZ/F ca. 55–70 €. Restaurant Mo geschl. Via delle Acacie 2, ✆ 0432-904491.

Ristorante del Doge, im linken Seitentrakt der Villa Manin, hier kann man recht hübsch im Säulengang sitzen, gute Qualität, Preise kaum höher als üblich. Mo geschl. ✆ 0432-904829.

Flugplatz Mario Visitini

Das Flugfeld bei *Rivolto* ist Standort der berühmten „Frecce Tricolori" . Diese Kunstflugstaffel der italienischen Luftwaffe wurde 1961 gegründet, besteht heute aus zehn Flugzeugen und ist damit die größte Kunstflugstaffel der Welt. Ihr effektvoller Name bezieht sich auf die Kondensstreifen, die sie in den Farben der italienischen Flagge (Tricolore) ausstoßen. Pro Jahr macht die Staffel rund 40 Shows und beginnt damit jeweils am 1. Mai auf dem Heimatflughafen. Tragische Berühmtheit erlangte sie durch das schreckliche Unglück beim gut besuchten Flugtag auf der Airbase von Ramstein am 28. August 1988 – damals kollidierte einer der Jäger mit zwei anderen, alle drei stürzten ab, einer mitten unter die Menschen. Insgesamt 67 Zuschauer und die drei Piloten kamen dabei ums Leben, mehrere hundert Menschen wurden schwer verletzt.

Vigneti Pittaro

Wenige Kilometer östlich von Codroipo liegt an der SS 13 nach Udine dieses 85 ha große Weingut, das ein interessantes Museum rund um den Rebensaft besitzt, darunter echte Raritäten aus der Geschichte des Weins (Mo–Sa 8–12, 15–18 Uhr, Eintritt frei, ✆ 0432-904726, www.vignetipittaro.com).

Varmo

ca. 2800 Einwohner

Südlich von Passariano kann man in der Pfarrkirche ein kostbares Triptychon von „Il Pordenone" besichtigen, gemalt 1526.

„Zu groß für einen Grafen, zu klein für einen König": Villa Manin bei Codroipo

Die Mitte des Friaul → Karte S. 64/65

Udine

ca. 102.000 Einwohner

Udine ist die zweitgrößte Stadt Friaul-Julisch Venetiens. Sie besitzt viele Zeugnisse der langen Präsenz Venedigs, aber auch wertvolle Freskenmalereien aus dem 18. Jh., ist bedeutendes Wirtschaftszentrum, Sitz einer Universität und beliebte Einkaufsstadt, dank ihrer zahlreichen Weinbars und Osterien aber auch ein Ort der kulinarischen Genüsse.

Die verhältnismäßig junge Stadt in der friulanischen Tiefebene bestand im Mittelalter nur aus ihrer Burg und einigen Bauernhäusern. Erst 1238 begann ihr Aufstieg, als die Patriarchen von Aquileia ihre Residenz von Cividale hierher verlegten. Die Venezianer setzten ab 1420 einen Statthalter ein und machten das Zentrum um die Piazza Libertà nach dem Vorbild Venedigs zu einem repräsentativen Glanzpunkt im nordöstlichen Italien. Dank dieser Vergangenheit findet man prächtige Bauten aus Gotik und Renaissance, im Inneren oft geschmückt mit den Rokokofresken des Venezianers Giambattista Tiepolo (1696–1770).

Heute ist Udine eine sichtlich wohlhabende Stadt, in der Alt und Neu eine gelungene Mischung eingehen. Moderne Geschäfte und Boutiquen laden in der verkehrsberuhigten Innenstadt zum Bummeln ein. Wenn es am Abend kühler wird, trifft man sich in den Cafés an der weiten offenen Piazza Matteotti oder bummelt über die venezianische Piazza Libertà. Besonders hübsch: An einigen Stellen durchquert ein stattlicher Kanal, Rest des ehemaligen Mauergrabens der Stadtbefestigung, das Zentrum. Hier zu sitzen und an warmen Sommerabenden ein Gläschen Wein, *tajut* genannt, zu schlürfen, ist eine der Lieblingsbeschäftigungen der Udineser.

Blickpunkt im Zentrum: die luftige Loggia del Lionello

Der Wein bzw. die in unmittelbarer Nähe liegenden Weinbaugebiete **Colli Orientali del Friuli** (→ S. 123) und **Collio** (→ S. 140) bieten auch eine anregende Ergänzung zum eigentlichen Stadtbesuch Udines. In den 1970er Jahren begannen hier einige Pioniere mit viel Innovationskraft und Ideenreichtum den Siegeszug der friulanischen Weine vorzubereiten, heute werden von ihnen und ihren Nachkommen einige der besten Tropfen Italiens produziert. Spritztouren durch die Weinberge mit zahlreichen Möglichkeiten zur Verkostung und die Fülle an Restaurants hohen und höchsten Niveaus machen diesen sanft hügligen und üppig grünen Landstrich zu einem Lieblingsziel für Gourmets.

Sehenswertes

Die Geschichte Udines reicht bis ins frühe Mittelalter zurück, das heutige Stadtbild haben jedoch die Venezianer im 15. und 16. Jh. geprägt, die hier ihren Statthaltersitz im Friaul hatten.

Piazza Libertà: Der elegante Platz am Fuß des Burghügels ist Udines architektonisches Schmuckstück und Mittelpunkt, der venezianische Einfluss ist nicht zu übersehen. Der großzügige *Palazzo Comunale* ähnelt mit seiner weiß-rosa gestreiften Marmorfassade dem Dogenpalast von Venedig. Das Untergeschoss bildet die *Loggia del Lionello*, eine luftige Arkadenhalle mit spiegelndem Marmorboden. Gegenüber sieht man die lang gestreckte *Loggia di San Giovanni* und den *Uhrenturm*, auf dem zwei Mohren die Glocke schlagen, exakt wie beim venezianischen Vorbild am Markusplatz. Auf der erhöhten Platzmitte stehen zwei überlebensgroße Statuen, Herkules und Cacus, flankiert von Justitia und einer Säule, auf der der geflügelte Löwe Venedigs thront.

Nördlich an die Piazza schließt sich die Shoppingzeile *Via Mercatovecchio* an, in deren alten Laubengängen sich moderne Geschäfte eingerichtet haben.

Burghügel: Linker Hand der Loggia di San Giovanni geht es zunächst durch den *Arco Bollani*, dann einen elegant geschwungenen gotischen Arkadengang entlang hinauf zum äußerlich nüchternen *Castello* aus dem 16. Jh., das bei den Erdbeben von 1976 schwer beschädigt wurde. Hinter der Burg erstreckt sich eine Rasenfläche, von der man einen schönen Blick über die Stadt in die nahen Berge hat. Die *Casa della Contadinanza* an der Nordostseite wurde 1913 nach Plänen aus dem 15. Jh. erbaut und wird heute als Gastwirtschaft genutzt (Mo geschl.).

Im Castello sind die „Civici Musei di Storia e Arte del Castello" untergebracht, die man mit einer einzigen Eintrittskarte besuchen kann: Das *Museo* Risorgimento im Untergeschoss thematisiert die Unabhängigkeitskriege gegen Österreich im 19. Jh.; das *Museo Archeologico* zeigt Funde von der Prähistorie bis zum Hochmittelalter, darunter auch eine große Münzsammlung; die *Galleria d'Arte Antica* präsentiert zahlreiche Werke venezianischer und friulanischer Künstler vom 15. bis zum 19. Jh. (u. a. Pellegrino da San Daniele, Carpaccio, Palma il Giovane, Pomponio Amalteo, Il Pordenone und die beiden Tiepolos). Imposant ist der große Salone del Parliamento mit seinen vergoldeten Friesen und den prächtigen Wand- und Deckenbildern. Im obersten Stockwerk endet der Rundgang schließlich in der *Galleria dei Disegni e delle Stampe* mit einer beachtlichen Anzahl an Stichen und Drucken, u. a. von Giandomenico Tiepolo, Palma il Giovane und sogar Dürer.

Civici Musei di Storia e Arte del Castello, Mai bis Sept. Di–So 10–19 Uhr, übrige Zeit bis 18 Uhr, Eintritt ca. 8 €, 18–29 u. über 65 J. 4 €. ✆ 0432-271591.

Piazza Giacomo Matteotti: Nur wenige Schritte westlich der Piazza Libertà liegt der einstige Marktplatz Udines, ein großer, freier Platz mit hübschem, zentralem Brunnen, umgeben von langen Laubengängen. Der große städtische Lebensmittelmarkt findet hier bereits seit dem 13. Jh. statt, doch vor einigen Jahren wurde er auf die Piazza XX Settembre verlegt, jetzt werden auf der Piazza Matteotti nur noch Blumen verkauft. Die weiß verschnörkelte Renaissancekirche *San Giacomo* aus dem 15./16. Jh. dominiert den Platz. Über dem Portal besitzt sie einen Balkon, auf dem früher für die Händler und Marktbesucher Gottesdienste abgehalten wurden. Das

Die prächtige Piazza Libertà ist das Zentrum Udines

Die weiße Renaissancekirche San Giacomo

Innere ist in üppigem Barock gehalten, daneben steht die *Cappella delle Anime*.

Dom Santa Maria Annunziata: Der Dom steht ebenfalls nicht weit von der Piazza Libertà entfernt und ist an seinem oktogonalen Ziegelturm leicht zu erkennen, der nur im unteren Bereich mit Marmor verkleidet ist. Ursprünglich gotisch, wurde er im 18. Jh. vollkommen umgebaut. Im mächtigen Innenraum mit seinen schweren Pfeilern, der reich verzierten Kanzel und einer doppelseitigen Orgel stehen zahlreiche Altäre mit Ölgemälden, darunter mehrere Werke von Giambattista Tiepolo (von der Fassade aus gesehen z. B. die hinteren zwei Kapellen rechts).

Museo del Duomo: Der Campanile des Doms und zwei benachbarte Kapellen sind mit Fresken des Vitale da Bologna geschmückt, Blickpunkt ist außerdem der prachtvolle Sarkophag des Patriarchen und Bischofs Beato Bertrando (1265–1350). In Vitrinen sind Gewänder und andere Kostbarkeiten kirchlicher Würdenträger ausgestellt.

▪ Mo–Sa 10–12, 16–18 Uhr. So 16–18 Uhr, Eintritt frei. ✆ 0432-505302.

Oratorio della Purità: Im Innenraum der benachbarten Chiesa della Purità kann man höchst dekorative goldfarbene Fresken von Giambattista und seinem Sohn Giandomenico bewundern, es gibt außerdem ein großes Taufbecken aus dem 15. Jh. und das Deckenfresko „Mariä Himmelfahrt" von Giambattista Tiepolo.

▪ Unregelmäßig geöffnet, meist 10–12 Uhr (falls geschlossen, im Dom nachfragen). Eintritt frei. ✆ 0432-506830.

Chiesa di San Francesco und Palazzo Savorgnan: An der Piazza Venerio steht eine große Franziskanerkirche aus dem 13. Jh. Nach den Bombenschäden des Zweiten Weltkriegs wurde sie vollständig restauriert, so dass heute wieder die ursprüngliche Architektur zur Geltung kommt. Auf dem leeren Platz davor stand einst der Palast der Adelsfamilie Savorgnan, die Anfang des 16. Jh. eine Revolte gegen die Venezianer begann. Vor allem Antonio Savorgnan ließ dabei viele Mitglieder konkurrierender Familien umbringen und beging Verbrechen an der Bevölkerung, bis sein

Die Mitte des Friaul → Karte S. 64/65

Am Stadtkanal lässt es sich lauschig sitzen

Domizil von den Venezianern 1549 dem Erdboden gleichgemacht wurde. Der Palast wurde erst 1989 bei Ausgrabungen entdeckt, der Verlauf der Grundmauern ist auf der Piazza kenntlich gemacht.

Palazzo Arcivescovile: Vom Dom kommt man durch den Stadtpark *Giardino Ricasoli* mit seinen mächtigen Baumriesen zum einstigen Patriarchensitz, der nach der Aufhebung des Patriarchats (1751) zum erzbischöflichen Palast avancierte. Seit 1994 ist im Palast das *Diözesanmuseum* untergebracht, Prunkstücke sind die großartigen Fresken von Giambattista Tiepolo, gemalt 1726–30.

Im Erdgeschoss durchquert man zunächst ein kleines *Lapidarium* und gelangt zum *Treppenhaus*, dessen Decke das prachtvolle Tiepolofresko „La caduta degli angeli ribelli" (Fall der aufständischen Engel) schmückt – wenn man von unten hinaufblickt, entfaltet das Flugthema seine volle Wirkung. Im ersten Stock findet man Gemälde, Goldschmiedewerke und eine umfangreiche Sammlung von Holzskulpturen. Die zweite Etage beherbergt die große *Sala Azzurra* (Baldachinsaal) mit Fresken des Giovanni da Udine, die stuckverzierte *Sala Gialla*, die *Sala Rossa* (Gerichtssaal) mit dem großen Deckenfresko „Salomons Urteil" von Tiepolo, die *Sala del Trono* (Audienzsaal) mit dem Thron, deren Wände mit hunderten Porträts der Patriarchen geschmückt sind, die herrliche *Bibliothek der Patriarchen* mit unzähligen jahrhundertealten Bänden und dem Deckenfresko „Triumph der Weisheit" und natürlich die berühmte *Galleria degli Ospiti*, deren Wände die bedeutendsten Fresken Tiepolos mit Szenen des Alten Testaments schmücken.

▪ **Diözesanmuseum und Tiepolo-Säle,** Mi–So 10–13, 15–18 Uhr, Di geschl.; Eintritt ca. 7 €, über 65 J. 5 €, 6–18 J. 3 €, frei mit FVG Card. ✆ 0432-25003.

Museo Etnografico del Friuli: Das erst vor einigen Jahren eröffnete Museum im *Palazzo Giacomelli* aus dem 17. Jh. zeigt auf mehreren Stockwerken eine breit gefächerte Ausstellung volkskundlicher Stücke.

▪ Mai bis Sept. Di–So 10–19 Uhr, übrige Zeit bis 18 Uhr, Mo geschl., Eintritt ca. 5 €, über 65 u. 18–29 J. 2,50 €. ✆ 0432-271920.

Basis-Infos

→ Karte S. 118/119

Information **Ufficio turistico**, am großen, freien Platz hinter dem Castello. Mo–Sa 9–18, So 9–13 Uhr, im Winter Mo–Fr bis 17.30, Sa 9–13, 14–18, So 9–13 Uhr. Piazza Primo Maggio 7, ☎ 0432-295972, info.udine@promoturismo.fvg.it.

Anfahrt/Verbindungen **PKW**, Udine liegt an der Autobahn A 23 von Österreich nach Triest bzw. Venedig. Aus Westen kommend schnelle Fahrt über Pordenone und durch die Ebene des Tagliamento-Flusses. Ein großer gebührenpflichtiger Parkplatz liegt an der Piazza Primo Maggio (hinter dem Castello).

Bahn, häufig Verbindungen nach Venedig und Triest, der Bahnhof liegt südlich vom Zentrum, die Via Roma führt geradeaus in die Altstadt.

Bus, Busstation am Viale Europa Unità, rechts vom Bahnhof (wenn man herauskommt).

Shopping **Markt**, Di, Do, Fr u. Sa auf der Piazza XX Settembre, am ersten So im Monat außerdem **Antiquitätenmarkt**.

La Baita 17, wenige Schritte von der Piazza Matteotti liegt der Käseladen des traditionellen Herstellers Tosoni, der außerdem vielfältige kulinarische Spezialitäten in großer Auswahl bietet. Via delle Erbe 1/b.

L'Amaro d'Udine 31, der 15 %ige lokale Kräuterlikör ist ein nettes Mitbringsel. Via Battisti 14.

Übernachten

→ Karte S. 118/119

****** Astoria Italia 29**, im Zentrum das erste Haus am Platz, seit 1850 als Hotel geführt. Behagliche Atmosphäre, große Eingangshalle, komfortable Zimmer, Restaurant mit bestem Ruf, Tiefgarage mit Reservierung (15 €). DZ/F ca. 90–230 €. Piazza XX Settembre 24, ☎ 0432-505091, www.hotelastoria.udine.it.

***** Friuli 22**, großes Mittelklassehotel am Rand vom Zentrum (10 Fußmin.), Zimmer einfach, aber okay, Frühstück ebenfalls, praktisch ist der große Parkplatz hinter dem Haus (gratis). DZ/F ca. 60–140 €. Viale Ledra 24, 0432-234351, www.hotelfriuli.udine.it.

***** Al Vecchio Tram 32**, ruhige, zentrumsnahe Lage, 2011 vollständig renoviert, elegant gestaltete Zimmer mit modernen Bädern, gutes Frühstück, Personal freundlich, Parkgarage in 100 m Entfernung (15 €). DZ/F ca. 90–130 €. Via Brenari 28/Ecke Piazza Garibaldi, ☎ 0432-507164, www.hotelvecchiotram.com.

***** Allegria 34**, wenige Schritte weiter, ebenfalls ganz neu und ruhig, architektonisch sehr stimmiges Haus mit interessanter Architektur und schönen Zimmern. Gutes Frühstück und Tiefgarage mit Aufzug. DZ/F ca. 90–130 €. Vicolo Chiuso 1/EckeVia Grazzano, ☎ 0432-201116, www.hotelallegria.it.

MeinTipp ***** Suite Inn 3**, 10 Fußmin. nördlich vom Zentrum, ansprechend renoviertes Haus mit modernen, geschmackvoll eingerichteten Zimmern, aufmerksamer Service durch die beiden Besitzerinnen und ihr Team, viele Stammgäste aus Österreich und Deutschland, es wird auch Deutsch gesprochen. Hervorragendes Frühstück, kostenloser Parkplatz. DZ/F ca. 95–130 €. Via Francesco di Toppo 25, ☎ 0432-501683, www.hotelsuiteinn-udine.com.

***** Clocchiatti & Next 2**, historische Villa aus dem 19. Jh., dazu eine schicke, moderne Dependance, ein großer Garten mit altem Baumbestand und – großer Pluspunkt in Udine (!) – ein Pool. 15 Fußmin. ins Zentrum. DZ/F ca. 90–130 €, im modernen Teil etwas teurer. Via Cividale 29, ☎ 0432-505047, http://hotel clocchiatti.it.

***** San Giorgio 37**, 15 Fußmin. südlich vom Zentrum, verkehrsreiche Lage, die ordentlichen Zimmer aber großteils nach hinten. Mit Restaurant, wo man gemütlich vor dem Haus sitzt, Parkplatz (kostenpflichtig), Fahrräder im Innenhof, freundliches Personal. DZ/F ca. 70–100 €, für Udine vergleichsweise günstig. Piazzale Cella 4, ☎ 0432-505577, www.hotelsangiorgio udine.it.

B & B Dimora Montegnacco 35, zentrale Lage zwischen Bahnhof und Zentrum, drei hübsche und saubere Zimmer, z. T. in einer Dependance im Garten, dort kann man im Sommer frühstücken. Freundliche Gastgeber, Parken vor dem Haus (tagsüber 1 Std./0,80 €) oder mit Reservierung auf dem Grundstück (ca. 5 €/Tag). DZ/F ca. 65–75 €. Via Cussignacco 48/3, ☎ 0432-204698, www.dimoramontegnacco.it.

B & B Casa Angela 39, ein wenig südlich vom Bhf., ins Zentrum 15 Fußmin. Drei geschmackvoll eingerichtete Zimmer mit Küche

Die Mitte des Friaul → Karte S. 64/65

und Bad, schöner Garten, gute Parkmöglichkeiten, zwei Gästefahrräder und nette Betreuung durch Alberto. DZ/F ca. 60–70 €. Via Calatafimi 7, ☏ 337-532623, www.casaangela.it.

Außerhalb Villa di Tissano, herrschaftliche Villa im kleinen Örtchen Tissano, etwa 12 km südlich von Udine. Die Stiftung friulanischer Villen und Burgen hat hier ihren Sitz (Leitung Dr. Christoph Ulmer). In den Seitenflügeln der Villa aus dem 16. Jh. werden 22 recht unterschiedliche Zimmer im alten friulanischen Stil vermietet. Es gibt einen weitläufigen Park mit altem Baumbestand und Teichen, Pferde und einen kleinen Pool – gute Voraussetzungen für einen Familienurlaub. Das Hauptgebäude der Villa ist bewohnt, dort liegt der festliche Rokoko-Speisesaal, für die Hausgäste wird abends in friulanischer Tradition gekocht. DZ/F je nach Qualität und Ausstattung ca. 110–170 €, bei mehrtägigem Aufenthalt 20 € günstiger. Parken 10 €/Tag. Piazza Caimo 4, ☏ 0432-990399, www.villaditissano.it.

MeinTipp **Locanda al Grop**, in Tavagnacco, etwa 7 km nördlich von Udine. Die alteingesessene Trattoria (→ Essen & Trinken) vermietet in einem restaurierten Bauernhaus sechs moderne Zimmer mit handgefertigten Möbeln, schönen Bädern und Kochnische. Familiäre Betreuung durch Silvia und Simona, dazu bestes Frühstück. DZ/F ca. 110–130 €. Ganzjährig. Via Matteotti 1, ☏ 0432-660240, www.algrop.net.

Essen & Trinken

In den zahlreichen Osterien von Udine kann man gut essen oder auch nur einen „tajut" zu sich nehmen. Die bekannten Friauler Spezialitäten werden hier überall serviert.

MeinTipp **Al Gelso** **28**, gemütlich-rustikale Pizzeria, innen 200 Plätze und eine einladende Galerie von Weinfässern, hinten ein weiträumiger Innenhof. Immer gute Stimmung, große Auswahl, Pizza vom Holzofen, Fleisch vom großen offenen Grill. Di geschl. Via del Gelso 10, ☏ 0432-229392.

Alla Ghiacciaia **18**, schön gelegene Osteria hinter der Kirche San Giacomo an der Piazza Matteoti (Durchgang linker Hand der Kirche). Man sitzt auf einer schmalen Terrasse am Stadtkanal oder speist im rustikalen Innenraum. Essen recht gut und preiswert, z. B. *frico con polenta* und *orzo e fagioli*. Reservierung empfohlen. Mo geschl. Via Zanon 13, ☏ 0432-655188.

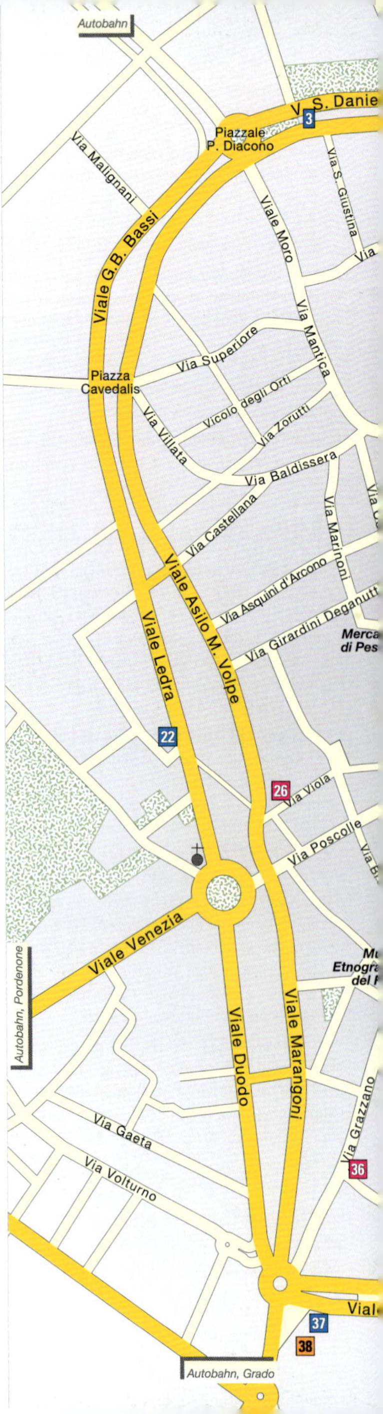

Übernachten

2 Clocchiatti & Next
3 Suite Inn
22 Friuli
29 Astoria Italia
32 Al Vecchio Tram
34 Allegria
35 B & B Dimora Montegnacco
37 San Giorgio
39 B & B Casa Angela

Essen & Trinken

1 Alla Vedova
5 La Nicchia
6 Ai Frati
7 Mille e una notte
8 Poco di Buono
9 Allo Sbarco dei Pirati
12 Campana d'Oro
14 Enoteca Giardinetto
16 Ex-Provinciali
18 Alla Ghiacciaia
23 Al Chianti
24 La Combriccola
25 Aquila Nera
26 Al Vecchio Stallo
27 Hostaria alla Tavernetta
28 Al Gelso
36 Osteria Al Marinaio

Nachtleben

4 Café Caucigh
10 Da Michele
11 Ars Bibendi
13 Teresina
15 Al Cappello
19 Taverna dell'Angelo
20 Contarena
21 Ottelio
30 Enoteca Buca di Bacco
33 Ai Barnabiti
38 Osteria da Pozzo

Sonstiges

17 La Baita
31 L'Amaro d'Udine

Beliebter Treffpunkt: die Via Paolo Sarpi

Al Vecchio Stallo **26**, ein „Beisl" (österreichisch für „Wirtshaus") wie aus dem Bilderbuch. Historische Fotos, Museales aus vergangenen Zeiten und die Galerie von Weinflaschen schaffen Atmosphäre in der früheren Poststation, hinten liegt ein schöner, kleiner Hof. Bodenständige friulanische Hausmannskost zu günstigen Preisen. Mi geschl. (Juli/August So). Via Viola 7, ✆ 0432-21296.

La Combriccola **24**, Pizzeria im hellen, modernen Stil, große Auswahl in ausgezeichneter Qualität. Mo geschl. Via Giusto Muratti 60, ✆ 0432-21484.

mein Tipp **Osteria Al Marinaio** **36**, südlich vom Zentrum, traditionelle Osteria mit Tischen im Laubengang, *Pasta e Fagioli*, Gulasch, Risotto, Pollo, alles recht preiswert. So geschl. Via Cisis 2, ✆ 0432-295949.

Hostaria alla Tavernetta **27**, in einer ruhigen Seitengasse, gediegen-gemütliche Speiseräume und eine kleine idyllische Terrasse im ersten Stock, hauptsächlich friulanische Küche und Fleischgerichte, aber auch guter Fisch. Von Michelin empfohlen, Reservierung sinnvoll. So/Mo geschl. Via Antico di Prampero 2, ✆ 0432-501066.

Campana d'Oro **12**, gute Trattoria in zentraler Lage, bei Gino und Familie gibt es beste neapolitanische Pizza und süditalienische Fischküche. Nur Innenplätze. Mi geschl. (Juni bis Aug. So geschl.) Piazza Primo Maggio 3, ✆ 0432-506122.

Ex Provinciali **16**, Wohnzimmeratmosphäre zwischen Bücherregalen, leckere Küche, der Chef kocht selbst. Via della Prefettura 3/a, So geschl. ✆ 0432-512073.

mein Tipp **Al Chianti** **23**, bei der Post um die Ecke, gemütliche Atmosphäre zwischen Weinregalen, friulanische und apulische Küche, dazu gute Weinauswahl. Nur Innenplätze. So geschl. Via Marinelli 4, ✆ 0432-501105.

Aquila Nera **25**, kleine Terrasse über einem Kanal, innen ansprechend modernisiert, Tische gruppieren sich um die Bar, hinten die offene Küche, fröhliche Stimmung, Menü wechselt häufig, preislich etwas höher. Reservierung empfohlen. So geschl. ✆ 0432-21645.

Enoteca Giardinetto **14**, zwischen den vielen Nachtkneipen in dieser Straße ein beliebtes und gemütliches Lokal mit besten Weinen, guter Küche und aufmerksamer Bedienung. So/Mo geschl. Via Paolo Sarpi 8, ✆ 0432-227764.

Allo Sbarco dei Pirati **9**, urige „Piratenkneipe", vollgestopft mit Krimskrams, neben dem Haus eine schattige Terrasse, darunter rauscht der Stadtkanal. Alle Speisen in Friulanisch angeschrieben, Wirt etwas raubeinig, günstigePreise. Mi geschl. Via Bartolini 12, ✆ 0432-21330.

Poco di Buono **8**, in dem kleinen Café sitzt man hinten schön am Kanal, gut für ein schnelles Mittagessen. So geschl. Piazza San Cristoforo 11. ✆ 0432-1637819.

Mille e una notte 7, arabische Küche, schöne Sitzgelegenheiten auf einer ruhigen Piazza. Via Gemona 28, ✆ 0432-526558.

Ai Frati 6, bildhübsche, allerdings fast immer übervolle Osteria an einem ruhigen Platz neben dem imposanten Palazzo Antonini, ein wenig nördlich vom Zentrum. Man kann auf zwei Stockwerken oder gemütlich draußen vor dem Haus sitzen. Schwergewicht auf Fleisch (Fiorentina di Angus Irlandese und T-Bone-Steak). So geschl. Piazzetta Antonini 5, ✆ 0432-506926.

La Nicchia 5, Massimo und Silvia bieten in ihrem kleinen Lokal ausschließlich sardische Küche und Weine. Di/Mi-Abend und So/Mo geschl. Via Gemona 15/a, ✆ 0432-204070.

Etwas außerhalb **Alla Vedova 1**, beliebte Trattoria mit 150-jähriger Tradition (damals „Trattoria del Kaiser") an der SS 13 nördlich der Stadt. Familienbetrieb mit eigenen Weinbergen und Olivenölproduktion, freundlich und gepflegt, sehr leckeres Essen zu angemessenen Preisen. Mitten im Lokal ein großer Fogolar, dort wird das Fleisch in Sichtweite gegrillt. Im Sommer kann man auch im Garten sitzen. So-Abend und Mo geschl. Via Tavagnacco 9, ✆ 0432-470291.

Al Grop, in Tavagnacco, etwa 7 km nördlich von Udine. Die Trattoria mit 500 Jahre alten Wurzeln liegt zentral bei der Kirche und war einst ein Wirtshaus der Ordensbrüder, seit dem 19. Jh. wird sie von Familie del Fabbro geführt, heute von Mutter Angela und ihren Töchtern Silvia und Simona – beste friulanische Küche (kein Fisch) und perfekter Service, nicht billig. Do-Mittag und Mi geschl. Via Matteotti 1, ✆ 0432-660240.

Urig und gemütlich: Al Vecchio Stallo

Agli Amici, im unscheinbaren Vorort Godia, wenige Kilometer nordwestlich von Udine, liegt das einzige Restaurant in Friaul-Julisch Venetien mit zwei Michelin-Sternen! Michela und Emanuele Scarello (seit 1887 betreibt die Familie bereits das Restaurant) haben sich durch ihre Molekularküche mit ausgezeichneten lokalen Produkten einen Namen gemacht – ein echtes Gourmeterlebnis ohne Abstriche! Das sieben- bis neungängige Degustationsmenü kostet ca. 90 €, mit Wein ca. 120 €. Di-Mittag und Mo geschl. Via Liguria 252, ✆ 0432-565411.

mein Tipp **Relais Casa Orter**, gepflegte Unterkunft in Risano, 12 km südlich von Udine. Exquisites Essen, danach oft Konzert der Inhaber (Klavier und Harfe). Reservierung empfohlen. Nur Mi- bis Sa-Abend. Via della Stazione 11, ✆ 0432-564773, https://casaorter.it.

Nachtleben

→ Karte S. 118/119

Im Nachtviertel nördlich der Piazza Matteotti tobt im Sommer dank der hohen Studentenpopulation allabendlich das Leben, vor allem in der Via Paolo Sarpi liegt eine Kneipe neben der anderen, z. T. mit lauschiger Terrasse zum Stadtkanal. Ansonsten gibt es im Zentrum zahlreiche gemütliche Weinschenken und Enoteche.

Piazza Matteotti und Via Paolo Sarpi **Ottelio 21**, viel besuchtes Café neben der Kirche an der Piazza Matteotti, im Innenraum wurde eine historische Mauer freigelegt.

mein Tipp **Al Cappello 15**, stimmungsvolles Plätzchen mitten im Zentrum des Geschehens, an der Decke hängen zahlreiche Hüte (Name!), vom Gebirgsjägerkäppi bis zum Sommerstrohhut. Gute Weinauswahl und leckere Appetithäppchen, mittags auch einige warme Gerichte. So nachmittags und Mo geschl. Via Paolo Sarpi 5.

Teresina 13, nette Kneipe mit Terrasse zum Fluss, auch warme Küche. Via Paolo Sarpi 10.

Ars Bibendi 11, gute Weine, Biere und kalte Platten in gemütlichem Ambiente. Mo geschl. Via Paolo Sarpi 12.

Da Michele 10, die Enoteca in der Ausgehgasse ist ein viel besuchter Treffpunkt mit oft fröhlicher Atmosphäre. So geschl. Via Paolo Sarpi 18/a.

Um die venezianische Loggia **Contarena 20**, elegantes Jugendstilcafé unter den mächtigen Arkaden des Palazzo d'Aronco. Via Cavour 1.

mein Tipp **Taverna dell'Angelo 19**, gemütliche Weinbar im alten Stil, schöne Retro-

Einrichtung, auch gute Cocktails. So geschl. Via Lovaria 3/d.

Südlich vom Zentrum **Enoteca Buca di Bacco 30**, etwas schickere, trotzdem gemütliche Enoteca im südlichen Zentrumsbereich, gepflegter Innenbereich mit Weinregalen, aber auch Tische auf der Straße. So geschl. Via Cesare Battisti 21.

meinTipp **Ai Barnabiti 33**, behagliche und beliebte Osteria etwas südlich vom Zentrum, abends reichhaltiger Aperitivo mit Finger Food, aber auch gute Küche mit traditionellen Gerichten, lokalen Wurst- und Käsesorten und einer großen Weinauswahl. Im Sommer auch kommunikative Plätze auf der Straße. So geschl. Piazza Garibaldi 3/a.

Osteria da Pozzo 38, populäre Weinbar neben dem Hotel San Giorgio am Piazzale Cella. Den ganzen Tag über geöffnet, abends immer voll. Viele stehen draußen, hinten gibt es auch einen Garten. So geschl.

Nördlich vom Zentrum **Caucigh 4**, historisches Café mit zwei Gasträumen, in der kalten Jahreszeit gibt es hier jeden Freitag Live-Jazz (https://caffecaucigh.wixsite.com). Mo geschl. Via Gemona 36.

Friuli Doc: Etwa Mitte September findet dieses größte Stadtereignis mit vielen tausenden von Besuchern statt – ein einziges großes Event mit zahllosen Fressständen, Musik, Zelten und Bierbänken. Überall wird gefeiert und die Stadt steht kopf – erlebenswert!

Udine/Umgebung

Castello di Cassacco

Nördlich von Udine kommt man auf der SS 13 nach *Tricesimo*. Im nahen Ort Cassacco steht in Hügellage weithin sichtbar die Burg mit ihren beiden eigenartigen Zwillingstürmen, die zu den besterhaltenen Wehrbauten der Region gehört und in der oft Kulturveranstaltungen stattfinden.

Besichtigung nach Voranmeldung beim **Consorzio per la Salvaguardia dei Castelli Storici del Friuli Venezia Giulia** unter ✆ 0432-288588.

Essen & Trinken **Da Toso**, gemütliches Lokal in Leonacco, südlich von Tricesimo. War jahrzehntelang eine Institution, ist jedoch seit 2019 in neuen Händen und muss sich erst bewähren. Bisher Di/Mi geschl. Via Pozzuolo 16, ✆ 0432-852515.

Colloredo di Monte Albano

Wenn man von Tricesimo die Autobahn überquert, erreicht man eins der spektakulärsten Schlösser des Friaul, zu dem eine schnurgerade Straße kilometerlang bergauf führt. Leider wurde es beim Erdbeben von 1976 zum großen Teil zerstört, der Aufbau konnte bisher nur teilweise realisiert werden. In der Burg wurde 1622 *Ermes di Colloredo* geboren, der als Begründer der friulanischen Poesie gilt. Im 19. Jh. lebte hier der Schriftsteller *Ippolito Nievo* und schrieb seinen Roman „Confessioni di un italiano".

Essen & Trinken Mehrere Lokale laden vor der Burg zur Rast ein.

La Taverna, elegantes Restaurant mit weinüberrankter Front, ein Michelinstern und entsprechendes Preisniveau. Schöne Terrasse, den Garten überspannt im Sommer ein mächtiges Sonnensegel, sehenswert ist der Weinkeller. So-Abend und Mi geschl. Piazza Castello 2, ✆ 0432-889045.

Günstiger sind die hübsche **Osteria al Castello** genau gegenüber der Zugangsrampe (Di geschl., ✆ 0432-889705) und weiter östlich die oft gelobte Pizzeria **Alle Antiche Scuderie** (Mo geschl., ✆ 0432-889226).

Colli Orientali del Friuli

Das große DOC-Weinbaugebiet der „Colli Orientali" liegt östlich von Udine und zieht sich von Tarcento im Norden über Cividale del Friuli bis weit nach Süden, wo es nahtlos ins Weingebiet Collio mit Zentrum Cormòns übergeht.

Seine Ursprünge reichen mindestens bis in die Zeit Cäsars zurück, vielleicht kultivierten aber bereits die Kelten Jahrhunderte vor der römischen Eroberung die Weinrebe. Heute werden in den Colli Orientali über 80.000 Hektoliter hochwertiger Wein produziert, ein Drittel davon geht ins Ausland.

Bis auf die Hauptstadt Cividale del Friuli sind die kleinen Orte im hüglig-flachen Weinbaugebiet architektonisch im Allgemeinen wenig spektakulär, doch schöne Impressionen genießt man bei Fahrten durch die Weinberge. Für kulinarisch Interessierte bieten sich zahlreiche Anlaufpunkte an und eine Einkehr mit Verkostung der einheimischen Spezialitäten und berühmten Weine sollte nicht fehlen. Zu den bekanntesten Tropfen zählen (Tocai) Friulano, Pinot Grigio, Malvasia und Merlot, Refosco, Collio Bianco, Ribolla gialla, Picolit und Schioppettino. Vor allem Picolit und Refosco waren schon seit Mitte des 18. Jh. zusammen mit Burgunder und den berühmten ungarischen Likörweinen an den europäischen Fürstenhöfen begehrt.

Cividale del Friuli

ca. 11.500 Einwohner

Der Hauptort des DOC-Weinbaugebiets „Colli Orientali del Friuli" liegt 20 km östlich von Udine, ein stimmungsvolles Städtchen am steilen Flusstal des Natisone.

Julius Cäsar gründete hier 50 v. Chr. ein römisches Lager, das später namengebend für die gesamte Region wurde: „Forum Iulii" wurde zu Friaul. Ab dem 6. Jh. bauten die Langobarden Cividale

Der Ponte del Diavolo überquert den Fluss Natisone

zu ihrer Hauptstadt aus, in keiner anderen Stadt des Friaul ist mehr von ihnen erhalten geblieben. Später ließen sich auch die Patriarchen von Aquileia hier nieder, bis sie 1238 ihren Sitz ins neu entstehende Udine verlegten.

Im reizvollen Stadtkern ist heute vor allem das Mittelalter präsent, im Bereich der Piazza Diacono und Piazza Garibaldi kann man schön bummeln, es gibt eine Fußgängerzone, ein großes Kloster mit dem filigranen Tempietto Longobardo und das reichhaltige Museo Archeologico, das zweifellos zu den hochkarätigsten Museen im Friaul gehört.

Sehenswertes

Im Zentrum dominiert der **Dom** mit seiner mächtigen, fast schmucklosen Fassade und der Weite seines Innenraums. Gegenüber steht der **Palazzo Municipale** (Rathaus) mit schöner Loggia, davor erinnert eine Bronzestatue an den Stadtgründer Julius Cäsar.

Rechts neben der Kirche liegt der Zugang zum **Museo Cristiano**. Größte Sehenswürdigkeiten sind hier das oktogonale Taufbecken des Calixtus (8. Jh.) und ein großartig skulptierter Altarblock aus dem frühen Mittelalter – Ratchis gewidmet, der im 8. Jh. vom Herzog von Friaul zum König der Langobarden aufstieg und als Benediktinermönch sein Leben in Monte Cassino beendete.

■ **Museo Cristiano,** Mi–So 10–13, 15–18 Uhr (sonst bis17 Uhr), Mo/Di geschl. Eintritt ca. 4 €, 18–25 J 3 €, 8–18 J. 2 €, gratis mit FVG Card. ✆ 0432-730403.

An der rückwärtigen Front der Piazza Duomo steht der **Palazzo dei Provveditori Veneti** mit dem großen **Museo Archeologico**. Während das Erdgeschoss eindrucksvolle Steine (Stelen, Grabsteine, Säulen, Kapitelle etc.) aus vorrömischer, römischer und mittelalterlicher Zeit zeigt, ist das Obergeschoss den Langobarden und ihrer Kunst vorbehalten. Das Meiste der äußerst reichhaltigen Sammlung hat man in Nekropolen entdeckt: Schmuck, Gebrauchsgegenstände, Amulette, Waffen, Keramik und Münzen, Kruzifixe aus Bronze und Gold, außerdem Adelssarkophage.

■ **Museo Archeologico,** Mo 9–14 Uhr, Di–So 8.30–19.30 Uhr, Eintritt ca. 4 €, 18–25 J. 2 €. ✆ 0432-700700.

Hinter dem Dom führt eine kieselgepflasterte Gasse zum ehemaligen **Benediktinerinnenkloster Santa Maria in Valle**. Der Komplex besitzt einen üppig grünen Innenhof mit großem Magnolienbaum, den man vom Kreuzgang aus betrachten kann, in einem Videoraum laufen Filme zur Geschichte von Cividale und zur Klostergeschichte.

Größte Sehenswürdigkeit ist die reich verzierte **Kapelle Tempietto Longobardo** aus dem 9. Jh., die malerisch über dem Natisone-Fluss thront – feine Stuckarbeiten, sechs Großreliefs, die die „Prozession der Jungfrauen und Märtyrerinnen" darstellen, sowie das Chorgestühl aus dem 15. Jh. (wird derzeit in der Klosterkirche restauriert) machen den Reiz des Langobarden-Tempelchens aus. Bei Ausgrabungen im Kloster hat man Mauern aus römischer Zeit entdeckt. Hübsch ist auch der Aussichtspunkt „Belvedere".

■ **Santa Maria in Valle und Tempietto Longobardo**, April bis Sept. Mo–Fr 10–13, 15–18.30, Sa/So 10–18 Uhr, Okt. bis März Mo–Fr 10–13 und 14–17 Uhr, Sa/So 10–17 Uhr; Eintritt ca. 4 €. (über 65 J. 3 €, 8–17 J. 1,50 €). ✆ 0432-700867. Sammelticket für Santa Maria/Tempietto, Museo Cristiano und Museo Archeologico 9 €.

Gegenüber vom Kloster liegt eine **Antica Casa Medioevale** mit einer traditionellen Kunsthandwerkstatt und Verkauf von Kräutern und Gewürzen. Kurz vorher kann man an einer Stelle bequem ins Flusstal absteigen (Riva della Bruscandola).

■ **Antica Casa Medioevale,** tägl. 10.30–13, 15–18 Uhr.

Zurück auf der Hauptstraße zum Fluss, lädt in der seitlich abzweigenden Via Monastero Maggiore ein Schild ein, das **Ipogeo Celtico** zu besuchen, eine dreiräumige Grabstätte keltischer Fürsten aus vorchristlicher Zeit.

■ Informationen zur Besichtigung im Informationsbüro (✆ 0432-710460) oder Monastero Santa Maria in Valle ((✆ 0432-700867), Eintritt frei.

Dann erreicht man den eindrucksvollen **Ponte del Diavolo**, der mit zwei Bögen elegant den Natisone überspannt, pittoresk fallen die Steilfelsen zum grünen Flusstal ab. Sein Name rührt daher, dass der mittlere Pfeiler auf einem Felsbrocken steht, den der Teufel höchstselbst ins Wasser geschleudert haben soll. Eine Treppe führt hinunter zum Wasser.

Basis-Infos

→ Karte S. 127

Information **Ufficio Informazione Turistiche**, Mo 8.30–12.30, 16.30–19, Di, Do u. Fr 10–12.30 Uhr, Mi, Sa u. So geschl. Piazza Paolo Diacono 10, ✆ 0432-710460, informacitta@cividale.net.

Shopping **Antica Drogheria Scubla** **7**, seit 1921, schön aufgemachter Laden mit kulinarischen Spezialitäten. Corso Giuseppe Mazzini 33.

In den **Pasticcerie** wird frische „gubana" angeboten, ein leckerer Kuchen mit einer Füllung aus Nüssen, Pinienkernen und Grappa, der seinen Ursprung in den Valli Natisone nördlich von Cividale hat, z. B. bei **Al Ponte** **16**, Corso d'Aquileia 14.

Vogrig, Italiens größter Hersteller von Gubana, hat seine Verkaufsräume an der Straße nach San Pietro al Natisone. Viale Libertà 138 (www.gubana.it).

Jeden vierten Sonntag im Monat findet von 8 bis 20 Uhr in Cividale **Il Baule del Diavolo** („Teufelstruhe") statt, einer der größten Trödelmärkte Italiens, u. a. auf der Piazza del Duomo und der Piazza Foro Giulio Cesare. Samstags gibt es außerdem einen **Wochenmarkt** in der Stadt.

Azienda Agricola Il Roncal (→ Übernachten).

Azienda Agricola Villa de Puppi, eine stilvolle Villa mit herrlichem Park, 3 km westlich von Cividale. Valfredo und Caterina de Puppi sind die vorerst letzte Generation einer alteingesessenen Winzerfamilie. Ihre Kellerei ist 200 Jahre alt, aber mit der modernsten Technologie ausgestattet. Sie produzieren die weißen Chardonnay, (Tocai) Friulano, Pinot

Die Mitte des Friaul → Karte S. 64/65

Grigio und Sauvignon sowie die roten Merlot, Cabernet Sauvignon und den prächtigen Refosco dal peduncolo rosso – hohe Qualität zu gehobenem Preis. Besuch nach Vereinbarung. Via Roma 5, Moimacco. ✆ 0432-722461, https://depuppi.it.

Distilleria Domenis, südlich außerhalb, nach Gagliano fahren und dort links abbiegen, noch 800 m. Die feinen Grappa-Destillate werden in viele Länder exportiert. Mo–Fr 8–12, 13.30–17.30 Uhr. Via Darnazzacco 30, ✆ 0432-731023, www.domenis1898.com.

Übernachten

****** Locanda al Castello 1**, Hotelschloss in ruhiger Hügellage, 25 ordentliche Zimmer, Restaurant mit schöner Terrasse und Panoramablick in die Colli (Mo/Di-Mittag u. Mi geschl.), Wellnesszentrum mit Indoorpool und Sauna (nicht immer offen, vorher erkundigen), Parkplatz. DZ/F ca. 100–130 €. Località Fortino, Via del Castello 12, ✆ 0432-733242, www.alcastello.net.

meinTipp ***** Al Pomo d'Oro 5**, gleich hinter dem Hauptplatz, familiengeführtes Hotel in einem historischen Gebäude, gute Zimmer, netter Service, ausgezeichnetes Restaurant. DZ/F ca. 75–95 €. Piazza San Giovanni 20, ✆ 0432-731489, www.alpomodoro.com.

***** Roma 8**, zentrale Lage, ordentliche, weitgehend renovierte Zimmer, nach hinten ruhiger. Es gibt einen kleinen, oft überfüllten Gratis-Parkplatz (weiterer kostenloser Parkplatz in der Nähe vom Bhf.). DZ/F ca. 85–120 €. Piazza Alberto Picco 14, ✆ 0432-731871, www.hotelroma-cividale.it.

meinTipp **B & B Domus Iulii 12**, ganz zentral gegenüber der Cäsarstatue, gemütliche und saubere Zimmer zum ruhigen Innenhof, moderne Bäder, gutes Frühstück. DZ/F ca. 70–80 €. Largo Boiani 8, ✆ 333-6737042.

B & B La cjase dai Toscans 11, historisches Haus in der Fußgängerzone (nicht ganz leise), saubere Zimmer mit antiker Möblierung, gutes Frühstück, nachts kostenloses Parken am Domplatz. DZ/F ca. 80–90 €. Corso Mazzini 15, ✆ 349-0765288.

B & B Casa Carbonara 2, in der Nähe vom Bahnhof, 10 Fußmin. ins Zentrum. Historische Villa mit Garten (Benutzung möglich), drei Zimmer mit zwei Bädern, freundliche Betreuung durch Francesca. In der Nähe kostenloser Parkplatz. DZ/F ca. 60–70 €. Via Borgo San Domenico 3, ✆ 0432-732594, www.casacarbonara.com.

Blick vom Ponte del Diavolo auf Cividale

Agriturismo Il Roncal, gepflegtes Anwesen in ruhiger Hügellage südöstlich von Cividale (über SP 53 zu erreichen). Sieben geschmackvolle Zimmer, hausgemachtes Frühstück, die leckeren Weine können in den Räumen des neuen Weinkellers verkostet werden, seit 2016 gibt es einen hübschen Pool. Hausherrin Martina Moreale spricht Deutsch. Achtung: an Wochenenden kann es laut werden, da manchmal Hochzeitsfeiern stattfinden. DZ/F ca. 120–160 €. Località Montebello, Via Fornalis 148, ✆ 0432-730138, www.ilroncal.it.

Essen & Trinken

Antica Osteria alla Speranza 13, im niedrigen Gewölbe mit Holztäfelung und Freskenbemalung speist man gemütlich, dahinter liegt eine schattige Laube, man hat sich hauptsächlich auf Meeresfisch spezialisiert, nicht billig. Mo-Abend u. Di geschl. Piazza Foro Giulio Cesare 15, ✆ 0432-731131.

Al Campanile 15, schönes Plätzchen direkt unter dem Glockenturm, beschattete Tische vor der Tür, gute traditionelle Küche, Frico, Prosciutto und lokale Weine. Mo geschl. Via G. B. Candotti 4, ✆ 0432-732467.

MeinTipp **Al Pomo d'Oro 5**, sympathisches Hotelrestaurant mit netter Terrasse hinter dem Hauptplatz Piazza Diacono. Kleine Speisekarte, alles frisch zubereitet, aufmerksamer Service. Mi geschl. Piazza San Giovanni 20, ✆ 0432-731489.

Ai Tre Re 3, etwas abseits, ruhiges Flair und Hinterhofcharme, innen ein Fogolar, gute lokale

Küche. Mi geschl. Stretta San Valentino 29, ✆ 0432-701223.

Osteria alla Terrazza 14, Weinausschank gegenüber der Taverna Longobarda, drinnen einige Tische, man steht aber auch auf der Gasse. Schinken, Lasagne und *frico* (zum Mitnehmen als „Friul Burger"), dazu lokale Weine vom Fass. Gegenüber ein Verkaufsladen mit Spezialitäten aus dem Friaul (nur Sa). Di geschl. Stretta C. Gallo 3, ✆ 338-3957303.

Antica Trattoria Dominissimi 17, bei der Kirche San Francesco, schattige Weinlaube, gute Küche mit sizilianischem Einschlag (Chef ist Sizilianer), aber auch Pizza. Di geschl. Via Jacopo Stellini 12, ✆ 0432-732052.

Al San Daniele 10, nettes Fleckchen, um den San Daniele-Schinken zu verkosten. Mo-Abend u. Mi geschl. Piazzetta Terme Romana 8/b, 338-3548252.

meinTipp **Antico Leon d'Oro 18**, Via Borgo di Ponte 24, südlich des Ponte del Diavolo. Maria Elena und Marco bieten in schönem Ambiente beste Qualität bei erfreulichen Preis-Leistungs-Verhältnis. Mi geschl. ✆ 0432-731100.

Cafés/Weinstuben **Caffè Longobardo 6**, das größte Café der Stadt, direkt am Hauptplatz in einem altehrwürdigen Palazzo mit malerischem Portikus.

Enoteca l'Elefante 4, nette Adresse am Hauplatz, seit Kurzem wieder geöffnet. Piazza Paolo Diacono 19.

De Feo 9, seit 1901, Enoteca mit großer Auswahl an lokalen Weinen und kleiner, feiner Speisekarte, z. B. *brasato di manzo*. Via Adelaide Ristori 29, ✆ 0432-701425.

Nördlich und östlich von Cividale del Friuli

Die SS 54 führt durch das Haupttal der „Valli Natisone" über San Pietro al Natisone und Pùlfero nach Slowenien. Östlich von Cividale liegt der Wallfahrtsort Castelmonte. Roter Faden für eine Genießertour durch die Weinregion ist dagegen die SR 356 von Cividale nach Tarcento.

Valli del Natisone

Nordwestlich von Cividale liegen die Zuflusstäler des Natisone, eine vom Tourismus nur wenig berührte Region, überragt vom 1641 m hohen Gipfel des Matajùr an der slowenischen Grenze, von dem aus man bei klarem Wetter das gesamte Friaul sieht.

Im Altertum verlief hier der einzige Durchgangsweg ins mittlere Donautal, vor allem unter den Langobarden und den späteren Patriarchen war er von großer strategischer Bedeutung. Die Menschen in den Valli sind großteils slowenischer Herkunft, traditionelle Sprache ist ein alter Dialekt, in dem die letzte Silbe vieler Wörter betont wird.

San Pietro al Natisone ist der Hauptort des Natisone-Gebiets, das mit seinen steilen Abhängen und markanten Schluchten das Ergebnis eines langen und komplexen geologischen Prozesses darstellt.

Zahlreiche Wanderwege durchqueren die Region: Von Stupizza aus (SS 54 über San Pietro und Pùlfero) erreicht man z. B. auf dem rot/weiß markierten Weg 725 in etwa 4:30 Std. den *Monte Matajùr*. Interessant ist auch noch der *Monte Mia* (1237 m), den man in 3 Std. ebenfalls von Stupizza aus über das Rifugio „Casera Monte Mia" (2:30 Std.) besteigen kann (Weg 754 rot/weiß). Als Wanderkarte dient die Tabacco-Karte 041 (1:25.000) oder man fragt im Hotel „Al Vescovo", dort gibt es meist ein Faltblatt zur Region.

Übernachten/Essen ***** Al Vescovo**, ehemalige Poststation in Pulfero, einige Kilometer vor dem Stupizzapass, Familienbetrieb mit 14 Zimmern und sehr gutem Ristorante. DZ/F ca. 85 €. Via Capoluogo 67, ✆ 0432-726375, www.alvescovo.com.

Santuario del Castelmonte: Marienverehrung mit langer Tradition

Der alte Marienwallfahrtsort – wahrscheinlich einer der ersten Oberitaliens – liegt etwa 10 km östlich von Cividale in exponierter Hügellage. Eine Serpentinenstraße führt durch die dünn besiedelte und dicht bewaldete Region. 1175 wurde die Marienkirche erstmals urkundlich erwähnt, doch Ausgrabungen haben römische Überreste zutage gefördert, wahrscheinlich von einem vorchristlichen Heiligtum. 1419 zerstörten die Ungarn die Anlage, 1469 ein Brand, 1478 musste Castelmonte wegen der drohenden Türkengefahr befestigt werden.

Heute drängen sich die massiv gemauerten Wehrhäuser pittoresk um die Hügelspitze. Vom großen Parkplatz steigt man durchs Stadttor hinauf und gelangt der Hauptgasse folgend zur Kirche am höchsten Punkt. Im Hauptaltar befindet sich eine sitzende Madonnenstatue mit Kind aus dem 14. Jh., deren Schönheit gerühmt wird („Madonna bella"), obwohl sie im Lauf der Jahrhunderte stark verändert wurde. Anschaulich und lebensnah sind die zahllosen Votivbilder an den Wänden und in den Nebenräumen, die von Pilgern hinterlassen wurden. Danach kann man noch in die große Krypta hinuntersteigen.

Nicht weit ist es von Castelmonte zur *Grotta di San Giovanni d'Antro* mit einer in den Fels gehauenen Kirche.

Öffnungszeiten: Santuario, tägl. 7.30–12, 14.30–18 Uhr. ✆ 0432-731094. Grotta di San Giovanni d'Antro, April bis Juli u. Sept. So 10.30–18 Uhr, Aug. tägl. 10.30–18 Uhr, Eintritt mit Führung ca. 7 € (6–12 u. über 70 J. 5 €). ✆ 339-7779367.

Weinstraße von Cividale über Nimis nach Tarcento

Togliano di Torreano

Das über 400 Jahre alte Weingut „Volpe Pasini" dominiert mit seinem großen, ummauerten Areal das Durchgangsörtchen wenige Kilometer nördlich von Cividale.

Übernachten **Volpe Pasini**, das Hotel gehört zum gleichnamigen Weingut (→ unten). Sieben Zimmer (sechs DZ, ein EZ) und eine Suite, eingerichtet mit Antiquitäten der historischen Villa des Anwesens, Zugang zum 20.000 ha großen Park. DZ ca. 107 €, Suite 202 € (4 Pers.). Via Cividale 16, ✆ 0432-715151, www.volpepasini.it.

mein Tipp **Essen & Trinken** **Chiosco al Ponte**, das Lokal in einem Holzhaus gehört zum Weingut Comelli (→ Faedis) und wird von der bekannten Köchin Giulietta Venturini mit Sohn Gabriele geführt. Serviert werden friulanische Spezialitäten, z. B. ein hervorragender gefüllter *frico*. Dazu gibt es natürlich Weine von Comelli. Wegen des Umfelds im Grünen auch gut geeignet für Familien mit Kindern. Mo/Di geschl. Località Ponte Togliano, ✆ 0432-715327, www.trattoriachioscoalponte.it.

Die Mitte des Friaul → Karte S. 64/65

Shopping **Volpe Pasini**, das Weingut von Dottore Emilio Rotolo produziert unter Beratung des bekannten Önologen Riccardo Cotarella. Mo–Fr 9–17 Uhr. ✆ 0432-715151, www.volpepasini.it.

Faedis ca. 2900 Einwohner

Das unspektakuläre Städtchen hat man schnell durchquert, einzig auffallend ist der neugotische Dom mit modernem Innenleben an der zentralen Piazza, dessen Turm jedoch aus dem 13. Jh. stammt. Der Ortsname wird von „fagetum" (Buchenwald) abgeleitet und noch heute laden die von zahlreichen Bächen durchzogenen Wälder und Weinberge der Umgebung zu Spaziergängen und Wanderungen ein. Panoramatipp: Wenn man nördlich der zentralen Piazza die Straße über Canal di Grivo in Richtung Strémiz nimmt und die Serpentinen in den 900 m hoch gelegenen Weiler *Valle di Soffumbergo* hinauffährt, liegt einem das Friaul zu Füßen.

Übernachten **Agriturismo L'Uva e le Stelle**, das große Weingut Paolino Comelli liegt ruhig auf einem Hügel in den Weinbergen (ausgeschilderte Zufahrt in Campeglio, südlich von Faedis) und vermietet komfortable Ferienwohnungen mit schönem Blick, untergebracht in einem restaurierten Landhaus, das ans Weingut angeschlossen ist. Gartenbenutzung möglich, auch Pool und Sauna gibt es, außerdem einen kleinen Fußballplatz für Kinder. Bei den freundlichen Betreibern kann man Wein und Olivenöl verkosten. Fewo ab ca. 110 €. Via Case Colloredo 8, Colloredo di Soffumbergo, ✆ 0432-711226, www.comelli.it.

B & B Casa del Grivò, schönes, altes Steinhaus mit Holzbalkonen, ruhige Lage im Grünen, sehr aufmerksam geführt von Toni (spricht Englisch) und Paola. Schöner, großer Garten, gutes Frühstück und hervorragendes Abendessen mit Produkten aus dem eigenen Garten und Bioweinen. Haus und Zimmer sind mit altem friulanischem Mobiliar eingerichtet. DZ/F ca. 80 €, HP ca. 65 €/Pers. Borgo Canal del Ferro 19 (die Straße nach Canal di Grivo nehmen, bei der Brücke mit der Tafel „Canal del Ferro" rechts abbiegen). ✆ 0432-728638, www.casadelgrivo.com.

Agriturismo Ronc dai Luchis, mehrere Fewos auf einem Weinbauernhof, Wein- und Olivenölprobe, schöner Pool. Apt./F für 2 Pers. ca. 40–80 €. Via Udine 260, ✆ 340-2452040, www.roncdailucis.com.

Essen & Trinken **Non Solo cicciole**, ruhige Lage oberhalb von Faedis, Agriturismo mit Zimmervermietung und guter Küche, vorwiegend Schweinefleisch aus eigener Zucht. Restaurant nur Fr–So geöffnet, Reservierung erbeten. Mit Zimmervermietung. Borgo Gradischiutta 14, ✆ 0432-728259, www.nonsolocicciole.com.

Attimis ca. 1800 Einwohner

In der Via Principale 99 am Ortsrand liegt das kleine **Museo dei Castelli Attimis** mit mittelalterlichen Fundstücken der Umgebung und einigen Ritterszenarien, die mit lebensgroßen Puppen hübsch nachgebaut sind.

▪ **Museo dei Castelli Attimis,** nur So 10–13, 14–19 Uhr, Eintritt ca. 3 €. ✆ 329-8993616.

Das trutzige **Castello di Partistagno** stammt aus dem 11. Jh. und steht an der Straße südlich von Attimis, unmittelbar oberhalb des Weilers Borgo Faris. Von dort führt zwar ein Fahrweg hinauf, dennoch sollte man besser zu Fuß gehen, denn oben gibt es kaum Parkmöglichkeiten. Das Kastell kann von außen besichtigt werden. Es besteht aus dem Hauptbau *Casa-Torre*, mehreren weiteren Gebäuden sowie der benachbarten *Chiesetta Sant'Osvaldo*, wo noch Fresken aus dem 14. Jh. erhalten sind. Neben der Kirche liegt eine alte Zisterne.

Nimis ca. 29.000 Einwohner

Ein wichtiges Zentrum des Weinbaus, vor allem der goldgelbe Süßwein Ramandolo wird hier angebaut, der als erster friulanischer Wein das begehrte Prädikat „cru" erhielt. Die romanische Kirche San Gervasio steht am östlichen Ortsausgang (Richtung Cividale) und besitzt vor allem im Altarbereich gut erhaltene Fresken des 14. Jh.

Bei Nimis: Blick von der Antica Osteria di Ramandolo

Wenn man Nimis nach Norden verlässt, steigt die Straße kurvig ins Hügelland an. Von der „Antica Osteria Ramandolo" aus kann man dort unter hohen Kastanienbäumen neben einer kleinen Kirche mit Fresken (Schlüssel in der Osteria) einen herrlichen Panoramablick auf Nimis und die Weinhügel genießen.

Über Ramandolo und Chialminis führt die enge Straße weiter zu den **Grotte di Villanova**, das zweite große Höhlensystem des Friaul. Die 1925 entdeckte Tropfsteinhöhle unterhalb von Villanova ist ein touristisches Highlight, wenn sie auch nicht an die fantastische Grotta Gigante im Triestiner Karst heranreicht. Doch Weinberge und Sonnenhitze scheinen auf einmal sehr weit weg, wenn man die unzähligen Stufen in den Berg hinunter steigt, wo eine konstante Temperatur von elf Grad herrscht. Zuerst geht man nach rechts einen langen Höhlenschlund entlang und besichtigt anschließend die linke Seite, wo man sich durch enge Gänge und Öffnungen tastend wie in den Eingeweiden des Berges fühlt. Dazu bekommt man vom Führer ausführliche italienischsprachige Erläuterungen.

▪ **Grotte von Villanova,** März/April So 10–12, 13.30–18, Mai/Juni u. Sept. Sa/So 10–12, 13.30–18 Uhr, Juli Mo–Sa 10–12, 13.30–18, So 10–18 Uhr, Aug. tägl. 10–18 Uhr, Okt./Nov. So 10–12, 13.30–16.30 Uhr; Eintritt ca. 9 €, 6–12 J. u. über 65 J. ca. 7 €. Nur mit Führung (ca. 80 Min.) ✆ 0432-787915, www.grottedivillanova.it.

Übernachten/Essen **Lis Campanelis**, beliebte Trattoria am westlichen Ortseingang, im verglasten Speiseraum ein großer Kamin, draußen sitzt man gemütlich im überdachten Umgang, leckeres Fleisch vom Grill (Do geschl.). Familie Bertoni vermietet im Haus auch einige DZ sowie benachbart drei moderne Apts., auch einen Pool gibt es. Via Tarcento 8, ✆ 0432-790042, www.liscampanelis.com.

mein Tipp **I Comelli**, am nördlichen Ortsausgang von Nimis (Richtung Ramandolo), Familienbetrieb seit Generationen in einem alten, gut renovierten Gebäude mit pittoreskem Fogolar. Hier isst man gut und preisgünstig, schöne Plätze auf der Terrasse vor dem Haus. Vielfältige Weinproduktion und gutes Olivenöl.

Die Mitte des Friaul → Karte S. 64/65

Mo–Mi geschl. Do/Fr ab 17 Uhr, sonst ab 11 Uhr. Auch fünf hübsche Zimmer werden vermietet. DZ/F ca. 65–70 €. Largo Armando Diaz 8, ✆ 0432-790685, www.icomelli.com.

Alla Trota del Cornappo, beliebte Trattoria im nördlichen Ortsbereich, spezialisiert auf Forellen, die vor Ort gezüchtet werden, man sitzt direkt neben den Becken. Reservierung empfohlen. Do/Fr ab 17 Uhr, sonst ab 10 Uhr. Mo–Mi geschl. Via Cornappo 6, ✆ 0432-790284.

Alle Valanghe, vis-à-vis der Kirche San Gervasio, gemütlicher Hof mit schattigen Lauben, gute Grillküche und Wein aus eigener Herstellung. Mo geschl. ✆ 0432-797404.

MeinTipp **Antica Osteria di Ramandolo**, herrliche Lage oberhalb von Nimis, deftige Fleischgerichte, Aufschnitt und Frico, dazu Weine von Anna Berra aus der Nachbarschaft. Mo geschl. (außer Aug.). Via Ramandolo 22, ✆ 0432-790009.

Shopping **Azienda Agricola Andrea Comelli**, am Ortsausgang in Richtung Ramandolo. Ein weiteres Mitglied der Comelli-Familie, u. a. werden Ramandolo DOCG, Friulano und Refosco produziert. Im Sommer kann man hier auch einkehren und auf Bierbänken sitzen, neben Wein wird auch bayerisches Bier ausgeschenkt. Mo u. Do–Sa 16–21 Uhr, So 10–13, 16–21 Uhr, Di/Mi geschl. Via Valle 71, ✆ 0432-790402, www.comelliandrea.com.

Azienda Agricola Anna Berra, in Ramandolo kurz vor dem Aussichtspunkt mit der Kirche. Ivan produziert aus der Rebe Verduzzo friulano besten Ramandolo, ausgebaut 18 Monate im Barrique, außerdem Refosco dal Peduncolo Rosso, Merlot und Cabernet Franc. Via Ramandolo 29, ✆ 0432-790296, www.annaberra.it.

Tarcento ca. 9000 Einwohner

Die Kleinstadt am Fluss Torre wurde beim Erdbeben von 1976 stark beschädigt, ist aber weitgehend wieder aufgebaut. Das kompakte Zentrum besitzt eine nette Fußgängerzone mit zentraler Piazza, dahinter kann man am Fluss entlang einen Spaziergang machen.

Im Umland gibt es einige gute Trattorien, man hat die Qual der Wahl. Weiter nördlich lohnt die Burg von *Artegna* einen Besuch (→ S. 89).

Übernachten **** Centrale**, große, solide Herberge im alten Zentrum. Mit Parkplatz und Garten, Restaurant und Bar. DZ/F ca. 70–90 €. Via Garibaldi 1, ✆ 0432-785150, www.albergocentraletarcento.it.

Essen & Trinken **Al Mulin Vieri**, hinter dem Dom hinunter, malerisch am Flussufer gelegen. Gute Küche zu etwas höheren Preisen. Mo/Di geschl. Via di Molini 10, ✆ 0432-785076.

MeinTipp **La Balotarie**, herrliche Lage auf einem Hügel über Tarcento, man sitzt auf einer schönen Terrasse und genießt die authentisch friulanische Küche, preislich korrekt, zuvorkommender Service. Mo/Di geschl. Via Natisone 22, ✆ 0432-784088.

MeinTipp **Al gjal blanc**, in Segnacco di Tarcento, etwas südlich vom Zentrum, nettes, kleines Restaurant mit Terrasse direkt bei der Kirche, typisch friulanische Küche in guter Qualität, familiär geführt. So-Abend u. Di geschl. Via Vittorio Alfieri 16, ✆ 0432-793260.

MeinTipp **Osteria di Villafredda**, in Loneriacco, etwa 3 km südlich von Tarcento an der Straße nach Tricesimo. Gemütliche Landgaststätte mit dem typischen Fogolar, man kann aber auch gut im schönen Gastgarten sitzen. Traditionelle friulanische Küche, dazu gute Weine. So-Abend und Mo geschl. Via Luigi Liruti 7, ✆ 0432-792153.

MeinTipp **Da Gaspar**, restaurierte Mühle in schöner Lage in Zomeais, nördlich von Tarcento, direkt am Fluss Torre, allerdings nur wenige Sitzplätze im Freien. Im gemütlichen Rahmen werden leckere friulanische Spezialitäten serviert, z. B. *cjarsòns*, dazu gibt es eine hervorragende Weinauswahl. So-Abend u. Mo/Di geschl. Via Gaspar 1. ✆ 0432-785950.

Südlich von Cividale del Friuli

Die SR 356 verläuft nach Süden auf der Trasse der alten Römerstraße, die Cividale mit Aquileia und Aemona, dem heutigen Ljubljana, verband. Sie führt vorbei an der berühmten Rocca Bernarda und der alten Abbazia di Rosazzo über Corno di Rosazzo ins Städtchen Cormòns, das bereits zur Weinbauregion „Collio" gehört (→ S. 141). Zunächst kann man aber bei dieser Tour einen Abstecher in die weiter östlich gelegenen Weinorte Prepotto und Dolegna machen. Eine weitere Fahrt bietet sich über Bùttrio und Manzano nach Cormòns an.

Prepotto

ca. 800 Einwohner

Hier wird der rote „Schioppettino" angebaut, dessen Gärungsprozess sich früher in der Flasche fortsetzte und der deswegen leicht spritzig war, woraus sein hübscher, lautmalerische Name entstanden ist. Aufgrund der modernen Kellereitechniken ist das heute nicht mehr so.

Verkosten kann man ihn z. B. in der zentral im Ort gelegenen „Enoteca/ Trattoria dello Schioppettino da Mario" oder beim Ehepaar Silvana Forte und Flavio Basilicata im Weingut „Le Due Terre" (der Name bezieht sich auf die zwei unterschiedlichen Bodenarten ihrer Weinberge), die mit ihrem „Sacrisassi Rosso" aus Refosco und Schioppettino einen großen Wein geschaffen haben.

Essen & Trinken *meinTipp* **Enoteca/Trattoria dello Schioppettino da Mario**, leckere Küche, freundlicher Service durch Marios Sohn Marco, seine Frau Gioa steht in der Küche. Im Sommer kann man im Garten essen. Via XXIV Maggio 16, Mo/Di u. Aug. geschl. ✆ 0432-713004, www.enotecaschioppettino.it.

Shopping **Azienda Agricola Le Due Terre**, südlich von Prepotto, Besuch Mo–Sa nach Voranmeldung, gehobene Preise, es wird Englisch gesprochen. Via Roma 68/b, ✆ 0432-713189, fortesilvana@libero.it.

Azienda Agricola Vigna Petrussa, das kleine Weingut von Hilde und Gianni liegt nordöstlich von Prepotto, eine Weinprobe macht Spaß. Mo–Sa 8.30–12.30, 14–18.30 Uhr. Via Albana 47, ✆ 0432-713021, www.vignapetrussa.it.

> Am ersten Wochenende im Mai findet bei Marco in der Enoteca/Trattoria da Mario die Festa dello Schioppettino statt, ein großes Fest mit Verkostung aller Schioppettino-Weine der Region.

Dolegna del Collio

ca. 1500 Einwohner

Der kleine Weinbauort liegt in einer Talsenke südlich von Prepotto, einst erbittert umkämpft von den Grafen von

Das Castello di Trussio bei Dolegna beherbergt heute ein Nobelrestaurant

Die Mitte des Friaul → Karte S. 64/65

Rocca Bernarda: trutzige Villa mit Rundtürmen

Görz und den Patriarchen von Aquileia. Erhalten geblieben ist von den vielen Burgen der Region nur noch das *Castello di Trussio* mit seinen beiden wuchtigen Türmen südlich von Dolegna. Es beherbergt heute das noble Restaurant „Castello di Trussio dell'Aquila d'Oro".

Ein unübersehbarer Blickfang ist die imposante, 2007 eröffnete „Cantina di Ruttars" von Silvio Jermann beim Abzweig ins Hügeldorf *Ruttars*. Wenn man über kurvige Sträßchen in den Weiler hinauffährt, genießt man herrliche Panoramablicke über das Weingebiet.

MeinTipp **Übernachten** **Venica & Venica**, das liebevoll aufgemachte, vor über 70 Jahren gegründete Weingut in der Località Cero besitzt komfortable Gästezimmer und zwei Ferienwohnungen, eine Kantine zur Verkostung (Mo–Fr 9–18.30, Sa 9–17.30 Uhr) sowie einen schönen Garten mit Pool und Tennis, Gästefahrräder gibt es auch. Weine ab 12 €. DZ/F ca. 140 €, Apt./F für 4 Pers. ca. 160 €. Località Cerò 8, ✆ 0481-61264, www.venica.it.

Azienda Agricola La Viarte, zwischen Dolegna und Corno di Rosazzo kann man u. a. einen hervorragenden Ribolla Gialla sowie Refosco verkosten und erwerben, außerdem werden vier schöne Zimmer vermietet. Nette Leute, es wird auch Deutsch gesprochen. Mo–Do 8.30–12.30, 13.30–17.30, Fr bis 16.30 Uhr. Via Novacuzzo 51. ✆ 0432-759458, www.laviarte.it.

Essen & Trinken **Castello di Trussio dell'Aquila d'Oro**, elegantes Speisen im Landschloss, im Sommer auch im schönen Garten, höherpreisig. So/Mo geschl. Via Ruttars 11, ✆ 0481-60545.

Al Rustico, Trattoria mit Panoramablick in Ruttars, gute Küche zu fairen Preisen. Di/Mi geschl. Località Ruttars 39, ✆ 0481-60804.

Shopping siehe auch unter Übernachten.

Azienda Agricola Norina Pez, mitten im Ort, gute Weine zu nicht zu teuren Preisen. Mo–Sa 8.30–13, 14–19 Uhr. Via Pietro Zorutti 4, ✆ 0481-639951, www.norinapez.it.

Cantina di Ruttars (Silvio Jermann), Località Trussio 11, Ruttars. Fr/Sa 10–18, So 14–18 Uhr. ✆ 0481-888080, www.jermann.it.

Rocca Bernarda

Das Weingut gehört dem Malteserorden und thront in wunderschöner Hügellage zwischen Zypressen (darunter ein 420-jähriges Exemplar!), Anfahrt über

Picolit: Neu entdeckt

Vor über 300 Jahren wurde der Picolit in Italien und Europa sehr geschätzt. Da die Rebe jedoch anfällig war, geriet er seit dem 19. Jh. in Vergessenheit. Nun wird der gehaltvolle Süßwein mit seinem vollen Bukett und der kräftigen, strohgelben Farbe im Friaul wieder produziert, jedoch nur in geringen Mengen, die Lese erfolgt mit der Hand – dementsprechend hoch ist sein Preis (ab ca. 38 €), trotzdem ist er immer schnell ausverkauft. Entscheidend für die Komplexität des edlen Tropfens ist die lange Reifezeit der Picolit-Traube. Die Gärung erfolgt in kleinen Eichenfässern oder Stahltanks, ausgebaut wird der Wein in Holzfässern.

Ipplis, *Spessa* oder *Noax*. Hier wurde als erstes wieder der historische Wein „Picolit" produziert, der heute zu den besten lieblichen Weinen im Land gezählt wird. In der Rückfront der vierflügligen Hauptvilla aus dem 16. Jh. mit einem schönen Hof ist der Weinladen untergebracht, in dem alle Rocca-Bernarda-Weine verkauft werden, z. B. Picolit, Friulano, Refosco, Pinot Grigio und Merlot, außerdem weitere Produkte der Malteserbetriebe in Italien (Mo–Sa 9–17 Uhr. ✆ 0432-716914, www.sagrivit.it). Mit den vier zylindrischen Rundtürmen und Schießscharten wirkt das Anwesen wie eine Burg, war aber tatsächlich zu jeder Zeit ein Landsitz ohne militärischen Nutzen.

Corno di Rosazzo ca. 3200 Einwohner

Zum Gemeindegebiet gehören zahlreiche Weingüter, z. B. die von Adriano Gigante an der Straße von Noax zur Rocca Bernarda (www.adrianogigante.it) und Valentino Butussi an der Durchgangsstraße beim nördlichen Ortsausgang (www.butussi.it). Welche Rolle der Wein hier spielt, erkennt man

Die Mitte des Friaul → Karte S. 64/65

In Corno di Rosazzo sind die Straßen nach bekannten Weinen benannt

daran, dass viele Straßen nach bedeutenden Rebsorten benannt sind.

Information **Consorzio Tutela Vini „Friuli Colli Orientali e Ramandolo“**, der fast 200 Mitglieder umfassende Schutzverband der Ursprungsbezeichnung „Friuli Colli Orientali“ hat in Corno di Rosazzo seine Niederlassung – gute Anlaufstelle für alle, die Interesse an friulanischen Weinen haben. Mo–Fr 8.30–12.30, 14–17.30 Uhr, Sa/So geschl. Piazza XXVII Maggio 23, ✆ 0432-730129, www.colliorientali.com.

Übernachten **Agriturismo Villa Butussi**, in Visinale dello Judrio, südlich von Corno di Rosazzo, jahrhundertealtes Haus in Panoramalage über den Weinbergen. Acht gut ausgestattete Zimmer (mit Whirlpoolwanne) und zwei Apts., die alle nach Weinen benannt sind. DZ/F ca. 80–90 €. Via San Martino 29, ✆ 0432-759194.

Essen & Trinken **Osteria della Ribolla**, schöne und gemütliche Osteria mit Weinshop in einem ehemaligen Herrschaftsgut an der Durchgangsstraße. Freundlicher Service, gute lokale Küche und beste Weine. Mo geschl., Mi–So mittags und abends (Mi im Winter nur abends), Di nur kalte Küche, Mo geschl. Via Forum Julii 2, ✆ 0432-759753.

meinTipp **Al Postiglione**, ein Bauernhaus in den Weinhügeln, herrlicher Blick (Sonnenuntergang!) und ausgezeichnete Küche mit Schwergewicht auf Fleischgerichten (Steaks). Nette Leute und auch viel Platz für Kinder. Reservierung empfohlen. Do-Mittag u. Mo–Mi geschl. Località Gramogliano 19, ✆ 0432-759022.

Shopping **Ai Quattro Venti**, schlichte Enoteca an einer markanten Kurve im südlichen Ortsbereich. Über 20 Weine der örtlichen Winzer können verkostet und gekauft werden, dazu gibt es z. B. Schinken und Käse. Ein kleines, rustikales Lokal ist angeschlossen. Località Quattroventi (Corno do Rosazzo), Via Aquileia 68. ✆ 335-5951127.

Brazzano

In dem kleinen Ort zwischen Corno di Rosazzo und Cormòns lebte *Livio Felluga*, einer der Pioniere der Colli Orientali, der 2016 im Alter von 102 Jahren verstarb. Seine drei Söhne und Tochter Elda, ihres Zeichens Vizepräsidentin des „Movimento Turismo del Vino“, produzieren Spitzenweine mit unverwechselbaren Etiketten (alte Landkarten von Rebflächen), die sich im hochmodernen Rahmen degustieren lassen (nur nach Voranmeldung, Via Risorgimento 1, ✆ 0481-60203).

Viel Spaß macht auch eine Weinprobe in der Azienda Agricola von

Im Kreuzgang der Abbazia di Rosazzo ...

Thomas Kitzmüller, bei dem man hauptsächlich Weißweine erwerben kann: Collio Ribolla Gialla, Collio Friulano, Collio Sauvignon u. a. Die Familie mit österreichischen Vorfahren vermietet auch einfache Zimmer.

Mein Tipp Übernachten/Essen/Shopping

Locanda Orologio, an der Durchgangsstraße. Die frühere Osteria „Terra & Vini" von Livio Felluga hat 2018 der langjährige Koch Marco übernommen – hier ist in jeder Hinsicht beste Qualität geboten, in den schönen und großzügigen Zimmern wie in der Osteria (Mo geschl.) und der Enoteca (Weine von Felluga). Zum Garten ist es ruhiger als zur Straße. DZ/F ca. 90 €. Via XXIV Maggio 34, ✆ 0481-60028, www.locandaorologio.it.

Mein Tipp **Azienda Thomas Kitzmüller**, etwas versteckt, von der Durchgangsstraße beschildert, sehr netter Hausherr, nicht zu teure Weine und drei einfache, aber saubere Zimmer mit viel Holz im alten „Mummelhaus". Via XXIV Maggiore, ✆ 0481-60853, www.vinikitzmueller.com.

Agriturismo Casa Riz, kleines Weingut inmitten der Weinberge, gutes Restaurant (nur Fr/Sa-Abend, sonst mit Reservierung) und vier schlichte Zimmer in ländlicher Atmosphäre. DZ ca. 60–70 €. Erste Aug.-Hälfte geschl. Località Giassico 18, ✆ 0481-61362, www.casariz.com.

Abbazia di Rosazzo

Das ehemalige Benediktiner- und Augustinerkloster in panoramareicher Hügellage ist an der Straße von Corno di Rosazzo nach Manzano ausgeschildert.

Erbaut wurde es erstmals im 11. Jh., später zerstört und im 16. Jh. wieder neu errichtet. Seit dem Mittelalter ist es ein Zentrum des friulanischen Weinanbaus und eine der drei Zonen der Colli Orientali, deren Weine aufgrund ihrer herausragenden Qualität mit dem Prädikat „sottozona" oder „cru" ausgezeichnet werden. Heute betreut das bekannte Weingut Livio Felluga aus Brazzano (→ S. 136) die Weinberge des Klosters.

Das Kloster dient als religiöses Tagungszentrum, kann aber besichtigt werden. Im *Chor* der Kirche sind Fresken des 16. Jh. erhalten, davor liegt der historische *Kreuzgang* mit dem Refektorium. An der Südfront des Komplexes gibt es einen *Rosengarten* mit Statuen und eine Terrasse, von der aus man alle umliegenden Hügel überblicken kann – der Abteiname stammt von diesen Rosen,

... und der Blick von der Terrasse

Die Mitte des Friaul → Karte S. 64/65

Grappa vom Feinsten

Die älteste Grappabrennerei des Friaul ist *Nonino* im Örtchen Percoto, 4 km westlich von Manzano, Via Aquileia 104. Seit über hundertzehn Jahren ist sie in Familienbesitz und in nunmehr fünfter Generation werden im heutigen Großbetrieb qualitativ hochwertige Grappe namens „Uè" (vom ital. Wort „uva" für Traube) destilliert, und zwar aus den ganzen Trauben einer einzigen Rebsorte (Picolit) und nicht nur aus dem Trester. Diese Grappe schmecken wesentlich feiner, kosten aber auch ein Vielfaches als die übliche Qualität. Verkauft werden sie in edlen, mundgeblasenen Flaschen aus Muranoglas. Besichtigung und Verkostung nur nach Voranmeldung (✆ 0432-676331, www.grappanonino.it).

die hier schon seit Jahrhunderten wachsen und auf Schädlingsbefall empfindlich reagieren, weshalb man sie hier in den Weinbergen sozusagen als Warnsystem kultiviert hat. Im Hof vor dem Haupteingang zur Abtei liegt rechter Hand der historische, gelegentlich mit Kerzen stimmungsvoll erleuchtete *Weinkeller* aus dem 13. Jh. – der älteste im Friaul, wie gesagt wird.

In den 80er Jahren wirkte im Weingut des „Rosenklosters" der renommierte Weinproduzenten und Autor Walter Filiputti („Friaul Julisch Venetien – Die Straße der Genüsse"), der – wie allerdings auch Girolamo Dorigo in Bùttrio – für sich in Anspruch nimmt, den fast ausgestorbenen Rotwein „Pignolo", von dem nur noch um das Kloster Reben existierten, wieder belebt zu haben.

▪ **Abbazia di Rosazzo,** Mo–Sa 9–12.30, 14–17, So 9–12.30, 15–18 Uhr. Der historische Weinkeller kann mit vorheriger Anmeldung besichtigt werden. ✆ 0432-759091, www.abbaziadirosazzo.it.

Mein Tipp Übernachten/Essen **Agriturismo Ronchi di Sant'Egidio**, gepflegtes Landgut mit Pool in Hügellage, oberhalb der Abtei von Rosazzo, die Straße nach Poggiobello nehmen (beschildert). Schöne, große Zimmer, gutes Essen im Restaurant (Mo–Mi geschl.) und leckeres Frühstücksbuffet, naürlich auch Weinverkauf. DZ/F ca. 100–110 €, Superior etwas teurer. Località Poggiobello 20, ✆ 0432-750171, www.ronchisantegidio.it.

Manzano

ca. 6500 Einwohner

Das Städtchen am Fluss Natisone ist bekannt für seine Stuhlfabriken. Die Zeiten, als hier tausende von Firmen einen Großteil der Weltproduktion herstellten, sind zwar seit Jahren vorbei, doch arbeiten hier heute immer noch etwa 600, teils recht kleine Unternehmen mit insgesamt 4500 Mitarbeitern. Produziert wird hauptsächlich für den internationalen Markt, auch eine weltweit bekannte schwedische Möbelfirma ist unter den Kunden.

Der Beginn dieser einzigartigen Konzentration lag in der k.u.k.-Zeit, als die Österreicher die Technik, Holz zu biegen, nach Norditalien brachten. Seitdem hat sich um Manzano eine hoch entwickelte Spezialisierung verbreitet, die weltweit nahezu konkurrenzlos ist. Symbolträchtig steht in der Mitte eines Kreisverkehrs am südlichen Ortsausgang ein gut 30 m hoher Holzstuhl, angeblich der größte der Welt.

Übernachten/Essen **** **Campiello**, bekanntes Fischrestaurant in San Giovanni al Natisone, südlich von Manzano, Qualität scheint allerdings tagesformabhängig zu sein, zudem hohe Preise. In der angeschlossenen Osteria kann man billiger und informeller speisen. Vermietet werden außerdem 17 Zimmer, ebenfalls kein Schnäppchen. DZ ca. 110–130 €, Frühstück 12 €/Pers. Via Nazionale 40, ✆ 0432-757910, www.ristorantecampiello.it.

Shopping **Ronco delle Betulle**, das Weingut von Ivana und ihrem Sohn Simone ist an der Straße von Manzano nach Oleis beschildert, angebaut werden ihre Weine ausschließlich biologisch (mit Zertifikat). Mo–Fr 9–17 Uhr. Via A. Colonna 22, ✆ 0432-740547, www.roncodellebetulle.it.

Buttrio

ca. 4000 Einwohner

In dem kleinen Ort südwestlich von Cividale wurde 1932 die erste italienische Weinmesse veranstaltet (Fiera Regionale dei Vini di Buttrio), Anfang Juni 2018 fand sie zum 86. Mal statt. Sehenswert ist dabei der „Palio delle botti", ein origineller Wettkampf mit Fässern. Ein **Museo della Civiltà del Vino** zeigt in der Villa di Toppo Florio unterhalb vom Schloss von Buttrio (am Kreisverkehr abzweigen) Utensilien der traditionellen Weinproduktion.

▪ **Museo della Civiltà del Vino,** jeden 2. So im Monat 11–13 u. 15–17 Uhr, im Sommer 10–12 u. 16.30–18.30 Uhr und auf Anfrage, Eintritt frei. Via Mopurgo 6, ✆ 0432-674068.

In den 70er Jahren hatte die Kellerei von Girolamo Dorigo ihren Sitz in Buttrio. Das Verdienst des früheren Steuerberaters war es damals, den roten „Pignolo" neu zu kultivieren, der im Friaul fast ausgestorben war. Sein Sohn Alessio führt heute eine Kellerei in Povoletto bei Cividale del Friuli (www.dorigowines.com).

Übernachten/Essen/Shopping **** **Castello di Buttrio**, das Schloss aus dem 14. Jh. thront in schöner Hügellage über Buttrio. Die Winzerfamilie Marco Felluga hat es aufwändig restauriert und das alte Ambiente liebevoll bewahrt. Alessandra vermietet acht elegante Suiten, alle mit historischen Möbeln und vielen schönen Details, dazu vier Zimmer im angeschlossenen **Agriturismo**. Zum Schloss gehört außerdem eine kleine **Osteria** mit guter lokaler Küche und Weinverkostung, im Sommer Sitzplätze mit Panoramablick (✆ 0432-673659). Auch Führungen in den Weinkellern werden angeboten. Suite/F ab ca. 190 €, Zimmer ab ca. 150 €. Via Morpurgo 9, ✆ 0432-673040, www.ilcastellodibuttrio.it.

meinTipp **Al Parco**, schön gelegenes Restaurant in einem Park beim Kreisverkehr im Ortszentrum, hinter dem Haus gemütliche Sitzgelegenheiten im Freien, im Speisesaal ein Fogolar zum Grillen von Fleisch und Wild. Dazu beste Weine aus der eigenen Weinkellerei und netter Service. So- u. Mo-Abend geschl. Via Stretta del Parco 1, ✆ 0432-674025.

Enoteca di Buttrio, am Ortsausgang nach Cividale, keine Weinstube, sondern ein Restaurant, das sich auf friulanische (Fisch-)Küche spezialisiert hat und das in bester Qualität. So-Abend u. Mo/Di geschl. Via Cividale 38, ✆ 0432-674131, www.enotecadibuttrio.it.

Die Mitte des Friaul → Karte S. 64/65

Gorizia ist das städtische Zentrum des Collio: hier Piazza della Vittoria

Collio

Die hüglige Region Collio schließt sich direkt an die Colli Orientali del Friuli an. Nur ein Drittel liegt allerdings in Italien, der Rest in Slowenien.

Roter Faden ist die SR 56 von Cormòns nach Gorizia. Eine ausgedehntere Tour führt kreuz und quer durch die Hügellandschaft nahe der slowenischen Grenze, „Strada del Vino del Collio" genannt, wo zahlreiche Weingüter immerhin 19 exzellente DOC-Tropfen herstellen. Tatsächlich ist die Region klimatisch für den Weinanbau wie geschaffen: Die Böden bestehen aus Tonmergel und schichtförmigem Sandstein ozeanischer Herkunft, der bei der Faltung des Meeresgrundes der Adria an die Oberfläche gelangte. Unter Witterungseinflüssen zerbröckeln diese Gesteine leicht, wobei optimale Bedingungen für den Weinbau entstehen. Viele der Abhänge zeigen Richtung Süden, die Julischen Voralpen schützen vor kalten Winden und die Nähe des Meeres schwächt die jahreszeitlichen Temperaturschwankungen ab.

Doch nicht alles dreht sich hier um den Rebensaft. Auch die Schauplätze der schrecklichen Isonzo-Schlachten des Ersten Weltkriegs sind nicht weit, sie liegen vor allem südlich von Gorizia und im slowenischen Karst. Und die geteilte Stadt Gorizia/Nova Gorica verweist auf die geschichtlich-politischen Spannungen der Region im äußersten Osten Italiens.

Cormòns

ca. 7500 Einwohner

In dem überschaubaren und beschaulichen Weinbauzentrum der DOC-Gebiete „Collio" und „Isonzo" zwischen der friulanischen Ebene und dem Massiv des Monte Quarin findet man eine gute Enoteca und den „Geburtsort" des berühmten Vino della Pace (→ Kasten, S. 146).

Zentraler Punkt der Neustadt ist die *Piazza della Libertà* mit dem Bronzedenkmal für den Habsburgerkaiser Maximilian I. vor der **Chiesa di Santa Caterina**, an den Cormòns 1500 nach dem Tod des letzten Grafen von Görz auf dem Erbweg übergegangen war (Cormòns lag an der Grenze zum Königreich Italien und blieb bis 1915 österreichisch, abgesehen von kurzen Zwischenspielen Venedigs und Napoleons). Von dort führen zwei Straßen ins etwas höher gelegene, alte Zentrum von Cormòns. Die großzügige, ganz in hellem Kalkstein gehaltene *Piazza XXIV Maggio* lädt dort mit ihrer überregional bekannten Enoteca zum gemütlichen Verweilen ein, freitags findet hier der Markt statt. Im Palazzo Devetag ist die Stadtbibliothek untergebracht, im Palazzo Locatelli das Rathaus. Im benachbarten **Duomo di San Adalberto** sind Altäre aus dem 18. Jh. und Werke des Görzianer Malers Giuseppe Tominz zu sehen. Die engen Gassen um die Kirche werden „Centa" genannt und bilden den Ursprung von Cormòns.

Unmittelbar nördlich des Städtchens erhebt sich wie eine schützende Bastion der 274 m hohe *Monte Quarin*. Man kann ihn auf verschiedenen Wanderwegen besteigen oder aber mit dem Auto bis zur **Wallfahrtskirche Beata Vergina del Soccorso** hinauffahren. An der Spitze steht eine mittelalterliche Festungsruine, die nur zu Fuß zu erreichen ist.

Maximilian I. von Habsburg erbte einst Cormòns

Die Mitte des Friaul → Karte S. 64/65

Basis-Infos

Information IAT, bei der zentralen Piazza Libertà, engagiertes Personal und viel Prospektmaterial. Mo–Sa 9–13, 14–18 Uhr, So geschl. Via Giacomo Matteotti 26, ✆ 0481-639334, www.cormons.info.

Feste und Veranstaltungen **Cantine Aperte Bike**, internationales Mountainbike-Rennen im Rahmen des großen Weinfestes **Cantine Aperte**, zu dem am letzten Sonntag im Mai fast 200 Kellereien ihre Tore für Besucher öffnen. Jeder kann teilnehmen, Start ist in Cormòns.

Geburtstag von Kaiser Franz Joseph, das nördlich benachbarte Brazzano (→ S. 136) war bis zum Ersten Weltkrieg der letzte Ort der kaiserlichen Herrschaft vor der italienischen

Grenze. Alljährlich am 18. August findet zu Ehren des Kaisers, der Cormòns 1910 das Stadtrecht verliehen hat, ein großes Fest statt (auf Italienisch heißt er Francesco Giuseppe und wird von den Einwohnern von Cormòns "Checco Beppe" genannt). Fahnen mit dem Doppeladler schmücken die Straßen, Folkloregruppen aus Salzburg, Kärnten, Kroatien, Ungarn, Tschechien, Slowenien und der Slowakei treffen sich hier, dazu viele Touristen. Auf dem Militärfriedhof von Brazzano gibt es eine Gedenkfeier zu Ehren der Gefallenen in Europa.

Festa Provinciale dell'uva, großes Weinfest am ersten Wochenende im September.

Jazz & Wine of Peace, mehrtägiges Festival mit Wein und Musik im Oktober, http://controtempo.org.

Shopping D'Osvaldo 8, Lorenzo d'Osvaldo lebt in einem altösterreichischen Herrenhaus. Sein geräucherter Schinken ist unter Kennern legendär. Bei Alimentari Tomadin können Sie ihn in kleineren Mengen kaufen, bei ihm selbst sind nur ganze Keulen zu erwerben (ca. 9 kg), aber auch Speck und Lardo. Verkostung nach Voranmeldung. Via Dante 40, ✆ 0481-61644, www.dosvaldo.it.

Alimentari Tomadin 18, großer Delikatessenladen mit bester Auswahl, auch von D'Osvaldo. So/Mo u. Mi-Nachm. geschl. Via Cumano 5, www.alimentaritomadin.it.

Panificio Bonelli „Chiarosa" 10, eine der besten Bäckereien der Gegend, zahlreiche Spezialitäten. Via Gorizia 7, https://chiarosa.wordpress.com.

Übernachten

***** La Subida 4**, großes, ruhiges Areal etwas nordöstlich außerhalb an der SR 409 (beschildert), vor vielen Jahren gegründet von Josko und Loredana Sirk. Man wohnt in rustikalen, aber komfortablen Apartments in Holzhäusern am Waldrand. Es gibt einen schönen, kinderfreundlichen Pool, einen Tennisplatz, Reitpferde und einen Spielplatz. Zum Anwesen gehören außerdem eine gehobene Trattoria und schräg gegenüber eine Osteria (→ Essen & Trinken). Apt. für 2 Pers. ca. 120–160 €, großes Apt. auf zwei Ebenen ca. 180–220 €, Frühstück ca. 15 €/Pers. Via Subida 52, ✆ 0481-60531, www.lasubida.it.

Mein Tipp **B & B La Casa di Alice 11**, ein paar Minuten südlich vom Zentrum, Anna Brandolin

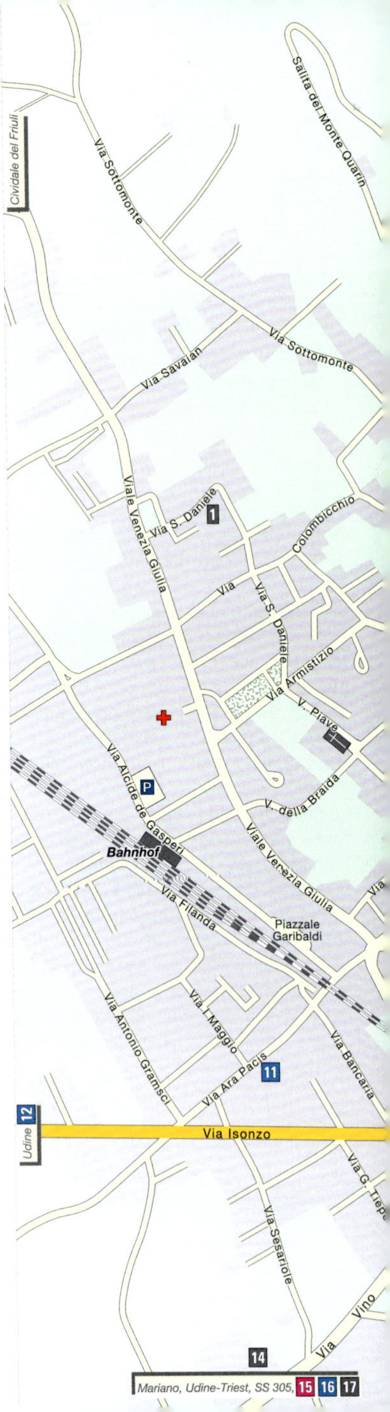

Übernachten
1 Borgo Dan Daniele
4 La Subida
11 B & B La Casa di Alice
12 Agriturismo Borg da Ocjs
13 Agriturismo Casa Mafalda
16 Agriturismo Tenuta Luisa
Nachtleben
6 Jazz & Wine le bar
Essen & Trinken
2 Al Cacciatore
3 Osteria della Subida
5 Enoteca di Cormòns
7 Al Giardinetto
9 Osteria La Caramella
15 Il Cantiniere
Sonstiges
1 Borgo San Daniele
5 Enoteca di Cormòns
8 D'Osvaldo
10 Panificio Bonelli "Chiarosa"
14 Cantina Produttori Cormòns
16 Tenuta Luisa
17 Tenuta di Angoris
18 Alimentari Tomadin
Monte Quarin
Castello
Chiesa Beata Vergine del Soccorso
Via S. Giovanni
Duomo Sant' Alberto
Piazza XXIV Maggio
Rat-haus
Via Dante
V. N. Sauro
V. Pozzetto
V. Matteotti
Via F. di Manzano
Via Battisti
Piazza Libertà
Chiesa di Santa Caterina
Via Colombar
V. Goriza
Viale Roma
Via Subida
Via Faet
Località Monte
Località Subida
Chiesa della Subida
Località Pradis
Via Capriva
Via Isonzo
Gorizia
Capriva
150 m
Cormòns

und ihr Partner Massimo vermieten in ihrem komfortabel renovierten Bauernhof mit hübschem, kleinem Pool drei geräumige Zimmer, Anna kocht fantastisch und spricht Deutsch. Außergewöhnliches Ambiente, wunderbares Frühstück und sehr freundliche Aufnahme, viele Infos über Weingüter, Restaurants etc. (bei Bedarf reserviert Anna für Sie). DZ/F ca. 90–110 €. Via Ara Pacis 22, ✆ 335-377994, www.lacasadialicebb.it.

MeinTipp **Borgo San Daniele 1**, die Kellerei der Gebrüder Mauri liegt mitten im Zentrum (→ Weinverkostung). Vermietet werden drei hübsche Zimmer, dazu gibt es einen schönen Garten mit Pool, gutes Frühstück und Gästefahrräder. DZ/F ca. 105–110 €. Mo–Fr 10–12, 14.30–18, Sa 10–14 Uhr. Via San Daniele 16, ✆ 0481-60552, www.borgosandaniele.it.

Außerhalb **Agriturismo B & B Casa Mafalda 13**, gepflegtes Landhaus inmitten der Weinberge, etwas nordöstlich außerhalb. Familie Losetti vermietet vier komfortable und saubere Zimmer mit Klimaanlage und Insektenschutzgittern, jeweils mit Bad. Gutes Frühstück, natürlich auch Wein zum Probieren und Kaufen. Es wird Englisch gesprochen. Ganzjährig. DZ/F ca. 70–80 €. Località Pradis 23, ✆ 0481-630601, casa.mafalda@virgilio.it.

Agriturismo Borg da Ocjs 12, ordentliche Zimmer auf einem Milchbauernhof in Borgnano, südwestlich von Cormòns. Schöne Lage, freundlich geführt, Frühstück mit Bioprodukten (Joghurt, Milch und Käse) vom eigenen Hof. DZ/F ca. 85–90 €. Via Parini 18, ✆ 0481-67204, www.borgdaocjs.it.

MeinTipp **Agriturismo Tenuta Luisa 16**, Familie Luisa vermietet auf ihrem Weingut bei Corona (→ Weinverkostung) südlich von Cormòns drei DZ, sieben Apts. und eine Junior-Suite, alle geschmackvoll und mit Liebe zum Detail eingerichtet, sehr schönes Ambiente. Die Apts. verfügen über voll ausgestattete Küchen mit Backofen und Gasherd. Federika kümmert sich hervorragend um ihre Gäste und spricht Deutsch. Sehr gut essen kann man im nahen Restaurant „Al Piave" (→ Essen & Trinken). DZ/F ca. 105 €, Apt./F ca. 115 €. Via Campo Sportivo 13, ✆ 0481-69680, www.tenutaluisa.com.

Essen & Trinken

→ Karte S. 142/143

Al Giardinetto 7, die Trattoria von Giorgio und Paolo Zoppolatti bietet kreative Speisen österreichischer und friulanischer Art, dazu gute und nicht zu teure regionale Weine. Im Sommer kann man auch draußen sitzen. Gehobene Preise, aber kein „Schickimicki". Achtung: Plätze sind limitiert, Reservierung nötig. Mo/Di geschl. Via Giacomo Matteotti 54, ✆ 0481-60257, algiardinetto@yahoo.it.

MeinTipp **Enoteca di Cormòns 5**, zentral im Palazzo Locatelli am großen Hauptplatz. Die sympathische Enoteca bietet Weine von zwei Dutzend Produzenten, die sich in der Genossenschaft „Cantina Produttori di Cormòns" zusammengeschlossen haben, dazu kann man kalte Platten genießen. Man sitzt gemütlich im großen Innenraum, auf der Piazza oder im schönen Innenhof, freundliche Bedienung, korrekte Preise. Viele Einheimische kommen hierher. Hier erhält man auch den berühmten „Vino della Pace", der aus mittlerweile fast 600 Rebsorten aus aller Welt gekeltert wird (→ Kasten). Mi–So 11–22 Uhr, Di geschl. Piazza XXIV Maggio 22, ✆ 0481-630371.

Osteria La Caramella 9, hübsch zum Sitzen an der zentralen Piazza Libertà, gute lokale Weine (glasweise), dazu Antipasti, Pasta und Frico im Schatten von Kaiser Maximilian I. So geschl. Via Giacomo Matteotti 1, ✆ 0481-639341.

Außerhalb **Al Cacciatore 2**, Familie Sirk serviert in der zum Haus „La Subida" (→ Übernachten) gehörenden Trattoria im Jagdhausstil höherpreisige friulanisch-slowenische Küche bester Qualität, seit Neuestem mit einem Michelinstern belohnt. Sehr beliebt, Reservierung empfohlen. Sa und So mittags und abends, Mo, Do und Fr nur abends geöffnet, Di und Mi geschl. Via Subida 52, ✆ 0481-60531, www.lasubida.it.

Auf der anderen Straßenseite, ein Stück in Richtung Cormòns, liegt die dazugehörige behagliche **Osteria de la Subida 3**, wo man sich neben Frico und anderen friulanischen Gerichten mit Schinken, Salami und Käse stärken kann. Auch hier wird es oft sehr voll. Do geschl. Via Subida 53, ✆ 0481/61689.

MeinTipp **Hostaria Cantiniere 15**, südlich von Cormòns an der SR 305 Udine-Monfalcone, wenige Kilometer nördlich von Mariano del Friuli. Schöne, alte Gastwirtschaft mit gemütlichem Garten, hier kann man Weine der Cantina Produttori Cormòns verkosten, dazu gibt es lokale Wurst- und Käsesorten, Schinken aus

San Daniele und Speck aus Sàuris – ideal für einen kleinen Imbiss, aber auch für ein Mittag- oder Abendessen. Tägl. 9–21 Uhr. Via Bellini 61, Località Borgnano. ✆ 0481-67461.

Mein Tipp **Al Piave**, im Restaurant von Familie Fermanelli gibt es seit vielen Jahren leckere Fleisch- und Grillküche in konstanter Qualität, z. B. *braccioline d'agnello*, *stinco* und *maialino da latte*. Im Innenhof kann man schön sitzen. Di geschl. Località Corona (bei Mariano del Friuli), Via Cormons 6, ✆ 0481-69003.

Weitere Tipps unter **Capriva del Friuli**, S. 147.

Nachtleben/Weinverkostung

→ Karte S. 142/143

Nachtleben **Jazz&Wine le bar 6**, populäre Bar, in der sich alles um Jazz und Wein dreht, wer möchte, kann aber auch Bier aus Sàuris trinken. Gelegentlich Livemusik. Mo geschl. Via Giacomo Matteotti 78.

Weinverkostung Es gibt viele sehr gute Weingüter in und um Cormòns, probieren heißt hier die Devise, zunächst natürlich in der zentralen **Enoteca**, die fast alle Tropfen der Umgebung vorrätig hat (→ oben).

Borgo San Daniele 1, das Motto der Gebrüder Mauri im Zentrum von Cormòns: weniger Quantität, mehr Selektion. Ihre Spitzenweine Arbis Blanc und Arbis Ròs gedeihen auf grasbedeckten Weinbergen. Mit Zimmervermietung (→ Übernachten). Mo–Fr 10–12, 14.30–18, Sa 10–14 Uhr. Via San Daniele 16, ✆ 0481-60552, www.borgosandaniele.it.

Tenuta Luisa 16, das Weingut von Familie Luisa bei Corona südlich von Cormòns besitzt einen geschmackvollen Verkaufsshop, vom Verkostungsraum genießt man den Blick über die Weinfelder. Die Palette der Weine ist vielfältig, vom Friulano über Ribolla bis zum Refosco, das Preis-Leistungs-Verhältnis ist angemessen. Mo–Fr 9–13, 14.30–18.30, Sa 9–13, 15–18.30 Uhr, es wird auch Deutsch gesprochen. Mit Zimmervermietung (→ Übernachten) und Besichtigung (Voranmeldung). Via Campo Sportivo 13, ✆ 0481-69680, www.tenutaluisa.com.

Tenuta di Angoris 17, das weitläufige Weingut liegt unübersehbar an der SP 16 südlich von Cormòns, Shop/Probierstube Mo–Fr 9–12.30, 15–18, Sa 10–17 Uhr, Besichtigung nach Vereinbarung. Località Angoris 7, ✆ 0481-60923, www.angoris.com.

Azienda Agricola Vie di Romans, Gianfranco Gallo bei Mariano del Friuli kreiert beste Weißweine, die schon viele Preise und Auszeichnungen erhalten haben, z. B. Chardonnay Vie di Romans, Sauvignon Vieris und den Cuvée Flors di Uis. Mit Voranmeldung sind eine Besichtigung des modernen Weinguts und eine Verkostung gegen Gebühr möglich (8.30–12, 14–16.30 Uhr). Località Vie Di Romans. ✆ 0481-69600, www.viediromans.it.

Ronco dei Tassi, Fabio Coser und seine Söhne erzeugen ihre unverwechselbaren,dabei preislich absolut korrekten Weine (Malvasia, Fosarin, Pinot Grigio, Sauvignon) in ihrem schönen Weingut in der Località Montona 19. ✆ 0481-60155, www.roncodeitassi.it.

In der Enoteca von Cormòns

Edi Keber, Spitzenwein des bekannten Weinguts an der slowenischen Grenze ist der charaktervolle Collio Bianco aus den Rebsorten Friulano, Malvasia und Ribolla Gialla. Beeindruckend ist der Weinkeller, auch gemütliche Zimmer und Apts. werden vermietet. Località Zegla 17, ✆ 0481-61184, www.edikeber.it.

Colle Duga, das Weingut von Damian Princic liegt ebenfalls an der slowenischen Grenze. Auf den vier Weinbergen entstehen dank der schonenden Arbeit im Keller einzigartige Weine, u. a. Chardonnay, Friulano und Merlot. Località Zegla 10, ✆ 0481-61177, www.colleduga.com.

> Möchten Sie Weine aus Cormòns und Umgebung in Deutschland beziehen? Eine gute Adresse finden Sie auf S. 283.

Cantina Produttori Cormòns: Geburtsort des „Vino della Pace"

An der südlichen Ausfallstraße der Stadt nach Mariano del Friuli steht die große Kellerei der Weinproduzenten von Cormòns mit der hauseigenen Enoteca „La Vigna del Mondo". Der ganze Geschmack der Erde in einem Glas – diesen kühnen Traum wollten die 200 Winzer der Cantina Produttori Cormòns vor über 30 Jahren verwirklichen. Mit ihrem ehrgeizigen Kellermeister Luigi Soini bauten sie dafür rund um den Betrieb Reben aus fünf Kontinenten an, quasi als Symbol für die Einheit der Welt, und gewinnen seitdem daraus alljährlich den Friedenswein „Vino della Pace". Mittlerweile besteht der Weltweingarten aus fast 600 verschiedenen Rebsorten, die aus allen 55 Wein produzierenden Staaten stammen. Namhafte Künstler gestalten jedes Jahr das Flaschenetikett neu. Die erste Lese fand 1985 statt. 500 Personen nahmen daran teil, darunter 70 Studenten aus aller Welt, die damals im United World College in Duino studierten. Das Ergebnis war ein lieblicher und geschmeidiger Wein, eine Metapher für den „Geschmack unserer Erde", so die Botschaft der Cantina Produttori Cormòns. Jedes Jahr nach der Ernte werden allen Staatsoberhäuptern der Welt (über 200) drei Flaschen zugesandt. In der Enoteca „La Vigna del Mondo" kann man den Vino della Pace verschiedener Jahrgänge sowie viele weitere Weine erwerben.

Cantina Produttori Cormòns **14**, Mo–Sa 8.30–12.30, 15–19 Uhr, So geschl. Via Vino della Pace 31, ✆ 0481-62471, www.cormons.com

Cormòns/Umgebung

Die üppigen Weinberge der Umgebung verlocken zu stimmungsvollen Spaziergängen und Wanderungen. Nordöstlich von Cormòns liegt z. B. in der Umgebung einer verlassenen Pulverfabrik das *Naturreservat von Plessiva*, das bis an die slowenische Grenze reicht. An den Wanderwegen stehen Schautafeln zur Flora und Fauna, es gibt Spielplätze, Grillplätze und Toiletten. Im Informationsbüro von Cormòns erhält man eine Karte mit Wanderwegen zur Umgebung von Cormòns.

Wanderung 7: Durch die Weinberge zu den Laghetti del Preval → S. 312
Leichte Wanderung mit Einkehrmöglichkeit in einer Osteria

Capriva del Friuli ca. 1700 Einwohner

Ein Zentrum des friulanischen Weinbaus, gleich mehrere hochkarätige Güter produzieren hier Spitzenweine.

Das schmucke Weingut *Schiopetto*, ehemals Sitz eines Erzbischofs, thront wie ein Schloss über den Weinhängen. Mario Schiopetto führte es aus kleinsten Anfängen in den 60er Jahren zu weltweitem Erfolg, so dass er bis heute von Weingourmets gerne ehrfürchtig „Mario der Große" genannt wird. Seine Kinder verkauften das Gut 2014 an den bekannten Weinproduzenten Dottore Emilio Rotolo (→ 130), einer der Söhne arbeitet aber noch als Önologe in der Kellerei.

Die bekannte Winzerfamilie Marco Felluga besitzt nördlich von Capriva ebenfalls ein großes Weingut, das *Russiz Superiore*, das in seinen Ursprüngen bis ins Mittelalter zurückgeht und heute von Roberto Felluga geführt wird. Die etwas unterhalb liegende *Villa Russiz* am Ortsrand von Capriva ist ein repräsentatives Gebäude, das ein wenig an Schloss Miramare bei Triest erinnert. Es wird vom staatlichen Institut Adele Cerruti verwaltet, das sich der Sozialarbeit verpflichtet hat. Und auch das Weingut *Roncús* von Marco Perco im östlichen Ortsbereich gehört in den Kreis der Spitzenwinzer von Capriva.

In der Nachbarschaft der Villa Russiz steht unter hohen Pinien die *Vinnaeria La Baita*, ein modernes Hotel mit zwölf Zimmern, das einst dem berühmten Silvio Jermann gehörte. Interessant ist der sog. „Windturm" neben dem Haus, der nach persischen Vorbildern entworfen wurde und in dem früher die Weine ökologisch optimal temperiert und gelagert wurden: Der Wind wird mit Leitvorrichtungen durch hoch gelegene Öffnungen in den Innenraum gelenkt, dort sinkt die kühle Luft ab und verdrängt die warme Innenluft über einen von der Windseite abgewandten Schacht.

Eine Sonderrolle nimmt das mitten im Grün der Weinberge gelegene **Castello di Spessa** ein. In seinen Ursprüngen geht es auf das 13. Jh. zurück, wurde aber im 19. Jh. fast vollständig neu errichtet. Verbürgt ist, dass 1773 Giacomo Casanova einige Wochen zu Gast war. 1987 erwarb der Unternehmer Loretto Pali (Pali Wines) das riesige Anwesen. Er produziert hier seitdem nicht nur hervorragende Weine, sondern hat außerdem im Schloss eine höchst komfortable Herberge geschaffen, zu der auch ein 18-Loch-Golfplatz gehört (www.golfcastellodispessa.it).

Die Mitte des Friaul → Karte S. 64/65

Das Weingut Schiopetto bei Capriva

Eine interessante Sehenswürdigkeit ist der große Weinkeller, dessen Untergeschoss im Zweiten Weltkrieg als Bunker genutzt wurde. Hervorragend speisen lässt es sich im Bistro „Il Gusto di Casanova" des Schlosses (Mi geschl.) und in der „Tavernetta del Castello" am Fuß des Hügels (So-Abend und Mo geschl.). Im wenige Minuten entfernten Restaurant des Landhauses „La Boatina" (an der Straße von Cormòns nach Corona), das ebenfalls zum Schloss gehört, kann man regionale Spezialitäten degustieren (Mi geschl.) und auch die „Hosteria del Castello" (Di geschl.) auf dem Golfplatz ist einen Besuch wert. Unterm Strich: vielleicht das Richtige für die romantische Hochzeitsreise.

Übernachten/Essen **Castello di Spessa**, 15 Zimmer, ausgestattet mit antikem Mobiliar im Stil des 18. Jh. (DZ/F ca. 170–230 €), weitere zehn Zimmer gibt es in der Tavernetta al Castello (DZ/F ca. 140 €), fünf in der Villa La Boatina (DZ/F ca. 90 €), zehn in einem Bauernhaus auf dem Areal (DZ ca. 110 €, Frühstück extra), dazu Apartments in den Weinbergen (ca. 140 €, Frühstück extra). Via Spessa 1, ✆ 0481-808124, www.castellodispessa.it.

Vinnaeria La Baita, ruhiges Wohnen am Ortsrand, zwölf farbenfrohe und moderne Zimmer, reichhaltiges Frühstück. DZ/F ca. 95 €, Suite ca. 125 €. Via degli Alpini 2, ✆ 0481-881021, www.vinnaeria.it.

Stellplatz für Wohnmobile, gepflegter und ruhiger Platz an einem Sportgelände bei der Vinnaeria alla Baita, mit Frischwasser und Abwasserentsorgung, ein Fahrradweg führt daran vorbei.

Shopping **Schiopetto**, der DOC-Weißwein „Mario Schiopetto" (genannt „Il Mario") vom Jahrgang 2017 wurde 2018 vom Gambero Rosso zum besten Weißwein Italiens gekürt. Besuch nach Voranmeldung tägl. 9–16.30 Uhr. Via Palazzo Arcivescovile 1, ✆ 0481-80332, www.schiopetto.it.

Russiz Superiore, Besuch willkommen, Verkostung nach Vereinbarung unter ✆ 335-7080590. Via Russiz 7, ✆ 0481-80328, www.russizsuperiore.it.

Villa Russiz, Mo–Do 8.30–12.30, 14–18, Fr 8.30–12.30, 14–17, Sa 11–17 Uhr. Matteo spricht gut Englisch. Via Russiz 4/6, ✆ 0481-80047, www.villarussiz.it.

Roncús, Besuch täglich nach Vereinbarung, Marco und Familie sind sehr gastfreundlich. Der Verkostungsraum ist in der ehemaligen Scheune eingerichtet. Auch mehrere Apartments und ein Ferienhaus werden vermietet. Via Mazzini 26, ✆ 0481-809349, www.roncus.it.

Mossa

Auch hier laden mehrere Restaurants zum guten und nicht zu teuren Gaumenschmaus ein. Das beliebte Lokal „Vecchie Province Mic" von Francesco und Cristian Dilena liegt an der Durchgangsstraße, besitzt aber kein Namensschild und ist nur durch eine gelbe Laterne kenntlich gemacht. Am nördlichen Ortsende (in Richtung slowenischer Grenze) liegt die alte, gemütliche Trattoria „Blanch".

Übernachten Kostenloser **Stellplatz** für fünf Wohnmobile mit Tischen und Bänken an einem Bach hinter der Trattoria Blanch, ebenfalls mit Fahrradweg.

Essen & Trinken **Osteria Vecchie Province Mic**, man sitzt im gemütlichen Innenraum oder im seitlichen Garten unter Quittenbäumen und kann die slowenisch inspirierte Küche in Form eines Überraschungsmenüs mit vielen kleinen Portionen kosten. Preis für 2 Pers. mit Wein ca. 60–65 €. Reservierung empfohlen. Di–Fr nur abends, Sa/So mittags und abends, Mo geschl. Via Zorutti 18, ✆ 0481-808693.

Blanch, die friulanische Hausmannskost in diesem Landgasthof ist seit vielen Jahrzehnten ein Begriff, hübscher, schattiger Gastgarten. Di-Abend und Mi geschl. Via Blanchis 35, ✆ 0481-80020.

Gorizia (Görz)

ca. 43.000 Einwohner

Die Provinzhauptstadt am Isonzo ist eine geteilte Stadt: Der unter Tito gegründete Ostteil nennt sich Nova Gorica und gehört bereits zu Slowenien, während im historischen Görz mit seiner mittelalterlichen Burg die italienische Flagge weht. Der rege Grenzverkehr zeigt, wie eng die Menschen hier seit dem Beitritt Sloweniens zur EU im Mai 2004 wieder miteinander leben.

Seit dem Mittelalter regierten die aus Tirol stammenden Grafen von Görz über die Stadt, ihre erbitterten Auseinandersetzungen mit den Patriarchen von Aquileia prägten die Geschichte des Friaul. Als das Geschlecht Ende des 15. Jh. ausstarb, fiel Görz als Erbschaft an die Habsburger. Deren Herrschaft dauerte über 400 Jahre und hat das Stadtbild nachhaltig geprägt: Die Barockkirche Sant'Ignazio mit ihren Zwiebeltürmen und die behäbigen Paläste im gemütlichen Zentrum geben Gorizia einen typisch österreichischen Anstrich. „Nizza an der Adria" nannten die Habsburger Gorizia gerne wegen seines milden Klimas und legten mehrere schöne Parks an.

Während der schweren Isonzo-Schlachten im Ersten Weltkrieg wurden große Teile der Stadt zerstört. Der Wiederaufbau erfolgte im klassizistischen Stil, so dass die langen Straßenzüge zwischen Bahnhof und Altstadt von prächtigen Palästen flankiert sind. Zum Ende des Zweiten Weltkriegs besetzten jugoslawische Partisanen den Nordbahnhof Gorizias an der Piazza Transalpina. Mit dem Frieden von Paris wurde 1947 der Ostteil der Stadt dem neuen Staat Jugoslawien zugesprochen – besonderen Symbolwert für die gewaltsame Trennung hat bis heute die Piazza Transalpina, die von 1947–2004 durch einen Stacheldrahtzaun in zwei Häften geteilt war.

> Informationen zu Nova Gorica und dem Weinbaugebiet Goriška Brda finden Sie im Reiseführer **„Slowenien"** (Michael Müller Verlag) von Lore Marr-Bieger.

Sehenswertes

Die etwas verschlafene Altstadt um Dom und Burgberg ist gut erhalten und lädt zum Bummeln ein.

Dom Santi Ilario e Taziano: An der zentralen Piazza Cavour steht ein wenig versteckt der barocke Dom von Gorizia. Sein ansprechender Innenraum ist mit Gold und Stuck reich verziert und wird an beiden Seiten von

Die Mitte des Friaul → Karte S. 64/65

zwei Emporen mit eleganten Gewölbebögen flankiert. In den Boden und die Wände sind zahlreiche Grabplatten eingelassen, darunter das Grab Leonardos, des letzten Grafen von Görz.

Piazza Sant'Antonio: Benannt ist die Piazza um die Ecke vom Dom nach der Abbazia di Sant'Antonio, die hier 1210 gegründet wurde. Von dem späteren Franziskanerinnenkloster ist heute noch ein schattiger Laubengang erhalten (→ Essen & Trinken). Ein weiterer Blickfang ist der restaurierte *Palazzo Strassoldo* aus dem 15. Jh., der heute als Hotel dient (→ Übernachten). Nach der Julirevolution von 1830 kam hier der französische König Karl X. von Bourbon mit seiner Familie unter und starb sechs Jahre später an Cholera. Sein Grab liegt im Franziskanerkloster Kostanjevica, jenseits der Grenze.

An den Laubengang schließt sich der große, sehenswerte *Palazzo Lantieri* an, der nach Voranmeldung besichtigt werden kann (→ Übernachten).

Via Rastello und Piazza della Vittoria: Wenige Meter entfernt führt die schmale Via Rastello mit ihren kleinen Geschäften zur weitläufigen Piazza della Vittoria. Dort steht die barocke Jesuitenkirche *Sant'Ignazio* mit Zwiebeltürmen und pompöser Fassade, außerdem weitere schön restaurierte Bauten.

Palazzo Attems Petzenstein: Der imposante Palast aus dem 18. Jh. mit Pinakothek des 17.–19. Jh. und italienischem Garten steht an der Piazza de Amicis im nördlichen Stadtbereich.

▪ Di–So 10–18 Uhr, Mo geschl. Eintritt 6 €. ✆ 0481-547541.

Piccola Gerusalemme sull'Isonzo: In der Nähe der Piazza de Amicis ist die 1756 erbaute und 1969 aufgelöste Synagoge in der Via Ascoli 19 heute ein Museum der jüdischen Kultur in Gorizia.

▪ Di und Do 17–19 Uhr und erster So im Monat 10–13 Uhr, sonst nach Vereinbarung. ✆ 0481-532115.

Piazza Transalpina: Nördlich vom Zentrum bildet dieser verkehrsfreie Platz die Grenze zu Slowenien. Genau durch die Platzmitte verlief von 1947 bis 2004 die Demarkationslinie zwischen Ost und West, auf ihr ist eine Metallplatte eingelassen, die an die jahrzehntelange Teilung der Stadt durch den Eisernen Vorhang erinnert. Der frühere Nordbahnhof Gorizias liegt auf der sloweni-

Das mittelalterliche Kastell von Gorizia

schen Ostseite der Piazza. Heute verkehrt von hier die „Bohinjska proga“ (Wocheiner Bahn) im slowenischen Nahverkehr, über die italienische Grenze fahren nur ab und an Güterzüge.

Parco della Rimembranza: Der große Stadtpark liegt zwischen Corso Italia und der Via Duca d'Aosta. Mittelpunkt ist der kleine Tempel für die Gefallenen des Ersten Weltkriegs, der während des Zweiten Weltkriegs zerstört wurde. Seine Bruchstücke ließ man pittoresk verstreut liegen, eine einsame Säule ragt darüber auf.

Hier verlief der Eiserne Vorhang zwschen Jugoslawien und Italien

Borgo Castello (Oberstadt)

Über dem Stadtzentrum thront die mittelalterliche Grafenburg, die von den Habsburgern erweitert wurde, über dem Tor thront kämpferisch der österreichische Adler.

Musei Provinciali di Borgo Castello: Beim Aufstieg durch die Oberstadt *Borgo Castello* kommt man zunächst an drei sehenswerten Museen vorbei, die sich alle im selben Haus befinden – *Museo della Grande Guerra* (Isonzo-Schlachten des Ersten Weltkriegs), *Museo della moda e delle arti applicate* (traditionelle Mode, Stoffherstellung und Seidenproduktion der Region) und *Museo di Storia e Arte* (Archäologie und Geschichte). Besonders ersteres ist eindruckvoll und mit Sorgfalt arrangiert, man durchschreitet zahlreiche Räume mit vielfältigen Relikten des Ersten Weltkriegs, an einer Stelle ist ein Schützengraben nachgebaut, woanders wird mit Geknalle, Geschrei und Lichteffekten ein Angriff simuliert. Im Modemuseum sieht man neben traditionellen Webstühlen und der Garderobe im Wechsel der Zeiten eine riesenhafte Seidenspinnmaschine aus dem 18. Jh. Die archäologischen Stücke von der Prähistorie bis zur römischen Zeit werden durch Gemälde ergänzt, u. a. von Il Pordenone, Jacopo Basano und Palma Il Giovane.

Castello: Die trutzige Burg gehört zu den eindrucksvollsten im Friaul und ist eine Konstruktion wie aus dem Schulbuch – im Erdgeschoss der Innenhof, ein Rittersaal mit einer Sammlung von Hieb- und Stichwaffen, dazu ein Verlies mit Holzpritschen und Eisenringen an der Wand, in den oberen zwei Stockwerken verschiedene Säle, das Königsobservatorium und ein Wehrgang mit Blick auf Gorizia, Nova Gorica und die Schlachtfelder des Ersten Weltkriegs. Im *Museo del Medioevo Goriziano* finden wechselnde Ausstellungen statt.

Musei Provinciali di Borgo Castello, Di–So 9–19 Uhr, Mo geschl., Eintritt ca. 6 €, 18–25 J. 3 € (mit Palazzo Attems Petzenstein 7 bzw. 4 €). ✆ 0481-533926.

Castello & Museo del Medioevo Goriziano, Di–So 10–19 Uhr, Mo 9.30–11.30 Uhr, Eintritt ca. 4 €. ✆ 0481-535146.

Basis-Infos

Information **Ufficio turistico**, Corso Italia 9. Mo–Sa 9–13, 14.30–18.30, So 9–13 Uhr. ✆ 0481-535764, info.gorizia@promoturismo.fvg.it.

Anfahrt/Verbindungen **PKW**, Parkmöglichkeiten u. a. an der Piazza Cavour (Dom), man kann aber auch bis zur Burg hinauffahren.

Bahn, gute Verbindungen nach Triest, Udine und Venedig. Bahnhof am Ende des Corso Italia, südwestlich vom Zentrum.

Die Mitte des Friaul → Karte S. 64/65

Übernachten

****** Grand Hotel Entourage 7**, der in Habsburger Gelb gehaltene Palazzo Strassoldo aus dem 15. Jh. steht an einem netten Platz, wenige Schritte vom Dom (→ Sehenswertes). Im Inneren Originalstücke aus der Geschichte des Palastes, alle Zimmer verschieden voneinander, teils etwas veraltet (vorher ansehen), freundlich geführt, kostenpflichtige Parkplätze im Hof. DZ/F ca. 100–120 €, Suite ab ca. 140 €. Piazza Sant'Antonio 2, ✆ 0481-550235, www.entouragegorizia.com.

****** Gorizia Palace Hotel 13**, Hotel der Best-Western-Kette in der Nähe vom Bahnhof, geräumige Zimmer, gutes Frühstück und freundliches Personal. Kostenloser Parkplatz. DZ/F ca. 90–140 €. Corso Italia 63, ✆ 0481-82166, www.goriziapalace.com.

MeinTipp **B & B Palazzo Lantieri 11**, der Palast entstand 1350 als befestigter Stadtbau mit Namen „Palais Schönhaus", seit 1505 bis heute ist er in Besitz der Familie Levetzow-Lantieri. Im Lauf der Jahrhunderte wurde er immer weiter ausgebaut und besitzt einen herrlichen Park. Neben anderen illustren Persönlichkeiten haben im Palazzo Lantieri Goethe, Casanova und Papst Pius VI. übernachtet. Die freundliche Gräfin Clementina von Levetzow-Lantieri vermietet im Piano Nobile ein DZ und eine Suite, die sehr geräumig und mit antikem Mobiliar ausgestattet sind, außerdem zwei ruhige Mini-Apts. Morgens wird ein leckeres Frühstück mit Obst aus dem Garten serviert. Zu sehen gibt es im Palast u. a. eine Hofkapelle und zahlreiche Memorabilien aus den letzten Jahrhunderten, darunter eine Widmung des deutschen Kaisers Wilhelm II. Im großen Saal des Schönhauses sind Fresken flämischer Künstler erhalten, dargestellt ist u. a. die erste Belagerung Wiens durch die Türken von 1529. Das Gewölbe zwischen Hof und Garten ist von hunderten bemalter Kacheln mit mystischen Motiven und Fabelwesen bedeckt. Einige Räume hat die Gräfin auch mit moderner Kunst eingerichtet. DZ/F ca. 140 €, Parken ist kostenlos. Piazza Sant'Antonio 6, ✆ 0481-533284, www.palazzo-lantieri.com.

B & B Al Castello 5, zentral unterhalb vom Burgviertel, einfache, saubere Zimmer, Parken auf dem Gelände möglich, einfaches Self-Service-Frühstück. DZ/F ca. 60 €. Via Gabriele d'Annunzio 36, ✆ 340-3141672, www.alcastellogorizia.it.

MeinTipp **B & B Flumen 1**, herrliche Lage mit Terrasse direkt am Isonzo, drei moderne und saubere Zimmer, gutes Frühstück, nette Gastgeber, kostenloser Parkplatz. DZ/F ca. 60–90 €. Via Brigata Cuneo 20, ✆ 0481-391877, www.bbflumen.it.

Al Chiostro: gemütliches Speisen im Laubengang

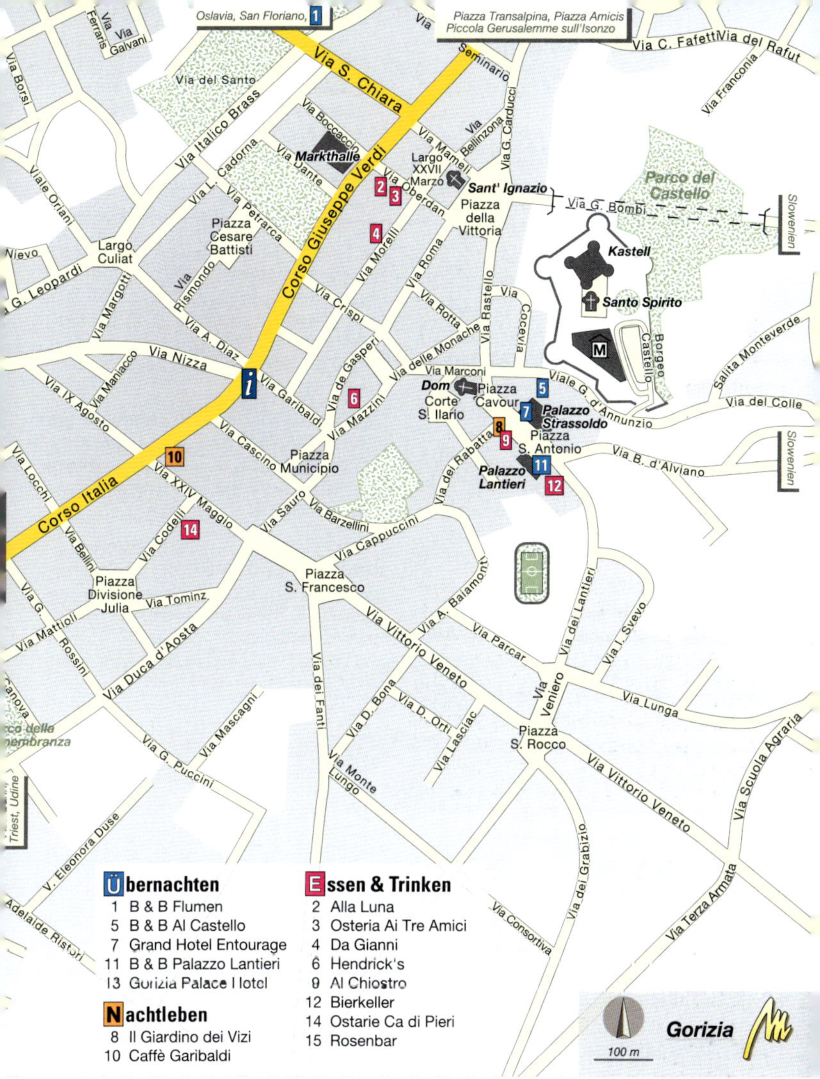

Essen & Trinken

Im August ist fast alles geschlossen.

Al Chiostro 9, schöne Lage mit Tischen im Laubengang der Piazza Sant'Antonio, gegenüber vom Palazzo Strassoldo, gemütlich und ruhig, auch das Essen ist gut. Di-Abend und Mi geschl. ✆ 0481-536430.

Alla Luna 2, alteingesessene Trattoria (seit 1956), urig-rustikal eingerichtet, traditionelle slowenisch-österreich-italienische Küche, darunter Ćevapčiči, Gulasch und zum Nachtisch Strudel. Reservierung empfohlen. So/Mo geschl. Via Guglielmo Oberdan 13, ✆ 0481-530374.

Osteria Ai Tre Amici 3, beliebter Treff neben der Osteria alla Luna, klein und persönlich, die Küche wird gelobt. Mi geschl., nur abends,

Sa/So auch mittags. Via Guglielmo Oberdan 11. ✆0481-53564.

meinTipp **Rosenbar 15**, die aufmerksam geführte Trattoria liegt beim großen Parco della Rimembranza (→ Sehenswertes), im Gastgarten vor dem Haus kann man schön im Freien sitzen. Hervorragende Fischküche, lecker z. B. die mit Radicchio gefüllten Calamari. Preise etwas höher, aber für das Gebotene angemessen. So/Mo geschl. Via Duca d'Aosta 96, ✆0481-522700.

Ostarie Ca di Pieri 14, versteckt in einer ruhigen Wohnstraße, nette Osteria mit guter lokaler Küche, hauptsächlich Einheimische kehren hier ein. Sa-Abend u. So geschl. Via Codelli 5, ✆0481-533308.

meinTipp **Da Gianni 4**, gute Fleischküche in ungewöhnlich großen Portionen, z. B. *ljubljanska* (paniertes Kotelett, gefüllt mit Schinken und Käse), nicht teuer. Mo/Di geschl. Via Carlo de Morelli 8/b, ✆0481-534568.

Hendrick's 6, geschmackvoll eingerichtet, nette Außenplätze in einer Fußgängerzone, kreative Küche, manchmal Musik mit DJ. So/Mo geschl. Via Mazzini 6/b, ✆0481-538529.

Bierkeller 12, in einem Kieshof hinter dem Palazzo Lantieri werden Wiener Schnitzel, Knödel, Bratwurst, Spätzle, Speck und Kraut serviert, dazu bayerisches Bier. Mo–ab 18 Uhr, Di–Fr ab 17 Uhr, Sa/So ab 11 Uhr, Do geschl.Via Lantieri 4. ✆0481-537891.

Außerhalb Al Ponte del Calvario da Mirko, das schöne Gartenlokal westlich von Gorizia wird seit 1956 familiär geführt, man kocht in slowenischer Tradition, viel vom Grill. Zu den Spezialitäten gehören die *trote alla griglia* (Forellen), aber es gibt auch *carne alla brace* und *baccalà con polenta*. Ab Gorizia zu erreichen mit Bus 09. Reservierung empfohlen. Di-Abend und Mo geschl. Via Vallone delle Acque 2, ✆0481-534428.

Cafés/Unterhaltung Caffè Garibaldi 10, elegantes Café, in dem schon der Duca d'Aosta, Held der Isonzo-Schlachten, verkehrte. Kürzlich umfassend renoviert, an Sommerabenden steht alles draußen. Corso Italia 49, Ecke Viale XXIV Maggio.

meinTipp **Il Giardino dei Vizi 8**, angenehme Bar/Enoteca im Laubengang neben dem Ristorante Al Chiostro – nettes Plätzchen mit lockerer Atmosphäre, Collio-Weine, Fassbier und Cocktails, dazu auch kalte Snacks. So/Mo geschl. Piazza Sant'Antonio 12.

Gorizia/Umgebung

An den Hängen nördlich von Gorizia, wo die Grenze zu Slowenien verläuft, liegen zahlreiche bekannte Weingüter, allen voran das von *Joško Gravner* in der Località Lenzuolo Bianco, der die friulanische Weinkultur um einen entscheidenden Akzent bereichert hat.

Sacrario Militare di Oslavia

Am Weg nach San Floriano kann man zur Gedenkstätte von Oslavia abzweigen. In 178 m Höhe steht der mächtige zylindrische Zentralbau aus weißem Kalkstein mit Lichtkuppel und Seitentürmen, der Blick reicht weit nach Slowenien hinüber. Hier ruhen 57.200 italienische Soldaten sowie 539 Tote aus dem österreichisch-ungarischen Heer, die im Ersten Weltkrieg in der Umgebung der Stadt gefallen sind, 12.000 von ihnen konnten nicht identifiziert werden. Im Untergeschoss stehen die Sarkophage der Generale.

▪ Ganzjährig 8.30–12, 13.30–17 Uhr, So/Mo geschl.

Monte Sabotino

Bei *Lenzzuolo Bianco* führt eine kurvige Straße auf den 609 m hohen Berg, wo man einen herrlichen Blick auf Gorizia hat.

San Floriano del Collio

ca. 780 Einwohner

Das Weindörfchen liegt etwa 7 km nordwestlich von Gorizia in steiler Hügelposition, nur 500 m vor der Grenze zu Slowenien. Dem Adelsgeschlecht der Formentini gehört seit dem 16. Jh.

Wein aus der Amphore

Joško Gravner (www.gravner.it) gehört heute zu den anerkanntesten Weinproduzenten im Collio, doch das war nicht immer so. Im Jahr 2000 reiste der gebürtige Slowene ins ferne Georgien, um das uralte Weinwissen des Ostens zu studieren. Tatsächlich lernte er dort eine in Italien bis dato völlig unbekannte Methode der Weinherstellung kennen – die Vergärung in tönernen Amphoren, die den Wein quasi wie ein organisches Wesen behandelt. Gravner ließ sich also mächtige Amphoren liefern, die 3000 Liter fassen, vergrub sie im Boden seines Kellers und vergor seine Weißweine darin. Damit stellte er sich in fundamentalen Gegensatz zu allen anderen friulanischen Winzern, die seit den 70er Jahren auf hochtechnische Innovationen setzten, um Weine mit höchster Fruchtigkeit zu erzeugen. Erzürnt ließen die Weinpäpste ihn fallen, doch Gravner blieb unbeirrt und der Erfolg gab ihm schließlich Recht. Mit seiner unorthodoxen Art der Vergärung (keine Zugabe von Schwefel, Vergärung nur mit wilder Weinhefe) schuf er höchst eigenwillige Weine mit wunderbarer Samtigkeit, die sich nach dem Öffnen der Flaschen ständig verändern. Ribolla, Bianco Breg (Cuvée), Rosso Breg und Rosso Gravner sind seine bekanntesten Produkte und erzielen seitdem stolze Preise. Leider empfängt er nur selten Gäste (Anmeldung über die Website möglich).

das Kastell im Ortszentrum, seit einigen Jahren hat sich die Gräfin auf das Ausrichten von Hochzeitsbanketts spezialisiert (das „Golf Hotel" im Schloss wurde geschlossen).

MeinTipp **Essen & Trinken** **Korsic**, nur 100 m vom slowenischen Grenzübergang. Nicht nur wegen der prächtigen Landschaft und des herrlichen Blicks beliebt, sondern auch eine hervorragende Adresse, um die slowenische Küche von Damjan und Hadrijana zu probieren, dazu gibt es beste Weine. Di/Mi geschl. Località Sovenza 7, ✆ 0481-884248.

Shopping **Azienda Agricola Zuani**, Patrizia Felluga, die Schwester des berühmten Livio Felluga, produziert mit Sohn Antonio und Tochter Caterina authentische Weine des Collio. Der „Zuani Collio Bianco" wird aus mehreren Sorten hergestellt und besticht durch seine fruchtige Vielfalt. Kostenpflichtige Verkostung möglichst mit Voranmeldung. Località Giasbana 12, San Floriano del Collio. ✆ 0481-391432, www.zuanivini.it.

Gradisca d'Isonzo ca. 6500 Einwohner

Das Städtchen etwa 10 km südwestlich von Gorizia hat eine ähnliche Geschichte erlebt, die Spuren der k.u.k.-Monarchie sind hier noch augenfälliger – manchmal wähnt man sich fast in Alt-Österreich. Erst 1921 wurde Gradisca italienisch.

Von der venezianischen Herrschaft im 15. Jh. sind weite Teile der Stadtmauer, die ein unregelmäßiges Fünfeck bilden, erhalten, am nördlichen Rundturm prangt noch der Löwe. Innerhalb des alten Stadttors *Porta Nuova* runzelt ein freundlicher Leonardo da Vinci die Stirn; der Meister kam persönlich nach Gradisca, um Verbesserungen an der Stadtbefestigung anzubringen. Eine mittelalterliche *Zitadelle* schließt im Süden die Altstadt ab. Sie ist nicht zugänglich, kann aber umrundet werden.

Die Mitte des Friaul → Karte S. 64/65

Von hier ist es ein Katzensprung zur schmalen Hängebrücke über den Isonzo, wo gefischt und gebadet wird.

Information **IAT**, in einer Seitengasse der Via Cesare Battisti. Mi–Sa 9.30–12, 15–18, So 9.30–12 Uhr, Mo/Di geschl. Via Ciotti 49, ✆ 0481-960624, www.prolocogradisca.it.

Übernachten ****** Franz**, zentrale Lage, professionell und aufmerksam geführt, äußerst komfortable und gemütliche Zimmer, Garten mit schönem Pool, gutes Restaurant/Frühstück, eigener Parkplatz. DZ/F ca. 85–135 €. Viale Trieste 45, ✆ 0481-99211, www.hotelfranz.it.

****** Al Ponte**, modernes und elegant ausgestattetes Hotel westlich vom Stadtzentrum inmitten von Grün, allerdings auch an einer viel befahrenen Straße (Zimmer zur Rückseite nehmen), engagiert geführt von Familie Rizzotti. Schön eingerichtete Zimmer, Wellness mit Sauna und Hamam, viel gelobtes Ristorante (So-Abend und Mo geschl.), angenehmer Pool, Tennisplatz mit Naturrasen, großer Parkplatz. DZ/F ca. 85–120 €. Viale Trieste 124/Ecke Via Udine (SS 305), ✆ 0481-961116, www.albergoalponte.it.

Essen & Trinken **Mulin Vecio**, jenseits der Grünanlage, die vor der nördlichen Stadtmauer liegt. Urige Osteria in einer ehemaligen Mühle, Außenbereich teilweise überdacht. Serviert wird Hausmannskost ohne Speisekarte, hauptsächlich kalte Platten, Schinken, Würste, eingelegtes Gemüse etc. Lange offen, viel Stimmung, gelegentlich Livemusik, Mi und Do geschl. Via Gorizia 2, ✆ 0481-99783.

Das Stadttor Porta Nuova

La Serenissima, diese Enoteca in der Altstadt von Gradisca ist ein gemütlicher Platz, um die Weine des Collio zu testen. Dazu gibt es kalte Platten und Antipasti. Di–So 10.30–14, 17.30–22.30 Uhr, Mo geschl. Via Cesare Battisti 30/Ecke Via Dante Alighieri. ✆ 0481-960292.

Antica Trattoria alla Viole, die alteingesessene Trattoria liegt in Farra d'Isonzo, einige Kilometer außerhalb, direkt an der Straße nach Gorizia. Gemütliche Innenräume mit großem Fogolar, schöne, schattige Plätze im Freien. Die neue Führung (seit 2016) hat sich hauptsächlich auf Meeresküche spezialisiert. Di geschl. Via Gorizia 44, ✆ 0481-93338.

meinTipp **Borgo Colmello**, ruhig gelegener Gutshof in Farra d'Isonzo östlich von Gradisca, das Restaurant bietet beste Slow-Food-Küche bei häufig wechselnder Speisekarte. Mit Zimmervermietung. So-Abend und Mo geschl. Strada della Grotta 8, ✆ 0481-889013, www.borgocolmello.it.

meinTipp **Devetak**, weithin bekannte Trattoria in San Michele del Carso, 7 km außerhalb, Familienbetrieb seit fünf Generationen, heute geführt von Agostino und Gabry Devetak. Traditionelle Karstküche, z. B. *bijeki* (Teigtaschen, gefüllt mit Hühnerfleisch und Majoran) und *agnellino da latte al forno* (im Ofen gegartes Milchlamm). Zutaten aus eigener Herstellung, hervorragende Weine. Im einstigen Stall werden acht komfortable Zimmer vermietet. DZ/F ab ca. 105 €. Rest. Mo/Di geschl., außerdem Mi/Do-Mittag. Via Brčiči 22, ✆ 0481-882488, www.devetak.com.

Shopping Zwei der bedeutendsten Weinproduzenten des Friaul arbeiten in bzw. bei Farra d'Isonzo.

Marco Felluga, beschildertes Weingut in Farra d'Isonzo, schräg gegenüber der „Trattoria alla Viole" (→ Essen & Trinken), heute geführt von Marco Fellugas Sohn Roberto. Besuche willkommen, Verkostung nach Voranmeldung. Via Gorizia 121, ✆ 0481-99164, www.marcofelluga.it.

Silvio Jermann, seit den 70er Jahren ist Silvio Jermann in der Località Villanova, östlich von Farra d'Isonzo, einer der innovativsten Winzer der Region, dessen fantasievolle Weinnamen legendär sind, z. B. „Were dreams – now it is just wine" (Waren Träume, jetzt ist es einfach nur Wein). Besuchen kann man nur die große Cantina bei Ruttars (→ S. 134). Via Monte Fortino 21, ✆ 0481-888080, www.jermann.it.

Der idyllische Isonzo war Schauplatz unendlichen Leids

Die Isonzo-Schlachten

Das Grenzgebiet zwischen Österreich-Ungarn und Italien war zwischen Juni 1915 und Oktober 1917 Schauplatz von zwölf erbittert geführten Schlachten mit spärlichen Landgewinnen, aber extrem hohen Verlusten an Menschen. Ernest Hemingway, der damals hier als neunzehnjähriger Rot-Kreuz-Freiwilliger am Krieg teilnahm, wurde dabei schwer verletzt (Lesetipp: „In einem andern Land“).

In den fünf ersten Offensiven versuchten die italienischen Truppen, den Isonzo zu überschreiten und ins österreichische Triest vorzustoßen, jedoch erfolglos. Erst als die Mittelmächte im August 1916 große Truppenkontingente von der Südfront abziehen mussten, gelang in der sechsten Schlacht die Einnahme des strategisch wichtigen Görz. In den nächsten Schlachten wurden jedoch nur geringe Geländegewinne erzielt und der Vormarsch lief sich fest. In der elften Isonzo-Schlacht wollte die italienische Armee endgültig den Durchbruch nach Triest erzwingen. Die zahlenmäßig unterlegenen österreichisch-ungarischen Truppen konnten dies verhindern, aber wegen ihrer hohen Verluste stand die Front vor dem Zusammenbruch. Erst durch deutsche Verstärkungen – wegen der ruhigen Lage an der Ostfront im Gefolge der russischen Oktoberrevolution – gelang den Mittelmächten im Oktober 1917 ihrerseits mit einer großen Übermacht der Durchbruch. Mit dabei in dieser zwölften Isonzo-Schlacht war damals im Rang eines Oberleutnants der spätere Generalfeldmarschall Erwin Rommel, der im Zweiten Weltkrieg durch den „Afrikafeldzug“ bekannt wurde. Am 28. Oktober eroberten deutsche und habsburgische Truppen Görz zurück, zwei Tage später wurde Udine genommen. Erst am Piave in der Region Veneto gelang es den Italienern mit britischer und französischer Hilfe, wieder eine geordnete Front aufzubauen und den Durchmarsch in die Poebene zu verhindern.

Die Mitte des Friaul → Karte S. 64/65

Ehemalige Stellungen auf dem Monte San Michele

Monte San Michele

Etwa 8 km südlich von Gorizia und 4 km östlich von Gradisca liegt die felsige Erhebung „Cima 3", von der man weit über die Isonzo-Ebene sieht, auf der anderen Seite bis zum Meer. Von den zwölf Isonzo-Schlachten wurden die ersten sechs im Gebiet um diesen strategisch wichtigen Hügel mit seinen zahlreichen Grotten und Höhlungen ausgetragen.

Eine Straße führt durch *San Martino del Carso* hinauf zu einer Gedenkstätte mit dem kürzlich umfassend renovierten **Museo del Monte San Michele** im Zentrum der einstigen Kampfhandlungen. Die multimedial aufwändig ausgestattete Ausstellung veranschaulicht mit Touchscreens und 3D-Rekonstruktionen die damalige Lage auf der Cima 3, dazu werden diverse Fundstücke und Fotos der Schlachten gezeigt.

Neben dem Museum beginnt ein Rundgang durchs Gelände mit zahlreichen Überresten der Kampfstellungen, z. B. die taktische Kommandostelle der dritten italienischen Armee, ein Stollen mit mehreren Ausgängen, Kanonenstellplätzen und Munitionsdepots. Ganz in der Nähe liegen zwei Unterstände der Österreicher – die feindlichen Maulwürfe näherten sich dort unterirdisch bis auf 50 m. Das Grauen der damaligen Gemetzel kann man allerdings kaum noch erahnen.

- **Museo del Monte San Michele,** April bis Sept. Di–So 9.30–12.30, 16–19 Uhr, übrige Zeit 10–16 Uhr, Eintritt für die multimedialen Räume 6 €, historisches Museum 3 €, Kampfstellungen 3 €, 6–17 u. über 65 J. ermäß. ✆ 0481-92002, www.museodelmontesanmichele.it.

Militärfriedhof von Redipúglia

7 km südlich von Gradisca liegt an der SR 305 nach Triest Italiens größter Militärfriedhof. Nachdem der Hügel südlich der Straße den Gebeinen angeblich wegen Witterungseinflüssen nicht bekam, wurde 1938 eine gigantische Gedenkstätte nördlich der Straße errichtet – ein Beispiel größenwahnsinniger faschistischer Architektur. Eine Treppe von 22 Stufen, jede 2 m hoch und 12 m breit, birgt in alphabetischer Reihen-

folge geordnet die Überreste von 40.000 identifizierten Gefallenen der Isonzo-Schlachten. Zuoberst steht eine Votivkapelle, beidseits von ihr ist ein Sammelgrab für jeweils weitere 30.000 nicht identifizierte Soldaten eingerichtet. Man kann zu Fuß hinaufsteigen, am Ortseingang von Redipúglia führt aber auch eine Straße hinauf.

Am Fuß der Treppe ruht unter einem 75 Tonnen schweren Steinblock Emanuel Filiberto Duca d'Aosta, Herzog von Aosta und Kommandant der dritten Armee, die in den Isonzo-Schlachten eine Hauptrolle spielte, nebenbei Anhänger des Faschismus von Anbeginn an. Im Gegensatz zum hier beerdigten Fußvolk überlebte der General alle Schlachten und entschlief friedlich 1931. Durch das Türgitter ist im Grab das etwas pathetische Testament des Herzogs zu lesen: Er fühlt das nahe Ende kommen („La sera scende sulla mia giornata"), dankt seiner Frau Hélène für die Pflege und hofft, dass auch seine beiden Söhne ein Leben führen wie er, unter dem Motto: für König und Vaterland („Tutto per la patria e il re"). Schließlich folgt der Wunsch, bei seinen Soldaten beerdigt zu werden. Hélène und die Söhne wurden hier später ebenfalls bestattet.

Gegenüber der Gedenkstätte, auf der anderen Straßenseite, wurde das große **Museo della Grande Guerra "Casa Terza Armata"** mit zahlreichen Relikten der zwölf Isonzo-Schlachten eingerichtet, u. a. hat man einen Schützengraben und Maschinengewehrstellungen nachgebaut.

Museo della Grande Guerra, April bis Sept. Di–Sa 9–12, 14–17, So 9–16 Uhr, Mo geschl., sonst So/Mo geschl. ✆ 0481-489024

Knapp 1 km weiter in Richtung Udine liegt bei *Fogliano* neben dem zivilen Friedhof die Ruhestätte der Gefallenen Österreich-Ungarns mit 14.550 Gräbern – im Gegensatz zur Monumentalität von Redipúglia in eher bescheidenem Rahmen.

Wer nun noch den nahe gelegenen Karstsee *Lago di Doberdò* kennen lernen und/oder in der Region des Carso Isontino nächtigen will, findet Details dazu unter Riviera Triestina, S. 194.

Gigantomanisch: Militärfriedhof von Redipúlia

Die Mitte des Friaul → Karte S. 64/65

Die friulanische Küste

Die Küste von der Tagliamento-Mündung bis zur slowenischen Grenze zerfällt in zwei landschaftlich völlig unterschiedliche Gebiete: zum einen die Region der großen Lagunen und langen Sandstrände zwischen Tagliamento und Isonzo, zum anderen die Welt des Karst mit felsigen Steilabfällen und wenigen eingelagerten Stränden an der sog. Riviera Triestina.

Nostalgie pur

Triest besitzt die einzige Badeanstalt Europas, die nach Geschlechtern getrennt ist – gewiss nicht mehr zeitgemäß, aber die Triestiner lieben sie. → S. 229

Der westliche Abschnitt der Küste ist eine eigentümliche Wasser- und Schilflandschaft, die sich vom Podelta über die Lagunen von Venedig, Marano und Grado bis zum Golf von Triest erstreckt: eine Welt aus langen Stränden, schwimmenden Landstücken, flachen Sumpflandschaften, schmalen Kanälen, Sandbänken und Flüssen – geprägt ebenso von der Natur wie von den ständigen Eingriffen der Menschen, die sich hier Handels- und Transportwege bahnten. Mit den beiden großen Badestädten **Lignano** und **Grado** ist sie das Meer- und Sonnenparadies des Friaul. Hunderttausende von Urlaubern verbringen hier alljährlich ihre Ferientage, finden schier endlose Sandstrände, aber auch geschützte Naturparks in den Lagunen und an der Mündung des Isonzo. Dazu gibt es interessante Ausflugsziele im Hinterland, allen voran **Aquileia** mit seinem prachtvollen Mosaikboden in der Basilika.

Die steil ins Meer abfallende Triester Riviera hat für Badeurlauber weniger zu bieten, doch kann man sie auf einer der schönsten Küstenstraßen Italiens befahren. Hochkarätige Sehenswürdigkeiten sind die beiden **Schlösser von Duino und Miramare** und natürlich **Triest**, Italiens östlichste Großstadt, das genug Interessantes für mehrere Tage bietet. Im Hinterland erstreckt sich ein dicht bewaldetes Karstplateau mit Weinbaudörfern und beliebten „Buschenschänken". Die dortige **Grotta Gigante** ist eine der beeindruckendsten Tropfsteinhöhlen Europas und im Val Rosandra nahe der slowenischen Grenze lässt es sich bestens wandern.

Was anschauen?

Aquileia: Die bedeutendste römische Ausgrabung im Nordosten Italiens besitzt prachtvolle Mosaikböden, ein neu konzipiertes archäologisches Museum und eine großartige romanische Basilika. → **S. 180**

Grado: Die große Badestadt liegt weit draußen in der Lagune. In römischer Zeit war sie der Hafen von Aquileia, in Habsburger Zeit sonnte sich hier das Bürgertum. → **S. 185**

Grotta Gigante: Wahrhaft gigantisch ist der mächtige Innenraum dieser Tropfsteinhöhle im Triestiner Karst. → **S. 236**

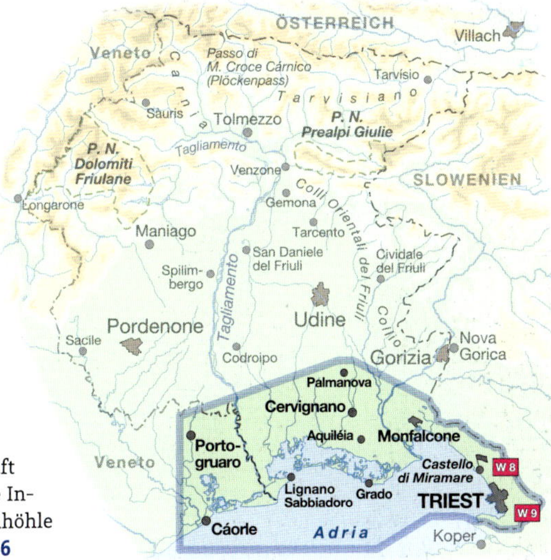

Palmanova: Die von den Venezianern errichtete Festungsstadt mit dem Grundriss eines neunzackigen Sterns gehört seit 2017 zum Weltkulturerbe der UNESCO. → **S. 175**

Schloss Duino und Schloss Miramare: Im Kastell von Duino schrieb Rilke seine Duineser Elegien, das prachtvoll ausgestattete Schloss Miramare ist eng mit der tragischen Geschichte des Erzherzogs Maximilian verbunden. → **S. 197** und **S. 202**

Triest: Die einzige Hafenstadt der k.u.k.-Monarchie besitzt ein monumentales klassizistisches Zentrum und den größten Platz Europas am Meer. → **S. 208**

Was unternehmen?

Isonzo-Mündung: ruhiger Naturpark direkt am Meer – Camargue-Ponys, „Bienenfresser" und Wanderungen. → **S. 192**

Triestinischer Karst: Die Weindörfer im Karst des Triestiner Hinterlands sind für ihre Buschenschänken bekannt. → **S. 233**

Sentiero Rilke: ein Spaziergang über dem Meer auf den Spuren des Dichters Rainer Maria Rilke. → **S. 196**

Val Rosandra: Hier kann man bis zur slowenischen Grenze und auf dem „Freundschaftsweg" weiter bis Beka in Slowenien wandern. → **S. 316**

Wo baden?

Lignano: Die moderne Badestadt gehört nach Rimini zu den größten der Adria, die kilometerlangen Sandstrände sind Garant für gelungene Sommerferien. → **S. 163**

Grado: Das einstige Fischerdorf hat einen liebevoll gepflegten historischen Kern und zahlreiche große Badehotels, die Strände fallen auf hunderte Meter flach ins Wasser ab. → **S. 185**

Was sonst noch?

Aiello del Friuli: Das Dorf der Sonnenuhren → **S. 179**

San Dorligo della Valle: Olivenöl degustieren in Bagnoli und Umgebung → **S. 241**

„Klein-Berlin", **Risiera di Santa Sabba** und **Monumento Foiba di Basovizza**: tragische Relikte des Zweiten Weltkriegs → **S. 215, S. 214** und **S. 240**

Küste vom Tagliamento bis zum Isonzo

Zwischen den Mündungen des Flusses Tagliamento im Westen und dem Isonzo im Osten erstreckt sich das weite Gebiet der Lagunen von Marano und Grado mit Flussläufen, kilometerlangen Stränden, endlosen Schilfzonen, zahllosen kleinen Inseln und breiten Sandbänken.

Die grünen Agrarlandschaften mit Wiesen, weiten Feldern und langen Pappelalleen, die die Lagunen landeinwärts umgeben, wirken landschaftlich vielleicht zunächst ein wenig eintönig, doch gibt es in der Lagune von *Marano* und im Bereich der *Isonzo-Mündung* mehrere geschützte Naturparks, in denen sich die typische Lagunenfauna und -flora ungestört entfalten kann und die man auf Radtouren, Spaziergängen und Wanderungen für sich entdecken kann. Auch von den großen Pinienwäldern, die einst die gesamte Uferregion bedeckten, sind noch Reste erhalten. Botaniker haben in jüngsten Zählungen 227 Arten und Unterarten von Pflanzen katalogisiert, von denen einige nur noch hier zu finden sind und die die letzten Zeugen einer heute fast völlig verschwundenen Vegetation darstellen. Kulturell besitzt die Küstenregion mit den römischen Ausgrabungen und der Basilika von *Aquileia* ebenfalls Hochkarätiges. Und natürlich liegen hier mit Lignano und Grado zwei der wichtigsten Strandorte der oberen Adria, die zu den größten Badezonen am gesamten italienischen Stiefel gehört.

Als in den 50er Jahren der Italientourismus an der früher großteils unbesiedelten Küste einsetzte, stand *Lignano* ganz vorne an. Mit seinem 8 km langen Strand besaß der verschlafene Ort, dessen touristische Erschließung in den 30er Jahren begonnen hatte, dann aber durch den Zweiten Weltkrieg unterbrochen worden war, ein touristisches Potenzial sondergleichen. In einer gewaltigen Expansionsbewegung entstand an der Mündung des Tagliamento eine weit um sich greifende Badestadt, die heute in ihrer architektonischen Stereotypie sicherlich keine Augenweide ist, sich aber in den Ortsteilen Pineta und Riviera noch Reste der alten Pinienwälder erhalten konnte. Die alte Fischerstadt *Grado* besitzt dagegen einen gut erhaltenen historischen Kern und kann in ihrer Badetradition bis in die k.u.k.-Zeiten des 19. Jh. zurückblicken. Da die Strände überall extrem flach ins Wasser abfallen, sind beide Orte seit Jahrzehnten Anziehungspunkte für junge Familien. Kleinkinder können unbegrenzt im Sand buddeln oder im Niedrigwasser plantschen, während die etwas älteren Kids mit ihren Käschern blitzschnelle Fischchen jagen, bei Ebbe im 100 m breiten Schlamm- und Schlickstreifen versteckte Garnelen orten oder im Familienverband die Spaßbäder und Vergnügungsparks aufsuchen. Viele alt gewordene Stammgäste kehren ebenfalls Jahr für Jahr wieder und sogar die Spaßgeneration hat die Adria wieder entdeckt – heißes Nachtleben, Events und Discos gibt es zuhauf. So hat die Region ihr Publikum, und da die Algenpest, die Rimini Ende der 1980er heimsuchte, hier nicht auftrat, konnten bislang alle touristischen Krisen problemlos bewältigt werden.

Lignano

ca. 6000 Einwohner

Die größte Badestadt der friulanischen Adria liegt auf einer weit nach Osten vorstoßenden Landzunge an der Mündung des Tagliamento und besteht aus drei Ortsteilen: Riviera, Pineta und Sabbiadoro.

Vor der fast unüberschaubaren Urbanisation erstreckt sich ein riesiges Strandareal, gut 8 km lang, mit Uferstraße, Fahrradweg und dichter Pineta (großteils eingezäunt) sowie mehreren Dutzend Badeanstalten, aber auch kos-

Strandleben in Lignano

Die friulanische Küste → Karte S. 162

tenfreien Strandabschnitten. Selbstverständlich spricht „man" Deutsch.

In den 50er und 60er Jahren begann der Aufstieg Lignanos. Dieses Erbe ist allerdings auch Ballast, denn die Beton- und Schuhschachtelarchitektur der Gründerjahre prägt den Ortscharakter bis heute. Viele Hotels, die rein äußerlich nicht sonderlich attraktiv wirken, wurden jedoch mittlerweile im Inneren geschmackvoll modernisiert. Das Seine dazu tut die herrliche Pinienvegetation, die viele Bausünden abmildert. Heute ist Lignano bei jungen Leuten aus Österreich besonders beliebt, aber auch für Familien wird einiges geboten, u. a. gibt es das Spaßbad Aquasplash und einen gepflegten Zoo. Einen guten Ruf besitzt Lignano auch bei Bootsbesitzern, denn mit acht Marinas und über 5500 Liegeplätzen ist es einer der wichtigsten Häfen der Adria.

Lignano besteht aus drei Ortsteilen: *Sabbiadoro* („Goldstrand") nimmt die gesamte „Zungenspitze" in Beschlag und ist das städtisch-touristische Zentrum Lignanos. Im Sommer herrscht hier der totale Trubel: zahllose Hotels, Ristoranti, Bars und Diskotheken gruppieren sich um die Uferstraße und die lange, bis tief in die Nacht geschäftige Fußgängerzone, der Strand ist eine einzige Sonnenschirmparade. Das westlich benachbarte *Pineta* ist mit seinem Pinienwald der grünste und eleganteste Ortsteil und *Riviera* erstreckt sich an der Mündung des Tagliamento, wo man einige hübsche Ecken und einen breiten Strand fast ohne organisierten Badebetrieb findet.

Sehenswertes

Wahrzeichen von Lignano ist die **Terrazza a Mare**, eine Betonbrücke mit muschelförmigem Aufbau, die im östlichen Strandbereich von Sabbiadoro weit ins Wasser hineinragt und auf deren Caféterrasse man sich eine kühle Brise um die Nase wehen lassen kann. Am Lungomare genau gegenüber steht die historische **Villa Zuzzi** (heute Villa Gattolini), erbaut 1910 im „gotisch-toskanischen" Libertystil und damit eins der ältesten noch existierenden Häuser.

Zwischen Sabbiadoro und Pineta erhebt sich zwischen schattigen Pinien

Terrazza a Mare: das Wahrzeichen Lignanos

am Viale Centrale die **Kirche Santa Maria del Mare**. Ursprünglich hatte sie ihren Standort in Bevazzana am Ufer des Tagliamento, wegen der häufigen Überschwemmungen wurde sie aber abgebaut und an einem sicheren Ort wieder errichtet. Im Inneren des schlichten Backsteinbaus verbergen sich Fresken des 15. Jh.

In Pineta liegt der **Parco Hemingway**, heute der Stadtpark von Lignano. 1953 besuchte der berühmte amerikanische Schriftsteller Lignano und bezeichnete es als „Florida Italiens". Man bot ihm damals an, an dieser Stelle ein Sommerhaus zu bauen. Er nahm zwar an, kam aber nie mehr nach Lignano. Heute ist der 4 ha große Park mit über 4000 Bäumen bepflanzt, es gibt einen Trimm-dich-Pfad, einen Kinderspielplatz und eine kleine, überdachte Freilichtbühne.

Basis-Infos

Information IAT, großes Büro im Ortsteil Sabbiadoro, viele Prospekte. Im Internet und in der Hochglanzbroschüre „Lignano Holiday" (www.lignanoholiday.com) werden die Hotels mit Fotos vorgestellt. Tägl. 9–13, 14–18 Uhr. Via Latisana 42, ✆ 0431-71821, info.lignano@promoturismo.fvg.it.

Infopoint, Mai bis Sept. am Ortseingang, Fr–So 9–14 Uhr. Via dei Pini 53, Lignano Pineta, ✆ 0431-422169, info.lignanopineta@promoturismo.fvg.it.

Anfahrt/Verbindungen PKW, gut ausgebaute Schnellstraße SR 354 mit mehreren Spuren ab **Latisana**, von der A 4 Venedig-Triest Ausfahrt Latisana.

Bahn, nächste Bahnstation ist **Latisana** (Lignano-Bibione) an der Strecke Venedig-Triest, von dort fahren häufig Busse (Busabfahrt nicht weit vom Bahnhof).

Bus, Busstation im Viale Gorizia 26, gleich bei der Fußgängerzone Via Udine. ✆ 0431-71373.

Taxi, ✆ 0431 720103, www.radiotaxilignano.it.

Kreuzfahrten in der Lagune Adriano Zentilin, Enkel des legendären „Capitano Geremia", der 1969 diese Fahrten ins Leben rief, startet mit seinem Boot „Nuovo Saturno" (170 Sitzplätze) von Mitte Juni bis Mitte Sept. Mo–Fr 2 x tägl. in Lignano Sabbiadoro, Sa/So jeweils 1 x in Marano Lagunara (→ S. 172). Angeboten werden verschiedene Routen, von Lignano aus z. B. nach Marano Lagunara und zu den küstennahen Inseln, zum Naturpark Foci dello Stella und zwischen Weiden und Pappeln den stillen Flusslauf des Fiume Stella hinauf. Gerastet wird in einem typischen „Casone", dort gibt es Essen und Trinken und Adriano spielt auf seiner Gitarre. ✆ 335-5368685, www.saturnodageremia.it.

Die Lagune per Fahrrad Um die Lagune zwischen Lignano und Grado verläuft ein Netz von Fahrradwegen, die teilweise neu angelegt sind und vielfältige Ausflugsmöglichkeiten eröffnen. Informationen unter www.piste-ciclabili.com/comune-lignano_sabbiadoro, auch zum Downloaden

Die friulanische Küste → Karte S. 162

Übernachten

→ Karte S. 166/167

Wer in einem der über 150 Hotels nächtigen will (mehrere Tage Aufenthalt werden in der HS in der Regel erwartet), kann sich neben den bekannten Buchungsportalen auch an das Booking Center „Consorzio Lignano Vacanze" (Via dei Pini 55, Lignano Sabbiadoro, ✆ 0431-423732, www.lignanoholiday.com) oder an das städtische Portal www.lignano.it wenden. Zahlreiche Agenturen vermitteln außerdem Ferienwohnungen (z. B. www.lignanomare.it, www.agenzia-friulia.com, www.agenzia-lignano.it), einige haben ihre Büros gleich am Ortseingang von Lignano Pineta.

Sabbiadoro ** Grand Hotel Playa 38**, bestens ausgestattetes Haus in erster Reihe an der Uferstraße, beheizter Pool, Solarium mit Whirlpool auf der Dachterrasse, Fitnessausstattung, Kinderspielzimmer, Miniclub, Gästefahrräder. DZ/F ca. 140–220 €. Via Lungomare Trieste 128, ✆ 0431-71071, www.playa.it.

mein Tipp ****** Miramare 12**, elegantes, familiengeführtes Haus an der Uferstraße, ganz in der Nähe der Terrazza a Mare, schöner Pool (bei kühler Witterung beheizt), Tiefgarage, Babysitting und Miniclub. Gutes Frühstück und aufmerksames Personal. Sonnenschirme und

Liegestühle am Strand inbegriffen. DZ/F ca. 140–240 €. Lungomate Trieste 49, ✆ 0431-71260, www.miramare.com.

****** Punta dell'Est 40**, modernes, kürzlich weitgehend renoviertes Haus, schöne Lage in erster Reihe, eleganter Pool mit „Wasserbar", Panoramaterrasse, hübsche, teils etwas enge Zimmer. Prima Frühstück auf der Dachterrasse. DZ/F ca. 120–180 €. Via Tomavo 38, ✆ 0431-71990, www.gphotels.it.

****** International 35**, ebenfalls an der Uferfront, großes Haus mit gut eingerichteten Zimmern, schöner Garten mit Pinien und Pool. DZ/F ca. 100–190 €. Via Lungomare Trieste 134/b, ✆ 0431-71151, www.hotelinternational.info.

****** Florida 36**, dank seiner Glasfronten hell und wohnlich wirkendes Haus in zweiter Reihe. Komfortable Zimmer, Sonnenterrasse, Sauna, Kinderspielzimmer, Wellnesscenter, Dachterrasse mit Skybar und Indoor-Pool im siebten Stock. DZ/F ca. 140–190 €. Via dell'Arenile 22, ✆ 0431-720101, www.hotelflorida.net.

meinTipp ***** Luna 15**, zentrale Lage gegenüber der Mole Terrazza a Mare, ordentliche Zimmer und freundlich geführt, mit Garten und Restaurant, sehr gutes Frühstück, Schirme und Liegen am Strand kostenlos. DZ/F ca. 120–200 €. Via Lungomare Trieste 68, ✆ 0431-71490, www.hoteluna.com.

***** Pelikan 18**, prima Lage nahe der Terrazza a Mare. Alle Zimmer mit Balkon und Meerblick, gute Küche und sehr freundliches Personal. Liegestühle/Schirme im Strandbad vor dem Haus inbegriffen. DZ/F ca. 100–160 €. Via Lungomare Trieste 10, ✆ 0431-71670, www.hotelpelikan.it.

***** Capanna d'Oro 9**, ebenfalls an der Uferstraße, ansprechend gestaltete Anlage mit zwei Gebäuden und großem Garten, von den Zimmern z. T. Blick aufs Meer, hübsche Frühstücksterrasse. DZ/F ca. 120–180 €. Via Lungomare Trieste 124, ✆ 0431-71240, www.capannadoro.com.

meinTipp ***** La Goletta 7**, gepflegtes Haus direkt am Hafen mit Blick auf die Jachten, Zimmer nicht allzu groß, aber schön und sauber, freundlich geführt, gutes Frühstück. Zum Strand 10 Min. DZ/F ca. 90–140 €. Viale Italia 44, ✆ 0431-71274, www.hotelgoletta.it.

***** Da Giovanna 4**, an der zentralen Hauptstraße, trotzdem hält sich der Lärm in Grenzen. Von Giovanna nett geführt, alles renoviert, moderne Zimmer im modischen Design, gute Bäder, und jeweils Balkon. Unten

Ristorante/Bar und Parkplatz. DZ/F ca. 115–150 €. Via Centrale 11, ✆ 0431-71587, www.hoteldagiovanna.com.

MeinTipp ** **La Perla** **2**, ruhige, trotzdem zentrale Lage, freundlich und familiär geführt. Moderne Zimmer, privater Parkplatz, Restaurant und gutes Frühstücksbuffet, inbegriffen sind Gästefahrräder und am 200 m entfernten Strand ein Sonnenschirm und zwei Liegen. DZ/F ca. 70–120 €. Via Padana 10, ✆ 0431-71445, www.hotelperlalignano.com.

Pineta *** **Ambassador** **21**, völlig renoviert, geräumige Zimmer, hübscher Pool mit kleinem Kinderbecken, Garten mit Spielecke für Kinder, Frühstück sehr gut. DZ/F ca. 90–135 €. Viale Centrale 44, ✆ 0431-422410, www.ambassadorhotel.it.

MeinTipp *** **Eurovil Garni** **22**, angenehmes und freundlich geführtes Hotel in ruhiger Lage, schöner Garten, renovierte Zimmer, ausgezeichnetes Frühstück. Zum Meer 3 Min., Schirm/Liegen kostenlos. DZ/F ca. 90–130 €. Arco del Bragozzo 3, ✆ 0431-422125, www.eurovil.com.

*** **San Francisco** **25**, sehr nett geführtes Hotel, ordentliche Zimmer mit Teppichboden, schöner Garten mit kleinem Pool, Privatstrand, Fahrradverleih (gegen Gebühr), prima Frühstück. DZ/F ca. 85–126 €. Viale delle Palme 40, ✆ 0431-422234, www.hotelsanfrancisco.it.

*** **La Pigna** **17**, modernes Hotel mit ausgezeichnetem Restaurant (→ Essen & Trinken), auch Frühstück sehr gut. Zum Strand 10 Min. DZ/F ca. 80–130 €. Via dei Pini 9, ✆ 0431-428991, www.hotelapigna.it.

Riviera **** **Green Village Resort** **3**, familiengeeignete Anlage mit Apts. im Grünen beim Golfplatz, große Poolanlage, kostenloser Shuttle zum Strand, außerdem günstige Leihfahrräder. DZ/F ca. 120–220 €. Via Casa Bianca 4, ✆ 0431-423714, www.greenresort.eu.

Außerhalb **Isola Augusta**, zehn gut ausgestattete Ferienwohnungen im Landhausstil im großen Weingut von Massimo Bassani bei Palazzolo della Stella (→ Shopping), etwa 15 km landeinwärts von Lignano. Geheizt wird mit einer unterirdischen warmen Quelle. Ganzjährig. Preis ca. 70–90 €, Frühstück ca. 5 €/Pers. Casali Isola Augusta 4, ✆ 0431-58046, www.isolaugusta.com.

Camping Der große Platz Sabbiadoro öffnet meist schon Ende März/Anfang April und schließt Anfang Okt., die beiden anderen sind von Anf./Mitte April bis längstens Ende Sept. geöffnet. Im Hochsommer gibt es Bustransfers zu Diskotheken, Aquasplash etc.

Lignano ist groß, ein Fahrrad also praktisch

****** Sabbiadoro 28**, zweigeteilter, sehr großer Platz in zentraler Lage zwischen Pineta und Sabbiadoro, viele österreichische Jugendliche kommen hier unter, reichlich Schatten durch hoch gewachsene Pineta und Laubbäume, großer Pool, 250 m zum Strand. Im Sommer gilt Hundeverbot. Via Sabbiadoro 8, ✆ 0431-71455, www.campingsabbiadoro.it.

****** Pino Mare 37**, bei Lignano Riviera direkt an der beschaulichen Mündung des Tagliamento. Guter Baumbestand und eigener Wasserpark, davor breiter Strand, der hier ein großes Dreieck bildet. Lungomare Riccardo Riva 15, ✆ 0431-424424, www.campingpinomare.it.

****** Girasole**, ca. 2 km vor Lignano linker Hand, bei Aprilia Marittima. Pool mit Kinderbecken und Poolbar, Tennisplätze mit Flutlicht, Kinderspielplatz, Fußball und Beach-Volleyball. Via Lignano Sud 53, ✆ 0431-53900, www.italien-camping-girasole.de.

Essen & Trinken

→ Karte S. 166/167

Die meisten Lokale sind auf Fließbandabfertigung eingerichtet, flinker Service ist üblich. Abends wird es schnell voll, rechtzeitig kommen.

Agosti 10, gediegenes Ristorante zentral in der Fußgängerzone, beste Meeresküche zu gehobenen Preisen, sehr beliebt, Reservierung sinnvoll. Außerhalb der Saison Do-Mittag u. Mi geschl. Via Tolmezzo 42, ✆ 0431-71215.

O Sole Mio 16, beliebtes Ristorante/Pizzeria in der Fußgängerzone, seit drei Generationen in Familienbesitz. Freundlicher Service und gutes Essen in großer Auswahl, allerdings oft sehr voll und dann etwas hektisch. Via Udine 62, ✆ 0431-71364.

meinTipp **Bidin 31**, alteingesessener Familienbetrieb, das Lokal der Brüder Luigino und Marino Bidin gilt wegen seiner hervorragenden Meeresküche als eins der besten Restaurants der Badestadt. Eine Vineria ist angeschlossen, 500 Weine werden ausgeschenkt. Gehobene Preise. in der NS Mi-Mittag geschl. Viale Europa 1, ✆ 0431-71988.

La Rustica 24, hübsch rustikal, mit viel Holz und großer Terrasse. Fisch, Fleisch und Pizza. Viale Europa 39, ✆ 0431-476336.

Tahiri 39, Restaurant und Beach Club, ultramodernes Design an der Punta Faro am Ostende von Sabbiadoro, wunderbar am Meer gelegen, interessante Fusion-Küche. Via Carso 45, ✆ 0431-1938065.

meinTipp **Al Cason 27**, gepflegtes Fischlokal in einem nachgebauten Casone am Tagliamento, neben dem kleinen Hafen Marina Uno, viele Plätze auf der schönen Freiterrasse, toller Blick auf den Fluss. Fisch aus der Lagune und Krustentiere gehören zu den Spezialitäten. Corso dei Continenti 167, ✆ 0431-423029.

Da Willy 1, einige Kilometer landeinwärts vom Ortsteil Pineta (beschildert), am Ufer des Tagliamento. Gemütlich-uriges Ambiente in einem schilfgedeckten Haus im Grünen, Fisch und Fleisch vom Holzkohlengrill oder in der Tonform gebacken. Vor über 40 Jahren von Guglielmo (Willy) in seiner eigenen Fischerhütte gegründet, heute geführt von Willys Tochter Laura und ihrem Mann Ugo. Via Casa Bianca 9, ✆ 0431-428743.

La Granseola 29, großes, offenes Ristorante an der zentralen Piazza von Pineta, wenige Meter vom Strand. Spezialisiert auf Muscheln, aber auch Pizza. Piazza Marcello d'Olivo 3. ✆ 0431-422034.

MeinTipp **La Pigna 17**, im gleichnamigen Hotel in Pineta, ganzjährig geöffnetes Ristorante mit Weinbar, beliebt seit vielen Jahren. Fabrizio und Küchenchef Michele bieten kreative Gerichte, vor allem leckeren Fisch, dazu Weine von zahlreichen kleinen Erzeugern. Mo geschl. (nur Winter). Via dei Pini 9, ✆ 0431-428991.

Storica Vineria da Scarpa 14, etwas versteckt, aber ganz zentral in Sabbiadoro, seit 1929, urig und mit Liebe eingerichtet, historische Fotos, diverse alte Utensilien, karierte Tischdecken. Zum Wein und Bier deftiges Essen wie Wurst, Speck und Schinken, aber auch Pasta, Bruschette und Frico, Qualität ein wenig schwankend. Ganzjährig, im Winter Mo-Abend u. Di geschl. Vicolo Marano 9, ✆ 349-1902084.

Nachtleben

→ Karte S. 166/167

In Sabbiadoro spielt sich abends alles in der Fußgängerzone ab, viel Trubel und jede Menge Cocktailbars, Pubs und Cafés, vor allem in Via Venezia und Via Tolmezzo. In Lignano Riviera und Pineta ist es dagegen eher ruhig, Ausnahme ist die „Tenda Bar" (→ unten). Ab Mai fängt das Nachtleben allmählich an, spätestens in der letzten Septemberwoche schließt alles.

Bars/Enoteche/Eis **Terrazza a Mare 20**, das auffallende Wahrzeichen von Lignano liegt im östlichen Strandbereich. Schöne Location mit einladender Meeresterrasse, dazu schickes Innenleben mit weißem Ledermobiliar. Schön zum Aperol mit Sundown, man kann aber auch gut und gar nicht mal teuer essen, dazu läuft ruhige Loungemusik. April bis Sept. tägl.

Tenda Bar 30, an der zentralen Piazza von Pineta, *der* Treff in Pineta, meist rappelvoll, an Wochenenden legen DJs auf, oft auch Live-Musik, Cocktails um die 8 €. Viale a Mare 7.

Irish Pub Lignano 6, zentrale Lage, täglich ab 18 Uhr. Via Miramare 48.

MeinTipp **Farmacia dei Sani 8**, die alteingesessene Enoteca liegt gleich neben der Informationsstelle. Seit Jahrzehnten kann man in der „Apotheke für die Gesunden" die Weine der Region kosten, aber auch die Küche wird gelobt. Via Latisana 44/a.

Capitan Morgan 33, am westlichen Ende der zentralen Einkaufsstraße, kurz vor der Brücke. Bestes Eis in riesigen Portionen, außerdem gute Cocktails. Viale Centrale 16/a.

Diskotheken Zum großen Teil fest in österreichischer Hand, immer gute Stimmung.

Kursaal Club 32, moderne Disco mit Innen- und Außenbereich, tolle Lage direkt am Strand, auch ein Pool gehört dazu. Lugomare Riccardo Riva 1, ✆ 0431-428729.

Italia 13, nette, kleinere Disco mit zwei Dance Floors am Ostende der Fußgängerzone. Via Udine 103, ✆ 0431-70444.

Drago 34, alteingesessene Touristendisco unter einer Straßenbrücke zwischen Camping Sabbiadoro und Zentrum, viele Österreicher kommen hierher. Viale Centrale 1, ✆ 347-4751379.

Beach Partys **Mokambo**, die älteste Beach Party Lignanos, seit über 20 Jahren jeden Sonntag ab 21 Uhr am Strand neben der Diskothek Kursaal Club (Lugomare Riccardo Riva 1, ✆ 800-912664).

Weitere Strandpartys: **Besitos**, dienstags vor der Bar Aurora am Lido 5, Nähe Terrazza a Mare (Lugomare Trieste 9, ✆ 0431-724033), sonntags beim Leuchtturm **Punta Faro** in der Nähe vom Hafen (Lungomare Marin 1, ✆ 348-0010587) und donnerstags „Movida" beim Strandbad/Restaurant **Lidocity** (Lungomare Trieste 15, ✆ 0431-73421).

Freizeit/Shopping/Sonstiges

→ Karte S. 166/167

Freizeit Aquasplash, beliebter, aber teurer Wasserpark mit Riesenrutschen, großem See und Wellenschwimmbad am Viale Europa neben dem Themenpark Gulliverlandia. Anfang Juni bis Anfang Sept. tägl. 10–18 Uhr, Eintritt ca. 23 € (Liegen extra), Kinder (3–8 J.) 18 €, ab 14.30 Uhr ermäß. ✆ 0431-428826, www.aquasplash.it.

Arena Alpe Adria, architektonisch reizvolles Veranstaltungszentrum mit Open-Air-Bühne in Form eines antiken Theaters mit 2800 Sitzplätzen. Umgeben ist es von einem großen Gartenlabyrinth, dort findet man u. a. Elemente des klassischen Labyrinths von Kreta mit dem Minotauros. Viale Europa 26, ✆ 0431-409111.

Circolo Ippico Lignanese, Reitstall in der Via Brescia 1, ✆ 347-8921631, www.facebook.com/CircoloIppicoLignanese.

Cinecity, während der Saison werden hier täglich die neuesten Filmhits gezeigt. Sabbiadoro, Via Arcobaleno 12, ✆ 334-1058083.

Fahrrad, kostenloser Fahrradverleih durch die Gemeinde am Platz vor der Terrazza a Mare, allerdings nur solange der Vorrat reicht. ✆ 348-8734734.

Weitere Verleiher: **Sergio Biciclette**, Corso degli Alisei 32, Lignano Pineta, ✆ 333-3313232, http://sergiobiciclette.it; **Teknobike**, Via Latisa 121, ✆ 349-2925548, www.pajarobici3.it.

Golf Club Lignano, schön gelegener 18-Loch-Platz mit Übungsgelände im Hinterland von Lignano Riviera, umrahmt von herrlichem Pinienwald. Via Casabianca 6, ✆ 0431-428025, www.golflignano.it.

Gulliverlandia, der Vergnügungspark für Kinder ist in die Jahre gekommen und teuer. Juni bis Anfang Sept. tägl. 10–18 Uhr, Eintritt ca. 18 €, Kinder (3–8 J.) 14 €. Via San Giuliano 25, ✆ 0431-423133, www.gulliverlandia.it.

Lunapark Strabilia, einfacher Vergnügungspark mit Fahrgeschäften, viele Mücken. Anfang Juni bis Mitte Sept. tägl. 20–1 Uhr nachts, www.lunaparkstrabilia.com.

Historisches Leuchtfeuer an der Landspitze von Lignano

Minigolf, Jolly Mini Golf, Lignano Pineta, Raggio di Levante 36, ✆ 329-4358778; Parco Avventura UNICEF, Via dell'Industria 115, ✆ 348-4084842.

Nordic Walking, Treffpunkt und kostenlose Ausrüstung bei der Terrazza a Mare. Via Lungomare Trieste 9, ✆ 347-9895027.

Parco Avventura UNICEF, Abenteuerpark mit Baumplattformen und Seilbahnen, dazu Minigolf. Eintritt ca. 16 €, bis 1,35 m Körpergröße 11 €, bis 1 m 5 €. Via dell'Industria 115. ✆ 348-4084842, www.parcoavventuralignano.it.

Parco Junior, zentral in Sabbiadoro, Spielgelände für Kids, Hüpfburg, Tretcarts, Parcours für Mountainbikes, Kanufahren, ferngesteuerte Boote, Kinderkegeln, Rutschen etc. Mitte Mai bis Mitte Sept. tägl. 10.30–22 Uhr, Juli/August bis 24 Uhr. Viale Centrale, ✆ 0431-721370. www.parcojunior.it.

Ein weiterer Spielplatz namens **I Gommosi** liegt im Parco del Mare in Pineta. Bei schönem Wetter Mitte Mai bis Mitte Sept. 17–23.30 Uhr, bei Bewölkung 10–13, 15.30–23.30 Uhr. Kinder ab 12 J. ca. 9 €. ✆ 0431-428632.

Spielgeräte gibt es außerdem im Parco San Giovanni Bosco (Sabbiadoro).

Parco Zoo Punta Verde, mit großer Pflanzenvielfalt, Wasserläufen und Seen liebevoll angelegter 10-ha-Park direkt am Tagliamento. 1200 Tiere von über 200 verschiedenen Arten leben hier in weitgehend artgerechten Gehegen. April bis Okt. tägl. 9–18 Uhr (Aug. bis 19 Uhr). Eintritt ca. 14 €, Kinder (3–11 J.) 11 €. Via Scerbanenco 19/1, ✆ 0431-428775, www.parcozoopuntaverde.it.

Terme di Lignano/Centro Mességué, modernes Wellnesscenter in Riviera direkt am Strand, Massagen, Schönheitsbehandlungen, Gesichtssolarium. Lungomare R. Riva 1/c, ✆ 0431-422217, www.termedilignano.it.

Shopping **Markt**, Anfang Mai bis Mitte September montags beim Stadion Guido Teghil in Lignano Pineta, sonst am Viale Porpetto.

Salumeria da Luciano 5, mitten in der Fußgängerzone von Sabbiadoro. Wenn ein Preis für die schönste Ladengestaltung zu vergeben wäre, würde Luciano sicher auf einem der vordersten Plätze landen. Opulent reihen sich in den Schaufenstern Gläser mit eingelegtem Gemüse, dazu gibt es eine große Fleisch- und Wursttheke, Weine der Region, Pasta etc. 8–13, 16–23 Uhr. Viale Venezia 50.

Pescheria Friul 19, Fisch und Meeresfrüchte in reicher Auswahl. 8–12.30, 16–20 Uhr, sonntags nur Vormittag.Lignano Pineta, Via dei Pini 2.

Isola Augusta, das große Weingut liegt an der SS 14 westlich von Palazzolo della Stella, nicht weit von der Autobahnausfahrt Latisana. Erstehen kann man die gar nicht teuren Weine des Hauses dort oder in der „Cantinetta Isola Augusta" an der SR 354, die von der Autobahn nach Lignano führt. Geöffnet etwa Mai bis Sept. Strada Statale Lignano Nord, 47, ✆ 0431-58046, www.isolaugusta.com.

Sonstiges **Ärztliche Versorgung 23**, die Guardia Medica Turistica und „Erste-Hilfe-Station" (Pronto Soccorso) liegen neben der Polizei in Sabbiadoro, Via Tarvisio 5/b. Geöffnet Mai bis Sept. (Ende Mai bis Anf. Sept. 24 Std., sonst 8–20 Uhr). ✆ 0431-71001 (Erste Hilfe), 70455 (Guardia Medica Turistica).

Internationale Presse 11, Edicola Sica, gut sortierter Laden im Viale Tolmezzo 13.

Kostenloses **WLAN** gibt es bei Miete eines Sonnenschirms in den meisten Strandbädern von Sabbiadoro.

Die friulanische Küste → Karte S. 162

Bikertreffen im Friaul

Bereits seit 1986 trifft sich die Internationale der Motorradfahrer im Mai an wechselnden Orten im Friaul. Die Veranstaltungen der letzten Jahre fanden in Lignano Sabbiadoro statt. Zu dem viertägigen Event finden sich jedes Jahr Zehntausende von Teilnehmern ein – einer der größten Bikertreffs in Italien (www.bikerfest.it, ✆ 0432-948570).

Umgebung von Lignano

15 km landeinwärts am Tagliamento liegt das alte Städtchen **Latisana**. Durch Überschwemmungen hat es immer wieder Schäden davongetragen, und im Weltkrieg wurde es wegen seiner wichtigen Flussbrücke schwer bombardiert, sodass das historische Zentrum weitgehend zerstört wurde. Inzwischen hat man versucht, es in der alten Bautradition wieder aufzubauen. In der Pfarrkirche *San Giovanni Battista* ist das wertvolle Tafelbild „Die Taufe Christi" von Paolo Veronese erhalten. Mittwochs findet ein großer Markt statt.

Wenn man über die Tagliamento-Brücke fährt, kommt man ins Veneto und erreicht schnell das schöne Städtchen **Portogruaro** (→ S. 71).

Laguna di Marano

Die Lagune von Marano Lagunare ist mit 9500 ha die größte im Friaul und gleichzeitig der nördlichste Bereich des gesamten Mittelmeers. Immerhin 1377 ha sind davon als *Riserve Naturali Regionali* (Naturparks) ausgewiesen, die mit Hilfe des WWF (Worldwide Fund) geführt werden. Sie bestehen aus zwei Bereichen, dem „Valle Canal Novo" und den „Foci dello Stella". Einziger Ort an der Lagune ist das Fischerstädtchen **Marano Lagunara**, dort liegt der Zugang zum Valle Canal Novo.

Im Hafen von Marano Lagunare

Marano Lagunare ca. 2100 Einwohner

Das sympathische Örtchen liegt am Rand der gleichnamigen Lagune und ist ein echtes Kontrastprogramm zur ausufernden Ferienstadt Lignano. Die Fischfangflotte und die Fischmarkthallen gehören zu den größten im Friaul. Im Winter, wenn sich die Fische aus der Lagune zurückziehen, dreht sich dagegen alles um die üppigen Muschelgründe, die von der Fischereikooperative bewirtschaftet werden.

Marano wurde bereits von den Römern gegründet, von 1420 bis 1797 war es ein befestigter Stützpunkt der venezianischen Republik. Durch eine akkurat gepflasterte Fußgängerzone gelangt man auf die zentrale Piazza Vittorio Emanuele, die heimelig wie ein Wohnzimmer wirkt. Hier steht das Wahrzeichen Maranos, der Uhrturm. „Torre millenaria" heißt er bei den Einheimischen, weil keiner so recht weiß, in welcher Zeit seine Ursprünge liegen – so, wie er heute hier steht, geht er auf das 15. Jh. zurück, u. a. war er Glockenturm, Gefängnis und Munitionslager.

Venezianische Herrscherwappen und in die Fensterbögen eingelassene Büsten schmücken ihn. Schräg gegenüber steht fast unscheinbar der **Palazzo dei Provveditori**, im 16. Jh. Sitz der venezianischen Gouverneure. Die Stadt hat ihn vor Kurzem erworben, seine Restaurierung ist geplant. Auf der Piazza sind außerdem noch zwei brunnenförmige Zisternen und Teile eines Tores aus dem 15. Jh. erhalten.

Nur wenige Schritte sind es von der Piazza zum Rand der Lagune, wo der Fischereihafen liegt, sowie zum Naturschutzgebiet **Valle Canal Novo**, das 1992 am westlichen Ortsrand eingerichtet wurde (→ unten).

Übernachten *** **Jo** **1** (Jolanda), am Ortseingang rechts, das einzige Hotel in Marano, ordentlich ausgestattet, gemütliche, moderne Zimmer mit Klimaanlage, Parkplatz, gutes Ristorante und Bar. DZ/F ca. 80–95 €. Via Udine 7/9, ✆ 0431-640259, www.hotel-jolanda.it.

Agriturismo Ittico Al Vigneto 2, schräg gegenüber vom Hotel Jo, familiär und sauber, passable Hausmannskost mit viel Fisch, ordentliche Zimmer. Mo/Di geschl. Via Udine 10, ✆ 338-9572142, www.agriturismoittico alvigneto.it.

Stella d'Oro → Essen & Trinken.

Essen & Trinken Stets frischer Fisch direkt von den Fischern, das ist das Markenzeichen der örtlichen Restaurants. Die meisten sind allerdings Ende Aug./Anf. Sept. wegen Ferien geschlossen.

Stella d'Oro 4, direkt an der zentralen Piazza Vittorio Emanuele II, gediegenes Plätzchen in einem mittelalterlichen Palazzo, Familienbetrieb seit 1872 in nunmehr fünfter Generation, Mutter Giuseppina kocht, Sohn Cristian bedient. Solide Fischküche zu angemessenen Preisen. Mo geschl. Auch einige schöne Zimmer werden vermietet. DZ/F ca. 70–85 €. ✆ 0431-67018, www.stelladoro.info.

Barcaneta 3, am Nebenplatz der zentralen Piazza, kleines, feines Fischlokal mit hervorragender Qualität. Mi geschl. Piazza Marii 7, ✆ 0431-67410.

Alla Nave, direkt neben dem Barcaneta, ebenfalls reichhaltiges Angebot an Vor- und Hauptspeisen auf Fischbasis. Mi geschl. Piazza Marii 5, ✆ 0431-640086.

Trattoria alla Laguna – Vedova Raddi 5, angesehenes Fischlokal auf mehreren Stockwerken direkt am Beginn des Canale del Molino, der vom Lagunenhafen landeinwärts führt. Erfreuliche Qualität, aber für den guten Ruf muss man zahlen. Nur abends, Mo geschl., im Winter auch So-Abend. Piazza Garibaldi 1, ✆ 0431-67019.

Feste und Veranstaltungen Dienstag ist **Markt** an der Piazza Rinaldo Olivotto (Hauptgasse). Die **Fischmarkthalle** an der Mole vor Marano ist Mo–Sa geöffnet.

Festa di San Vito (San Vio), großes Dorffest am dritten Sonntag im Juni. Am Sonntagvormittag fährt eine Bootsprozession in die Lagune, wo für den Schutzheiligen Blumen ins Wasser geworfen werden.

Festa Triennale della Beata Vergine della Salute, alle drei Jahre Mitte August (2019, 2022 usw.), u. a. Ruderwettkämpfe und Feuerwerk und die gefeierte Ankunft einer Madonnenstatue mit dem Boot.

Bootsausflüge → S. 165.

Riserve Naturali Regionali delle Foci dello Stella e della Valle Canal Novo (Naturschutzgebiet)

Das 121 ha große Naturschutzgebiet Valle Canal Novo wurde 1992 am westlichen Ortsrand von Marano Lagunara eingerichtet. Von der zentralen Piazza ist es in wenigen Minuten zu erreichen.

Der Spaziergang durch die romantische Lagunenlandschaft, über Holzbrücken durch mannshohes Schilf und vorbei an schnatternden Entenfamilien bietet nichts Spektakuläres, macht aber Spaß. Hier bekommt man einen Eindruck davon, wie Hemingway Anfang des 20. Jh. die Lagune noch erlebt hat. Von einigen Beobachtungsständen kann man mit etwas Glück Reiher, Flamingos und Sumpffalken sehen. Am Ende des Wegs trifft man auf ein nach Art der traditionellen Schilfhütten („Casone") gebautes Haus, das eine kleine Dokumentation zur Lagune und ein Aquarium beherbergt.

Der Naturpark **Foci dello Stella** liegt weiter westlich um die Mündungen (= Foci) des Flusses Stella und wurde bereits Ende der 70er Jahre eingerichtet. In der unberührten Natur des Flussdeltas mit seinen zahllosen Wasserläufen und dem undurchdringlichen Schilfdickicht nisten und überwintern zahlreiche Vogelarten. Es gibt dort auch ein Dorf der Fischerhütten (*casoni*), die früher den Fischern als Unterkünfte während der Fischereisaison dienten. An einem toten Wasserarm steht das Kirchlein „Madonna della Neve di Titiano", im 12. Jh. ein Hospiz für Kreuzfahrer und Pilger, die darauf warteten, von Latisana aus ins Heilige Land zu fahren. Man kann die Region im Rahmen von organisierten Bootsausflügen besuchen, ebenso die sog. **Isola delle Conchiglie** (Muschelinsel), die die Lagune zum offenen Meer hin abtrennt.

■ **Valle Canal Novo,** Mitte Mai bis Mitte Sept. Di–So 9–18 Uhr, sonst bis 17 Uhr, Mo geschl.,

Eintritt ca. 3,50 €, Kind/Stud. 2,50 €. ☏ 0431-67551.

Information **Ufficio Riserve Naturali**, Via delle Valli 2, ☏ 0431-67551, http://visitmaranolagunare.it.

Übernachten/Essen Für Gruppen gibt es im Valle Canal Novo die Unterkunft **Cason Sarsegna**, in der bis zu 60 Pers. Platz finden. Am Eingang kann man während der Öffnungszeiten des Parks in der rustikalen, preislich korrekten Trattoria **Oasi** **6** einkehren (☏ 0431-67551).

Palmanova

ca. 5500 Einwohner

Die Kleinstadt liegt auf halbem Weg zwischen Udine und der Küste um Grado, am Schnittpunkt der Autobahnen nach Venedig, Triest und Udine. Vollständig erhalten ist die Stadtbefestigung mit ihren drei Ringen aus jeweils neun gewaltigen Bastionen, die von den Venezianern seit 1593 als Grenzfestung gegen die Türken und die Habsburger in Form eines neunzackigen Sterns angelegt wurde – eine Symmetrie ohne jeden Makel.

Die hochtrabenden Pläne, die die Venezianer mit dem stolzen Bollwerk hatten, wurden allerdings nie Wirklichkeit. Anstatt wichtigster Brückenkopf der Serenissima auf dem Festland und eine der stärksten Festungen Europas zu werden, fristete das Städtchen als unattraktive Garnisonsstadt sein Dasein. Um Einwohner anzulocken, musste man sogar Häftlinge anheuern, denen Straffreiheit gewährt wurde. 1797 marschierte Napoleon ein, unterzeichnete hier die Kriegserklärung gegen Venedig und besiegelte damit das Ende der tausendjährigen Republik.

Heute ist Palmanova eine der wenigen barocken Planstädte, deren ursprüngliche geometrische Struktur noch unverfälscht erhalten ist. 1960 wurde sie zum nationalen Denkmal erklärt, seit 2017 gehört sie zum UNESCO-Weltkulturerbe. Weitere Städte in Sternform sind übrigens Hamina (Finnland), Hellevoetsluis (Niederlande),

Die friulanische Küste → Karte S. 162

Symmetrie ohne Makel: die Festungsstadt Palmanova

Palmanova 1 @Ulderica Da Pozo (Por FESR 2007-2013)

Nicosia (Zypern) und St. Petersburg (Russland), in Deutschland findet man die Festung Wülzburg bei Weißenburg in Form eines fünfzackigen Sterns.

Sehenswertes

Ins Centro storico gelangt man durch eins der drei monumentalen Stadttore: *Porta Udine* (Nordwest), *Porta Aquileia* (Süd) oder *Porta Cividale* (Nordost). Zwangsläufig trifft man dann auf die sechsseitige Piazza Grande, einst der Exerzierplatz der Garnison.

Piazza Grande: Der riesige Platz bildet heute das verkehrsberuhigte Zentrum der Stadt. Mit Blick auf die strahlend weiße Fassade des Renaissancedoms kann man in einem der Cafés sitzen und die Weite des fast völlig leeren Platzes in sich aufnehmen, der von Statuen und Fächerpalmen umgeben ist und Nachbildungen einiger Maschinen zeigt, die für den Bau der Festung eingesetzt wurden. Sechs Straßen gehen von hier nach allen Seiten strahlenförmig aus. Die konzentrisch angeordneten Nebenstraßen wiederholen das Sechseck der zentralen Piazza – es heißt, dass die Stadtplaner der Renaissance das Modell der „città ideale" dem Netzbau der Gemeinen Hausspinne abguckten.

Der *Duomo di Palmanova* aus dem 17. Jh. besitzt einen hohen, einschiffigen Innenraum ohne Säulen, beachtenswert ist die schöne Orgel, die ebenfalls aus dem 17. Jh. stammt. Auf der anderen Platzseite steht neben dem *Palazzo del Provveditore Generale*, einst Sitz des Festungskommandanten, heute das Rathaus, die hohe *Loggia della Gran Guardia* mit einem Gefallenendenkmal und zahlreichen Erinnerungstafeln.

Museo Civico: Das Museum im Palazzo Trevisan am Borgo Udine 4, wenige Meter vom Platz, zeigt Relikte der Stadtgeschichte aus venezianischer und napoleonischer Zeit, u. a. Waffen, Karten und Dokumente zum Bau der Festungsstadt.

▪ Do–Di 10–12–15–18 Uhr, Mi geschl., derzeit wegen Restaurierung nicht zugänglich (Stand 2018). Eintritt ca. 2 €. ✆ 0432-929106.

Museo della Grande Guerra e della Fortezza di Palmanova und Umgebung: Das militärgeschichtliche Museum ist

Piazza Grande mit Dom

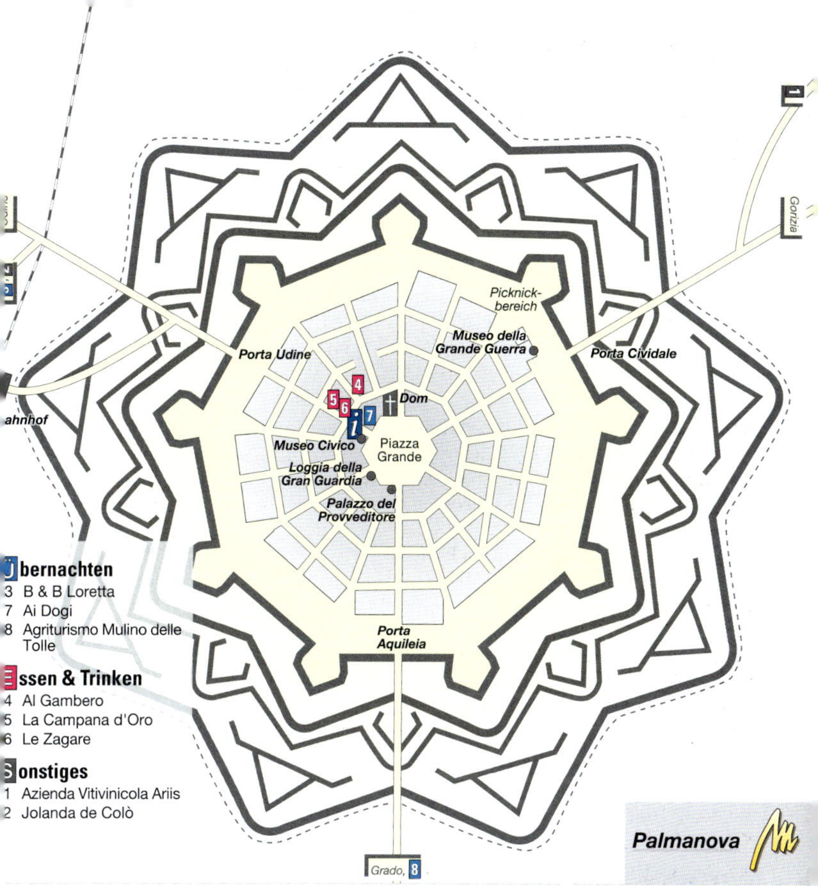

in der Porta Cividale untergebracht, die auch heute noch militärische Sperrzone ist. Links neben dem Tor kann man auf den dicht mit Gras, Büschen und Bäumen bewachsenen Wall hinaufsteigen. Dort findet man Picknickbänke und kann den Blick über die Mauern ins Grüne schweifen lassen.

▪ Mo 9–12, 14–16, Fr–So 9–12 Uhr, Di/Mi/Do nur nach Vereinbarung, Eintritt frei. ✆ 0432-928175.

Stadtbefestigung: Die imposante Anlage besteht aus drei Festungsringen, die von innen nach außen angelegt wurden: der innerste Ring mit neun Bastionen und Wassergraben entstand Ende des 16. Jh., ab 1665 wurden weitere neun Bastionen vorgelagert und Napoleon erweiterte die Anlage abermals durch neun Bollwerke, „Lünette" genannt. Unter der Ringmauer verläuft ein Netz von Gängen, von denen einige betreten und besichtigt werden können. So wurde erst 2018 die *Loggia di Baluardo Donato* für Besichtigungen geöffnet. Sie besitzt einen Durchgang in den äußeren Ringgraben, der für Truppenbewegungen genutzt werden konnte.

▪ Geführte Besichtigung in Italienisch und Englisch nach Vereinbarung im Informationsbüro (ca. 10 €, gratis mit FVG Card).

Parallel zum Wasserlauf, der sich um die gesamte Mauer zieht, verlaufen heute Wege durchs Grüne, die zum Spazierengehen oder Radfahren genutzt werden. An der SR 252 (Via Ontagnano), etwas westlich außerhalb der Mauern, kann man außerdem einen *österreichisch-ungarischen Soldatenfriedhof* besuchen.

Soldatenfriedhof, im Sommer tägl. 9–20 Uhr, im Winter nur am Wochenende. ✆ 0432-924815, www.turismofvg.it/it/r83773.

Information **Ufficio turistico** neben dem Civico Museo Storico im Palazzo Trevisan, Borgo Udine 4. Mo–Sa 9–13, 14–18, So 9–13 Uhr. ✆ 0432-924815, info.palmanova@promoturismo.fvg.it.

Übernachten ***** Ai Dogi 7,** beste Lage direkt an der Piazza Grande, neben dem Dom. Zimmer sauber und ordentlich, dazu ein kleiner Parkplatz an der Rückseite. DZ/F ca. 80–95 €. Piazza Grande 11, ✆ 0432-923905, www.hotelaidogi.it.

B & B Loretta 3, westlich außerhalb der Stadtmauern, etwa 100 m vom Bhf. Ruhig gelegenes Haus im Grünen, zwei Zimmer mit Bad und Klimaanlage, gutes Frühstück, freundlich geführt von Signora Loretta Ponte. DZ/F ca. 60–70 €. Via Manzoni 5, ✆ 0432-928757.

meinTipp **Mulino delle Tolle 8,** Agriturismo am südlichen Ortsausgang von Sevegliano an der Straße nach Aquileia. Traditionell, naturbelassen und unverfälscht, hier wird noch alles von der Familie erledigt: Feldbau, Weinerzeugung, Viehmast, Schlachtung und Zubereitung. Vermietet werden neun geräumige und saubere Zimmer sowie ein Miniapartment, das Restaurant serviert gute friulanische Hausmannskost (Do–So mittags und abends geöffnet), auch das Frühstück mit Marmelade aus dem Obst der Bäume aus dem eigenen Garten ist lecker. Das hauseigene Weingut liegt etwas außerhalb (Sauvignon, Malvasia). Die Tochter des Hauses spricht Deutsch. Geschl. im Januar und während der Weinlese (1. Sept. bis 15. Okt.). DZ/F ca. 70–80 €. Località Casa Bianca, Via Julia 1, ✆ 0432-924723, www.mulinodelletolle.it.

Essen & Trinken **Al Gambero 4,** großes, aber gutes und recht preisgünstiges Lokal mit Terrasse, vor allem die Pizza wird gelobt. Di geschl. Via Scamozzi 2, ✆ 0432-928461.

meinTipp **La Campana d'Oro 5,** bereits seit 1859 gibt es diese gemütliche Trattoria nahe der Piazza Grande. Eine nette Familie serviert ausgezeichnete Meeresküche und Gerichte aus dem Hinterland, dazu gibt es eine gute Weinkarte. Di geschl., außerdem So- und Mo-Abend. Borgo Udine 27, ✆ 0432-928719.

Le Zagare 6, von der Piazza aus ein paar Schritte vor dem La Campagna, hier kann man ein gutes Gläschen trinken und Kleinigkeiten dazu essen. So geschl. Borgo Udine 21, ✆ 0432-928253.

Shopping Mo ist **Wochenmarkt** auf der großen Piazza Grande.

Spaziergang um die Stadtmauern

Palmanova_ph_Gianluca_Baronchelli

Jolanda de Colò 2, im Industrieviertel beim Bahnhof, hier kann man viel Leckeres kaufen, z. B. Gänsesalami nach alter jüdischer Tradition, Gänseleberpastete mit Picolit oder Porcaloca-Schinken, der durch das Entbeinen einer ganzen Gans hergestellt wird. Mo–Do 10–13, 14–17 Uhr. Via Primo Maggio 21, ✆ 0432-920321, www.jolandadecolo.it.

Ariis 1, angesehene Kellerei seit 1867 in Claujano, nordwestlich von Palmanova. Produziert werden DOC-Weine, Traubensaft und Honig. Auch Vermietung einiger Zimmer mit historischem Mobiliar. Tägl. 9–13, 14–19 Uhr. Via della Filanda 2, ✆ 340-4838294, www.viniariis.it.

Palmanova Outlet Village, bei Aiello del Friuli (→ Kasten), südöstlich von Palmanova, Autobahnausfahrt ganz in der Nähe. Zahlreiche Boutiquen mit Bekleidung, Accessoires und Kosmetika italienischer und europäischer Marken, z. T. Fabrikverkauf zu günstigen Preisen. Tägl. 10–20 Uhr. SP 126 (km 1,6), ✆ 0432-837810, www.palmanovaoutlet.it.

Aiello del Friuli: Dorf der Sonnenuhren

Südöstlich von Palmanova können Sie Ihr „gnomonisches" (→ unten) Wunder erleben. In den letzten Jahren wurden dort nämlich über 50 Sonnenuhren konstruiert, die sowohl künstlerisch als auch gnomonisch und handwerklich herausragend sind (www.ilpaesedellemeridiane.com). Initiator ist Aurelio Pantanali. Mit vielen anderen namhaften Künstlern aus ganz Italien hat er diese Kunstwerke geschaffen, die zwar im ganzen Ort verteilt, aber auf den ersten Blick gar nicht so leicht aufzuspüren sind. Eine besondere Attraktion ist der ebenfalls etwas versteckt gelegene große „Hof der Sonnenuhren" mit einer urigen Bar (→ S. 180) und dem **Museo della Civiltà Contadina nel Friuli Imperiale** in einem ehemaligen Gutshof, in dem gleich zwölf Sonnenuhren unterschiedlichster Art den Besucher faszinieren (Via Petrarca 1, nur So 15–18 Uhr, Eintritt ca. 5 €, ✆ 338-6212763).

Die **Gnomonik** ist die Lehre von der Sonnenuhr. Der Gnomon (griechisch: γνώμων, zu Deutsch Schattenanzeiger) ist ein stabförmiger Körper, dessen Sonnenschatten beobachtet wird, um astronomische Größen zu erkennen. Heute wird er fast ausschließlich zur Bestimmung der Uhrzeit verwendet, in der Antike bestimmte man damit auch Tagundnachtgleiche, Sonnenwende, geografische Breite eines Ortes u. a.

Die friulanische Küste → Karte S. 162

Zwischen Palmanova und Aquileia

Am Weg von Palmanova nach Aquileia passiert man den Flecken **Strassoldo** mit seiner charakteristischen Burganlage, „Borgo" genannt, bestehend aus *Castello di Sotto* und *Castello di Sopra*. Die beiden Castelli wurden von Familie Strassoldo vor über tausend Jahren auf zwei Flussinseln errichtet und sind noch heute in ihrem Besitz. Die Höfe sind öffentlich zugänglich, man kann hier schön bummeln, Informationstafeln geben Auskunft über die Bauten. Umgeben ist das mittelalterliche Dorf von einem prachtvollen, von Wasserläufen durchzogenen Park mit jahrhundertealtem Baumbestand. Im Castello di Sopra kann auch stilvoll übernachtet werden.

Übernachten **Castello di Strassoldo di Sopra**, in der ehemaligen Reismühle (Pileria del Riso) des Schlosses werden vier großzügige DZ mit Bad vermietet, geschmackvoll-gediegene Einrichtung mit nachgebauten venezianischen Möbeln des 17. Jh., Frühstück im Park. DZ/F ca. 170 €, zwei Nächte Mindestaufenthalt. Buchung und Informationen bei Gräfin Elisabetta Strassoldo-Graffemberg. Via dei Castelli 21, ✆ 388-9255212, www.castellodistrassoldo.it.

Mein Tipp Essen & Trinken **Tagli e Taglieri**, im Hof des Museo della Civiltà Contadina nel Friuli Imperiale in Aiello (Kasten, → S. 179), Bar/Ristorante mit zusammengewürfeltem Mobiliar, geführt von jungen Leuten, ruhig und entspannt abseits vom Trubel. Mo/Di-Abend geschl. Via Francesco Petrarca 1, ✆ 348-7692534.

Aquileia

ca. 3500 Einwohner

Das heute unbedeutende Städtchen am stillen Flusslauf besitzt eine monumentale romanische Basilika mit einem einzigartigen Mosaikboden und ist außerdem die wichtigste römische Ausgrabung im Nordosten Italiens. Seit 1998 gehört es zum Unesco-Weltkulturerbe.

Was man heute kaum noch erahnen kann: das antike Aquileia war wirtschaftliches Zentrum der oberen Adria und zeitweise eine der größten Handelsstädte des römischen Imperiums. Über 100.000 Einwohner lebten hier und trieben über ihren Meereshafen, das heutige Grado, Handel mit dem östlichen Mittelmeer und dem germanischen Norden. An der Küste wurden die ankommenden Waren auf kleine Schiffe verladen, die sie den Fluss Natissa hinauf bis in die Stadt transportierten. Den Reichtum der antiken Stadt kann man an den kunstvollen Bodenmosaiken der römischen Häuser ermessen.

Auch in frühchristlicher Zeit konnte Aquileia seine Bedeutung zunächst behalten und spielte als Sitz eines Bischofs (der sich später „Patriarch" von Aquileia nannte) eine Vorreiterrolle in der Ausbreitung des Christentums, bis Attilas Hunnen im 5. Jh. die Stadt dem Erdboden gleichmachten. Die großen Stadtbauten der Antike wie das Amphitheater und die Thermen wurden dabei völlig vernichtet und sind bis heute nicht ausgegraben worden. Im 11. Jh. kam Aquileia unter dem Patriarchen Poppone zeitweise nochmals zu neuer Blüte und besaß einen Einflussbereich, der bis weit ins Hinterland reichte. Seine Nachfolger verlegten ihre Residenz jedoch nach Cividale del Friuli (→ S. 123) und ab etwa 1238 nach Udine (→ S. 112).

Hobbysportler schätzen heute den gut ausgebauten Radweg nach Grado, der zwischen der Straße SR 352 und dem kanalisierten Flusslauf verläuft.

Vollendetes Stilleben: Aquileias Basilika mit Zypressen

Die friulanische Küste → Karte S. 162

Basilika

Der stilvolle romanische Bau aus dem 11. Jh. steht auf Vorgängerbauten, die bis in frühe 4. Jh. zurückreichen, und wurde im 14. Jh. noch einmal grundlegend umgestaltet.

Kirchenraum: Das weite und lichte Innere der Basilika wird durch zwei Säulenreihen in drei Schiffe unterteilt, die Holzdecke in Form eines Schiffskiels stammt aus dem 16. Jh. Der Altarraum liegt etwas erhöht und ist mit verblassten byzantinischen Fresken aus dem 11. Jh. ausgemalt. Der wellige Mosaikboden zieht sich über die ganze Länge des Kirchenschiffs und stammt aus dem 4. Jh. Er gilt mit seinen 760 qm als das bedeutendste und größte frühchristliche Mosaik Europas und wurde erst Anfang des 20. Jh. entdeckt – beim Umbau im Mittelalter hatte man einfach einen zweiten Boden über das Meisterwerk gezogen. Von gläsernen Stegen aus kann man die Bildwerke genauer betrachten. Dargestellt sind hauptsächlich Meeresszenen in erstaunlich realistischer Weise, u. a. Engel und Apostel, die auf Fischfang gehen (bekannte christliche Symbolik), die Episoden um Jonas, der von einem Ungeheuer verschlungen (Tod Christi) und wieder ausgespien wird (Auferstehung), der Kampf von Hahn (Christus) und Schildkröte (Mächte der Finsternis), außerdem Fische und Meerestiere aller Art. Auf einigen Porträts sind Stifter dargestellt, die sich um den Bau der Kirche verdient gemacht haben (Standorte der einzelnen Motive und Hinweise zu den Mosaiken im deutschsprachigen Faltblatt, das in der Kirche erhältlich ist).

Krypten: Die *Cripta degli Affreschi* unter dem Altar ist mit hübsch bunten, naiv anmutenden Fresken des 12. Jh. ausgemalt, die Leben und Tod des heiligen Hermagoras, der vom Evangelisten Markus im Auftrag des Petrus zum Bischof von Aquileia geweiht worden sein soll, zum Thema haben. In vergitterten Wandschränken sind außerdem reich geschmückte Reliquien aus Knochenresten ausgestellt.

Besonders eindrucksvoll ist die lang gestreckte *Cripta degli Scavi*, links vom Kirchenschiff (Zugang gleich hinter der Fassade). Auch hier schreitet man auf gläsernem Steg über die weitläufigen Mosaikböden früherer Basiliken und Häuser mit filigranen Mustern von Blumen, Tieren und Ornamenten. Vor allem im hintersten Abschnitt gibt es wunderschöne Darstellungen von bunten Vögeln, Hummern, Widdern, Hahn und Schildkröte etc.

Baptisterium und Aula Cromaziana

Ein Portikus verbindet die Domfassade mit dem vorgebauten Baptisterium, in dem sechs mächtige Säulen das sechseckige Taufbecken umrahmen. Von dort hat man Zutritt zu einem Saal mit Mosaikböden, genannt *Aula Cromaziana*.

Domus und Palazzo Episcopale

Am Nordende des großen Platzes vor der Basilika kann man die erst vor einigen Jahren beendeten Ausgrabungen eines Teils der römischen Stadt und der repräsentativen Residenz des Bischofs von Aquileia aus dem 5. Jh. besichtigen, die wahrscheinlich mit dem Basilikakomplex verbunden war. Auch hier sind prächtige Mosaikböden erhalten.

Größter Mosaikboden Europas aus frühchristlicher Zeit

Torre Campanile

Krönender Abschluss einer Besichtigung ist die Besteigung des 73 m hohen, freistehenden Glockenturms auf 127 hohen Stufen. Von dort kann man die Ausgrabungen von Aquileia bestens aus der Vogelperspektive betrachten. Auch im Turmgrund ist ein großer Mosaikboden erhalten.

Kirche mit Krypten, April bis Sept. tägl. 9–19 Uhr, März u. Okt. 9–18 Uhr, Nov. bis Febr. 10–16 (Sa/So 9–17 Uhr), wegen Lesung der Messe nicht zugänglich Sa 17.30–19 u. So 10–11.30 Uhr. Eintritt Kirche und Cripta degli Affreschi 3 €, mit Cripta degli Scavi 5 €. Keine Shorts, Miniröcke und nackte Schultern. ✆ 0431-919719, www.basilicadiaquileia.it.

Baptisterium, **Aula Cromaziana**, **Domus** und **Palazzo Episcopale**, Öffnungszeiten wie Basilika, Eintritt 5 €, nur Domus und Palazzo Episcopale 2 €.

Torre Campanile, April bis Sept. tägl. 10.30–13.30, 14.30–18.30 Uhr, Eintritt ca. 2 €.

Sammelticket für alle genannten Objekte 10 € (nur April bis Sept.).

Römische Ausgrabungen und Museen

Die Stadt Aquileia wurde im 5. Jh. völlig zerstört – und was die Hunnen stehen gelassen hatten, nutzten die Venezianer später als willkommenen Steinbruch. Ausgegraben wurden das große *Forum* und die christlichen Kultstätten namens *Oratori Cristiani* (beide an der Durchgangsstraße), der Flusshafen *Porto Fluviale* und die Grabstätte *Sepolcreto* im Ort (→ Stadtplan). Die Thermen und ein Amphitheater blieben bis heute verschüttet.

Via Sacra: Schön und beschaulich ist der etwa 1 km lange Spaziergang auf der Zypressenallee den halb zugewachsenen Fluss Natissa entlang Richtung

Norden. Der Weg beginnt gleich hinter der Basilika, quert den Radweg nach Grado und erreicht die Hafenanlagen des *Porto Fluviale Romano*.

Museo Archeologico Nazionale: Von der Basilika aus auf der anderen Seite der Durchgangsstraße steht das in den letzten Jahren umfassend restaurierte und modernisierte archäologische Museum mit zahlreichen Funden aus römischer Zeit, darunter gravierte Gemmen, Grabsteine, Skulpturen und Porträtköpfe, aber auch Bodenmosaiken.

Museo Paleocristiano: Nördlich der Ausgrabungen von Aquileia wurde dieses Museum in einem einstigen Benediktinerkloster eingerichtet. Neben den Überresten einer frühchristlichen Basilika und prächtigen Mosaikböden besitzt es u. a. eine umfassende Sammlung von frühchristlichen Inschriften in Griechisch und Latein.

Museo Archeologico, Museo Paleocristiano, Di–So 10–19 Uhr, Sammeleintritt ca. 7 €, 18–25 J. 2 € (erster So in Jan., Febr., Närz, Okt., Nov. u. Dez. Eintritt frei). ☎ 0431-91035, www.fondazioneaquileia.it.

Information **Ufficio turistico**, am Parkplatz nördlich der Basilika, Mo–Sa 9–13, 13.30–17.30, So 9–13 Uhr. Via Julia Augusta, Parcheggio/Bus Terminal. ☎ 0431-919491, info.aquileia@promoturismo.fvg.it.

Pro Loco, am Platz vor der Basilika, Piazza Capitolo 4, ☎ 0431 91087, prolocoaquileia@libero.it.

Anfahrt/Verbindungen **PKW**, Aquileia liegt direkt an der Zufahrtsstraße von Cervignano nach Grado. Großer Parkplatz kurz vor der Basilika links.

Bahn, nächster Bahnhof ist **Cervignano** an der Strecke von Venedig bzw. Udine nach Triest, Busse pendeln nach Aquileia.

Übernachten ***** Patriarchi 8**, an der Durchgangsstraße, bei der Einfahrt zur Basilika. 22 gut ausgestattete Zimmer, nach hinten mit Blick auf die Basilika. Restaurant, Parkplatz. DZ/F ca. 80–90 €. Via Giulia Augusta 12, ☎ 0431-919595, www.visitaquileia.com/it/hotel-patriarchi.

**** Alla Basilica 5**, freundliches Albergo mit zehn Zimmern und guter Trattoria, ruhige Lage

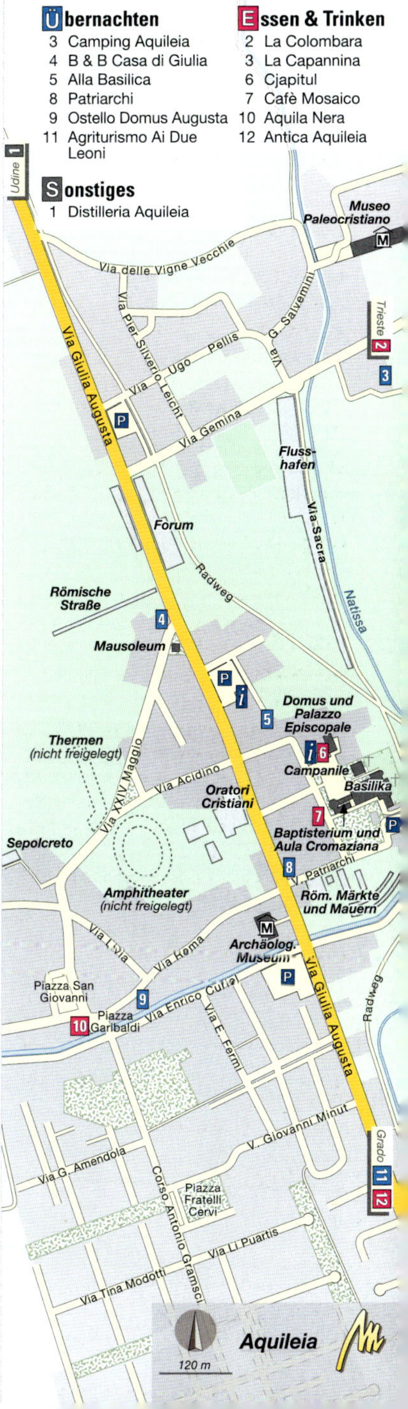

zwischen Parkplatz und Basilika. DZ/F ca. 70–80 €. Viale della Stazione 2, ✆ 0431-917449, www.allabasilica.it.

mein Tipp **B & B Casa di Giulia 4**, zentral gelegenes Haus, ansprechend restauriert, drei geschmackvolle Zimmer mit modernen Bädern, großer Garten, eigener Parkplatz, die nette Gastgeberin Giuliamaria spricht Deutsch. DZ/F ca. 70–100 €. Via Giulia Augusta 21, ✆ 0431-918742, www.casadigiulia.it.

mein Tipp **Agriturismo Ai Due Leoni 11**, das ehemalige Zollgebäude an der Straße nach Grado wurde zu einem Gästehaus mit 14 hübschen Zimmern und gutem Restaurant umgebaut, es gibt einen erfrischenden Pool, Tennisplatz und kostenlose Gästefahrräder. DZ/F ca. 75–90 €. Via Beligna 103, ✆ 0431-917423, www.ai-due-leoni.it.

Ostello Domus Augusta 9, saubere Jugendherberge in einer früheren Schule für Säuglingsschwestern, die Rückfront grenzt direkt an den Flusslauf. Es gibt einfache DZ mit Bad (ca. 23 €/Pers.) und Mehrbettzimmer (ca. 20–22 €/Pers.), morgens kleines Gratis-Frühstück. Via Roma 25, ✆ 0431-91024, http://get.ostelloaquileia.it.

Weithin sichtbar: der Campanile von Aquileia

**** Camping Aquileia 3**, am nördlichen Ortsrand die Straße nach Osten nehmen (beschildert), Wiese mit viel Baumschatten, Restaurant, Pool und Kinderbecken. April bis Sept. Via Gemina 10, ✆ 328-3310065, www.campingaquileia.it.

****** Camping Belvedere Pineta**, hübscher Platz in einem Pinienhain am Rand der Lagune, kurz vor der Brücke nach Grado links. Badestrand, Pool mit Kinderbecken, Minigolf, Tennis, Tischtennis, Kanus. Vermietung von Bungalows. Ende April bis Ende Sept. 5 km in Richtung Grado, ✆ 0431-91007, www.belvedere pineta.it.

Essen & Trinken **Aquila Nera 10**, das Dorfgasthaus an der Piazza Garibaldi wird vor allem sonntags rege frequentiert. ✆ 0431-91045.

La Capannina 3, das Ristorante mit Gastgarten am Camping Aquileia ist für seine gute Meeresküche bekannt. Im Sommer tägl., sonst Mi geschl. Via Gemina 10, ✆ 0431-91019.

La Colombara 2, vom Camping Aquileia die Straße weiter in Richtung Triest fahren (ca. 1 km), beliebtes Fischrestaurant mit Patina und ansprechender Atmosphäre, familiär geführt. Mo geschl. Via S. Zili 34, ✆ 0431-91513.

Antica Aquileia 12, am Ortsausgang in Richtung Grado, gutes Pizzalokal mit Spielplatz. Via Bertrando de S. Genies 2, ✆ 0431-918825.

Snacks **Cjapitul 6**, Pasta, Panini und Salate am Platz vor der Basilika. Do geschl. Piazza Capitolo 9, ✆ 0431-918853.

Mosaico 7, hübsches Café/Pasticceria im Gässchen rechts vor der Basilika. Unter schlanken Zypressen vor dem Haus kann man Nusscremetorte, Eis und andere Leckereien schlemmen.

Shopping **Distilleria Aquileia 1**, Verkostung und Verkauf von Grappa, Obstschnäpsen und Likören. Besichtigung der Destillerie auf Anfrage. Mo–Sa 9–12, 15–19 Uhr, So geschl. Via Giulia Augusta 87/a (am nördlichen Ortsausgang), ✆ 0431-91091, www.distilleria aquileia.com.

mein Tipp **Fattoria Clementin**, Franco Clementin produziert in seinem Weingut in Terzo di Aquileia (nördlich von Aquileia) unter der Marke „Brojli" sehr gefällige Weine: Friulano, Pinot Grigio, Chardonnay, Refosco etc. Verkostung in einem schönen Raum mit Kamin, gelegentlich Kunstausstellungen, gutes Preis-Leistungs-Verhältnis. Via Galileo Galileo 5, ✆ 0431-32642, www.fattoriaclementin.it.

Grado

ca. 10.000 Einwohner

Das einstige Fischerdorf liegt weit draußen in der Laguna di Grado und ist über einen kilometerlangen Autodamm zu erreichen. Seit langem ist es zu einer modernen Badestadt gewachsen, deren sympathisch verwinkelter Kern aber ausgezeichnet erhalten und durch einen begehbaren Damm zum Meer hin geschützt ist. Zwei lange Sandstrände liegen zu beiden Seiten benachbart.

In römischer Zeit war Grado der Hafen des weiter landeinwärts gelegenen Aquileia, Überreste hat man im Stadtzentrum gefunden. Später war es Zufluchtsort vor den marodierenden Horden der Hunnen und auch einer der beiden konkurrierenden Patriarchen von Aquileia (→ Geschichte, S. 251) zog sich hierher zurück. Zur k.u.k.-Zeit genoss Grado einen guten Ruf als Thermalkurort, der Adel und das vermögende Bürgertum aus der Habsburger Monarchie kamen zuhauf zur Sommerfrische. Auch heute gibt es einen großen Thermalbereich und der mit Mineralien angereicherte Sand wird für Kuranwendungen genutzt. Die lange *Spiaggia Principale* östlich vom alten Ortskern ist gänzlich mit kostenpflichtigen Badeanstalten belegt, ebenso die im Sommer übervolle *Costa Azzurra* an der Inselspitze westlich vom Zentrum. Gebadet wird außerdem an der Dammpromenade, die die Altstadt zum Meer ihn abschirmt. Generell fallen die Strände sehr flach ins Wasser ab, man kann weit hinauslaufen – ideal für Kinder. Und auch an Hundebesitzer hat man gedacht und einen eigenen Strandabschnitt namens *Lido di Fido* für sie reserviert.

Sehenswertes

Der malerische Hafen hinter der Altstadt ist durch einen Kanal mit der Lagune verbunden. Obwohl die Fänge kontinuierlich zurückgehen, gibt es immer noch 200–300 Fischer, die im Kanal ihre Boote liegen haben. Im Sommer starten täglich Schiffsausflüge in

Im Centro storico von Grado

Die friulanische Küste → Karte S. 162

Viel fürs Auge: Fischerboote im Hafenkanal und im Hafenbecken

die Lagune. Ein interessantes Schauspiel bietet sich werktags jeweils ab 8 und 15 Uhr im **Mercato Ittico** an der Ostseite des langen Hafenkanals, wenn der frische Fang unter den örtlichen Händlern und Gastronomen versteigert wird.

Das historische Zentrum mit seinen geduckten, grauen Häusern und engen, gepflasterten Gassen steht unter Denkmalschutz und ist für den motorisierten Verkehr gesperrt. Es wirkt schlicht und natürlich und scheint trotz Touristenrummel so unberührt wie eh und je. An einem freien Platz erhebt sich die **Pfarrkirche Sant'Eufemia**, die einstige Kathedralkirche des Patriarchen von Grado, ein großer Backsteinbau aus dem 6. Jh., dessen gesamter Innenraum von einem prächtigen Mosaikboden eingenommen wird (ca. 700 qm). Marmorsäulen trennen die drei Schiffe und eine pittoreske säulengestützte Marmorkanzel mit Baldachin zieht die Blicke auf sich. Gleich daneben befinden sich schwere römische Sarkophage und ein großes, helles Baptisterium mit sechseckigem Taufbecken und ebenfalls einem Mosaikboden.

Wenige Schritte entfernt steht die **Kirche Santa Maria delle Grazie**, in der eine von Engeln getragene Marienstatue verehrt wird. Ihr ursprünglicher Boden, ebenfalls Mosaik, liegt ein ganzes Stück tiefer als der heutige und ist mit Gittern abgesperrt, eine Chorschranke aus Marmor trennt den Altarbereich ab.

Die überdachte **Markthalle** (Mercato coperto) findet man an der Piazza Duca d'Aosta meerwärts der Altstadt. Mit wenigen Schritten kommt man von dort zum Damm, der als bevorzugte Flanier- und Sonnenpromenade fungiert und von dem man schnell Ost- und Weststrand erreicht.

Unmittelbar östlich der Altstadt hat man auf der Piazza Biagio Marin die frühchristliche **Basilica del Campo** mit Mosaikboden und Friedhof ausgegraben. Sie stammt wahrscheinlich aus derselben Zeit wie die Vorgängerbauten der Basilika von Aquileia (ca. 5. Jh. v. Chr.). Darunter liegen die Ruinen eines römischen Landhauses. Publikumswirksam wurde das Ausgrabungsfeld unter dem heutigen Straßenniveau abgesteckt.

Gediegene Kuratmosphäre herrscht in den modernen Straßenzügen östlich der Altstadt. Am Fischerhafen beginnt der Viale Europa Unità, die quirlige Flanier- und Einkaufsstraße mit zahlreichen Cafés, Ristoranti und Boutiquen. Er trifft auf den Viale Dante, die lange Fußgängerzone, die sich parallel zum Lungomare und Strand nach Osten zieht. Hier durchquert man bald nach dem Informationsbüro den großen **Parco delle Rose** und trifft auf den großen Thermalwasser-Park **Parco Termale Acquatico** (→ Sport).

Basis-Infos

→ Karte S. 188/189

Information **Ufficio Turistico**, in der Fußgängerzone hinter dem Strand, parallel zum Lungomare. Unterkunftslisten, Preislisten für Badeeinrichtungen sowie diverses weitere Material. Mai bis Okt. 9–19, übrige Zeit Mo–Sa 9–13, 14–18, So 9–13 Uhr. Viale Dante Alighieri 66, ✆ 0431-877111, info.grado@promoturismo.fvg.it.

Internet kostenloses WLAN auf den zentralen Plätzen von Grado.

Sport **Terme Marine**, großes Thermalwasserbad östlich vom Stadtkern, unmittelbar hinter der Strandpromenade. Zwei Thermalbecken, Wellnesszentrum mit Sauna und Fitnesscenter, Physiotherapie, Sandbad und Solarium. Tageskarte Thermalbecken ca. 13,50 € (2 Std. 8,50 €), Kinder 6–12 J. 8,50 € (6 €), Tageskarte mit Sauna 20 €; Tageskarte für zwei Erw. u. zwei Kinder 35 €. Tägl. 10–20 Uhr. Viale Dante Alighieri 72, ✆ 0431-899309, www.gradoit.it.

Golfplatz, beim Camping Tenuta Primero, schön gelegener 18-Loch-Platz zwischen Seen und Kanälen. ✆ 0431-896896, www.golfgrado.com.

Fahrradverleih Mauro Bike **14**, Riva Sebastiano Scaramuzza 8, ✆ 324-6009263, https://grado.it.

Schiffsausflüge ab Fischerhafen Juni bis Sept. täglich mehrmals in die **Lagune**, von der Brücke zur Isola della Schiusa bis zu 8 x tägl. zur **Isola di Barbana**, im Winter nur 1 x sonntags (→ Kasten, S. 191).

Die friulanische Küste → Karte S. 162

Übernachten

→ Karte S. 188/189

Etwa 100 Hotels, ein Großteil im Sommer mit Pensionspflicht. Besonderer Tipp sind die Villen aus österreichischer Zeit.

****** Laguna Palace** **2**, schickes Wellnesshotel direkt am Meer, im sechsten Stock Spa mit Hallenbad und herrlichem Blick auf die Lagune. Privatstrand, zwei Restaurants, Tiefgarage. DZ/F ca. 160–240 €. Riva Brioni 17, ✆ 0431-85612, www.lagunapalacehotel.it.

****** Savoy** **13**, gehobener Komfort in der Nähe der Altstadt, elegantes Ambiente, geräumige Zimmer, Außenbecken und Hallenbad, schöne Dachterrasse. Fitness, Thalassotherapie, Beauty und Wellness. DZ/F ca. 180–250 €. Via Carducci 33, ✆ 0431-897111, www.hotelsavoy-grado.it.

***** Villa Reale** **24**, herrschaftliche Villa in der Fußgängerzone, in dritter Generation geführt von Mario Vianello mit seiner deutschen Gattin Sabine. In den behaglichen und geräumigen Zimmern Parkettböden, schöner Garten, wo das hervorragende Essen unter einer Pergola serviert wird, freundliches deutschsprachiges Personal. Ein Haus voll alter „Grandezza" und Atmosphäre, allerdings nicht billig (Preise auf Anfrage). Mit Parkplatz. Via Colombo 11/Ecke Viale Dante, ✆ 0431-80015, www.hotelvillareale.com.

***** Lacroma Bio Hotel** **12**, modernes Familienhotel, erbaut nach Umweltkriterien und Energieeffizienz, freundlich geführt. Gepflegte Zimmer und Apts., Bio-Produkte zum Frühstück, Fahrradverleih gratis, gut ausgestatteter Spielbereich für Kinder. DZ/F ca. 100–160 €. Piazza Carpaccio 31, ✆ 0431-80196, www.hotelzuberti.it.

Mein Tipp *** Villa Marin** **27**, näher am Meer geht nicht, direkt am Damm vor der Altstadt,

herrlicher Panoramablick, unbedingt Meerseite buchen. Sauber und freundlich geführt, kleine, ordentliche Zimmer mit Balkon, neu gestaltete Terrasse zum Meer, Frühstücksbuffet und Abendessen sehr gut. DZ/F ca. 80–110 €. Via dei Provveditori 20, ✆ 0431-80789, https://villamarin.it.

***** Serena 11,** auf der Isola della Schiusa, wenige Meter von der Fußgängerbrücke zum Zentrum. Aufmerksam geführtes Haus in ruhiger Lage, große, saubere Zimmer, prima Frühstück. Parken vor dem Haus. DZ/F ca. 80–150 €. Riva S. Andrea 31, ✆ 0431-80697, www.gradohotelserena.it.

***** Villa d'Este 7,** etwas älteres Haus, aber gepflegt und ausnehmend freundlich geführt. Dachterrasse mit Liegen, sauberer Pool und Whirlpool, kostenlose Gästefahrräder. DZ/F ca. 70–120 €. Viale Kennedy 38, ✆ 0431-80702, www.hotel-villadeste.it.

***** Le Palme 22,** schräg gegenüber vom Thermalwasser-Park, wenige Schritte zur großen Strandzone. Familiär und freundlich geführt, es wird auch Deutsch gesprochen. Gemütliche Zimmer/Apts. mit Sat-TV (deutsche Sender), Kühlschrank und Balkon, ordentliches Frühstück vor dem Haus. DZ/F ca. 95 € (ganze Saison), Parkplatz am Grundstück 15 €/Tag. Viale del Sole 35, ✆ 0431-84844, www.hotellepalmegrado.it.

Mein Tipp **** Meublè Tripoli 5,** ruhige Lage auf der Isola della Schiusa gegenüber vom hauseigenen Restaurant Al Pontil de Tripoli (→ Essen & Trinken). Die aufmerksame Familie Zorzini ver-

mietet Zimmer mit Klimaanlage, Sat-TV (deutsche Sender) und Kühlschrank – schöner Blick auf die Lagune und preisgünstige Alternative zu den großen Hotels in Meernähe. Frühstücksraum mit künstlerischem Ambiente, gutes Frühstück, Fahrräder zur freien Verfügung. Herr Zorzini spricht fließend Deutsch. DZ/F ca. 75–85 €. Riva Garibaldi 17, ✆ 333-9511978, www.meubletripoli.it.

Ferienwohnungen **Villa Giulia**, schönes, sauberes Apt. ganz zentral, wenige Meter vom Hafen, Einrichtung etwas älter, nette Vermieterin. Parkplatz im Hof. Piazzetta San Marco 4, ✆ 0431-80549.

Al Bosco, Neubau in der Pineta neben dem gleichnamigen Campingplatz, ca. 3 km östlich vom Zentrum. Geräumige Apartments, alle mit Balkon und Meerblick, großer Pool auf dem Dach, Leihfahrräder. Strada La Rotta 1/2, ✆ 0431-878010, www.residencehotelalbosco.com.

Marina Fiorita **8**, außerhalb in Richtung Golfplatz am Rand der Lagune, moderne Apartmentanlage mit geräumigen und gut eingerichteten Wohneinheiten, jeweils mit Klimaanlage, Sat-TV und Waschmaschine, das Ganze eingebettet in Rasenflächen. Vorhanden sind ein Pool mit Kinderbecken, Tennisplatz und eine kleine Marina. ✆ 0431-85557, www.marinafiorita.it.

Camping Mehrere Zeltplätze **10** liegen östlich vom Ort direkt am Strand (im Zentrum gut ausgeschildert).

** **Al Bosco**, der ortsnächste Platz (ca. 3 km ab Zentrum), naturbelassenes Gelände in einem Wäldchen mit dichtem Baumbestand, rustikales Restaurant/Bar mit Meerblick, Pool für Kleinkinder, Sanitäranlagen alt, aber sauber. Vor dem Platz sehr flacher Strand mit Schlick, wenn man nach links geht, wird es deutlich schöner. Anf. April bis Ende Sept. ✆ 0431-80485, http://campingalbosco.it.

4 km weiter findet man drei weitere, schön gelegene und komfortabel ausgestattete Plätze.

**** **Punta Spin**, Ende März bis Ende Sept. Via Monfalcone 10, ✆ 0431-80732, www.puntaspin.it.

**** **Europa**, Ende April bis Mitte Sept. Via Monfalcone 12, ✆ 0431-80877, www.villaggioeuropa.com.

**** **Tenuta Primero**, Ende April bis Ende Sept. Via Monfalcone 14, ✆ 0431-896900, www.tenuta-primero.com.

Die friulanische Küste → Karte S. 162

Essen & Trinken

Im hübschen Zentrum von Grado isst man stimmungsvoll, allerdings auch zu deutlich gehobenen Preisen. „Fressmeile" ist die lang gestreckte Piazza Duca d'Aosta und ihre Verlängerung, die Via Gradenigo. Weiter außerhalb wird es günstiger. Ein typisches Gericht ist *boreto alla Gradese con polenta* (Fisch und Meeresfrüchte im eigenen Sud), einst ein Standardessen aus der „Arme-Fischer-Küche".

Tavernetta all'Androna **26**, mitten in der Altstadt hinter der Kirche Santa Maria delle

Grazie, elegant und stimmungsvoll illuminiert, schön zum Draußensitzen. Familie Tarlao bereitet hervorragende und kreativ verfeinerte Fischgerichte zu sehr gehobenen Preisen. Di-, Mi- u. Do-Mittag geschl. Calle Porta Piccola 6, ✆ 0431-80950.

MeinTipp **Osteria in Contrada** **25**, ebenfalls in der Altstadt, nettes Weinlokal mit kleinem Hof, gemütliche Einrichtung, sehr gute Küche, das meiste frisch zubereitet. Di/Mi geschl. Calle Corbatto 3, ✆ 0431-80928.

Trattoria de Toni **23**, aufmerksam geführtes Lokal an der Meerseite der Altstadt, von Familie Gaddi schon seit über 60 Jahren betrieben. Massimo bietet beste Fischküche, z. B. leckeren *boreto alla Gradese* vom Tintenfisch. Wird schnell voll. Mi geschl. Piazza Duca d'Aosta 37, ✆ 0431-80104.

Laura e Christian – Spaghetti House **28**, bei der freundlichen Wirtin Laura sitzt man hübsch, kann diverse Pastagerichte genießen, aber auch guten Fisch. Di/Mi-Mittag geschl. Via Gradenigo 25, ✆ 0431-82687.

Alla Borsa **16**, alteingesessene Trattoria am nördlichen Rand der Altstadt, authentische Meeresküche, keine Außenplätze, preislich im Rahmen. Mo geschl. Via Conte di Grado 1, ✆ 0431-80126.

Alla Vittoria **29**, beliebtes Freiluftlokal bei der Ausgrabung der Basilica del Campo (→ Sehenswertes). Via della Corte 2/3, ✆ 0431-80744.

MeinTipp **Marea** **21**, prächtige Lage am Uferkai, schöne Terrasse mit Sonnenuntergangsblick, Küche sehr gut, auch frischer Fisch. Via dei Provveditori 6, ✆ 0431-81206.

Am Flanierdamm vor der Altstadt

Vistamare **30**, ebenfalls direkt am Uferkai, moderne Pizzeria mit herrlichem Meerblick. ✆ 0431-83518.

Osteria di Mare ZeroMiglia **4**, das Lokal der Fischereigenossenschaft „Cooperativa Pescatori" liegt am Hafenkanal direkt neben dem Mercato Ittico und ist optisch sehr ansprechend gestaltet, auch draußen gibt es einige Tische mit Blick auf die Fischerboote. Leckere und stets frische Fischküche (Angebot wechselt häufig), dazu leckere Desserts. Meist gut besucht, möglichst reservieren. In der NS Di geschl. Riva E. Dandolo 22, ✆ 0431-80287.

Al Pescatore **9**, ebenfalls am Hafenkanal, netter Service und Fischgerichte zu etwas höheren Preisen, ebenfalls immer voll. Mi geschl. Riva Dandolo 10, ✆ 334-7505421.

MeinTipp **Al Pontil de' Tripoli** **3**, großes Holzlokal auf der Bootsmole an der Nordseite der Isola della Schiusa, gute Qualität und bester Service durch Wirtin Michela und ihr Team, wunderbarer Blick auf die Lagune – vor allem zum Sonnenuntergang ein idealer Platz. Jeden Abend geöffnet, außerdem Sa/So-Mittag. Riva Garibaldi 17 ✆ 0431-80285.

Außerhalb **Alla Buona Vite** **1**, Familie Girardi bietet in ihrem hübschen Ristorante unter Weinreben in der Località Boscat (von Grado aus über den Damm und rechts am Camping Belvedere vorbei, noch ca. 1 km) traditionelle Küche zu angemessenen Preisen, ihre Weine stellen sie selber her. Via Dossi 15, ✆ 0431-1986074.

MeinTipp **L'Approdo** **6**, an der Straße nach Monfalcone, gute Fischküche in schöner Lage an der Lagune, Tipp ist *boreto alla Gradese*. Sehr beliebt, besser reservieren. Mi geschl. (außer Juli/Aug.). Strada Provinciale 19, ✆ 328-2130351.

MeinTipp **Ai Ciodi,** wunderbare Lage auf der Laguneninsel Anfora, westlich von Grado, nur mit dem Boot zu erreichen (Motonave Christina täglich 10.30 Uhr ab Hafen, zurück 15.30 Uhr). Das urige Restaurant von Familie Tognon mit ihrer authentischen und frischen Fischküche sollte man einmal besuchen, auch wenn natürlich die Überfahrt zusätzlich zu Buche schlägt. Tägl. durchgehend geöffnet 11.30–19 Uhr. Auch Zimmer werden vermietet, DZ/F ca. 140–150 €. Località Anfora di Grado. ✆ 335-7522209, www.portobusoaiciodi.it.

Weinstuben (Enoteche) **Al Goto 15**, gemütliche Weinbar an einem kleinen Plätzchen im alten Zentrum. Abends ab 17.30–0.30 Uhr. Campiello della Scala 18.

Enoteca da Pino 18, beim Informationsbüro um die Ecke, die Wände von oben bis unten voller Fotos, der Platz für einen letzten Absacker. Via Galilei 13.

Sturm und Pest: Die Madonna von Barbana

Barbana ist eine der größten Inseln im Ostteil der Lagune. Von Grado aus sieht man den Turm der **Wallfahrtskirche Santa Maria di Barbana** emporragen. Die Ursache für ihren Bau liegt lange zurück. Im Jahr 582 n. Chr. soll ein schwerer Sturm auf der damals von Eremiten bewohnten Insel gewütet haben. Plötzlich erschien eine hölzerne Muttergottesstatue und der Sturm zog ab. So errichtete man zu Ehren der Maria erst eine Kapelle, später ein Kloster. 1237 bewahrte die heilige Jungfrau die Region um Grado vor einer schrecklichen Pestepidemie. Seitdem veranstalten die Bewohner von Grado am ersten Julisonntag eine eindrucksvolle Schiffsprozession mit festlich beflaggten Booten nach Barbana, genannt „perdón de Barbana" (Vergebung von Barbana), an der mindestens ein Mitglied jeder Familie teilnehmen soll – die älteste Tradition der Lagune. Morgens gegen 8 Uhr geht es los mit den Rufen: „In nome de Dio, avanti!", dabei wird auf den Booten eine Marienstatue aus der Basilika von Grado mitgenommen. In Barbana angekommen, findet eine kurze Prozession zur Kirche statt, dort wird die Messe gelesen und die heilige Statue der Madonna gesegnet.

Die heutige Wallfahrtskirche von Barbana wurde 1924 geweiht. Nach dem Haupttor kommt man zu einem höchst ungewöhnlichen Weihwasserbecken aus rotem Marmor: Auf ihm ist nämlich der Teufel abgebildet, wie er dazu gezwungen wird, Weihwasser zu tragen. Auf dem prächtigen Hauptaltar steht die Holzstatue der Madonna. Die freskenbemalte Kuppel zeigt Marienbilder und symbolische Themen dazu, im unteren Teil sind die bedeutendsten Ereignisse der Inselgeschichte dargestellt: der Sturm im Jahre 582 mit der Erscheinung der Muttergottes, eine Legende über die Ankunft der Holzstatue und die Krönung der Maria. Zahlreiche Devotionalien aus den letzten Jahrhunderten belegen die lange und intensive Verehrung der heiligen Maria.

Nicht weit von der Wallfahrtskirche steht die kleine **Cappella dell'apparizione** (Kapelle der Erscheinung). An dieser Stelle soll sich im Sturm des Jahres 582 die Holzstatue der Maria gezeigt haben. In der Kapelle wird der Leichnam des mit 23 Jahren an Tuberkulose gestorbenen Franziskaners Egidio Bullesi (1905–1929) verwahrt,der sich durch seine Glaubens- und Missionsarbeit hervortat. 1997 wurde er vom Vatikan als „ehrwürdig" erklärt, seine Seligsprechung steht auf der Agenda.

Riserva Naturale Regionale della Foce dell'Isonzo

Das Mündungsgebiet des Isonzo steht unter Naturschutz, zahlreiche Stand- und Zugvögel nisten in den ausgedehnten Schilfgebieten, darunter die hübsche, buntscheckigen „Bienenfresser". Von Grado kann man es leicht mit dem PKW erreichen, aber auch ein Fahrradweg führt entlang der Landstraße.

Die **Area Naturale Caneo** am Westufer ist zwischen Grado und Monfalcone beschildert. Kurz vor dem Ende der Zufahrtsstraße trifft man am Rand eines großen Schilfgebiets am Isonzo-Ufer auf das einsame Hotel „Caneo" (Canna = Schilf). Ein Holzsteg führt daneben durch das dichte Schilf zu einem Aussichtspunkt am Flussufer. Die Asphaltstraße endet an einer schlichten Fischersiedlung mit Miniaturhafenbecken. Zu Fuß kann man ein überdachtes Holztürmchen erreichen und den herrlichen Blick über den Isonzo bis hinüber zu den Werften von Monfalcone, dem Schloss von Duino und dem dahinter aufsteigenden Karst genießen – ein idyllisches Fleckchen.

Holzsteg zum Ufer des Isonzo

Auf der Halbinsel **Isola della Cona** an der Ostseite des Isonzo liegt das derzeit ziemlich vernachlässigte Besucherzentrum (Centro Visite) des Naturreservats mit der Bar „Al Petirosso", zu erreichen auf einer Erdpiste. Von hier kann man bis zur Spitze der Isonzo-Mündung wandern, hin und zurück dauert das ca. 3 Std. Neben der reichen Vogelpopulation sieht man unterwegs auch Pferde, denn schon seit 1991 leben Camargue-Ponys im Mündungsgebiet.

▪ **Riserva Naturale Regionale della Foce dell'Isonzo,** tägl. 9 Uhr bis Sonnenuntergang, Eintritt ca. 5 €, 6–14 u. über 65 J. u. für Familien 3,50 €. ✆ 333-4056800, http://riservafoceisonzo.it.

Übernachten Caneo, das Holzhaus in abgeschiedener Lage am Westufer wurde kürzlich wieder neu eröffnet, einfache, minimalistische Einrichtung, nette, persönliche Leitung, zehn DZ, fast alle mit Blick auf den Isonzo. Frische Meeresküche im hauseigenen Restaurant, Frühstück eher karg. DZ/F ca. 60–105 €. ✆ 0431-884426, www.caneo.it.

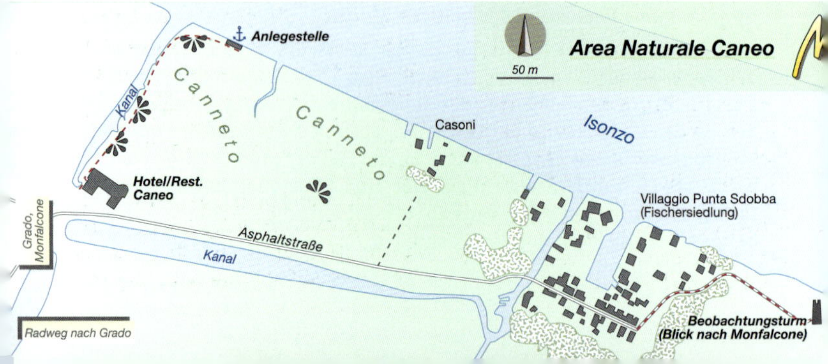

Kilometerlange Badezone: die Uferpromenaden vor Triest

Riviera Triestina

Östlich der Industriestadt Monfalcone ändert die Küste ihren Charakter. Die weiß-grauen Kalkfelsen des Karst, die teilweise fast senkrecht zum Meer hin abbrechen, sind dicht mit Macchia und Mischwald überwachsen und ziehen sich bis Triest. Darunter verstecken sich einige kleine Küstenorte, die hauptsächlich als Jachthäfen fungieren, aber auch eingelagerte Strände besitzen.

Vor Triest lohnt in erster Linie ein Besuch der beiden Schlösser **Castello di Duino** und **Castello di Miramare**, hinter der klassizistischen Großstadt ein Abstecher ins venezianische Küstenstädtchen **Muggia**, wenige Kilometer vor der slowenischen Grenze. Im Hinterland bietet der bewaldete Karst viele Wandermöglichkeiten, (nicht nur) für die erschöpften Wanderer stehen zahlreiche Gasthäuser entlang der „Strada del Vino Terrano". Die **Grotta Gigante**, eine der größten Tropfsteinhöhlen der Welt, will ebenfalls besichtigt sein und das **Val Rosandra** ist ein Naturparadies direkt vor der Haustür der Großstadt. Details dazu auf S. 236 und S. 239.

Monfalcone und Umgebung ca. 28.000 Einwohner

Die Stadt und ihre vorgelagerte Uferzone, die die nördlichste Bucht des Mittelmeers bildet, sind nicht über die Maßen attraktiv. Es gibt ein, zwei Campingplätze, die wenigen Strände sind naturbelassen und ungepflegt. Wegen ihrer 1908 noch unter den Österreichern gegründeten Großwerft wurde Monfalcone im Zweiten Weltkrieg völlig zerstört.

Heute werden in der Fincantieri-Werft einige der weltgrößten Kreuzfahrtschiffe gebaut – 1996 lief als erstes Passagierschiff von mehr als 100.000

Lago di Doberdò: Der See ohne Wasser

Im Hinterland von Monfalcone liegt der Lago di Doberdò, deutlich eingetragen auf allen Friaul-Karten. Wer ihn im Sommer sucht, kann trotzdem Pech haben, denn der See ist von einem dichten Waldgürtel umgeben, der kaum einen Blick auf die Wasserfläche freigibt. Und wenn man denn endlich eine Stelle gefunden hat, kann es sein, dass der See einfach nicht da ist oder sich nur ein kleiner, unscheinbarer Sumpftümpel zeigt. Des Rätsels Lösung: Im durchlässigen Karstgestein fließt das Wasser weitgehend unterirdisch. An die Oberfläche tritt es nur, wenn die Höhlen und Tunnels bis zum Rand gefüllt sind, z. B. nach starken Regenfällen. Der Wasserspiegel des Lago di Doberdò kann so innerhalb weniger Tage plötzlich vehement ansteigen – aber auch genauso unvermittelt wieder in den unergründlichen Karsttiefen verschwinden. Der See steht unter Naturschutz, Wanderwege führen rundum.

Bruttoregistertonnen die „Carnival Destiny" vom Stapel, 2009 stach die „Carnival Dream" in See, die knapp 130.000 Tonnen besitzt, und für 2019 ist die Fertigstellung gleich mehrerer Kreuzfahrtschiffe von über 130.000 Tonnen geplant. Das große Schiffsbaugelände erkennt man an der Ostseite der Bucht. Erst wenn man die riesige Papierfabrik am südlichen Stadtende hinter sich gelassen hat, wird die Strecke nach Triest reizvoll.

Im Ristorante „Al Pescaturismo"

Alberoni: Die attraktive Waldzone mit zahlreichen Wegen für Spaziergänger und Radfahrer liegt an der Mündung des Isonzo, zu erreichen ist sie von der Straße nach Grado, indem man sich an der Kreuzung von *Bistrigna* (Ortsteil von Staranzano) in Richtung Meer hält.

San Giovanni del Timavo: Die westliche Grenze der Triestiner Riviera bildet die Timavo-Mündung. Bei San Giovanni del Timavo bricht der Fluss nach rund 40 km unterirdischem Lauf aus dem Karst, gerade mal 2 km verläuft er oberirdisch. Der Ort war in der Antike heilig, heute ist er ein lauschiges Plätzchen mitten im Wald, beschildert mit „Risorgive del Timavo" (in der Nähe des Abzweigs nach Gorizia, kurz bevor am rechten Straßenrand zwei steinerne Wölfe heulen). Direkt unterhalb der SS 14 steht hier die gotische Kirche *San Giovanni in Tuba*, im Umkreis findet man ein paar historische Schleusen.

Villaggio del Pescatore: Nördlich von Duino führt eine steile Abfahrt zu dieser ehemaligen Fischersiedlung direkt an der Mündung des Timavo hinunter. Doch der romantische Name täuscht – die Fischerei lohnt sich kaum noch, fast alle ehemaligen Fischer arbeiten inzwischen in der großen Papierfabrik von Monfalcone, die Häuser werden als Fewos genutzt und in der Marina liegen die Jachten der Triestiner. Sehr lecker zubereitete Meeresküche kann man im „Al Pescaturismo" genießen, einem Holzhaus direkt am Meer, es gibt allerdings kein Bier, sondern nur Wein (nur Do–So, ✆ 339-6390473).

Antonio und Bruno: Die größten Dinosaurier Italiens

Villaggio del Pescatore ist für Paläontologen ein ganz besonderer Ort, hat man hier doch 1996 das vollständig erhaltene Skelett des zweitgrößten je auf italienischem Boden gefundenen Dinosauriers entdeckt! Der 4 m lange und 1,30 m hohe Hadrosaurier, der vor etwa 80 Millionen Jahren lebte, wurde liebevoll „Antonio" genannt (obwohl er weiblich war) und wird mittlerweile im Civico Museo di Storia Naturale von Triest ausgestellt. Kurz darauf wurde sein Artgenosse „Bruno" ebenfalls im Villaggio del Pescatore gefunden. Mit einer Länge von knapp 5 m ist er sogar der größte aller italienischen Dinosaurier. Er ist allerdings bisher nur in Fragmenten ausgegraben, der Schädel ist jedoch erhalten und wurde präpariert. Die Fundstelle in einer Höhle wurde für den Publikumsverkehr ausgebaut und kann jeweils sonntags im Rahmen einer 45-minütigen Führung besichtigt werden.

▪ März, Okt. u. Nov. 10–17, April bis Juni u. Sept. 10–18, Juli/Aug. 16.30–20.30 Uhr, andere Tage nach Vormerkung 10–18 Uhr; Eintritt ca. 7 €, 6–12 J. 5 €. ✆ 334-7463432, http://cooperativagemina.com.

Duino

ca. 9000 Einwohner

Der schmucke kleine Porticciolo di Duino mit Kiesstrand und mehreren Restaurants (im Sommer erhebliche Parkplatzprobleme!) ist von malerischer Steilküste umgeben. Der Ortskern liegt ein Stück oberhalb vom Hafen. Hoch über dem Meer thront dort das Castello di Duino der Familie Thurn und Taxis bzw. der Familie „Torre e Tasso", wie der italienische Zweig der Fürstenfamilie sich nennt.

In den Genuss der adligen Gastfreundschaft im Schloss kommen heute vor allem Teilnehmer internationaler Kongresse, früher waren es begnadete Dichter. Der berühmteste unter ihnen war Rainer Maria Rilke, der sich hier während langer Wanderungen entlang der Küste (→ Kasten) zu den „Duineser Elegien" inspirieren ließ, einem Meisterwerk deutscher Lyrik, und sie seiner Gönnerin, der Fürstin Marie von Thurn und Taxis-Hohenlohe widmete.

In der Nähe des Schlosses sind die schwer zugänglichen Ruinen des **Castello Vecchio** erhalten, einer älteren Burg aus dem 11. Jh., die während der Kämpfe zwischen Venezianern und Türken zerstört wurde. Unterhalb davon gibt es einen kalkweißen monolithischen Felsblock, der der Legende nach eine versteinerte Frau darstellt – die Gattin eines eifersüchtigen Schlossherren und von diesem ins Meer geworfen –

Spaziergang auf dem „Sentiero Rilke"

Der berühmte Rilke-Pfad führt etwa 2,5 km weit an der Steilküste entlang von Duino nach Sistiana. Er beginnt bei der östlichen Einfahrt von der SS 14 nach „Duino Centro" (hier gibt es zwei Zugänge) und endet in Sistiana neben dem Campingplatz und Informationsbüro (Einfahrt „Sistiana Mare"). Für den Hin- und Rückweg zwischen den grauen Karstfelsen benötigt man etwas mehr als eine Stunde, die Aussicht ist dabei ebenso betörend wie der Duft von Lavendel und Thymian – man kann vom Isonzo im Westen bis Savudrija (Kroatien) an der Spitze der istrischen Halbinsel blicken. Unterwegs trifft man auch auf die Reste einiger Stellungen aus dem Ersten Weltkrieg. Das Gebiet um den Rilke-Pfad steht als „Riserva naturale regionale delle Falesie di Duino" (Naturschutzgebiet Duineser Klippen) unter Naturschutz und ist Lebensraum der Samtkopfgrasmücke und der Blaumerle, der dunkelbraunen Pracht-Kieleidechse und der Europäischen Katzennatter.

Achtung: Das Betreten des Pfads geschieht laut Schildern der Gemeindeverwaltung auf eigene Gefahr (keinerlei Gewährleistung bei Unfällen), das Betreten der Klippen ist verboten.

und deshalb „Dama bianca" (Weiße Dame) genannt wird. Es heißt auch, dass Dante Alighieri, der Schöpfer der „Divina Commedia", die Burg einst im Auftrag der Skaliger aus Verona besucht hat. Auf einem exponierten Felsrücken, der weit ins Meer hineinragt, soll er damals seine Verse verfasst haben, seitdem heißt dieser „Scoglio di Dante".

Duino ist aber auch bekannt für sein berühmtes „United World College of the Adriatic", das hier seit 1982 seinen Sitz hat. Es ist eins von zwölf United World Colleges weltweit, eine Art von Eliteinternat, das die letzten beiden Schuljahre vor dem Studium umfasst. Derzeit gibt es 200 Schüler aus 80 Ländern, alle mit Stipendium, so dass sie unabhängig von ihrem sozialen oder finanziellen Hintergrund sind. Etwa 20 Schülerinnen und Schüler aus Deutschland erhalten jährlich einen Platz an einem der Colleges. Bewerben können sich Schüler der zehnten oder elften Jahrgangsstufe, Schulsprache ist Englisch (www.uwc.de).

Übernachten ***** Posta**, gepflegtes Haus mit Garten an der Durchgangsstraße, schöne Zimmer mit orthopädischen Betten. Sat-TV und Klimaanlage, freundlicher Service (auch deutschsprachig) und gutes Frühstücksbuffet. DZ/F ca. 90–110 €. Via Sistiana 51, ✆ 040-299103, www.hotelposta.ts.it.

**** Villa Gruber**, am Hafen, altes Landhaus mit nostalgischem Charme, vielen alten Möbeln und wunderschönem Garten, Zimmer hellhörig, aber mit Atmosphäre. DZ/F ca. 90–115 €. ✆ 040-208115, http://villagruber.com.

*** Alla Dama Bianca**, herrliche Lage am Hafen, sieben helle Zimmer, fast alle mit Balkon, Speiseterrasse direkt über dem Meer, kleines, hoteleigenes Strandbad (kostenpflichtig). DZ/F ca. 120 €. ✆ 040-208470, www.alladamabianca.com.

B & B Villa Rilke, familiär geführte Unterkunft beim Kastell, schöner Garten mit Pool, gutes Frühstück, Gästefahrräder gegen Gebühr. DZ/F ca. 70–100 €. Via Carnizza 75/a, ✆ 347-0197928, www.villarilke.it.

Essen & Trinken **Al Cavalluccio**, am Hafen, absolut nicht billig, dafür speist man leckere Meeresgerichte in traumhafter Lage auf einer idyllischen Terrasse (vor der sich im Hochsommer allerdings die zu- und abfahrenden Autos stauen). Auch Vermietung von drei Zimmern mit Balkon. Di geschl. ✆ 040-208133.

Alla Dama Bianca, schönes Terrassenrestaurant im gleichnamigen Hotel, über die Fischküche gehen die Meinungen auseinander, ebenfalls teuer. Mi geschl. ✆ 040–208137.

Castello di Duino

Das stolze Kastell steht exponiert auf einem Felssporn am Steilhang über der adriatischen Küste. Es entstand im 14. Jh. auf römischen Fundamenten und entwickelte sich schon im 17. Jh. zum humanistischen Kulturzentrum. Im Verlauf der Isonzo-Schlachten des Ersten Weltkriegs wurde es großteils

Vom Rilke-Pfad gut zu sehen: das Schloss von Duino

Die friulanische Küste → Karte S. 162

Blick auf das Castello Vecchio vor der Burg von Duino

zerstört, in den 20er Jahren aber wieder aufgebaut.

Seine Blütezeit hatte es Ende des 19. Jh., als Therese Gräfin Thurn-Hofer und Valsassina und ihre Tochter Marie, Gattin von Alexander Prinz von Thurn und Taxis, ihre Salons den internationalen Größen der damaligen Kunst- und Literaturwelt öffneten: Johann Strauß, Franz Liszt, Mark Twain, Hugo von Hofmannsthal und Rainer Maria Rilke weilten hier wochen- und monatelang. Mit Rilke pflegte Marie, die selber literarisch tätig war, einen 17-jährigen Briefwechsel, der in mehreren Sprachen veröffentlicht wurde. Die 20 Jahre ältere Gräfin war für Rilke eine mütterliche Ratgeberin, geistreich und witzig, er war ihr ein geduldiger und aufmerksamer Zuhörer. Die ersten zwei seiner „Duineser Elegien" sind hier im Schloss entstanden (→ Kasten).

Nach dem Ersten Weltkrieg ließen sich die Thurn und Taxis als „Torre e Tasso" in Italien einbürgern. Nach dem Zweiten Weltkrieg gründete Prinz Raymondo della Torre e Tasso, ein überzeugter Demokrat und Europäer, mehrere renommierte internationale Institute, darunter das „International Centre for Theoretical Physics" von Miramare. Heute lebt sein Sohn Carlo Alessandro della Torre e Tasso mit seiner Familie im Schloss.

Rundgang: Die Besichtigung des Schlosses mit seinem reizvoll angelegten Park, dem prächtigen Treppenhaus und den mit Gobelins, Ölgemälden und historischem Mobiliar reich ausgestatteten Zimmerfluchten ist beeindruckend. Zahlreiche Fotos und Dokumente weisen auf die große Zeit Ende des 19. und Anfang des 20. Jh. zurück, es gibt eine große Bibliothek und diverse Exponate (2018 waren es historische Saiteninstrumente aus dem 15.–17. Jh.), viel bewundert wird auch das Hammerklavier (Forte Piano), auf dem bereits Franz Liszt gespielt hat.

Im schönen Innenhof steht ein Turm aus dem 16. Jh. mit angeblich zweitausend Jahre alten Grundmauern. Der Park ist mit romantischen Wegen, Statuen und Terrassen auf mehreren Ebenen angelegt, von einigen Aussichtspunkten (Belvedere 1–3) genießt man weite Ausblick aufs Meer. Ein Pfad führt zu einem kleinen, versteckten Strand hinunter, der aus Auswurf von den Ausschachtungen des Bunkers entstanden ist.

Der eindrucksvolle, 400 qm große Bunker wurde 1943 von Zwangsarbeitern für die deutsche Kriegsmarine 18 m unter dem Schloss in den Fels gegraben, um Sistiana gegen eine Landung der Alliierten zu verteidigen. Anfangs fanden hier bei Fliegerangriffen noch Einwohner von Duino Zuflucht, doch ab 1944 wurden Kanonen installiert und der Zutritt war für die Zivilbevölkerung nicht mehr erlaubt.

■ April bis Sept. Mi–Mo 9.30–17.30 Uhr, erste Okt.-und zweite Märzhälfte bis 17 Uhr, zweite Okt.-Hälfte und erste Märzhälfte bis 16 Uhr, jeweils Di geschl., übrige Zeit nur Sa/So 9.30–16 Uhr. Eintritt ca. 8 €, über 65 J. 6 €, 7–14 J. 4 €. ✆ 040-208120, www.castellodiduino.it.

Die Duineser Elegien: Rilkes lyrisches Hauptwerk

Wer, wenn ich schriee, hörte mich denn aus der Engel Ordnungen? und gesetzt selbst, es nähme einer mich plötzlich ans Herz: ich verginge von seinem stärkeren Dasein. Denn das Schöne ist nichts als des Schrecklichen Anfang, den wir noch grade ertragen, und wir bewundern es so, weil es gelassen verschmäht, uns zu zerstören. Ein jeder Engel ist schrecklich ...

(Beginn der Ersten Elegie)

Rilke weilte im Winter 1911/12 auf Einladung der Fürstin Marie von Thurn und Taxis auf Schloss Duino. Gerne ging er im Garten des Schlosses spazieren, dabei sind die ersten zwei der insgesamt zehn Duineser Elegien entstanden (sowie Fragmente zu später fertig gestellten Elegien). Rilke hat sie mit „Aus dem Besitz der Fürstin Marie von Thurn und Taxis-Hohenlohe" überschrieben, Marie übersetzte sie ins Italienische. Erst 1922 hat Rilke die Elegien in der französischen Schweiz vollendet. Sie umfassen insgesamt nur 853 Zeilen, doch Rilke betrachtete sie als sein Hauptwerk. Die zehn Gedichte stellen einen dramatisierten inneren Monolog dar, sind frei rhythmisiert und besitzen keine Reime, jedoch viele Distichen und ähneln so formal dem griechischen Epos, z. B. der „Odyssee" von Homer. Rilke steht damit in einer von Klopstock und Hölderlin begründeten Tradition, in der antiken Gestaltung einem prophetischen Auftrag zu dienen. Er sah sich jedoch nicht als ihr eigentlicher Schöpfer, sondern als Empfänger einer Art Offenbarung, die ihm quasi diktiert wurde. Fürstin Marie hat beschrieben, wie es ihm beim Spaziergang, während gerade heftig die Bora wehte, so war, als ob ihm im Brausen des Sturms eine Stimme zugerufen hätte: „Wer wenn ich schrie, hörte mich denn aus der Engel Ordnung ..." Am Abend war die erste Duineser Elegie niedergeschrieben.

→ Karte S. 162

Sistiana

ca. 2800 Einwohner

Der zweite Ort der Triestiner Riviera liegt über der von Karstfelsen umgebenen Bucht *Sistiana Mare*. Ein schattiger Campingplatz blickt oberhalb der Steilküste auf Hafen und Bucht hinunter. Im verkehrsreichen Ortszentrum zweigt von der Küstenstraße SS 14 die Strada Provinciale nach Aurisina ab.

Die Zufahrt nach „Sistiana Mare" liegt neben dem Campingplatz. Unten gibt es einen großen Jachthafen und beiderseits davon je einen Kiesstrand mit Badeanstalt (Eintrittsgebühr), im Osten schließt sich außerdem die große, neu erbaute Ferienanlage *Portopiccolo* mit Jachthafen an, deren Häuser sich pittoresk die Hänge hinaufstaffeln. Parken ist überall kostenpflichtig.

Am ersten Sonntag im Mai ist die Triestiner Riviera Schauplatz des großen **Triest Half Marathon** (21,097 km). Der Start erfolgt in Aurisina, Endpunkt ist die imposante Piazza Unità d'Italia in Triest. Einschreibung und nähere Infos unter www.triesterunningfestival.com.

Jachthafen in Sistiana Mare

Übernachten/Essen ***** Locanda Gaudemus**, kleines Hotel direkt an der Durchgangsstraße (SS 14), neun Zimmer (wegen der Straße muss man die Fenster schließen), dazu ein hübsches Ristorante, dessen lauschige Terrasse zur lauten Straße hin durch eine Mauer abgeschirmt ist (So-Abend u. Mo geschl.). Zum Strand geht man 10 Min. einen steilen Weg hinunter. DZ/F ca. 90–110 €. Sistiana 57, ✆ 040-299255, www.gaudemus.com.

***** Gran Osteria Tre Noci**, ebenfalls an der SS 14, aber ein Stück von der Straße zurück. Gemütlich-rustikales Ristorante mit schönem Innenraum und Terrasse, serviert wird leckere Fleischküche im Wechsel der Jahreszeiten. Geräumige und saubere Zimmer, aufmerksamer Service. DZ/F ca. 85–100 €. Sistiana 33, ✆ 040-299222, www.trenoci.com.

Mein Tipp **B & B Bonavia**, ein Stück landeinwärts vom Camping Marepineta, Elena vermietet geschmackvolle Zimmer mit Gemeinschaftsbereich, Garten und Whirlpool, gutes Frühstück. DZ/F ca. 75 €. Sistiana 59/i3, ✆ 338-8436342, http://bonavia-bb.hotels-in-friuli.com.

Falisia Collection Resort & Spa, gehört zur Starwood-Kette, komfortables Wohnen in der Feriensiedlung Portopiccolo direkt am Meer, schöne Zimmer mit Blick auf den Jachthafen, toller Infinity-Pool, gutes Restaurant und ebensolches Frühstück. DZ/F ca. 200–350 €. Sistiana 231/m, Portopiccolo ✆ 040-9974444, www.falisiaresort.com.

Agriturismo Le Torri di Slivia, in Aurisina Cave, wenige Kilometer südlich von Sistiana vermieten Corrado und Roberta Greco auf ihrem Hof vier gemütliche Zimmer mit Bad, außerdem kann man mit dem Pferd ausreiten und eine imposante, 100 m tiefe Tropfsteinhöhle besichtigen (ca. 9 €). Ein- bis zweimal im Jahr findet auch eine traditionelle Osmizza statt (→ S. 286). DZ/F je nach Aufenthaltsdauer ca. 60–70 €. Aurisina Cave 62/a, 338-3515876, www.letorridislivia.net.

Tenda Rossa, nicht ganz billiges Panoramarestaurant mit guter Fischküche an der SS 14, etwas westlich von Grignano (→ Kasten, S. 201). Di geschl. Strada Costiera 172, ✆ 040-224214.

Camping ****** Marepineta**, an der SS 14, Ortsausfahrt Richtung Duino. Großes, angenehm schattiges Gelände im Pinienwald über der Steilküste, das Meer liegt allerdings weit unten. Restaurant/Pizzeria, großer Pool und Kinderbecken, Spielplatz, Tennis, Vermietung von Mobil Homes und Wohnwagen. Es wird Deutsch gesprochen. Vor dem Gelände führt der Rilke-Pfad vorbei. Anfang April bis Mitte Okt. ✆ 040-299264 (in Dtl. 089-54881677), www.marepineta.com.

Carso, der „Camping Agrituristico" ist ein schlichtes, bewaldetes Naturgelände mit kleinem Pool (Ende Juni bis Ende Aug.), Spielplatz und Shop (selbst gezogenes Gemüse) an der Straße nach Aurisina, Bahngleise in der Nähe. Mitte Mai bis Mitte Okt. Località Aurisina Cave 55, ✆ 339-5472401, www.campingcarso.com.

Grignano: ähnlich wie bei Sistiana eine Bucht mit großem Jachthafen, hinter dem Ristorante „Principe di Metternich" führt ein Weg zum Schloss Miramare hinauf. Am anderen Buchtende liegt eine Badeanstalt mit betonierter Mole (Eintrittsgebühr).

Unterwegs auf der Strada Costiera

Die in den Fels gesprengte SS 14 wurde 1928 eröffnet. Sie verläuft hoch über dem Meer und gilt bis heute als eine der schönsten Küstenstraßen Italiens. Vor allem hinter Sistiana genießt man immer wieder herrliche Panoramablicke. An einer Stelle durchquert man die „Galleria naturale", einen in den Kalkfels gehauenen Tunnel. Gleich danach gibt es einen Parkplatz („Belvedere"), wo man anhalten und den Rundumblick über die imposanten und steil zum Meer hin abfallenden Felswände genießen kann, genannt „Falesie di Duino" (www.falesiediduino.it). Im Weiteren führen hin und wieder steile und schwer zu befahrende Pflasterwege zu kleinen Buchten hinunter, wo es auch mal ein verstecktes Lokal gibt. Das Restaurant „Tenda Rossa" liegt mit seiner Panoramaterrasse dagegen kurz vor Grignano direkt an der Straße (falls man anhalten will, langsam fahren!).

Die friulanische Küste → Karte S. 162

Wie in Hollywood: Schloss Miramare bei Triest

Castello e Parco di Miramare (Schloss und Park Miramare)

Das schneeweiße Habsburgerschloss thront mit seinem wunderschönen, kleinen Hafen und dem weitläufigen Park oberhalb vom Grignano bühnenbildgerecht auf einem Felsvorsprung direkt am Meer – ein Hollywood-Regisseur hätte es nicht besser platzieren können. Es ist zu einem Symbol der Riviera Triestina geworden und gehört zu den meistbesuchten Schlössern Italiens.

Mitte des 19. Jh. fand der österreichische Erzherzog Maximilian, Bruder von Kaiser Franz Joseph, Gefallen an der Triestiner Riviera und wünschte sich hier eine Residenz. 1859 ließ er sich im zarten Alter von 27 mit seiner knapp 20-jährigen Gemahlin Charlotte, Tochter des belgischen Königs Leopold, im Castelletto (vom Hafen aus sichtbar) nieder und überwachte die schwierigen und enorm kostspieligen Bauarbeiten unter dem Wiener Architekten Carl Junker persönlich. Ein Jahr später zog das Paar dann ins noch längst nicht fertig gestellte Schloss ein – eigentlich hätte es noch ein Stockwerk höher werden sollen. Maximilian hätte hier in Ruhe seinen zahlreichen Interessen nachgehen und ein sorgenfreies Leben führen können, die junge Charlotte hätte sich der Musik, Literatur und Malerei gewidmet. Doch packte ihn der Ehrgeiz, er nahm das Angebot klerikal-konservativer Notabeln an und ließ sich, von französischen Truppen unterstützt, zum Kaiser von Mexiko ausrufen (und verzichtete dafür auf die österreichische Thronfolge).

1864 stach er von Miramare aus in See, wurde aber nach dem Abzug der Franzosen im Bürgerkrieg gegen die mexikanische Nationalbewegung unter Benito Juárez gefangen genommen und 1867 von Aufständischen erschossen. Seine Gattin, die Maximilian zu dem verhängnisvollen Abenteuer ermutigt hatte, verfiel in geistige Umnachtung, kehrte nach Europa zurück und lebte dort noch 60 Jahre. Das Märchen von Miramare fand nicht statt, das Schloss wurde erst 1870 endgültig fertig gestellt und beherbergte nach Maximilian noch weitere gekrönte Häupter, darunter mehrmals Kaiserin Elisabeth (Sissi), die 1898 vom Anarchisten Luigi Lucheni in Genf erstochen wurde, das österreichische Thronfolgepaar, das 1914 in Sarajevo ermordet wurde, Herzog Amedeo von Aosta, der 1942 in einem britischen Gefangenenlager an Malaria starb, sowie im Zweiten Weltkrieg die deutsche Generalität, die z. T. hingerichtet wurde. Auch die Militärregierung der Alliierten wählte nach dem Krieg Schloss Miramare als Hauptquartier und erst als das Gerücht die Runde machte, dass jeder, der in Miramare wohne, eines unnatürlichen Todes sterbe, ließ der Andrang nach. Heute stehen die großen, lichten Räume im Stil des romantischen Historismus zur Besichtigung frei.

Museo Storico del Castello di Miramare: Der Rundgang durch die wunderbar restaurierten Räumlichkeiten mit ihrem wertvollen historischen Mobiliar ist ein Genuss. In jedem Raum findet man interessante Erläuterungen zu Entstehung und Einrichtung.

Die ersten beiden Räume im Erdgeschoss sind das *Schlafzimmer (1)* und das *Arbeitszimmer (2)* Maximilians, dazu gehört ein schönes Bad mit Marmorwanne. Sie besitzen wunderbare Holztäfelungen, sind aber niedrig wie Schiffskajüten gehalten. Maximilian war seinerzeit oberster Kommandeur der österreichischen Kriegsmarine und hat hier seine Zeit auf der Kriegsfregatte „Novara" festgehalten. Das

Die friulanische Küste → Karte S. 162

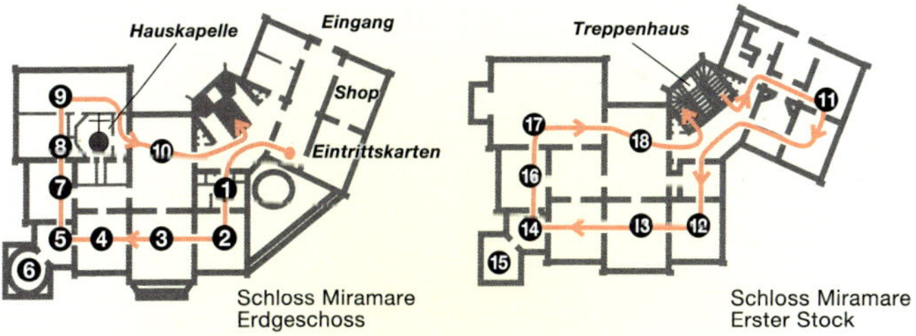

1 Schlafzimmer Maximilians
2 Arbeitszimmer Maximilians
3 Bibliothek
4 Speisesaal
5 Arbeitszimmer Charlottes
6 „Salottino"
7 Schlafzimmer Charlottes
8 Ankleidezimmer Charlottes
9 Sala Progetti
10 Windrosensaal

11 Wohnung des Amedeo Duca d'Àosta
12 Herrschersaal
13 Audienzsaal
14 Raum im japanischen Stil
15 Raum im chinesischen Stil
16 Historischer Saal
17 Thronsaal
18 Möwensaal

Schloss Miramare Rundgang

Arbeitszimmer ist dem Heckraum dieses Schiffes nachgebildet, das Schlafzimmer soll eine Kabine darstellen.

Es folgen die prächtige *Bibliothek (3)* mit etwa 3000 Bänden, dann der *Speisesaal (4)* und das *Arbeitszimmer* Charlottes *(5)*, beide mit herrlicher blauer Tapete, auf der die Ananasmotive auffallen. Der ans Arbeitszimmer angeschlossene achteckige „Salottino" *(6)* diente als *Musik-*, *Lese-* und *Malraum* für Charlotte. Weiter kommt man durch das *Schlafzimmer (7)* und das *Ankleidezimmer* Charlottes *(8)* in die *Sala Progetti (9)*, in der die architektonischen Entwürfe für Schloss Miramare ausgestellt sind, und gelangt schließlich vorbei an der holzgetäfelten *Hauskapelle* in den großen *Windrosensaal (10)* – so genannt, weil der Zeiger über dem Kronleuchter an der Decke mit einer Wetterfahne am Dach verbunden ist. Er diente als Eingangsraum für Gäste, die vom kleinen Hafen heraufkamen, wurde aber auch als Spielzimmer genutzt.

Durch ein herrliches *Treppenhaus* aus Eichenholz im Renaissancestil steigt man in den ersten Stock hinauf, der erst nach der Abreise des jungen Paars nach Mexiko fertig gestellt wurde. In den einstigen Räumen der Dienerschaft im *linken Flügel (11)* richtete sich der junge Amedeo Duca d'Aosta ein, Sohn des ruhmreichen Herzogs von Aosta, der Kommandant der dritten Armee in den Isonzo-Schlachten des Ersten Weltkriegs war (→ S. 157). Er wohnte hier 1930–37 mit seiner Gattin, das typische Mobiliar der 30er Jahre ist noch erhalten. Danach geht es in den *Herrschersaal (12)*, benannt nach den zahlreichen Herrscherporträts an den Wänden, der später als Gästezimmer genutzt wurde. Der Fußboden spiegelt die Motive der Deckenverzierungen wider. Das Bett ist ein Geschenk Kaiser Napoleons III., an dem kleinen, schwarzen Marmortisch hat Maximilian die Annahme der mexikanischen Krone unterzeichnet. Im *Audienzsaal (13)* sieht man über den Türen Bilder der Habsburger Schlösser,

Der hübsche kleine Hafen von Miramare

darunter eins von Schloss Chapultepec, Maximilians Residenz in Mexiko. Durch zwei Räume im *japanisch/chinesischen Stil (14/15)* gelangt man in den *Historischen Saal (16)*, auch Cesare-dell'Acqua-Saal genannt, mit einigen bedeutenden Bildwerken zur Biografie Maximilians, darunter das „Angebot der Krone Mexikos durch eine mexikanische Delegation", die „Abreise Maximilians und Charlottes" sowie der „Besuch der Kaiserin Elisabeth im Schloss", aber auch Porträts von Kaiser Franz Joseph und seiner Gattin Sissi.

Schließlich erreicht man den prunkvollen, zwei Stockwerke hohen *Thronsaal (17)* mit einer aufwändigen gotischen Holzdecke. An den Wänden hängen zwei riesige Gemälde: die „Allegorische Darstellung der Besitzungen Karls V.", dessen Nachkomme Maximilian war, sowie der „Stammbaum der Familie Habsburg-Lothringen", die Habsburger sind darin golden hinterlegt, die Lothringer „nur" silbern. Den Schlusspunkt setzt die *Sala dei Gabbiani*, der Möwensaal also *(18)*, benannt nach den Möwenmotiven mit Spruchbändern im Schnabel, dazu gibt es hier Herrscherporträts und zwei Gemälde, die eine Reise Maximilians in die Türkei thematisieren – „Sklavinnenmarkt in Smyrna" und „Mit dem Pascha bei Tisch". Im Winter wurde dieser Raum als Speisesaal genutzt.

Parco di Miramare: Reizvoll ist auch ein Spaziergang durch den 22 ha großen Park. Die Bepflanzung mit z. T. seltenen Bäumen (darunter viele aus Mexiko und Kalifornien) wurde bereits

„Logenplatz" auf der Terrasse von Schloss Miramare

von Maximilian persönlich veranlasst und folgte einem präzisen Plan, allerdings konnte die ursprüngliche Planung eines rein tropischen Gartens wegen des eher rauen Klimas nicht verwirklicht werden.

Im zentralen italienischen Garten gibt es ein *Kaffeehaus* und das sog. *Castelletto* (geschl.), in dem Maximilians Frau Charlotte nach dessen Tod wegen ihrer geistigen Verwirrung 1866/1867 unter Aufsicht wohnte, bevor sie nach Belgien verbracht wurde, wo sie 1927 starb – angeblich glaubte sie zeitlebens, sie sei Kaiserin von Mexiko.

Meerespark und Scuderie: Vor der Küste von Miramare hat der WWF bereits vor über 30 Jahren einen geschützten *Meerespark* (Area Marina Protetta) initiiert, der von Juni bis Sept. mit geführten Schnorchelgängen besichtigt werden kann (Infos unter www.riservamarinamiramare.it/seawatching). Erst 2018 wurde im rechten Flügel der früheren *Scuderie* (Stallungen) am Osteingang zum Park das Museum „BioMa" (Biodiversitario Marino) zur Meeresfauna und -flora eingerichtet. Auch weitere Ausstellungen finden in den Stallungen gelegentlich statt.

Anfahrt/Verbindungen Man erreicht Schloss Miramare direkt von der SS 14 (Abfahrt beschildert) oder mit einem kleinen Spaziergang vom Hafen von Grignano aus. Parken auf dem Schlossgelände kostet ca. 2 €/Std., die Plätze sind allerdings viel zu wenige und es geht sehr beengt zu.

Von Triest fährt **Bus 6** ab Bhf., auch Nahverkehrszüge stoppen in Grignano, im Sommer gibt es außerdem **Bootsverbindungen** ab Triest (Riva Nazario Sauro/Ecke Molo Bersaglieri): Anf. Juni bis Anf. Sept. etwa 4 x tägl., einfach ca. 4,40 €, www.triestetrasporti.it.

Öffnungszeiten Schloss, ganzjährig tägl. 9–19 Uhr, Eintritt ca. 8 €, 18–25 J. 4 € (unter 18 J. gratis), erster So im Monat Eintritt frei, ebenso mit FVG Card. ✆ 040-224143, www.castello-miramare.it.

Schlosspark, März bis Sept. tägl. 8–19 Uhr, Rest des Jahres bis 16 Uhr, Eintritt frei.

Museo BioMa (Scuderie), Juli bis Mitte Sept. Di/Mi, Fr–So 9.30–18 Uhr, Mo u. Do 14–18, übrige Zeit Fr 14–18, Sa/So 10–18 Uhr. Eintritt ca. 6 €, 3–14 u. über 65 J. 4 €. ✆ 040-224147, www.riservamarinamiramare.it.

Übernachten **** **Riviera e Maximilian's**, komfortables Haus oberhalb der Bucht von Grignano, gut eingerichtete Zimmer mit Balkonen und Meerblick. herrlicher Blick die Küste entlang, reichhaltiges Frühstück. Teures Restaurant mit Panoramaterrasse, Lift zu einer privaten Badeplattform unterhalb, gepflegtes Spa. DZ/F ca. 110–260 €. Strada Costiera 22, ✆ 040-224551, www.hotelrivieraemaximilian.com.

Mein Tipp **** **Miramare**, modernes Hotel, nur durch die Zufahrtsstraße zum Schloss vom Meer getrennt. Gestylte Zimmer mit Balkon und wunderschönem Blick, private Bademole vor dem Haus, gutes Ristorante, Frühstück erfreulich und netter Service. DZ/F ca. 75–170 €. Viale Miramare 325/4, ✆ 040-2247085, www.hotelmiramaretrieste.it.

Ostello Tergeste, (IYHF), an der Zufahrt zum Schloss, kurz vor dem Parkeingang, vom Bhf. in Triest Bus Nr. 6 (15 Min.). Großartige Lage in einer Villa mit Panoramaterrasse direkt am Meer, einfache Einrichtung, 68 Betten in DZ und Mehrbettzimmern, April bis Okt. Mittag-/Abendessen möglich (ca. 11 €), Fahrradverleih. Ü/F im Mehrbettzimmer ab ca. 20 €/Pers., im DZ mit Bad ab ca. 30 €. Ganzjährig geöffnet. Viale Miramare 331, ✆ 040-224102, http://de.ostellotergeste.com.

Essen & Trinken **Principe di Metternich**, großes Terrassenlokal im Jachthafen von Grignano, durchgehend warme Küche, auch Pizza – schöne Lage, aber äußerst „touristische" Preise. ✆ 040-224189.

Mignon, im hochgelegenen Panoramarestaurant des gleichnamigen Hotels speist man abends romantisch mit Kerzenlicht. Via Junker 12, ✆ 040-224611.

Bagno Bar, an der Hauptzufahrt zum Schloss direkt am Wasser, beliebtes „Strandbad" (Eintritt 7 €, Liegen extra), auch warmes Essen.

Die friulanische Küste → Karte S. 162

Von Grignano bis Triest

Südlich des Schlossfelsens von Miramare zieht sich entlang der Straße eine kilometerlange Küstenpromenade bis zu einem großen Pinienhain in *Barcola*, das bereits zu Triest gehört. Dies ist die öffentliche Badezone von Triest und wird vor allem an Wochenenden sehr voll, Parkplätze sind dann nur schwer zu finden. Leitern führen überall ins Meer – Badespaß und Sonnenbaden für die Großstadt.

Faro della Vittoria: Der 68 m hohe Leuchtturm oberhalb von Barcola wurde seit 1924 als Denkmal für die gefallenen Marinesoldaten des Ersten Weltkriegs errichtet und am 24. Mai 1927 in Anwesenheit von König Vittorio Emanuele III feierlich eröffnet. Als mächtige, klassische Säule thront er mit der überlebensgroßen Statue eines Soldaten auf den Grundmauern einer österreichischen Festung. Das Kapitell bildet ein ausladender „Mastkorb", darin ragt ein Gerüst aus Bronze und Glas mit verzierter Bronzekuppel empor, gekrönt von der „Statua della Vittoria". Das Leuchtwerk liegt ungefähr in 130 m ü. d. M. und hat eine Reichweite von über 50 km. Der Leuchtturm kann bis zum Kapitell bestiegen werden (nur 15 Pers. gleichzeitig, 15 Min. Dauer), auch ein kleiner Lift führt hinauf, der Rundum-Blick ist fantastisch.

▪ April bis Juni u. Sept. Fr 15–19, Sa/So 10–13, 15–19, Juli/Aug. Mi–So 10–13, 16–19, Okt. Fr 15–18, Sa/So 10–13, 15–18 Uhr, weitere Zeiten siehe unter www.farodellavittoria.it. Eintritt frei. Eingang beim Restaurant „Al Faro". ✆ 0481-91697.

Anfahrt Bus 42 u. 44 ab Piazza Oberdan in Triest.

Triest (Trieste)

ca. 230.000 Einwohner

Hauptstadt der Region Friaul-Julisch Venetien, östlichste Großstadt Italiens und einstmals wichtigster Mittelmeerhafen der Doppelmonarchie Österreich-Ungarn.

Eingeschlossen von karstigen Kalkhängen liegt die Stadt in einer halbkreisförmigen Bucht nur wenige Kilometer vor der slowenischen Grenze. Die eigenartige Mischung aus riesigen Hafendocks, prächtigen Palästen der k.u.k.-Monarchie und Kaffeehausromantik prägt ihr Ambiente. Allgegenwärtig sind die Winde, vor allem die Bora, die immer wieder mit bis zu 100 km/h von den umliegenden Hängen herunterfegt. Dem heftigen Verkehr in den langen Straßenschluchten kann man in den Fußgängerbereichen um Canal Grande und Piazza dell'Unità d'Italia entgehen, auch das Altstadtviertel Cavana ist verkehrsberuhigt.

Die exponierte geografische Lage und die damit verbundene, wechselvolle Geschichte haben das Gesicht der Stadt gezeichnet. Ungarische, slawische und vor allem österreichische Einflüsse sind spürbar: in der Architektur, im alltäglichen Leben, in Kunst und Literatur, nicht zuletzt aber auch in der Küche. Das Zentrum ist in effektvollen klassizistischen Linien gestaltet, zahlreiche monumentale Bauten aus Eklektizismus, Jugendstil und Neugotik spiegeln die Bedeutung Triests im 18. und 19. Jh., als die Stadt unter den Habsburgern ein bedeutender Freihafen war. Als Zeichen von Reichtum und „Grandezza“ entstanden damals überall

Piazza dell'Unità d'Italia: Europas größter Platz am Meer

prächtige Palazzi, u. a. die Börse, die Theater und das auch heute noch anerkannt gute Opernhaus. Triest wurde zur bedeutenden Kulturmetropole an der Nahtstelle zwischen Ost und West, aber gleichzeitig im Herzen Europas, Schriftsteller wie James Joyce, Italo Svevo und Umberto Saba machten es zu einer Hochburg der Literatur – mit den Worten von Claudio Magris, dem bedeutendsten derzeit lebenden Triestiner Schriftsteller (→ S. 219), sogar zur „literarischen Hauptstadt Mitteleuropas".

Nach dem Ersten Weltkrieg und dem Auseinanderfallen des k.u.k.-Imperiums wurde Triest Italien zugeschlagen und zu einem Zentrum des Schiffbaus, die großen Werften liegen bis heute südlich vom Zentrum. Nach der deutschen Besetzung im Zweiten Weltkrieg geriet Triest zum Zankapfel zwischen Italien und Jugoslawien, wirtschaftliche Not und soziale Krisen drohten den Glanz der einstigen Handels- und Wirtschaftsmetropole zu zerstören. Erst 1954 wurde Triest wieder italienisch, wobei das Hinterland jugoslawisch bzw. slowenisch blieb – ein schwieriges Erbe, denn der „Eiserne Vorhang" verhinderte jeglichen wirtschaftlichen Austausch. Seit der Demokratisierung der Balkanstaaten ist man jedoch auf gutem Weg, an die frühere Bedeutung anknüpfen zu können. So ist Triest, das sich gerne „Porta d'Europa" (Tor Europas) nennt, wegen diverser Vergünstigungen und Steuernachlässe die italienische Metropole des Versicherungswesens.

Milliarden an Investitionen zur Modernisierung des Hafens stellt neuerdings China in seinem umstrittenen Projekt der „Neuen Seidenstraße" in Aussicht, denn Triest und weitere italienische Häfen sollen (wie schon Piräus in Griechenland) wichtige Brückenköpfe für Chinas Güter werden, die über den Indischen Ozean und den Suezkanal nach Europa verschifft werden.

Piazza dell'Unità d'Italia mit Palazzo del Governo und Palazzo Stratti

Sehenswertes

Um die ganze Atmosphäre und Verschiedenartigkeit der Stadt zu erleben, sollte man mehrere Spaziergänge unternehmen: durchs klassizistische Zentrum und ins benachbarte kleine Altstadtviertel Cavana, auf den Hügel von San Giusto und natürlich am Hafen entlang.

Hafenpromenade

Beim Gang entlang der breiten und stets viel befahrenen Uferstraße überquert man den *Canal Grande*. Etwa 300 m weiter erreicht man die monumentale **Piazza dell'Unità d'Italia**, den repräsentativen Mittelpunkt der Stadt. Im Weiteren passiert man meerseitig die **Stazione Marittima**, heute Kongresszentrum, und danach das Aquarium mit der ehemaligen Fischmarkthalle **Ex-Pescheria Centrale**, deren großer Innenraum namens **Salone degli Incanti** heute für Ausstellungen genutzt wird. Danach ist die erst 2017 eröffnete Kulinarik-Halle „Eataly" (→ Shopping) unbedingt einen Besuch wert. Das Hafenbecken endet mit dem großen Jachthafen, dem Thermalhallenbad **Acquamarina** und dem früheren Leuchtturm **La Lanterna** auf der Mole Fratelli Bandiera. An der Westseite der Mole liegt die Badeanstalten *La Lanterna* und *Ausonia*, zwei Strandbäder mitten in der Stadt (→ Baden).

Ex-Faro La Lanterna: Der 33 m hohe Leuchtturm auf der Mole Fratelli Bandiera am Südwestende des Hafens wurde 1832 in Betrieb genommen. In den 1920er Jahren wurde er durch den doppelt so hohen Faro della Vittoria auf der anderen Seite von Triest ergänzt (→ S. 207) und schließlich 1969 stillgelegt. Im ersten Stock gibt es ein gutes Fischrestaurant (→ Essen & Trinken). Gäste des Lokals dürfen von dort auf Anfrage bis zur Krone hinaufsteigen und den herrlichen Blick genießen.

Canal Grande

Der breite Kanal mit seinen monumentalen Fassaden, Brücken und Booten ist sicher das bekanntestes Stück der City und Zentrum des mondänen Viertels **Borgo Teresiano**, das hier mit streng rechtwinkligen Straßenzügen und neoklassischen Palästen Ende des 18. Jh. unter Joseph II. entstand. Einige Straßen in der Umgebung sind seit geraumer Zeit Fußgängerzonen, was der Stadt sehr gut getan hat. Für den abendlichen Aperitivo gibt es hier eine ganze Reihe von populären Treffpunkten.

Am Kopfende des Kanals steht die streng klassizistische **Kirche Sant'Antonio Taumaturgo** mit einem Vorbau im Stil griechischer Tempel, gleich in der Nähe die serbisch-orthodoxe **Kuppelkirche San Spiridone** aus dem 19. Jh. im neobyzantinischen Stil. Am meerseitigen Ende des Kanals erhebt sich rechter Hand der riesige **Palazzo Carciotti** mit Kuppel und ionischer Säulenfassade, heute Sitz der Hafenbehörden. Auf der anschließenden Piazza Ponterosso herrscht vor allem an Wochenenden lebhaftes Markttreiben. Eine Bronzestatue des Literaten James Joyce steht auf der Brücke bei der Piazza (→ Literaten in Triest).

Piazza dell'Unità d'Italia und Umgebung

Die Piazza dell'Unità d'Italia ist einer der größten und eindrucksvollsten Plätze Italiens und gilt als größter Platz Europas am Meer. Er ist wunderbar weiträumig und offen angelegt und wird abends wirkungsvoll illuminiert. Prachtvolle Palazzi umrahmen die Piazza: links vorne der **Palazzo del Governo** mit kunstvollen Fassadenmosaiken aus Muranoglas, erbaut Anfang des 20. Jh. und damals Sitz des habsburgischen Statthalters, daneben der **Palazzo Stratti** mit dem Caffè degli Specchi (Spiegelcafé), rechts vorne der **Palazzo Llyod Triestino** (heute Sitz der Regionalregierung), danach das Hotel *Duchi d'Aosta* und der barocke **Palazzo Pitteri**. An der Landseite steht der höchst imposante **Palazzo del Municipio** mit prachtvoller Fassadendekoration, davor ein hoher Brunnen, dessen Statuen die vier Kontinente darstellen, sowie eine Säule mit der Statue des Habsburger Kaisers Karl VI., der Triest im 18. Jh. zum Freihafen ernannte.

An der Meerfront steht das Fahnen schwingende Bronzedenkmal eines stolzen *Bersagliere*. Diese Elitetruppen gingen hier am 3. November 1918 an Land und nahmen Triest wieder für Italien in Besitz. Die daneben am Kai sitzenden Bronzefrauen nähen dazu emsig an einer imaginären Tricolore.

Ghetto und römisches Theater: Links hinter der Piazza liegen um die Via

Farbenprächtige Mosaiken an der Fassade des Palazzo del Governo

Bersaglieri-Denkmal an der Mole vor der Piazza dell'Unità

delle Beccherie die engen Gassen des einstigen jüdischen Viertels, in denen sich heute beliebte Cafés und Kneipen verstecken. Vor dem Zweiten Weltkrieg lebten in Triest etwa 6000 Juden, heute sind es noch ein Zehntel davon.

Zum Hügel San Giusto ist das Viertel abgegrenzt durch die Via del Teatro Romano, benannt nach dem *römischen Theater* am Fuß des Hügels, das in den 1930er Jahren entdeckt wurde, als die Faschisten hier einen Teil der Altstadt abreißen ließen (Besichtigung nur nach Voranmeldung).

Piazza della Borsa: Die lang gestreckte Piazza wird dominiert von der klassizistischen Säulenfassade der *Borsa Vecchia* (Alte Börse) vom Anfang des 19. Jh., in der heute die Handelskammer untergebracht ist. Daneben liegt die kreuzförmige Einkaufspassage *Tergesteo*, die 1840 eröffnet wurde und ein wichtiger Treffpunkt der Geschäftswelt war. Im Sommer findet auf der Piazza ein Teil des bunten Triester Nachtlebens statt.

Cavana

Rechter Hand der Piazza dell'Unità d'Italia beginnen die schmalen Fußgängergassen des kleinen Altstadtviertels, zentrale Bummelzeile ist die **Via Cavana** mit Shops und Restaurants. Von der weiträumigen und großzügigen Planung des klassizistischen Zentrums ist hier nichts zu bemerken. Enge, verwinkelte Gassen und hohe Hausfronten prägen das Bild, manches ist sanierungsbedürftig, einiges wurde auch schon restauriert und auch eine Hand voll netter Hotels gibt es mittlerweile (→ Übernachten). Wenn die heftigen Borawinde die Hänge herunterstürmen, wird es ungemütlich und es kommt immer wieder zu Schäden. Auf der baumbestandenen **Piazza Hortis** steht die Statue des Schriftstellers *Italo Svevo* (→ Literaten in Triest, S. 218), auf der Piazza Venezia ein Bronzestandbild von *Erzherzog Maximilian*, dem Gründer von Schloss Miramare (bis 2009 stand es dort im Schlosspark).

Hügel von San Giusto

Der Hügel war schon seit prähistorischer Zeit besiedelt und ist seit jeher das historische Zentrum der Stadt. Heute bietet sich oben ein bunter Mix aus römischen, mittelalterlichen und venezianischen Überresten.

Am Fuß des Stadthügels steht die **Barockkirche Santa Maria Maggiore** und gleich daneben das romanische **Kirchlein San Silvestro** aus dem 11. Jh., der älteste Sakralbau der Stadt, das seit 1785 die protestantische Glaubensgemeinschaft der Waldenser beherbergt, die sich lange vor Luther von der katholischen Kirche abspaltete. Ein paar Schritte bergauf erreicht man die hübsche, tagsüber ruhige **Piazza del Barbacan** (→ Nachtleben) und den benachbarten **Arco di Riccardo**, ein recht imposant wirkendes Tor der römischen Stadtmauer, errichtet 33 v. Chr. Durch ruhige Wohnviertel kann man von hier auf der Via della Cattedrale zur Hügelspitze hinaufsteigen (Alternative: ab Bhf. oder Piazza dell'Unità d'Italia Bus 24 nehmen).

Cattedrale di San Giusto Martire: Der äußerlich schlichte Bau aus dem 15. Jh. ist aus zwei Kirchen zusammengefügt, die hier eng nebeneinander standen. Die romanische Fassade ist einfach gehalten, einziger Schmuck ist eine große Rosette. Das Innere besteht aus fünf Schiffen, in drei Apsiden sind großartige Mosaike und Fresken erhalten, so in der Hauptapsis die „Krönung Mariens".

▪ April bis Sept. tägl. 7.30–19.30, übrige Zeit 8–12, 15.30–19.30 Uhr.

Römisches Forum: Neben dem Dom erstrecken sich die säulenbestandenen Grundmauern des antiken römischen Forums, das nach dem Niedergang des Reiches als willkommener Steinbruch für den Bau des Doms diente.

Castello San Giusto: Das Kastell hinter der Kirche wurde im 15. Jh. von den Österreichern unter Erzherzog Maximilian an der Stelle einer früheren mittelalterlichen Burg errichtet, um den Habsburger Herrschaftsanspruch nach 1382 (→ Geschichte) buchstäblich zu „untermauern". Im Rahmen des *Civico Museo di Castello* kann man die z. T.

Die friulanische Küste → Karte S. 162

Kathedrale und römisches Forum

original ausgestatteten Räume besichtigen, dort wird auch eine Sammlung historischer Waffen präsentiert. Das eigentliche Highlight liegt aber im erstaunlich großen Untergrund der Burg (über den Hof gehen). Dort erwartet den Besucher das *Lapidario Tergestino*, eine eindrucksvolle Sammlung römischer Steine, Skulpturen, Inschriften und Mosaikböden mit umfangreichen Dokumentationen – die Menge der Exponate macht einem die Bedeutung Tergestes in römischer Zeit bewusst. Die „Bar sul Bastione" mit Panoramablick rundet den Besuch ab.

▪ Tägl 10–19 Uhr (NS bis 17 Uhr u. Mo geschl.), Eintritt ca. 3 €. ✆ 040-309362.

Museo di Storia ed Arte & Orto Lapidario: Das Museum liegt an der Via della

Risiera di San Sabba: Konzentrationslager im Friaul

Nach der Kapitulation Italiens erklärten die deutschen Besatzer 1943 Triest und sein Hinterland zu einem großdeutschen Gau und richteten im Oktober desselben Jahres in einer früheren Reisfabrik südlich vom Stadtzentrum das einzige Vernichtungslager auf italienischem Boden ein (Sammellager zum Weitertransport nach Deutschland und Polen gab es mehrere). Unter der Regie der deutschen SS wurden hier zwischen drei- und fünftausend zivile Geiseln, Partisanen, politische Gefangene und Juden ermordet – erschlagen, erschossen oder in Lastwagen vergast – und danach in einem Krematoriumsofen verbrannt. Noch höher war die Zahl derer, die in andere Konzentrations- und Arbeitslager weitertransportiert wurden, wo sie ebenfalls großteils starben. Maßgeblich an den Tötungen beteiligt war die Truppen von „Einsatz Reinhardt" unter Christian Wirth, die vorher in den polnischen Vernichtungslagern Bełzec, Sobibor und Treblinka das „Handwerk" der effizienten und schnellen Massentötung perfektioniert hatten. In der Nacht vom 29. zum 30. April 1945 sprengten sie das Krematorium, um die Spuren ihrer Verbrechen zu vertuschen und setzten sich, sofern sie nicht von Partisanen ergriffen und erschossen wurden, nach Deutschland und Österreich ab, wo einige – unter falschen oder auch echten Namen – lange von der Justiz unbehelligt weiterlebten. Wirth wurde am 26. Mai 1944 von Partisanen erschossen, sein Nachfolger Dietrich Allers wurde nach dem Krieg unter seinem echten Namen Syndikus der Deutschen Werft AG und verstarb 1975, bevor sein Prozess zum Abschluss gekommen war. In den 60er Jahren formte der Architekt Romano Boico die halb zerstörte Risiera zur Gedenkstätte. Sie ist heute zum Nationaldenkmal erklärt, eine Ausstellung erinnert an die Gräuel der Massenvernichtung. Wenn man die Anlage durch den bedrückenden Zugang zwischen 11 m hohen Betonwänden betreten hat, liegt linker Hand die sog. „Todeszelle", wo die Gefangenen vor ihrer Tötung eingekerkert wurden. Danach folgten Schneider- und Schusterwerkstätten, wo die Gefangenen arbeiteten, sowie die Unterkünfte für die SS-Soldaten. Im Erdgeschoss dieses Gebäudes liegt ein großer Saal mit 17 Zellen, in denen

Cattedrale, wenige Meter unterhalb der Kathedrale (→ Museen, S. 216).

Außerhalb des Zentrums

Piazza Oberdan: Im Umfeld der Piazza, wo die Tram nach Opicina startet (derzeit stillgelegt), sind noch große Teile der Luftschutzbunker erhalten, die die deutsche Wehrmacht hier ab 1943 erbauen ließ. Genannt wurden sie „Klein-Berlin". Sie sind noch weitgehend original erhalten und können besichtigt werden, ebenso wie der italienische Teil, der Zufluchtsort der Triestiner war.

▪ Führungen auf Italienisch jeweils am letzten Fr im Monat (18–20 Uhr) nach Voranmeldung unter ✆ 339-2539712, Eingang Via Fabio Severo (gegenüber Hausnummer 11).

jeweils bis zu sechs Menschen für Tage und Wochen eingesperrt waren, bevor sie ermordet wurden. Im Hof erinnert eine stählerne Plattform an das Haus mit dem Verbrennungsofen, das hier stand, bevor es von den Nazis gesprengt wurde, Eisenskulpturen symbolisieren den aufsteigenden Rauch. Der Umriss des Hauses ist noch am großen Zentralgebäude zu erkennen. Dort ist heute eine ergreifende Sammlung von Erinnerungsstücken untergebracht, u. a. persönliche Gegenstände, Kleidungsstücke, Briefe und Zeichnungen der Häftlinge sowie Dokumente und Fotos der Zeit, dazu laufen erläuternde Filme.

▪ Tägl. 9–19 Uhr (25. Dez. u. 1. Jan. geschl.), Eintritt frei. ✆ 040-826202.

Anfahrt/Verbindungen Die Risiera di San Sabba ist nicht ganz einfach zu finden. Sie liegt in der Via Giovanni Palatucci 5, südöstlich vom Stadtzentrum, in unmittelbarer Nähe des Stadio Comunale (Stadio Nero Rocco) von Triest. Bei der Anfahrt mit PKW nimmt man die Ausfallstraße am Ostende des Hafens in Richtung Muggia, fährt aber nicht auf die Autobahn ab.

Bequemer ist die Anfahrt per Bus. Man nimmt Bus 8, der an der Piazza d'Unità Italia stoppt, oder Bus 10 ab Piazza Tommaseo ein wenig weiter nördlich (→ Stadtplan) und fährt bis zur Endstation „Valmaura", die direkt beim Stadion liegt. Vom Bustopp geht man die Via Valmaura ein Stück zurück und biegt nach einem großen Supermarkt links in die kurze Via Giovanni Palatucci ein (benannt nach dem Polizeipräsidenten von Triest, der Juden heimlich half, aber verraten wurde und in Dachau starb).

Synagoge: Der monumentale, 1912 errichtete Bau steht an der Via San Francesco, die parallel zur breiten Via Cesare Battisti verläuft. Sie ist eine der größten Synagogen in Europa und beherbergt auch ein kleines hebräisches Museum.

▪ Führungen So 10, 11 u. 12 Uhr, Mo/Mi 16 u. 17.30 Uhr, Di 10 u. 11.30 Uhr; Eintritt ca. 3,50 €, 10–18 J. 2,50 €. ✆ 040-6726736. Museum, Mo, Mi u. Fr 10–13, Di 16–19, Do 10–16 Uhr; Eintritt 5 €, 10–18 u. über 65 J. 3 € (Eingang Via del Monte 5). ✆ 040-633819, www.triestebraica.it.

Giardino Pubblico Tommasini: Nicht mehr weit ist es von der Synagoge zum üppig grünen Park am Ende der Via Battisti, eine angenehme Abwechslung im Asphaltdschungel der Großstadt.

Viale XX Settembre: Die baumbestandene Fußgängerzone verläuft mit vielen Bars und Restaurants südlich der Via Cesare Battisti und endet am Teatro Rossetti, einem beeindruckenden neoklassischen Bau des 19. Jh.

Museen (Auswahl)

Galleria d'Arte Moderna & Museo Revoltella: Die beiden aneinandergebauten Palazzi (Eingang in der Via Armando Diaz 27, neben der Piazza Venezia) bilden einen musealen Höhepunkt Triests. Ersterer wurde innen völlig entkernt und mit viel Beton avantgardistisch-verwinkelt zur Kunstgalerie umgebaut. Die sehenswerte Sammlung moderner Maler und Bildhauer des 19. und 20. Jh. beinhaltet so viele originelle Stücke, dass ein Rundgang auch denen Spaß machen kann, die normalerweise mit moderner Kunst nicht viel anfangen können.

Ein echtes Kontrastprogramm bietet der benachbarte Palazzo Revoltella. Er gehörte dem Baron *Pasqualle Revoltella* (1795–1869), der mit dem Bau des Kanals von Suez zu Vermögen gekommen war und der bereits zu Lebzeiten plante, den Palazzo nach seinem Tod der Stadt Triest als Museum zu übereignen. Heute ist hier auf mehreren Stockwerken eine wunderbar erhaltene Inneneinrichtung des 19. Jh. zu besichtigen: Parkettböden mit Einlegearbeiten und vergoldete Kassettendecken, wertvolle Polstermöbel, Spiegel und Kronleuchter, aufwändige Skulpturengruppen aus Marmor und Gemälde Triestiner Maler.

▪ Mi–Mo 9–19 Uhr, Di geschl., Eintritt ca. 7 €, ermäß. 5 €. ✆ 040-6754350.

Civico Museo Sartorio: Das Haus des wohlhabenden Getreidehändlers Pietro Sartorio am Largo Papa Giovanni XXIII in leichter Hügellage, nicht weit vom Palazzo Revoltella, ist das „Buddenbrooks-Haus" von Triest. Noch erhalten ist die prächtige Inneneinrichtung, es gibt wertvolle Keramik und Porzellan zu sehen, im zweiten Stock sind elegante Zeichnungen von Giambattista Tiepolo zu bewundern – Pietro Sartorio war leidenschaftlicher Kunstsammler. Im ehemaligen Stall sind Gipsmodelle zahlreicher Marmorbüsten ausgestellt, darunter einige Canovas, und im Untergrund des Hauses wird eine hochkarätige Sammlung von kirchlichen Gemälden und Kunstgegenständen verwahrt, die im Zweiten Weltkrieg aus Slowenien nach Triest in Sicherheit gebracht worden waren.

▪ Di–Do 10–13, Fr/Sa 14–17, So 10–17 Uhr, Mo geschl., Eintritt frei. ✆ 040-301479.

Museo d'Arte Orientale: Das Museum steht zentral in der Altstadt (Via San Sebastiano 1) und besitzt zahlreiche Stücke aus dem asiatischen Raum, hauptsächlich aus China und Japan, darunter Schmuck, Porzellan, Waffen und Musikinstrumente.

▪ Do–So 10–17 Uhr, Mo geschl., Eintritt frei. ✆ 040-3220736.

Museo di Storia ed Arte & Orto Lapidario: Im Museum an der Via Cattedrale 15, etwas unterhalb von Kathedrale und Kastell (→ S. 213), sind archäologische Funde aus dem Stadtgebiet von der Prähistorie bis zum Mittelalter ausgestellt. Im *Orto Lapidario* daneben (Zugang über das Museum) gibt es eine Inschriften- und Skulpturensammlung unter freiem Himmel. Hier findet man in einem klassizistischen „Tempel" auch das Grab des deutschen Archäologen und Historikers Johann Joachim Winckelmann, der zu den bedeutendsten geistesgeschichtlichen Persönlichkeiten seiner Zeit zählte und dessen Hauptwerk „Geschichte der Kunst des Altertums" Goethes treuester Begleiter auf seiner Italienreise war. Winckelmann wurde 1768 in Triest unter eigenartigen Umständen von einem italienischen Koch, mit dem er sich angefreundet hatte und ein Zimmer teilte, erstochen – wahrscheinlich ein Raubmord, denn Winckelmann führte eine Sammlung wertvoller antiker Münzen mit sich.

▪ Di–Sa 10–13, 16–19, So 10–19 Uhr (NS Di–So 10–17 Uhr), Mo geschl., Eintritt frei. ✆ 040-308686.

Museo Sveviano & Museo Joyciano: In einem restaurierten Palazzo in der Via Madonna del Mare 13 werden in einem kleinen Raum im zweiten Stock historische Druckausgaben, Manuskripte und Briefe des Triestiner Schriftstellers Italo Svevo (Ettore Schmitz) verwahrt, der zweite ist mit ähnlichen Memorabilien James Joyce gewidmet. Historische Fotos ergänzen die Sammlung. Die beiden Schriftsteller waren befreundet, Joyce redete ihn in Briefen gerne mit „Caro Schmitz" (Lieber Schmitz) an.

▪ Mo–Sa 9–13 Uhr (Mi–Fr auch 15–19 Uhr), So geschl., Eintritt frei. ✆ 040-3593606.

Museo Morpurgo: In der Via Imbriani 5 (Nähe Piazza Goldoni) im Borgo Teresiano ist dieses Bürgerhaus aus dem 19. Jh. hervorragend erhalten und besitzt eine umfassende historische Ausstattung in verschiedenen Stilrichtungen.

▪ Nur Di 9–13 Uhr, Eintritt frei. ✆ 040-6754039.

Museo Postale e Telegrafico della Mitteleuropa: Ausstellung zum Postwesen

Herzstück des klassizistischen Zentrums: der Canal Grande

Die friulanische Küste → Karte S. 162

„Mein Herz ist in Triest": Literaten in Triest

James Joyce wurde am 2. Februar 1882 in Dublin geboren, Kindheit und Jugend in der zwölfköpfigen Familie waren von strenger katholischer Erziehung und Geldnot geprägt. Um der heimatlichen Enge zu entfliehen, ging er 1904 als 22-jähriger Englischlehrer mit seiner Lebensgefährtin Nora Barnacle nach Triest, wo er an der Berlitz-School arbeitete (Via San Nicolò 32, zweiter Stock). Er lebte hier elf Jahre, schrieb dabei u. a. seinen Kurzgeschichtenband „Dubliners", begann seinen autobiografisch geprägten Roman „Portrait of the artist as a young man" („Ein Porträt des Künstlers als junger Mann") und legte erste Grundzüge zu seinem Meisterwerk „Ulysses", auf das er sich seit 1907 vorbereitet hatte. Der Roman verfolgt die Ereignisse im Leben von drei Figuren (Leopold Bloom, Molly Bloom und Stephen Dedalus) am 16. Juni 1904 in Dublin und verquickt das Großstadtgeschehen mit dem mythologischen Stoff des Odysseus. Joyce entwickelte darin die Technik des „Inneren Monologs" und stellte in Form des sog. *stream of consciousness* (Bewusstseinsstrom) die Gedankengänge und Empfindungen seiner Figuren völlig ungefiltert dar, besonders eindrucksvoll im Schlussmonolog, der über hundert Seiten ohne Punkt und Komma die Gedanken von Molly Bloom fließen lässt. Wegen seiner auch sexuell freizügigen Sprache war „Ulysses" jahrelang verboten und wurde erst 1922 in zensierter Form als Buch veröffentlicht. Noch heute feiern Joyce-Fans alljährlich am 16. Juni den „Bloomsday", der in Dublin zur touristischen Attraktion geworden ist. 1998 wählten amerikanische Literaturwissenschaftler den „Ulysses" zum besten englischsprachigen Werk des Jahrhunderts.

Joyce war ein „armer Teufel" und dafür bekannt, dass er die Miete seiner Wohnungen nicht zahlte, aus diesem Grund musste er immer wieder umziehen. In Triest sind ein gutes Dutzend von Wohnungen, Häusern und Räumen bekannt, in denen er gelebt hat. Ein kleines „Museo Joyciano" kann besichtigt werden (→ S. 217).

Italo Svevo (Ettore Schmitz war sein eigentlicher Name) wurde 1861 als Sohn eines aus dem Rheinland stammenden Glasermeisters jüdischen Glaubens in Triest geboren. Im Jahre 1904 machte er Bekanntschaft mit James Joyce, der ihm Englischstunden gab und ihn zum Literaturschaffen ermutigte – seine beiden ersten Romane hatten keinerlei Beachtung gefunden, doch Joyce zeigte sich begeistert. Italo Svevo hat Triest zu einem wichtigen Teil seiner Geschichten gemacht. Er erwies sich als genauer Analytiker der Triestiner Gesellschaft, beschrieb sie in spröder und fast schmuckloser Sprache als morbide, nihilistisch und egozentrisch. „La coscienza di Zeno" (1923) wurde sein wichtigstes Buch, zu Deutsch „Zeno Cosini" – darin thematisiert er die Psychoanalyse Freuds und die „Krankheit des Individuums an der Gesellschaft". Ein kleines „Museo Sveviano" kann besichtigt werden (→ S. 217).

Umberto Saba, eigentlich Umberto Poli (1883–1957), geboren im jüdischen Ghetto von Triest und Besitzer einer Buchhandlung, machte sich mit seiner autobiografisch geprägten Lyrik einen Namen. In Deutschland ist er nur wenig bekannt. „Ernesto", sein einziger Roman, wurde erst vor wenigen Jahren übersetzt. Der Erzählband „Der Dichter, der Hund und das Huhn" beinhaltet hauptsächlich Erzählungen und Aphorismen der Jahre 1910–12. Sabas Erzählungen aus dem Vorkriegsitalien sind oft in seiner Geburtsstadt Triest angesiedelt, er schreibt über das verschwundene jüdische Leben, betrachtet vieles aus sehr subjektiven, überraschenden und ungewöhnlichen Blickwinkeln und ist ein exzellenter Beobachter – „Coi miei occhi" (Mit meinen Augen) heißt so auch seine erste Gedichtsammlung (1912).

Auf den Spuren von James Joyce

Claudio Magris, 1939 in Triest geboren, gilt als brillanter Autor und hervorragender Kenner Deutschlands. Als Mittler zwischen der deutschsprachigen und italienischen Literatur übersetzte er italienische Werke ins Deutsche und umgekehrt und öffnete sie so einem größeren Publikum. „Ein leidenschaftlich Reisender und passionierter Flaneur durch die europäische Kultur, dessen Anker aber unübersehbar in seiner Heimatstadt Triest liegen", wurde er genannt. Seine 1966 erschienene Studie „Der habsburgische Mythos in der österreichischen Literatur" (im Hanser-Verlag neu aufgelegt) machte ihn bereits als 24-Jährigen bekannt. 1987 erschien die deutsche Übersetzung des großen Essays „Triest - Eine literarische Hauptstadt Mitteleuropas". Seine Reisebeschreibung „Donau. Biographie eines Flusses", geschrieben anlässlich einer Fahrt von der Quelle bis zur Mündung, verbindet auf großartige Weise europäische Geschichte und Gegenwart. Magris schreibt seit vielen Jahren Kommentare in der Mailänder Tageszeitung „Corriere della Sera", ist überzeugter Europäer und war ein scharfer Kritiker Berlusconis. 2009 erhielt er den Friedenspreis des Deutschen Buchhandels.

Veit Heinichen, der 1957 im Schwäbischen geborene Schriftsteller, lebt seit vielen Jahren bei Triest und schreibt spannende Triest-Krimis mit Commissario Proteo Laurenti, der erste („Gib jedem seinen eigenen Tod") erschien 2001, der bislange letzte („Scherbengericht") stammt von 2017. Einige seiner Proteo-Laurenti-Krimis wurden bereits verfilmt. Er beschäftigt sich aber auch mit der Literatur der Stadt und hat für die Erforschung ihrer historisch-politischen Verflechtungen den Radio-Bremen-Krimipreis erhalten. Hübsch und sachkundig ist sein Buch „Triest, Stadt der Winde", erschienen 2005 bei Sanssouci (Zürich), wobei seine Lebensgefährtin Ami Scabar von der gleichnamigen Trattoria kulinarische Raffinessen beisteuert und interessante Kochrezepte verrät.

Stadtpanorama: Blick von Opicina über Triest

in habsburgerischer Zeit im monumentalen Postamt an der Piazza Vittorio Veneto (Nähe Bhf.).

▪ Mo–Sa 9–13 Uhr, Do auch 15–19 Uhr, So geschl., Eintritt frei. ✆ 040 6764264.

Acquario Marino: Das Aquarium beim Molo Pescheria wirkt mit seiner schummrig-nasskalten Atmosphäre ein wenig trist. Im ersten Stock kann man Schlangenterrarien und Unterwasserfotografien betrachten.

▪ Do–Di 10–17 Uhr, Mi geschl., Eintritt ca. 4,50 €, bis 14 und über 60 J. 3 €. ✆ 040 306201.

Civico Museo del Mare: Am Südende des Hafens macht die Uferstraße eine scharfe Kurve. An der landeinwärts abzweigenden Via Campo Marzio findet man dieses in die Jahre gekommene Museum, in dem Schiffbau und Fischerei der Region dargestellt sind.

▪ Do–Di 9–13 Uhr, Mi geschl., Eintritt frei. ✆ 040-304885.

Museo di Storia Naturale: Das naturhistorische Museum der Stadt wurde 2010 in der Via dei Tominz 4 weit außerhalb vom Zentrum eröffnet. Star der Sammlung ist „Antonio", das vollständige Skelett des größten je auf italienischem Boden gefundenen Dinosauriers – ein 4 m langer und 1,30 m hoher Androsaurus, der vor etwa 80 Millionen Jahren lebte (→ S. 195). Zu erreichen ist das Museum mit Bus 11 ab Piazza della Borsa oder Bus 22 ab Bhf., aussteigen in der Via Revoltella.

▪ Mi–Fr 10–17 Uhr, Sa/So 10–19 Uhr, Di geschl., Eintritt ca. 3 €. ✆ 040-6754603.

Basis-Infos

Information **Infopoint Turismo FVG**, an der Rückseite des Palazzo Lloyd Triestino, direkt bei der Piazza dell'Unità d'Italia, umfassendes Material, geführte Touren, es wird Deutsch gesprochen. Via dell'Orologio 1. Mo–Sa 9–18, So 9–13 Uhr. ✆ 040-3478312, info.trieste@promoturismo.fvg.it.

Anfahrt/Verbindungen **PKW**, die Parkplatzsituation ist generell schwierig, doch gibt es an der langen Uferfront zahlreiche gebührenpflichtige Stellplätze (ca. 1,50 €/Std.), von 20–8 Uhr ist das Parken dort kostenlos, man kann schon am Abend für den nächsten Morgen zahlen und muss nicht um 8 Uhr erscheinen. Das **Parkhaus** „Silos" steht neben dem Bahnhof.

Flug: Der Flughafen „Aeroporto Friuli Venezia Giulia" liegt bei Ronchi dei Legionari etwas außerhalb von Monfalcone (→ S. 193), am Beginn des Triestinischen Karstes, etwa 30 km von Triest. Verkehrsanbindungen auf S. 273. Fluginformation ✆ 0481-773224, www.aeroporto.fvg.it.

Bahn, der Hbf. **Stazione Centrale** liegt an der Piazza della Libertà etwas nördlich vom Hafen und der Altstadt. Häufige Verbindungen gibt es u. a. nach Gorizia, Udine. Verona, Venedig und Mailand.

Überlandbusse, die Station liegt neben dem Bahnhof, APT-Bus 51 fährt zum Fughafen.

Stadtbusse, Linie 24 fährt zum Burghügel San Giusto hinauf, Linie 6 zum Schloss Miramare, Linie 20 ins Städtchen Muggia. Ein Tagespass für das Triester Busnetz kostet 4,50 €. Tickets in Bars, Tabak- und Zeitungsläden. ✆ 800-016675, www.triestetrasporti.it.

Schiff, im Sommer täglich mehrmals Verbindungen mit dem „Delfino Verde" ab Molo Bersaglieri nach Muggia und Grignano (Schloss Miramare), außerdem ab Molo Audace nach Grado (www.aptgorizia.it/code/13853/Linea-Marittima), die letztere Strecke ist mit FVG Card kostenlos.

Taxi, ✆ 040-307730, https://radiotaxitrieste.it.

Übernachten

→ Karte Umschlaginnenklappe hinten

Hotels und Pensionen liegen verstreut im Zentrum, mehr oder minder laut ist es fast überall. Die Parksituation ist schwierig, „Valet Parking" (Auto wird in eine Tiefgarage gebracht und wieder abgeholt) wird in allen 4-Sterne-Hotels angeboten, z. T. auch in den 3-Sterne-Häusern (ca. 23 €/Tag). Einige Häuser stellen auch etwas verbilligte Stellplätze in Parkhäusern zur Verfügung.

****** Grand Hotel Duca d'Aosta 7**, repräsentative Lage am schönsten Platz der Stadt, komfortable Ausstattung im gediegenen „mitteleuropäischen" Stil. Im Untergeschoss liegt das exklusive Ristorante „Harry's Grill", ein Ableger des berühmten Restaurants in Venedig. Die Badeplattform des Schwesterhotels „Riviera e Maximilian's" in Grignano kann genutzt werden. DZ/F ca. 140–190 €. An der Piazza dello Squero Vecchio nebenan liegt das dazugehörige Design-Hotel ****** Duchi Vis a Vis** mit hochmodernem Ambiente (ww.hotelvisavis.net) und etwas günstigeren Preisen. Garage mit Parkservice ca. 15 €/24 Std. Piazza dell'Unità d'Italia 2, ✆ 040-7600011, www.duchi.eu.

Mein Tipp ****** Victoria 57**, älteres, aber schön renoviertes Hotel mit geschmackvoller und eleganter Einrichtung. James Joyce hat hier kurzzeitig gewohnt, deshalb die Bezeichnung „Hotel Letterario". Reichhaltiges Frühstück, freundliches Personal, Straßenlärm kaum zu hören. Kleines Wellnesscenter (Gebühr). Parkgarage gegenüber kostet 15 €/24 Std. DZ/F ca. 110–170 €. Via Alfredo Oriani 2, ✆ 040-362415, www.hotelvictoriatrieste.com.

****** Continentale 50**, komfortables Haus in zentraler Lage in der Fußgängerzone, 47 gemütliche Zimmer mit Parkettboden. DZ/F ca. 140–190 €, Parkplatz 25 €/24 Std. Via San Nicolò 25, ✆ 040-631717, www.continentalehotel.com.

****** Urban Hotel Design 18**, schickes Designhotel in einer Fußgängergasse mitten in der Altstadt, kühl und minimalistisch gestaltet, gutes Frühstücksbuffet, Parkgarage in der Nähe (15 €/24 Std.). DZ/F ca. 110–160 €. Androna Chiusa 4, ✆ 040-302065, www.urbanhotel.it.

***** Forvm Boutique Hotel 25**, schickes Designhotel in zentraler Lage, geschmackvolle Zimmer mit modernen Bädern, sehr gutes Frühstück, zur Straße hin etwas laut. Parken gegen Gebühr. DZ/F ca. 110–160 €. Via Valdirivo 30, ✆ 040-3720893, www.forvmboutiquehotel.it.

***** James Joyce 19**, gegenüber vom Urban Hotel Design, charakteristischer Palazzo aus dem 18. Jh., modern renoviert. Zwölf kleine, saubere Zimmer mit Holzbalkendecke und jeweils neuem Bad, angenehme Atmosphäre, Frühstück okay. Parkservice ca. 15 €/24 Std. Check-In im Urban Hotel Design. DZ/F ca. 90–130 €. Via dei Cavazzeni 7, ✆ 040-302065, www.hoteljamesjoyce.com.

Mein Tipp ***** L'Albero Nascosto 31**, bestens restauriertes Stadthaus im Viertel Cavana, sehr geschmackvoll, zentrale Lage, zur Straße ein wenig laut (Schallschutzfenster), nach hinten

Die friulanische Küste → Karte S. 162

leise. Große, gut ausgestattete Zimmer, teils mit Antiquitäten eingerichtet (Eigentümer ist Kunsthändler), außerdem mehrere schöne Apts. in der Umgebung. Freundliches und hilfsbereites Personal. Parkplätze in einer Garage (im Voraus reservieren), ca. 15 €/24 Std. Gutes Frühstück. DZ/F ca. 110–160 €. Via Felice Venezian 18, ✆ 040-300188, www.alberonascosto.it.

***** Centrale 45**, Albergo im oberen Stockwerk an einer verkehrsberuhigten Straße am Kopfende des Canal Grande, neben der klassizistische Kirche Sant'Antonio Taumaturgo. 20 ordentliche Zimmer (fast alle mit eigenem Bad), passables Frühstück. DZ/F mit Bad ca. 85–110 €, mit Etagendusche 60–85 €. Via Ponchielli 1, ✆ 040-639482, www.triestehotelcentrale.com.

**** Nuovo Albergo Centro 30**, nicht weit vom Kanal im zweiten Stock, nett geführt, alles sauber und in Ordnung, Straßenlärm stört nicht (allerdings hellhörige Zimmer), 24 geräumige Zimmer, einfaches Frühstücksbuffet. DZ/F mit Bad ca. 80–130 €, mit Etagendusche ca. 50–90 €. Parken im Freien ca. 10 €/24 Std., im Parkhaus ca. 15 €. Via Roma 13, ✆ 040-3478790, www.hotelcentrotrieste.it.

*** Istria 47**, einfaches Albergo um die Ecke der Fußgängerzone im Viale XX Settembre. Relativ laut (gute schalldichte Fenster), saubere Zimmer, kann im Sommer stickig sein. Treppensteigen ist angesagt (kein Lift). Fahrräder können eingestellt werden. DZ mit Bad ca. 70 €, mit Etagendusche ca. 50 €, kein Frühstück. Via Ruggero Timeus 5, ✆ 040-371343, www.hotelistria.com.

Apartments Alle drei Adressen sind eine gute Wahl.

***** Residence del Mare 34**, zentral in einer Gasse der Altstadt, 36 geräumige Apts. über mehrere Stockwerke, weitgehend gut in Schuss, im obersten Stockwerk Blick über die Dächer. Apt. für 2 Pers. ca. 80–100 €. Via Madonna del Mare 4, ✆ 040-307346, www.residencedelmare.it.

***** Residence Liberty 24**, schöner Art Déco-Palazzo, ebenfalls ganz zentral, saubere und ordentliche Apts., nicht zu laut. Apt. für 2 Pers. ca. 80–115 €. Via Armando Diaz 14, ✆ 040-300514, www.residenceliberty.it.

Il Rifugio di Sissi 10, gemütliche Wohnung im nostalgischen Stil, absolut zentral, aufmerksam geführt von Elisabetta. Preis etwa 80–90 €. Via Malcanton 4, ✆ 339-8455488.

Bed & Breakfast Al Ponterosso 39, hervorragend zentrale und gar nicht laute Lage beim Canal Grande in einem Palazzo, in dem schon James Joyce gewohnt hat. Drei schön eingerichtete Zimmer mit Bad und Minibar, gutes Frühstück und freundliche Betreuung durch Princy und Andrea. DZ/F ca. 65–90 €. Piazza del Ponterosso 3, ✆ 040-2600312, 349-0925955, www.alponterosso.it.

Gemütliches Chillen am Canal Grande

mein Tipp **Atelier Lidia Polla 28**, gute zentrale Lage in der Nähe der Piazza Oberdan, drei geschmack- und liebevoll eingerichtete Zimmer mit ausgezeichnetem Bad, die liebenswürdige Gastgeberin ist Kunstrestauratorin, was sich in der Einrichtung niederschlägt, hervorragendes Frühstück. DZ/F ca. 80–90 €. Via del Coroneo 1, 334-7150231, www.atelierlidispolla.com.

Crispi 43, die aufmerksame Frau Jolanda vermietet zwei gemütliche Zimmer in der Nähe der Fußgängerzone XX Settembre, alles sehr sauber, gutes Frühstück, eigene Parkmöglichkeit. DZ/F ca. 65–80 €. Via Crispi 43, ✆ 040-3721128, 346-9665499, www.bedandbreakfast crispi.wordpress.com.

Smart Rooms & Accomodation 35, zentrale Lage nahe dem Canale Grande, von Geschwistern freundlich geführte Pension über zwei Etagen, geräumige, modern eingerichtete Zimmer. DZ mit Bad ca. 55–70 €, mit Gemeinschaftsbad ca. 40–60 €, Frühstück extra. Via Macchiavelli 28, ✆ 342-04621220, www.smartrooms.it.

Bora di Trieste 63 Frau Loredana vermietet mehrere saubere Zimmer im ruhigen Viertel hinter dem Castellohügel, ein Stück außerhalb vom Zentrum, ca. 15 Min. zur Piazza dell'Unità d'Italia. Freundlicher Service, gutes Frühstück mit Bioprodukten. DZ/F ca. 50–70 €. Via Raffineria 8, ✆ 349-3511655, www.facebook.com/pg/bboraditrieste.

mein Tipp **Alla Casa Sconta 1**, außerhalb vom Zentrum, eine ruhige Oase im Grünen. Alberto und Roberta (mit zwei Kindern und großem Hund) vermieten in ihrem schön renovierten, alten Haus vier gepflegte Zimmer, im großen Garten gibt es sogar einen Pool. Frühstück mit Bioprodukten und selbst gebackenem Brot, Gästeküche und herzliche Aufnahme. Schnelle Busverbindung ins Zentrum, zu Fuß ca. 20 Min. DZ/F ca. 65–80 €. Via dei Moreri 86, 334-3327148, www.casasconta.it.

Jugendherberge Ostello Tergeste, (IYHF), 8 km außerhalb beim Schloss Miramare.

Camping * Pian del Grisa**, bei Opicina, einem Vorort hoch über Triest, etwa 7 km vom Meer (→ S. 234). Einfacher Platz in waldreicher Umgebung, großer Swimmingpool, Kinderspielgeräte/Hüpfburg, Restaurant/Bar, Sanitäranlagen veraltet. Viele Dauercamper. Mitte April bis Ende Sept. Contovello 226, ✆ 040-213142, www.piandelgrisa.it.

**** Obelisco**, an der Zufahrtsstraße von Triest nach Opicina. Uriger Platz in einem Waldstück an steilem Hang, terrassenförmige Stellplätze, ziemlich eng, ruhig, aber nicht sonderlich gepflegt. Viele Dauercamper. Ganzjährig. Strada Nuova per Opicina 37, ✆ 040-212744, www.campeggiobelisco.it.

Zwei weitere Plätze liegen in **Sistiana** (→ S. 200), einer kurz vor der slowenischen Grenze bei **Muggia** (→ S. 232).

Weitere Unterkünfte unter **Muggia** (→ S. 232), **Grotta Gigante** (→ S. 237) und **Rupingrande** (→ S. 237).

Die friulanische Küste → Karte S. 162

Essen & Trinken

→ Karte Umschlaginnenklappe hinten

In der Triestiner Küche mischen sich venezianische, friulanische, ungarische, slawische, jüdische, griechische und österreichische Einflüsse. Neben den üblichen italienischen Gerichten stehen auch Knödel und Klöße, *porzina* (Kaiserfleisch) und Prager Schinken, Schweinefleisch und Wiener Schnitzel, Gulasch und *jota*, eine slowenische dicke Bohnensuppe, auf den Speisekarten. Daneben sind auch die in Zwiebeln eingelegten Sardinen namens *sardoni in savor* sehr beliebt. An Süßspeisen gibt es z. B. Krapfen, Strudel und Wiener Sachertorte, aber auch slowenische Leckereien wie *presnitz* (Nuss- und Mandelstrudel), *putizza* und *pinza*. Auf jeden Fall sollte man einmal einen frisch vom Fass gezapften *Terrano* versuchen, den erdigen, dunkelroten Wein aus dem Karst.

Tipp: Zur „Aperitivo"-Zeit ab etwa 18 Uhr geht es in den Fußgängerzonen um den Canal Grande immer hoch her.

Wer wenig Geld ausgeben, aber trotzdem gut und reichlich essen möchte, sollte eins der sog. „Buffets" aufsuchen, wo hauptsächlich Schweinefleisch in allen erdenklichen Varianten angeboten wird – auch dies ein Überbleibsel der österreichischen Epoche. Hier steht man ungezwungen am Tresen und nimmt eine Jause (*rebechin* oder *merenda*) ein, kann aber auch an einem der wenigen Tische Platz nehmen.

Ehemaliges Ghetto und Umgebung Die touristenfreundliche Lage nahe der Piazza dell'Unità d'Italia bringt meist höhere Preise mit sich.

Fleischlastige Kost im Buffet

Hostaria Malcanton 15, mit karierten Tischdecken hübsch aufgemacht wie eine Taverne in Griechenland. Fischküche okay, aber auch tagesformabhängig. Di geschl. Via Malcanton 10/a, ✆ 040-2410719.

Degusteria Km 0 14, kleine Osteria mit netter Atmosphäre. Via dei Rettori 2/a, ✆ 040-775277.

Osteria da Marino 8, hübsch-nostalgisch eingerichtete Osteria mit guter Küche, nach dem Essen ein Treffpunkt des Nachtlebens (→ S. 229). Mi–Sa auch mittags geöffnet. So geschl. Via del Ponte 5/a. ✆ 040-366596.

Chimera di Bacco 9, schick dekoriertes Lokal, im Sommer Tische auf der ruhigen Seitengasse, kreative Fisch- und Fleischküche zu deutlich gehobenen Preisen (mittags günstiger), Tipp ist das Degustationsmenü. So geschl. Via del Pane 2, ✆ 040-364023.

Buffet da Pepi 4, das wohl bekannteste der Triestiner Buffets, gegründet 1897. Man kann den ganzen Tag warmes Essen bekommen, vorzugsweise deftige Fleischgerichte vom Schwein mit Sauerkraut, es geht laut und ungezwungen zu. Auch einige Außentische. Nicht teuer. So nur bis 16 Uhr. Via della Cassa di Risparmio 3, ✆ 040-366858.

Zwischen Canal Grande und Bahnhof

Al Barattolo 40, Ristorante/Pizzeria in schöner Lage an der Piazza San Antonio, wenige Schritte vom Canal Grande, gegründet vom ersten neapolitanischen Pizzabäcker der Stadt, heute von seinen Nachfahren geführt. An warmen Tagen bleibt kein Plätzchen an den Außentischen frei. Gute Küche und auch drinnen gemütlich zum Sitzen. Durchgehend warme Küche. Via Rossini 2/d, ✆ 040-631480.

Buffet da Giovanni 42, von Veit Heinichen literarisch verewigt und von Einheimischen stark frequentiert. Man trifft sich zum offenen Wein vom Fass, kann aber auch diverse Vorspeisen, deftige Fleischgerichte, Fisch und Meeresküche ordern. Lockere Atmosphäre, draußen stehen Tische in der Fußgängerzone – im Sommer ein angesagter Platz zum abendlichen „Aperitivo". So geschl. Via San Lazzaro 14, ✆ 040-639396.

Buffet da Rudy 26, urig-gemütliche Stube mit viel Holz und alten Bildern, oft viel los. Serviert wird Triestiner Hausmannskost wie Gulasch, *bollito misto*, Wild mit Polenta etc., dazu bayerisches Bier. Tägl. 9–24 Uhr, So geschl. Via Valdirivo 32, ✆ 040-639428.

Antico Buffet Benedetto 23, seit 1924 bei der Piazza Oberdan, nettes Lokal mit freundlichem Service, qualitativ und preislich okay. Via XXX Ottobre 19/a, ✆ 040-7600980.

Sbecolez Osteria con cucina 27, gemütliches Lokal, einige Meter weiter. Fisch und Fleisch, nicht teuer. Via XXX Ottobre 12, ✆ 040-0644279.

Altstadtviertel Cavana und Umgebung

El Fornel 21, mal was anderes – das große, zentral gelegene Lokal der Fischereigenossenschaft von Triest ist üppig maritim gestaltet, man sitzt an großen Tischen, Ambiente einfach, die Speisen sind auf einer Tafel vermerkt, Angebot, Portionen und Preise sind in Ordnung. Di geschl. Via dei Fornelli 1a, ✆ 040-3220262.

Mascalzone Latino 36, bei Rocco Albano gibt es die echte Pizza Napoli, auch Einheimische kommen gerne hierher. Mo geschl. Via di Cavana 12. ✆ 040-313332.

La Tavernetta 32, bescheidenes, kleines Lokal in der Altstadt, das Tagesangebot ist mit

Kreide auf einer Tafel vermerkt, urig und authentisch. So geschl., außerdem letzter Mo im Monat und im gesamten Aug. Via della Madonna del Mare 2, ✆ 040-308594.

Marinato 17, an der Uferfront, großer Außenbereich und hoher, heller Raum mit Holzbalkendecke, maritim dekoriert, leckere Meeresküche und reich garnierte Pizza. Riva Nazario Sauro 4, ✆ 040-310412.

Hosteria da Angelina 20, persönlich geführtes Lokal mit guter Fischküche und täglich wechselndem Angebot. Reservierung notwendig, da sehr klein. So geschl. Via Cadorna 14/a, ✆ 327-0599005.

Mein Tipp **Nerodiseppia 55**, ausgezeichnetes Fischlokal mit Atmosphäre, nett und freundlich eingerichtet, beste Küche mit ebensolchen Zutaten, gute Stimmung. Reservierung empfohlen. So/Mo geschl. Via Luigi Cadorna 23, ✆ 040-301377.

Mein Tipp **Da Siora Rosa 58**, seit Jahrzehnten kulinarischer Eckpfeiler des Viertels (gegründet 1921), schlichtes Buffet mit Trattoria, Außenplätze auf der benachbarten Piazza. Auf der täglich neu mit der Hand geschriebenen Speisekarte sind zahlreiche bodenständige Gerichte verzeichnet, dazu trinkt man gute Biere, Terranowein und Tropfen aus dem Collio. Wird abends schnell voll, frühzeitig kommen. So/Mo geschl. Piazza Hortis 3, ✆ 040-301460.

Al Collio 59, ruhige Ecke zwischen Meer und Fußgängerzone, bodenständige Fischküche, hausgemachte Nudeln, Curry darf auch mal sein. Solide Küche, der Koch weiß, was er macht. Di geschl. Piazza Venezia 4, ✆ 040-301260.

La Bottega di Trimalcione 60, gemütliches Fischlokal bei der Piazza Venezia, Tische auch im Innenhof, interessantes und vielfältiges Angebot. Wirt spricht Deutsch. So-Abend u. Mo geschl. Via Lazzaretto Vecchio 3, ✆ 347-8874242.

Molo Fratelli Bandiera Lega Navale 51, origineller Rundbau im ersten Stock des ehemaligen Leuchtturms La Lanterna (→ Sehenswertes). Gäste des Lokals können auf Anfrage zur Plattform des Leuchtturms hinaufsteigen. Molo Fratelli Bandiera 9, ✆ 040-309779.

Mein Tipp **Sa de Mar 54**, schöne Location mit Panoramaterrasse und weitem Blick über den Hafen. Sehr gute Meeresküche zu fairen Preisen. Molo Fratelli Bandiera 1, ✆ 040-3221686.

Sonnenplatz auf der Piazza dell'Unità d'Italia

Mein Tipp **Hinter dem Kastell Antica Hostaria da Libero 64**, versteckt an der Rückseite des Hügels von San Giusto, vom Kastell steigt man rasch hinunter. Kleine, gemütliche Osteria, gut hundert Jahre alt und ganz in Holz gehalten, mit vielen Bildern und Nippes, spezialisiert auf Fleischgerichte al forno, gute Qualität und netter Service. So geschl. Via Risorta 7/b, ✆ 040-301113.

Antipastoteca di Mare alla Voliga 61, beim Da Libero um die Ecke liegt das originelle Fischlokal von Roby Surian. Wie der Name sagt, gibt es vorwiegend Meeresantipasti, so kann man hier leckere Kombinationen von Fisch, Muscheln und Meeresfrüchten kosten. Am besten folgt man den Empfehlungen des Wirts. Reservierung sinnvoll. Mo/Di geschl. Via della Fornace 1, ✆ 040-309606.

mein Tipp **Außerhalb Antica Trattoria Suban,** etwas schickeres Lokal im Vorort San Giovanni, 1865 als Landgasthaus gegründet, große, grüne Außenterrasse. Seit Jahrzehnten Garant für die hervorragende Zubereitung typischer Triestiner und slowenischer Spezialitäten, z. B. die berühmte *jota carsolina* sowie leckere Fleischgerichte. Aus der k.u.k.-Küche wurde der *palacinka* (Palatschinken) in die Gegenwart gerettet. Etwas höhere Preise. Am besten

Rund um die schwarze Bohne: Kaffeeröstereien in Triest

Triest ist seit Jahrhunderten der wichtigste Einfuhrhafen für Kaffee im Mittelmeer. Entsprechend viel Wert legt man hier auf Qualität, zahlreiche Kaffeeröstereien, „Torrefazioni" genannt, machen bekannt guten Kaffee und die Kaffeehauskultur ist lebendig wie eh und je. In den Röstereien kann man aber nicht nur viele Kaffeesorten verkosten und kaufen, man trifft sich auch gerne auf ein Tässchen, verbunden mit einem zwanglosen Schwatz. Zu den beliebtesten zählen die neu renovierte Torrefazioni „CremCaffè" an der Piazza Goldoni (Via Carducci) und die kleine, urige „La Triestina" an der Piazza Cavana (Altstadt).

Bekannteste Triestiner Kaffeedynastie ist die Familie Illy – jeder, der Italien bereist, wird früher oder später auf ihr Logo „illycaffè" stoßen. Bereits in dritter Generation führt die Familie Illy ihr stetig expandierendes Kaffeeunternehmen. Was 1933 als kleine Kafferösterei des Großvaters begann, ist dabei, den Weltmarkt zu erobern. In Italien ist man im Bereich Gastronomie bereits Marktführer vor Lavazza und Segafredo. Der Umsatz verdoppelt sich alle fünf Jahre und der Exportanteil beträgt mehr als 50 %. In der Illy-Sippe mischen sich die verschiedensten Nationalitäten – neben Italienern haben auch Ungarn, Südafrikaner, Iren und Österreicher ihren Platz in der Ahnengalerie. Vor allem das Interesse an technischen Innovationen war es, das den steilen Aufstieg der Illys ermöglichte. Schon der Großvater Francesco Illy, ursprünglich ein ungarischer Tischler, erfand ein verbessertes Herstellungsverfahren für Espresso, und auch sein Sohn Ernesto (gest. 2008) und der Enkel Andrea (Firmenchef seit 2005) – beide Chemiker – haben das Streben nach perfektem Geschmack und herausragender Qualität in den hauseigenen Labors fast bis zur Besessenheit entwickelt. 1999 hat Andrea Illy im Umfeld der Illy-Rösterei im Industrie- und Werftenviertel sogar eine Kaffeeuniversität ins Leben gerufen, in der „Baristi" (Barkeeper) ihre Kenntnisse vertiefen können (Via Flavia 10, http://unicaffe.illy.com). Dass die Triestiner den Ideenreichtum und die Wirtschaftskraft der Illys schätzen, zeigt sich nicht zuletzt daran, dass Andreas älterer Bruder Riccardo Mitte der 90er Jahre zweimal zum Bürgermeister der Stadt gewählt wurde und von 2003 bis 2008 Präsident der Region Fraul-Julisch Venetien war.

Treffpunkt „Eataly“ mit Blick auf den Hafen

reservieren und mit dem Taxi hinfahren. Di geschl. Via Emilio Comici 2, ✆ 040-54368.

Cafés **Caffè degli Specchi 6**, 1839 an der Piazza dell'Unità d'Italia eröffnet, das ehemalige Literatencafé galt mit seiner großen Terrasse einst als „Wohnzimmer“ der Stadt, u. a. verkehrten hier Rilke und James Joyce.

Caffè Tommaseo 2, seit 1830 in Betrieb, das älteste Café der Stadt, allerdings mehrmals modernisiert, erhalten blieben die prächtigen Stuckverzierungen. Stendhal soll hier verkehrt sein. Riva Tre Novembre 5 (Uferfront).

Antico Caffè San Marco 29, berühmtes Jugendstil-Café mit Lederbänken und braunen Marmortischchen um die Ecke der Synagoge (→ Sehenswertes). Claudio Magris (→ S. 219) hat dort seit vielen Jahren seinen Stammplatz – der letzte Kaffeehausliterat, wie er selber von sich sagt. Mo geschl. Via Cesare Battisti 18 a.

La Caffeteria del Borgo 13, im einstigen jüdischen Viertel, historische Inneneinrichtung und eine wunderbar geschwungene, schmiedeeiserne Treppe in den ersten Stock. Via Malcanton 6/a.

Knulp 38, beliebtes und aufmerksam geführtes Studentencafé, man trifft sich zum Arbeiten und Diskutieren, gutes WLAN gratis, Bücherei, abends oft Livemusik und Filme. Mo–Sa 10–24 Uhr, Di–Sa 10 Uhr bis Mitternacht, Mo ab 15 Uhr, So bis 20 Uhr. Via Madonna del Mare 7/a.

Espressamente Illy 46, hinter der Kirche Sant'Antonio Taumaturgo, Vorzeigecafé von Illy im schick-puristischen Ambiente – 20 Sorten Kaffee, Frühstück, aber auch Pasta und Risotto. Via delle Torri 3.

Il Caffè dei Libri 44, Büchercafé auf zwei Ebenen, viele Studenten kommen hierher, Bücher zum Ausleihen und Kaufen. Via San Lazzaro 17.

Mein Tipp **Enoteche** **Gran Malabar 48**, legendärer Weinausschank im Zentrum. Schon seit den 80er Jahren setzt Walter Cusmich, einer der Pioniere der Karstweine, bevorzugt auf Weine kleiner und junger Winzerbetriebe. Über 40 Tropfen kann man glasweise kosten (ab 2,80 €), dazu Wurst, Schinken und Käse aus lokaler Produktion. Einige Stehtische im Freien. Veit Heinichens Commissario Laurenti verkehrt hier regelmäßig ... Mo–Sa frühmorgens bis 21 Uhr, So bis13 Uhr. Piazza San Giovanni 6, ✆ 040-636226.

Eis/Konditoreien **Al Pinguino 53**, traditionsreiches, aber in die Jahre gekommenes Eiscafé direkt am Kai, man sitzt unter großen Sonnenschirmen. Molo di Pescheria.

Jazzin 11, Luigi Sartori bietet in seiner stylish eingerichteten „Pasticceria del Gelato“ Joghurteis, Eispralinen, Eistörtchen und ähnliche Kunstwerke in ausgefallenen Geschmacksrichtungen. Via Mercato Vecchio 1/d.

Die friulanische Küste → Karte S. 162

Mein Tipp **Zampolli** **12**, in der Nähe vom Bhf. und etwas vom Verkehr beeinträchtigt, aber der älteste und bekannteste Eissalon der Stadt ist ein Muss und von den Triestinern ständig umlagert. Bei den Zampollis aus den Dolomiten gibt es Dutzende von Sorten. Do–Di 9–1 Uhr, Mi geschl. Via Ghega 10.

Shopping/Baden/Nachtleben

→ Karte Umschlaginnenklappe hinten

Shopping **Antiquariat Umberto Saba** **49**, Triest ist für seine Antiquariate und Trödelläden bekannt. Dieses gehörte einst dem Schriftsteller Umberto Saba, der Vater des heutigen Besitzers war sein Gehilfe. Ein toller Laden voller Bücher, leider geplagt von Geldsorgen. Via San Nicolò 30.

Mercato di Ponterosso, Di–Sa Obst- und Gemüsemarkt auf der Piazza Ponterosso am Canal Grande, auf derselben Piazza jedes Wochenende großer **Klamotten- und Jeansmarkt**.

Mercato Coperto, Markthalle in der Via Carducci 36, Nähe Piazza Goldoni. Di–Sa 8–14 Uhr, So/Mo geschl.

Ein **Mercatino dell'Antiquariato** findet jeden dritten Sonntag in den Straßen des ehemaligen Ghettos in der Altstadt statt.

La Bomboniera **41**, Jugendstilkonditorei in der Nähe des Canal Grande, gegründet 1850. Bonbons, Pralinen und selbst geschöpfte Schokolade in reicher Auswahl. Das Brot wird noch in einem holzbefeuerten Backofen aus dem 19. Jh. gebacken. Mo geschl. Via Trenta Ottobre 3.

Torrefazione La Triestina **22**, die kleinste Rösterei der Stadt, gegründet 1948 und seitdem kaum verändert. Hier kann man sieben Kaffeesorten mit einem guten Dutzend Zubereitungsarten verkosten und erwerben. So geschl. Via Cavana 2.

Pasticceria/Caffè Pirona **56**, die kleine Konditorei an der Verlängerung der Via Carducci ist seit 1900 berühmt für ihre Kaffeesorten und die typischen Triestiner Leckereien *presnitz*, *putizza* und *pinza*. Die alte Originalausstattung ist noch vorhanden und die Besitzerin ist eine Nachfahrin der Familie Pirona. James Joyce war Stammgast und hat heute einen Ehrenplatz im Schaufenster. Kaffee gibt es allerdings nur im Stehen am Tresen. Mo geschl. Largo Barriera Vecchia 12.

Baden Inmitten der Großstadt gibt es gleich zwei benachbarte Badeanstalten am Meer, von außen bemerkt man davon aber rein gar nichts.

Eataly: Gaumen - und Augenschmaus mit Hafenblick

Seit 2007 hat Eataly Italien erobert, mehr als dreißig dieser Kulinarik-Tempel gibt es mittlerweile. 2017 wurde das große Einkaufszentrum in bester Lage am Jachthafen von Triest eröffnet. Tausende von kulinarischen Spezialitäten sind hier unter einem Dach vereinigt – Olivenöl, Wein, Käse, Salume, Süßes u. v. m. Das Schwergewicht liegt auf Produkten aus dem Friaul, aber auch bei Produzenten aus anderen Regionen wird man fündig und sogar aus Österreich und Slowenien gibt es Angebote. Auf mehreren Stockwerken wird alles ansprechend präsentiert, man kann in Ruhe vergleichen und auswählen, z. T. auch verkosten. Wissen sollte man allerdings, dass die Preise keinesfalls niedrig sind. Im Untergeschoss gibt es eine große Enoteca, weiterhin ein Bar/Café im Erdgeschoss und in der „Osteria del Vento" im ersten Stock genießt man durch die großen Fensterfronten einen prächtigen Hafenblick. Tägl. 9–22.30 Uhr, ✆ 040-2465707, www.eataly.com.

Im Antiquariat Umberto Saba

Bagno Alla Laterna, das altertümliche Strandbad aus der k.-u.-k.-Zeit, genannt „El Pedocìn", liegt an der Mole Fratelli Bandiera am Westende der Uferzone (von der Piazza dell'Unità d'Italia ca. 15 Min. zu Fuß). Nostalgie pur und einzigartig in Italien, wenn nicht ganz Europa – der Kiesstrand ist durch eine uneinsehbare Mauer nach Geschlechtern getrennt! Der größere Teil ist den Frauen vorbehalten und oft sehr gut besucht. Mitte Juni bis Mitte Sept. tägl. 7.30–19.30, April, Mai u. Okt. 9–17 Uhr, Nov. bis Febr. 9–16 Uhr, symbolischer Eintritt 1 €, ab 18 Uhr frei, im Winter frei. ✆ 040-305922.

Bagno Ausonia, nur wenige Meter entfernt liegt diese weitere historische Badeanstalt, ein künstlicher Meerwasserpool mit dem Charme der Nachkriegsjahre. Eine Renovierung wäre wohl nötig, aber viele Triestiner lieben es, wie es ist. Eintritt 5 €. ✆ 040-309913.

Acquamarina, Thermalbad kurz vor dem Bagno Ausonia, das Wasser ist 30 Grad warm, mit Fitnesscenter, Sauna und türkischem Bad. Eintritt ca. 6,70 €, Kind 5,20 €. Mo u. Mi 7.30–22, Di/Do 10.20–13, 15.40–18.20 u. 21–22, Fr 7.30–15, 15.40–22, Sa 7.30–11.40, 14–19.30, So 7.30–13 Uhr. Molo Fratelli Bandiera 1, ✆ 040-301100, www.2001team.com/acquamarina.

Nachtleben Im Sommer geht es im Stadtzentrum hoch her, zahlreiche Bars locken junges Publikum an. Ein beliebter Treffpunkt ist z. B. die etwas versteckt gelegene **Piazza del Barbacan** mit der Bar „Viva" (Di u. So geschl.) zwischen Piazza Unità und Kastell. Von Mitte Juni bis Mitte Juli gibt es im Umfeld der **Piazza dell'Unità d'Italia** (z. B. Piazza Verdi) häufig Livekonzerte. In Diskotheken wird einmal pro Woche ein verbilligter Studententag angeboten („Erasmus-Party").

Osteria da Marino 8, hübsch-nostalgisch eingerichtete Osteria im einstigen jüdischen Viertel. Am frühen Abend kann man gut essen, später wird es sehr voll und man steht bis auf die Straße. Bis 2 Uhr, Wochende 3 Uhr, So geschl. Via del Ponte 5/a.

Super Club Stella 16, kleine urige Bar direkt bei der Piazza dell'Unità d'Italia, abends recht angesagt, oft Livemusik. Largo Pitteri 4.

Mastro Birraio 37, einladender Pub mit großer Auswahl an Craft-Bieren vom Fass. Bis 2 Uhr geöffnet, Mo geschl. Via Felice Venezian 24.

meinTipp **Birrificio Bire 62**, große Brauereikneipe an der südlichen Uferfront, in einem hallenartigen Raum werden Pils, Weizen, Dunkles, Radler und Craft-Biere ausgeschenkt, das Meiste selbst gebraut, dazu deftige Buffet-Küche wie Gulasch und Schnitzel. Auch Weinliebhaber müssen nicht umkehren (Glas ca. 2 €). Fr bis 2 Uhr, Sa bis 3 Uhr, sonst bis 1 Uhr. Riva Grumula 2/b.

040 Social Food 33, das beliebte Burgerlokal am Canal Grande wird an Wochenenden spätabends zur Disco, dann wird auf den Tischen getanzt. So großes Aperitivo-Buffet. Via Rossini 8, ✆ 040-7600869.

Die friulanische Küste → Karte S. 162

Mandracchio 5, kleines, „heißes" Disco-Lokal mit Blick auf die Piazza dell'Unità d'Italia, jugendliches Publikum. Di ist Studententag, sonst Mi, Fr u. Sa geöffnet. Passo di Piazza Antonio Fonda Savio 1, ✆ 331-6525375.

Colonial Super Club 3, Disco mitten in der Altstadt, nach Eintritt muss ein (teures) Getränk gekauft werden. Am Wochenende bis mindestens 4 Uhr geöffnet, Mi ist meist Studententag. Via del Canal Piccolo 2/c, ✆ 338-6052683.

Ausonia Beach Club 52, Technoclub beim Bagno Ausonia, in der warmen Jahreszeit finden große Open-Air-Events statt, z. B. das legendäre „Helpiscoming". Riva Traiana 1.

Muggia

ca. 13.000 Einwohner

Das außerhalb der Saison sympathisch verschlafene Küstenstädtchen liegt genau gegenüber von Triest. Es gehört schon zur istrischen Halbinsel, zur slowenischen Grenze sind es von hier nur noch wenige Kilometer. Zur großen klassizistischen Hafenstadt bildet es einen angenehm beschaulichen Kontrapunkt.

Der Ortskern „Borgo Lauro" ist mit seinen engen Gassen erfreulich intakt, von der Stadtmauer sind ein Turm und das Osttor erhalten geblieben. An der zentralen Piazza Giuglielmo Marconi steht der gotische **Duomo dei SS. Giovanni e Paolo**, dessen elegant geschwungene Schaufassade mit dem eindrucksvollen Relief der Dreifaltigkeit über dem Haupttor und der prächtigen Rosette einen markanten Blickfang bildet. Gegenüber steht der hübsche, meist flaggengeschmückte **Palazzo Comunale** mit Arkaden, an dessen Mauer ein venezianisches Löwenrelief prangt. Am Wasser schmiegt sich ein dicht mit Fischerbooten bestücktes Hafenbecken recht pittoresk in die Uferfront, davor liegt ein großes Becken mit Jachten und Sportbooten. Von den Fischrestaurants am Hafen blickt man auf die Industriezone von Triest – ein wenig gewöhnungsbedürftig, aber nicht unschön und vor allem nachts

Elegant geformt: der Dom von Muggia

eindrucksvoll. Frischen Fisch kann man in der *Pescheria Comunale* der Fischereigenossenschaft kaufen (Di–Sa 8–14 Uhr).

Überragt wird der Ortskern von einem leider nicht zugänglichen **Kastell**, das vom Hafen auf einer beschilderten Treppe erreicht werden kann. Oben kann man den Blick über den Ort genießen. Wenn man die gewundene Hauptgasse Viale Dante Alighieri verfolgt, kommt man zur **Kirche San Francesco** aus dem 15. Jh., in deren Innenraum man eine kleine, aber liebevoll aufgestellte Krippensammlung betrachten kann. Auch von hier kann man zum Kastell hinaufsteigen.

Reizvoll ist schließlich noch ein Abstecher zum **Santuario di Santa Maria Assunta** auf einem hoch über Muggia. Die romanische Wallfahrtskirche ist der einzig unversehrt gebliebene Rest der mittelalterlichen Siedlung Muggia Vecchia, von der im Umkreis Mauerreste und Ruinen ausgegraben wurden. Dieser „Parco Archeologico" ist mit informativen Hinweisschildern (auch Deutsch) ausgestattet, sodass man einen schönen Eindruck von der alten Siedlung erhält, die in ihren Ursprüngen bis weit in prähistorische Zeiten zurückreicht. Erhalten sind u. a. Grundmauern eines größeren Hauses und zweier Türme der Stadtmauern.

Die schlichte Marienkirche wurde im 13. Jh. erstmals schriftlich erwähnt, ist aber wahrscheinlich deutlich älter. Der Innenraum besitzt noch recht farbenkräftige Fresken, eine pittoreske Kanzel und ein Lesepult aus Marmor, in der Altarabgrenzung sind frühmittelalterliche Ornamente erhalten. Auch nach Aufgabe des Ortes, dessen Bewohner sich seit dem Ende des 15. Jh. unten am Meer ansiedelten, blieb die Kirche als Wallfahrtsziel erhalten.

Aber schon allein der Blick von der Aussichtsterrasse vor der Kirche über den Golf von Triest ist es, der den kleinen Ausflug lohnend macht: Man erkennt das Kastell von Duino, das Schloss Miramare und das eigentümliche Santuario a Maria Madre e Regina (→ S. 235), aber auch der Standort des ehemaligen Konzentrationslagers Risiera di San Sabba ist anhand eines großen Panoramafotos des Golfs zu orten.

Anfahrt/Wegbeschreibung Mehrere Straßen führen nach Muggia Vecchia, beschildert mit **Area Archeologica di Muggia Vecchia**, z. B. kurz bevor man von Triest kommend Muggia erreicht.

Von Muggia kann man außerdem in etwa 30 Fußminuten die Salita Muggia Vecchia hinaufsteigen (westlich vom Ortszentrum).

Essen & Trinken **Osteria Belvedere**, wenige Meter vom Santuario entfernt, Terrasse mit prächtigem Panoramablick auf das Meer und Triest, Meeresküche. Tisch mit Blick nach Möglichkeit reservieren. Di/Mi-Abend u. Mo geschl. (Okt. bis März Mo–Mi geschl.) Via Vivoda 2, ✆ 040-330898.

Von Muggia zur slowenischen Grenze: Die Straße führt weitgehend direkt am Ufer entlang, immer wieder hat man schöne Ausblicke aufs Meer und hinüber nach Triest. Man passiert zunächst den großen neuen Sporthafen *Porto San Rocco*, dann geht es an der *Punta Olmi* vorbei, wo man bei Bora die mutigen Starkwindsurfer beobachten kann, und über die *Punta Sottile* bis zum Ortsteil *Lazzaretto* mit dem Campingplatz San Bartolomeo kurz vor dem Grenzübergang nach Slowenien. Hier führt eine Straße hinauf zur erwähnten „Area Archeologica di Muggia Vecchia".

Basis-Infos

Information **Ufficio Turistico**, ein Stück landeinwärts vom großen Parkplatz vor dem Hafen. Piazza Repubblica 4, ✆ 040-3360200, urp@comunedimuggia.ts.it.

Anfahrt/Verbindungen Von **Triest** nimmt man die Ausfallstraße am Ostende des Hafens in Richtung Slowenien, fährt auf die Autobahn ab und durchquert das mächtige Industrie-

und Werftenviertel von Triest. Nach einigen Kilometern kommt die Abfahrt nach Muggia, im Weiteren genau auf die Schilder achten.

Tagsüber fährt zudem alle 30 Min. der **Bus 20** ab Stazione Centrale oder Piazza Oberdan.

Schöne Alternative: Das Motorschiff **Delfino Verde** fährt 10-mal tägl. (an Sonn- und Feiertagen 6-mal) ab Molo Bersaglieri, hin u. zurück ca. 8,15 €, www.triestetrasporti.it.

Viaggiare Free, Fahrradverleih am Parkplatz vor dem Hafen, geführte Touren zu Fuß, Boot und Rad. Im Sommer tägl. 10–14, 17–19 Uhr. Via Alessandro Manzoni 2, ✆ 370-3608319, www.viaggiarefree.it.

Übernachten

****** San Rocco**, modernes Hotel mit Pool im gleichnamigen Jachthafen etwas außerhalb in Richtung Slowenien, Zimmer teils etwas laut wegen der Straße, schöne Frühstücksterrasse, ins Zentrum 15 Min. auf einem Fußweg am Meer, Fahrradverleih. DZ/F ca. 85–120 €. Strada per Lazzaretto 2, ✆ 040-330100, www.hotelportosanrocco.it.

*** La Bussola**, Albergo mit Restaurant direkt im Hafen, acht helle und geräumige Zimmer mit Klimaanlage, z. T. schöner Ausblick, DZ ca. 70–90 €, Frühstück im Café gegenüber. Via Manzoni 5, ✆ 040-9277278, www.labussoladimuggia.it.

**** Camping San Bartolomeo**, 5 km westlich von Muggia, 250 m vor dem Grenzübergang nach Slowenien. Großer, schattiger Platz in leichter Hügellage, viele Dauercamper, sanitär ziemlich veraltet, freundlich geführtes Ristorante/Bar, Spielplatz. Meerzugang gleich benachbart, Busstopp 100 m entfernt. Ende April bis Ende Sept. Strada per Lazzaretto 99, ✆ 040-271275, www.campeggiosanbartolomeo.it.

Essen & Trinken

Um den Hafen sitzt man schön, allerdings mit Blick auf die Skyline der Triestiner Werftindustrie.

mein Tipp **Ittiturismo La Terrazza**, das schlichte Lokal der Fischereigenossenschaft von Muggia (Cooperativa Peschatori Beta) liegt direkt am Hafen über der Fischhalle, von den Bierbänken auf der Terrasse im ersten Stock genießt man den schönen Meerblick. An der Mole vor dem Lokal liegt das große Fischerboot „Beta 3000“, das fast täglich Nachschub anliefert. Faire Preise. Mo geschl. ✆ 040-275331.

Risorta, gleich daneben, schöner, alter Innenraum und stimmungsvolle Terrasse zum Meer. Stets frischer Fisch zu angemessenen Preisen. Im Winter So-Abend und Mo geschl. Riva de Amicis 1/a, ✆ 040-271219.

La Bussola, ein paar Schritte weiter, ebenfalls mit Terrasse zum Meer, hier gibt es auch leckere Pizza. Do-Mittag u. Mi geschl. Via Manzoni 5, ✆ 338-8793436.

Alla Marina, einfaches Lokal neben La Bussola, auch mit Meerterrasse. Gutes Preis-Leistungs-Verhältnis. Mo/Di geschl. Via Manzoni 7, ✆ 040-271329.

mein Tipp **Al Castello**, etwas erhöhte Lage am Burghügel (oberhalb vom Tunnel), sehr freundliche Bewirtung und leckere Fischgerichte in lokaler Tradition. Mit Parkplatz. So-Abend, Di-Abend u. Mo geschl. Salita delle Mura 11/b, ✆ 040-272667.

Sal de Mar, das Restaurant im Hafen (vor Jahrzehnten hieß es mal „Trattoria Hitler“, angeblich weil der Chef so aussah) lebt von seiner Lage. Essen okay, aber nicht billig. Di geschl. Largo Nazario Sauro 10, ✆ 040-9278908.

mein Tipp **Splendor**, familiär geführte Trattoria an der Hauptgasse in Richtung Kirche San Francesco. Tische an einer kleinen Piazza, günstige Preise und netter Service. Di geschl. Via Dante Alighieri 47, ✆ 040-275262.

Außerhalb **Azienda Agricola Scheriani**, Landgasthof mit herrlichem Blick auf den Golf von Triest und bis Kroatien hinunter. Man sitzt im Freien und speist Hausmannskost mit slowenischem Einschlag, z. B. *cevapcici* und *rasnici*. Es wird Englisch gesprochen. Eingekauft werden können Wein und Olivenöl aus eigener Produktion. So geschl. Via Darsella di San Bartolomeo 20, ✆ 040-272591, ✆ 335-301576.

Im Triestiner Karst

Carso Triestino (Triestiner Karst)

Der Name Karst stammt vom vorindoeuropäischen Wort „karra", was wahrscheinlich Stein bedeutete – die 10 km breite und 30 km lange Kalklandschaft oberhalb von Triest hat damit allen geologisch verwandten Landschaften der Welt ihren Namen gegeben. Die slowenische Bevölkerungsminderheit im Friaul wohnt vorwiegend in dieser Region, Italienisch wird hier nur wenig gesprochen.

Ausflüge auf das dicht bewachsene Karstplateau lohnen landschaftlich wegen der eindrucksvollen Erosionslandschaften und kulinarisch, um in den Osmizze (Buschenschänken) einzukehren, die überall ihre Weine aus Eigenanbau anbieten. Ideal sind dabei die Tage unter der Woche, da am Wochenende ganz Triest auf den Beinen ist. Von den einzelnen Orten lassen sich überall kleine Wanderungen und Spaziergänge unternehmen, z. B. von Sgonico, Sales, Rupingrande und Rupinpiccolo.

Die bizarren Oberflächenformen des Karst sind durch Verwitterung des Kalkgesteins entstanden: Das im Regenwasser enthaltene Kohlendioxid löst den Kalk, es entstehen Ritzen und Spalten, die sich im Lauf der Zeit erweitern. Dringt ein Fluss in Karstgebiet ein, so arbeitet er sich immer tiefer, bis er an besonders durchlässigen Stellen versickert, um oft erst weit entfernt wieder zu Tage zu treten – bestes Beispiel im Triestiner Karst ist der *Timavo*, ein weiteres der geheimnisvolle *Lago di Doberdò* (beide → S. 194). Aber auch eindringendes Regenwasser bildet unterirdische Wasserläufe. So entsteht eine Welt voller Höhlungen, Grotten und Stollen, in der das tropfende

Wasser Stalaktiten und Stalagmiten bildet – beeindruckendstes Beispiel ist die berühmte *Grotta Gigante* (→ S. 236), die weltweit zu den größten ihrer Art zählt. Ein weitere Karstphänomen sind die *Dolinen*, runde oder elliptische Löcher, die an der Oberfläche durch den Einsturz darunter liegender Gewölbe entstanden sind. In viele dieser „Schüsseln", die einen Durchmesser bis zu einem Kilometer haben können, wurde fruchtbare rote Erde eingeschwemmt, die im Karst den Anbau von Wein ermöglicht – der dunkelroterdige „Terrano" ist der typische Wein dieser Region, aber auch ein leichter Weißwein namens „Vitovska" sowie Chardonnay und Malvasia werden produziert.

Vom Villenvorort Opicina oberhalb von Triest zieht sich die 1986 eingeweihte „Strada del Vino Terrano" (Terrano-Weinstraße) mit fast zwei Dutzend ländlichen Gasthäusern nach Visogliano oberhalb von Sistiana. Eine Einkehr in einer der typischen „Osmizze" sollte man sich nicht entgehen lassen. Diese Lokale stammen noch aus der Zeit des Habsburger Reichs, als Kaiser Josef II. 1784 den Bauern den direkten Verkauf von Eigenbauwein und Eigenprodukten für eine Zeitspanne von acht Tagen zugestand: der slowenische Name „osmica" bedeutet acht. Man erkennt diese Lokale am bekannten Efeuzweig, der unweit der Wirtschaft an der Straße aufgehängt wird.

Für Wanderungen leisten die Karten **Carso Triestino** (Carta Topografica per Escursionisti, Transalpina Editrice, 1:25.000) und **Carso Triestino e Isontino** (Tabacco, Blatt 047, 1:25.000) gute Dienste, erhältlich im Triestiner Buchhandel.

Opicina

ca. 9.000 Einwohner

Von Triest führt eine kurvige Autostraße hinauf, Bus 4 braucht dafür ab Piazza Oberdan knapp 15 Min. Die streckenweise kabelgezogene Straßenbahn namens „Tranvia" wurde im Jahr 1902 als erste elektrische Zahnradbahn der k.u.k.-Monarchie erbaut. Ihr Betrieb ist leider seit 2016 ausgesetzt. Die Grotta Gigante liegt nur wenige Kilometer außerhalb von Opicina und kann per Bus ebenfalls schnell erreicht werden (→ Grotta Gigante).

Noch vor dem Ortseingang steht linker Hand ein großer Obelisk, errichtet 1830 von den Österreichern zur Erinnerung an den Straßenbau zur adriatischen Küste. Hier hat man einen wunderbaren Blick auf Triest, kann außerdem in Richtung Nordwesten eine kleine Wanderung auf der sog. „Napoleonica" starten. Dieser etwa 5 km lange Schotterweg, der angeblich von Napoleons Truppen angelegt wurde, führt ohne große Höhenunterschiede entlang des Küstengebirges bis ins Örtchen *Prosecco* (Prosek), wobei man immer wieder herrliche Ausblicke auf Triest und das Meer hat. Die Triester benutzen ihn gerne zum Joggen, in der Nähe von Prosecco gibt es außerdem fast senkrecht ansteigende Kletterwände. Auf halber Strecke passiert man den Monte Grisa (334 m) mit dem Wallfahrtszentrum *Santuario Nazionale a Maria Madre e Regina* (s. u.) und dem Aussichtsturm *Vedetta d'Italia*. Von Prosecco kann man mit dem Bus nach Triest zurückfahren.

Übernachten **B & B Villa Albori**, zentral in Opicina (zur Straße laut), moderne Zimmer in einer schönen, historischen Villa aus der Habsburger Epoche, dazu gehört ein Garten mit Pool. Freundlich geführt von Familie Piazzi, die Gastgeberin spricht auch etwas Deutsch. Frühstück im Wintergarten. DZ/F ca. 50–90 €. Via Nazionale 41, ☏ 393-9876562, www.villaalbori.it.

Ostello Scout „Alpe Adria", Anmietung nur für organisierte Gruppen mit Voranmeldung, große Jugendherberge in einem ehemaligen Flüchtlingslager, das die Amerikaner hier nach

Avantgardistische Architektur der 60er

Die friulanische Küste → Karte S. 162

dem Zweiten Weltkrieg errichtet hatten. Etwa 60 Stockbetten in Schlafsälen, dazu Zeltmöglichkeit auf einem schattigen Wiesengelände ein wenig nördlich von Prosecco. Ab Triest Bus 44 ab Piazza Oberdan. Prosecco 381, Località Campo Sacro, ✆ 040-225562, www.ostelloamiscout.wpeople.it.

Essen & Trinken **Max**, nette Trattoria/Pizzeria neben dem o. g. B & B. Mi geschl. Via Nazionale 43, ✆ 040-211160.

Santuario Nazionale a Maria Madre e Regina Monte Grisa

Monumental und weithin sichtbar thront die Marienwallfahrtskirche im duftenden Pinienwald über dem Golf von Triest. Ihre pyramidenförmige Betonarchitektur, in der die symmetrische Form des Dreiecks dominiert, wirkt einerseits fast avantgardistisch, ist aber auch ein typisches Relikt der übermodernisierten Kirchenbauten der 60er und 70er. Da mittlerweile deutlich sichtbar der Zahn der Zeit am Beton nagt, verkleidet man die Fronten nach und nach mit Metall.

Der Komplex besteht aus Unter- und Oberkirche, einkehren kann man im Ristorante „Casa del Pellegrino" und an der Meerseite gibt es Bänke, die eine erholsame Pause mit weitem Blick über Meer und Küste, auf Triest und Schloss Miramare bieten – herrlich ist die Stille hier oben.

Die Entstehung des mächtigen Bauwerks geht auf ein Gelübde zurück, das der Erzbischof von Triest im Zweiten Weltkrieg für die Rettung der Stadt abgelegt hatte. Die Nationalsozialisten hatten noch kurz vor der Kapitulation im Frühjahr 1945 gedroht, den Hafen zu sprengen. Dazu kam es glücklicherweise nicht und 1959 gab Papst Johannes XXIII. seine Zustimmung zum Bau einer Wallfahrtskirche, die als Symbol für Friede und Einheit der Völker zu Ehren Marias errichtet werden sollte. 1960 wurde eine weiß gewandete Madonnenstatue auf dem Seeweg aus dem portugiesischen Wallfahrtsort Fatima herbeigeschafft (in der Unterkirche rechts vorne) und 1963 begann man mit dem

Bau der Kirche, die am 22. Mai 1966 eingeweiht wurde. Heute ist sie eins der wichtigsten Wallfahrtsziele im Friaul und ganzjährig Ziel zahlreicher Pilger.

Adresse **Santuario Nazionale a Maria Madre e Regina Monte Grisa**, ✆ 040-225290, www.montegrisa.org; **Ristorante Casa del Pellegrino**, ✆ 040-225791.

Verbindungen Bus 42 geht etwa 2 x stündl. ab **Triest** (Piazza Oberdan oder Bhf.) über Prosecco nach Borgo San Nazario/Monte Grisa.

Grotta Gigante

Die mit 168 m Länge und 98 m Höhe zu den größten Einraum-Grotten der Welt zählende Tropfsteinhöhle (angeblich passt der gesamte Petersdom hinein!) liegt bei Borgo Grotta Gigante, etwa 3 km nordwestlich von Opicina und 15 km nördlich von Triest.

Entstanden ist die schon wegen ihrer gewaltigen Ausmaße in höchstem Maß faszinierende Höhle durch den unterirdischen Verlauf des Flusses Timavo, der aus Slowenien kommend zwischen Duino und Monfalcone ins Meer mündet (→ S. 194). Entdeckt wurde sie 1840 bei der Suche nach Wasservorkommen für Triest und schon seit 1908 wird sie von Naturinteressierten besucht.

Nach einer kleinen Ausstellung zur Höhle in prähistorischer Zeit steigt man auf langen Treppen hinunter in den stimmungsvoll ausgeleuchteten Höhlensaal „Grande Salon" und auf der anderen Seite wieder hinauf. Die enorme Höhe der laut Guinnessbuch der Rekorde „größten touristischen Höhle der Welt" kann auch wissenschaftlich genutzt werden, denn zwischen Gewölbe und Höhlengrund sind die zwei längsten Messpendel der Welt befestigt, die hier – eingefasst in Schutzmäntel aus Kunststoff – ungestört von atmosphärischen Einflüssen seismische Bewegungen kontrollieren.

▪ Führung jeweils zur vollen Stunde, April bis Sept. Di–Sa 9–17 Uhr (Juli/August auch Mo), Okt. bis März 10–16 Uhr, Mo geschl.; Eintritt ca. 12 €, Stud. bis 26 J. und über 65 J. 9 €, 6–16 J. 8 €, gratis mit FVG-Card. ✆ 040-327312, www.grottagigante.it.

Osmizza in Prepotto

Anfahrt/Verbindungen Bus 42 geht etwa 2 x stündl. ab **Triest** (Piazza Oberdan oder Bhf.), in umgekehrter Richtung von **Opicina**.

Übernachten **B &B Barbara**, neu eröffnet in Borgo Grotta Gigante, aufmerksam und herzlich geführt von Barbara Barducco aus Turin. Täglicher Zimmerservice, Frühstück (bei gutem Wetter im Freien) von Tag zu Tag unterschiedlich. Signora Barbara kümmert sich um alles, vom Restauranttipp mit Tischreservierung (und Skonto) bis hin zu Tickets für den Bus. Bequeme Verbindung nach Triest mit Bus 42, der fast vor der Haustür abfährt. DZ/F ca. 85 €. ✆ 340-5586905, www.bbbarbaratrieste.it.

Essen & Trinken **Risto Bar Grotta,** Snackbar/Trattoria am Ausgang der Grotte (Mo geschl.), 10 % Rabatt mit Eintrittsticket zur Höhle, ✆ 040-327055.

Sonstiges **Avalon – The Wellness and Medical Center**, Wellnesszentrum am Ortsausgang von Borgo Grotta Gigante in Richtung Rupinpiccolo. Karstquellen werden erhitzt und für die Kuren und den Pool genutzt. Eintritt für Pool, Sauna, Dampfbad und Fitnessraum ca. 25 €. Mit Restaurant (Mo geschl., Sa/So durchgehend geöffnet). Mo–Fr 8–21.30, Sa/So 9.30–19.30 Uhr. Frazione Borgo Grotta Gigante 42/b, ✆ 040-327431, www.avalonwellness.it.

Rupingrande (Repen)

ca. 450 Einwohner

Das Örtchen liegt einige Kilometer nordöstlich der Grotta Gigante. Hier kann man die in typischer Karstarchitektur erbaute **Casa Carsica** (Kraška hiška) mit traditioneller Hauseinrichtung, alten landwirtschaftlichen Geräten und Trachten aus dem Karst besichtigen. Alle zwei Jahre findet um den letzten Augustsonntag das viertägige, ganz slawisch geprägte Fest der „nozze carsiche“ statt, die Karsthochzeit (2019, 2021).

▪ Casa Carsica, April bis Okt. nur sonntags 11–12.30, 15.30–17 Uhr; Eintritt frei. ✆ 040-327240, www.kraskahisa.com.

Übernachten/Essen **** Krizman**, ruhig gelegener Landgasthof mit einfachen, sauberen Zimmern und schönem Gastgarten unter Kastanien und Linden. Gute Alternative zum lauten Triest. DZ/F ca. 70–80 €. Rupingrande 76, ✆ 040-327115, www.hotelkrizman.eu.

Die friulanische Küste → Karte S. 162

Sgonico

ca. 2.000 Einwohner

In der Ortsmitte lohnt ein Besuch der Weinkellerei „Enoteca Sgonico“, und wer sich für die Flora des Karst interessiert, findet südlich von Sgonico, an der Straße nach Gabrovizza, den großen **Giardino Botanico La Carsiana** mit hunderten von typischen Karstpflanzen und einer Höhle mit Zugangsschacht.

▪ Ende März bis Mitte Juni Mo–Mi 10–13, Do–So 10–13, 15–19 Uhr, Mitte Juni bis Ende Sept. Di/Mi 10–13, Do–So 10–13, 15–19 Uhr, Mo geschl., Ende Sept. bis Mitte Okt. Di–Do 10–13, Fr–So 10–13, 15–19 Uhr, Eintritt ca. 3 €. ✆ 040-3775470, 389-5870090, www.giardinobotanicocarsiana.it.

Der abwechslungsreiche und gut ausgeschilderte Lehrpfad „Sentiero Riselce“ führt durch die reizvolle Umgebung von Sgonico, dabei wird die Karstdoline „Dolina Riselce“ durchquert. Er beginnt nordwestlich vom Ort auf dem Weg 34 und führt über den Weg 40 wieder zurück, bietet dabei Informationen aus Geschichte und Archäologie und ist reich mit Beschreibungstafeln ausgestattet.

Übernachten **Skerlj**, Kristina und Matej führen den Landgasthof in Sales, nördlich von Sgonico. Vermietet werden drei geräumige Apartments für je 2 Pers. mit Garten, gutes Frühstück und Verkostung der hauseigenen Weine. 2 Pers. ab ca. 70 €. Sales 44, ✆ 040-229253, www.skerlj.it.

Essen & Trinken **Gustin**, gute Trattoria mit Außenplätzen bei der zentralen Piazza von

Sgonico. Lokale Küche mit den typischen Gerichte des Karst, aber auch Pizza. Do–So durchgehend geöffnet, Mo/Di-Abend und Mi geschl. Sgonico 3/a, ✆ 040-229123.

Enoteca Sgonico, im Schatten des Campanile im Zentrum von Sgonico, hier kann man Weine aus der Region verkosten, dazu gibt es hauptsächlich Fischgerichte, allerdings nicht von der Speisekarte, sondern ein (nicht billiges) Überraschungsmenü. Im Sommer auch Plätze im Innenhof. Di–Sa 12–14.30, 19–24 Uhr, Mo geschl., So nur auf Vorbestellung. Sgonico 15 (im Zentrum beschildert). ✆ 040-2296623.

Sagrado di Sgonico

Südöstlich von Rupinpiccolo liegt dieser kleine Weiler, der aus gerade mal drei, vier Häusern besteht. Von hier aus kann man den *Monte Lanaro* besteigen, mit 544 m die höchste Erhebung im Karst.

Übernachten/Essen **Agriturismo Milič**, wer sich nach der Wanderung stärken möchte, kann vom Parkplatz aus schnell diese gemütliche Gastwirtschaft erreichen (nur Fr–So geöffnet, dann aber durchgehend). Bei Andrej und Bernarda Milič wird so gut wie alles in eigener Produktion hergestellt, z. B. Wein, Brot, Wurst und Schinken. Man sitzt schön im Hof und stärkt sich mit der typischen Karstküche, kann dazu Terrano, Vitovska oder Malvasia verkosten. Sehr zu empfehlen sind die selbst gemachten Kräuterschnäpse. Fünf Gästezimmer gibt es ebenfalls, DZ ca. 65–75 €. Sagrado 2, ✆ 040-229383, www.agriturismomilic.it.

Agriturismo Ostrouška, in der Nachbarschaft von Milič, mindestens genauso gute und frische Hausmannskost zu reellen Preisen. Kinder freuen sich über die vielen Tiere am Hof. Verkauf von zahlreichen eigenen Produkten. Nur Sa/So geöffnet. Sagrado 1, ✆ 040-2296672, www.ostrouska.it.

Wanderung 8: Aufstieg von Sagrado zum Monte Lanaro und über Rupingrande zurück → S. 314

Leichte Bergaufwanderung auf breitem Waldweg, bei Nässe etwas rutschig. Einkehrmöglichkeit in Sagrado.

Prepotto (Praprot)

ca. 780 Einwohner

Der Ortsteil von *San Pelagio* oberhalb von Aurisina ist mit seinen winkligen Gässchen und alten Häusern eins der besterhaltenen Karstdörfer. Vier bekannte Winzer produzieren hier hervorragende Weine zu gehobenen Preisen, bei dreien kann man zur rechten Zeit auch essen. Herrlich ist der Blick auf den Triester Golf.

Übernachten/Essen/Shopping ***** Gruden**, vortreffliches Restaurant (Mo/Di geschl.) mit guter Hausmannskost, außerdem werden fünf Apts. vermietet, ca. 80 €. Località San Pelagio 49, ✆ 040-200151, www.myresidence.it.

Danilo Lupinc, der Weinproduzent vermietet vier schöne Apts. mit Balkon und weitem Blick. Außerdem gehört zum Anwesen eine Landgaststätte mit Weinverkostung und großem Garten. Mai bis Mitte Okt. Mi 10.30–13, Do/Fr 16–19, Sa/So 10.30–13, 16–19 Uhr. Prepotto 11/b, ✆ 040-200848, www.lupinc.it.

Boris Škerk, kleines Weingut mit Innenhof, wo man an rustikalen Holztischen sitzt. Zweimal im Jahr ist die Osmizza geöffnet, dann gibt es Wurst und Schinken aus eigener Produktion. Weinverkostung möglich, man spricht auch Deutsch. Prepotto 20, ✆ 040-200156, www.skerk.com.

Benjamino Zidarich, unterhalb von Škerk, das letzte Anwesen im Ort. Auch in diesem typischen Karstbauernhof findet gelegentlich nach alter Tradition eine Osmizza statt, bei der man Erzeugnisse aus eigener Produktion verkosten kann, z. B. Schinken, Speck und Salami. Von der Terrasse genießt man einen herrlichen Ausblick über den Golf von Triest. Die 1200 qm große, hochmoderne Cantina ist mit fünf Etagen 20 m tief in den Fels getrieben, Weinverkostung nach Vereinbarung, große Auswahl. Prepotto 23, ✆ 040-201223, http://zidarich.it.

Edi Kante, der bekannte Weinpionier erzeugt ganz spezielle Tropfen, u. a. den leichten Weißwein Vitovska und einen im Barrique ausgebauten Malvasia. Sehenswertes Weingut, wo der Karst drei Stockwerke tief großflächig ausgehöhlt wurde. Keine Einkehr möglich. Prepotto 1/a, ✆ 040-200255, www.kante.it.

Val Rosandra

Die tiefe Schlucht des Flusses Rosandra liegt an der Grenze zu Slowenien, am Talschluss stürzt sich die Rosandra als schmaler Wasserfall nach unten.

Vom leichten einstündigen Spaziergang bis zur anspruchsvollen Tageswanderung ist hier alles möglich, Klettern im Kalkfelsen inklusive. An einigen Stellen im vorderen Talbereich bildet der Fluss außerdem Bassins, die genussvolles Baden ermöglichen. Ausgangspunkt für Wanderungen im Tal ist das „Rifugio Mario Premuda" im ruhigen Örtchen *Bagnoli Superiore*, 1 km oberhalb von *Bagnoli della Rosandra*.

Anfahrt/Verbindungen Mit dem eigenen Fahrzeug Triest in östlicher oder südöstlicher Richtung verlassen und Hinweisschilder nach **Bagnoli della Rosandra** im Gebiet von San Dorligo della Valle suchen, der Ort ist ca. 8 km vom Stadtzentrum entfernt. An Werktagen kann man bis **Bagnoli Superiore** fahren, am Wochenende muss man im unteren Ortsteil parken und 1 km hinaufgehen. Wer mit öffentlichen Verkehrsmitteln fahren will, kann vom Bahnhof oder Piazza Oberdan in Triest Bus 40 oder 41 bis Bagnoli Superiore nehmen.

Information gut ausgestattetes **Centro Visite** am Ortseingang (kurz nach Azienda Parovel). April bis Sept. Fr–So 9–17 Uhr, sonst nur Sa/So. ✆ 329-1286325, www.riservavalrosandra-glinscica.it.

Die friulanische Küste → Karte S. 162

Das „schwarze Gold" von San Dorligo della Valle: Erdöl für Mitteleuropa

Bei der Fahrt nach Bagnoli della Rosandra kommt man nach dem großen Werftenviertel und kurz vor dem Abzweig nach San Dorligo della Valle an Dutzenden von mächtigen Öltanks hinter stacheldrahtbewehrten Zäunen vorbei. Dies sind die Rohöl-Reservoirs der „Transalpine-Pipeline" der Gesellschaft SIOT (Società Italiana per l'Oleodotto Transalpino, www.tal-oil.com), die über die Alpen nach Wien-Schwechat und Ingolstadt führt. Im August 1972 machte die Anlage Schlagzeilen, als mehrere Tanks in die Luft flogen und über 110.000 Tonnen Rohöl verbrannten. Glücklicherweise konnte der Großteil der Tanks vor dem Übergreifen der Flammen geschützt werden, doch der Schaden ging in die Millionen. Die palästinensische Terrorgruppe „Schwarzer September" übernahm damals die Verantwortung für das Attentat – es waren dieselben, die einen Monat später während der Olympischen Spiele in München israelische Sportler als Geiseln nahmen.

Übernachten/Essen & Trinken Im **Rifugio Mario Premuda** in Bagnoli Superiore kann man sich nach der Wanderung in aller Ruhe unter hohen Pappeln und Nadelbäumen mit leckerer Hausmannskost stärken. Di geschl. ✆ 040-228147.

meinTipp **Locanda Mario**, schlicht-nostalgisches Lokal im abgeschiedenen Weiler Draga Sant'Elia, östlich vom Val Rosandra, am besten zu erreichen über Basovizza. Auf der Terrasse bei Mario trifft man sich vormittags zur herzhaften „Merenda" (Jause) mit Schinken, Käse und Salami, abends zu Pasta und Wildspezialitäten. Dazu schmeckt ein Dolina bianco oder Dolina rosso vom Karst. Das freundliche Personal macht den Aufenthalt zum Vergnügen. Mit Zimmervermietung. Durchgehend geöffnet, Di geschl. ✆ 040-228193.

Shopping **Ota**, alteingesessene Konditorei an der Piazza von Bagnoli della Rosandra, seit Generationen von derselben Familie geführt. Anerkannt gute Schokoladenerzeugnisse mit hohem Kakaobutteranteil aus eigener Fertigung, Export in mehrere europäische Länder. 7.15–13 Uhr, 16.30–19 Uhr, Mo/Mi-Nachmittag u. So geschl. Bagnoli della Rosandra 66, ✆ 040-228253.

LocalMarket, ebenfalls an der Piazza, erst vor Kurzem eröffnet, Weinbar mit Olivenölverkostung und -verkauf der Gebrüder Starec (→ Kasten Das "grüne Gold"). Do–Sa 11–22 Uhr.

Monumento Foiba di Basovizza

Nördlich des Val Rosandra wird man an der Straße von San Lorenzo nach Basovizza (ausgeschildert) mit einem der finstersten Kapitel in der Geschichte des Karst konfrontiert. „Fojba" bedeutet auf kroatisch „Schacht" und leitet sich ursprünglich vom lateinischen Wort "fossa" ab. Die heutige nationale Gedenkstätte wurde in den 1990er Jahren eingerichtet und erinnert an die schrecklichen Geschehnisse zum Ende des Zweiten Weltkriegs, als die Deutschen bereits abgezogen, die allierten Truppen aber noch nicht eingetroffen waren. Damals übernahmen kommunistische Partisanen aus Jugoslawien für 40 Tage die Herrschaft im Raum Triest und verübten Massaker an Italienern und slawischen Nichtkommunisten. Hier stießen sie tausende von Gefangenen (genaue Zahlen sind nicht bekannt) in einen früheren Kohleförderungsschacht von über 200 m Tiefe – manche waren vorher erschossen worden, viele sollen jedoch lebend hineingestoßen worden sein, z. T. zwei Menschen gleichzeitig, mit Stacheldraht aneinander gebunden.

▪ Tägl. 10–18 Uhr, ✆ 040-365343, www.foibadibasovizza.it

Wanderung 9: Durch das Val Rosandra zur slowenischen Grenze → S. 316
Panoramareiche Wanderung bis zur slowenischen Grenze

Lipica

Kurz hinter der slowenischen Grenze liegt das weltberühmt Gestüt, in dem früher exklusiv die Lipizzaner für die Wiener Hofreitschule gezüchtet wurden (heute gibt es auch ein Gestüt in Österreich). Führungen finden April bis Okt. tägl. von 10–17 Uhr zur vollen Stunde statt (Nov. bis März Mo geschl.), Preis ca. 16 €, unter 18. J. 8 €, unter 5 J. 1 € (Führung in deutscher Sprache nach Voranmeldung), auch ein Lipizzanermuseum gehört zum Anwesen. Lipica 5, SI-6210 Sežana, Slovenija ✆ 00386-5-7391696, www.lipica.org.

Das „grüne Gold“ von San Dorligo della Valle: Olivenöl aus Triest

Dass unmittelbar bei Triest hervorragendes Olivenöl hergestellt wird, ist bislang nur wenigen Insidern bekannt: Im Gebiet *San Dorligo della Valle* (an der slowenischen Grenze südlich von Triest) liegt das Zentrum der Olivenölproduktion der Region Friaul-Julisch Venetien. Zwar wurden beim verheerenden Winterfrost von 1929 praktisch alle Olivenplantagen im Raum Triest vernichtet, doch konnte seit den 80er Jahren die über hundertjährige Tradition der Olivenölgewinnung erfolgreich wieder belebt werden. Einer der ersten, die damals wieder Olivenbäume anpflanzten, war Dottore Vitjan Sancin, gefolgt von Danilo Starec. Mittlerweile stellen wieder zahlreiche Einwohner ihr eigenes Olivenöl her. Von allen Sorten, die in dieser Region gedeihen, hat sich die autochthone „Belica“ (ital. Bianchera) als besonders witterungsbeständig erwiesen. Sie verträgt niedrige Temperaturen gut und ist sehr ertragreich, die Früchte werden weitgehend per Hand gepflückt. 2006 hat die EU den Ölproduzenten von Triest die kontrollierte Ursprungsbezeichnung „DOP Tergeste“ zuerkannt (www.tergestedop.it). Um dieses Siegel tragen zu dürfen, müssen strenge Auflagen erfüllt werden und das Öl muss zu mindestens 20 % aus Belica produziert sein. Die nachfolgend aufgeführten Produzenten um San Dorligo della Valle produzieren Olivenöl und, abgesehen von Starec, außerdem Wein, vor allem *Vitovska, Malvasia* und *Refosco* sowie den erdigen *Dolina Bianco* und den säurearmen *Dolina rosso*.

Traditionelle Olivenölpresse mit zentnerschweren Mahlsteinen

Sancin, Vitjan Sancin ist seit 1984 der Pionier des Olivenanbaus um San Dorligo. Für sein Belica/Bianchera-Öl entkernt er die Oliven vor der Extrahierung – ob dies positive Auswirkungen auf den Geschmack hat, ist allerdings sehr umstritten. Seine Öle „Olio Celo“ (Blend aus sechs Sorten) und „Olio Bianchera“ (autochthone Sorte) genießen seit langem einen guten Ruf. Direktverkauf nach Voranmeldung. San Dorligo della Valle, Monte d’Oro 173 (in der Nähe der Öltanks von SIOT), ✆ 329-2126972, www.sancin.com.

Starec, der Schiffsmechaniker Danilo Starec begann 1984 mit der Produktion, heute haben die Söhne Roberto und Paolo den Betrieb übernommen. Ihr besonderes Highlight ist das „Extra vergine Belica/Bianchera“, das es nur in kleinen Mengen gibt. Die Oliven entstammen dabei zu 100 % der Sorte Belica und werden ebenfalls entkernt. Verkostung und Verkauf Do–Sa 11–22 Uhr in der Bar „LocalMarket“ am Hauptplatz von Bagnoli. Bagnoli della Rosandra 623, ✆ 040-227040, www.starec.it.

Parovel, Cantina am Ortseingang von Bagnoli di Rosandra, Ölmühle mit Verkauf in der Zona Artigianale Dolina 546 (Fußentfernung vom Zentrum). Die mild-aromatischen Öle „Pétka Grand Blend“ und „Mackè“ gehören zu den Favoriten, man sieht sie gelegentlich in Restaurants der Region. Elena Parovel spricht Deutsch. Mo–Fr 8–13, 13:30-16.30 Uhr. ✆ 040-227050, 346-7590953, www.parovel.com.

Nachlesen

& Nachschlagen

Junge Friulaner

Kurzer Steckbrief der Region

Die autonome Doppelregion Friuli Venezia Giulia heißt auf Friulanisch „Friûl Vignesie Julie", auf Slowenisch „Furlanija Julijska krajina" und auf Deutsch „Friaul-Julisch Venetien", wobei sie in diesem Reiseführer meist kurz und bündig, wenn auch historisch nicht ganz korrekt, „Friaul" genannt wird.

Die Region Friaul-Julisch Venetien wurde 1963 gegründet, sie ist 7847 qkm groß und besteht heute aus insgesamt 18 sog. „Unioni Territoriali Intercomunali", die erst 2016 die vier Provinzen Pordenone, Udine, Gorizia und Triest ersetzt haben. Regionshauptstadt ist Triest. Das Gebiet der (aufgelösten) Provinzen Pordenone und Udine wurde jahrhundertelang von den Venezianern beherrscht und ist als „Friaul" bekannt, die Zone der einstigen Provinzen Gorizia und Triest, in dem die österreichischen Habsburger regierten, wird als „Julisch-Venetien" bezeichnet – es ist aber nur noch ein verschwindend kleiner Teil des historischen Julisch Venetien, das weit die dalmatinische Küste hinunterreichte. Wegen ihrer unterschiedlichen Geschichte herrscht zwischen den beiden Zonen bis heute eine deutliche Dualität – Bewohner von Triest würden sich nie als „Friulani" bezeichnen.

Fast 1,2 Mio. Einwohner leben in der Region, das sind etwa 2,1 % aller Italiener, darunter eine beachtliche slowenische Minderheit in den ehemaligen Provinzen Triest und Gorizia, in den Valli del Natisone (Cividale del Friuli), im Val Canale und im Canale del Ferro sowie im Val Resia (Tarvisiano). Zwei altdeutsche Sprachinseln haben sich in Zahre (Sauris) und Tischelwang (Timau) erhalten. Die friulanische Sprache „Furlan" wird noch von vielen Einwohnern gesprochen (→ S. 258). Das Friaul gehört somit zu den mehrsprachigen Regionen Italiens, neben dem Italienischen genießen seine drei Sprachen Slowenisch, Friulanisch und Deutsch gesetzlichen Schutz.

Geografie

Friaul-Julisch Venetien bildet die nordöstlichste Ecke Italiens und ist die viertkleinste Region im Land (nach Aosta, Molise und Ligurien).

Das landschaftliche Spektrum zeigt sich auf engstem Raum jedoch äußerst vielseitig, denn Friaul erstreckt sich von den dicht bewaldeten, hochalpinen Gebieten der Karnischen und Julischen Alpen über die Hügel voller Weingärten und die große Tiefebene bis zu den Lagunen der Adria, die hier ihren nördlichsten Punkt erreicht. Dazu kommt der raue Karst, der wie ein felsiger Rahmen um den Golf von Triest liegt.

Morphologisch gibt es zwei deutlich voneinander abgegrenzte Zonen: das Bergland der Karnischen und Julischen Alpen, im Westen *Carnia* (Karnien) genannt, im Osten *Tarvisiano*, bis zum hügeligen Voralpengebiet und die Ebene, die aus dem Schwemmland der zahlreichen Wasserläufe und den ausgeprägten Lagunenlandschaften der Adriaküste besteht. Die höchsten Gipfel sind der *Monte Coglians* (2780 m) in Karnien und der *Jof di Montasio* (2753 m) in Tarvisien. Die größten Wasserläufe sind der lange, majestätische *Tagliamento*, der aus den Alpen kommt, die gesamte Region durchzieht und in seinem letzten Stück die Grenze zur Nachbarregion Venetien bildet, sowie der als Soča aus Slowenien kommende *Isonzo*, der durch den Karst fließt und bei Monfalcone die Adria erreicht. Weitere Flüsse sind die *Fella* im Tarvisiano, der *Bût* in Karnien, *Natisone* und *Torre* im Weinbaugebiet südlich von Cividale, *Cellina* und *Livenza* im Westen sowie die *Stella* im Küstengebiet bei Lignano. Hübsche Panoramapunkte in den Berg- und Hügelzonen bilden die Seen *Lago di Cavazzo*, *Lago del Predil*, *Lago di Verzegnis* und die *Laghi di Fusine*. Dazu kommen die pittoresken Stauseen *Lago di Bárcis*, *Lago di Sáuris*, *Lago di Selva* und *Lago*

Der Tagliamento war stets die Lebensader des Friaul (Wandbild in Pinzano al Tagliamento)

dei Tramonti, die seit der Mitte des 20. Jh. zur Energiegewinnung gestaut wurden, sowie der *Lago del Vajont*, wo 1963 ein verheerender Erdrutsch über 1500 Menschen das Leben kostete (→ S. 80). Charakteristisch für die küstennahe Wasserlandschaft sind die großen *Lagunen von Marano und Grado*, die sich von der Mündung des Tagliamento bis zum Golf von Triest erstrecken. Umgeben war diese Welt aus Wasser, Sumpflandschaften, schmalen Kanälen, Sandbänken und Flüssen einst von weiten Pinienwäldern, die durch den Bau der großen Badeorte immer mehr zurückgedrängt wurden und nur noch in Restbeständen erhalten sind. Die kilometerlangen Strände sind an vielen Stellen mehrere hundert Meter breit und fallen extrem flach ins Wasser ab – passionierte Schwimmer haben Schwierigkeiten, einen Einstieg zu finden, aber für Kleinkinder sind die Verhältnisse schlichtweg ideal.

Aufgrund seiner geopolitischen Lage ist Friaul-Julisch Venetien heute ein bedeutender Verkehrsknotenpunkt, denn hier laufen unzählige Handelsverbindungen zwischen Mitteleuropa, dem Mittelmeerraum und dem Orient, aber auch zwischen den „alten" EU-Ländern und den „neuen" EU-Ländern des Donau- und Balkanraumes zusammen.

I borghi più belli d'Italia: Die schönsten Dörfer Italiens

Diese vom Tourismusausschuss des Verbands italienischer Gemeinden (ANCI) ins Leben gerufene Vereinigung dient dem Schutz der Valorisierung sowie der wirtschaftlichen und sozialen Weiterentwicklung der schönsten historischen Dörfer des Landes. In Friaul-Julisch Venetien gibt es gleich zwölf Orte, die ein hochwertiges städtebauliches Erbe mitbringen und sich „schönste Dörfer" nennen dürfen: *Clauiano, Cordovado, Fagagna, Gradisca d'Isonzo, Poffabro, Palmanova, Polcenigo, Sappada, Sesto al Reghena, Toppo, Valvasone Arzene und Venzone* (http://borghipiubelliditalia.it).

Wirtschaft

Traditionell ist Friaul-Julisch Venetien landwirtschaftlich geprägt. Bis heute wird in großem Umfang Mais produziert, dazu kommt die Erzeugung von Futterpflanzen für die Rinderzucht und Milchwirtschaft, die jedoch mittlerweile durch die Quotenpolitik der EU stark in Mitleidenschaft gezogen wurde.

Während der Habsburger Monarchie diente das Hügelland mit seinen fruchtbaren Böden auch als Obstgarten, von dem die Wiener Märkte mit Kirschen, Pfirsichen, Trauben und Oliven beliefert wurden. Da nach den Katastrophen der beiden Weltkriege die lokalen Ressourcen für die Ernährung der Bewohner nicht ausreichten, war das Friaul noch bis in die 50er Jahre von Armut und Auswanderung geprägt. Erst in den 70ern begann der wirtschaftliche Aufschwung mit dem *Weinbau*, der sich bald flächendeckend durchsetzte. Allein acht DOC-Gebiete gibt es nun in der kleinen Region und die Weine aus den östlichen Hügelgebieten *Colli Orientali del Friuli* und *Collio* genießen international eine hohe Reputation (→ S. 123ff.). Dazu

Willkommen in der Weinzone „Ramandolo" bei Nimis

kommt die Schweinezucht mit der bedeutenden Produktion des *Prosciutto di San Daniele del Friuli*, der in Italien gleich nach dem Parmaschinken genannt wird.

Industriell stützt sich die Wirtschaft des Landes neben vielen Klein- und Mittelbetrieben auch auf einige Großunternehmen: Schiffsbau wird in großem Maßstab in Monfalcone und Triest betrieben, der bekannte Haushaltsgerätehersteller Zanussi hat seinen Stammsitz in Pordenone, ein großer Anteil der italienischen Produktion von Stühlen kommt aus Manzano und Umgebung. Auch Wissenschaft und Forschung haben sich zu wichtigen Standbeinen entwickelt. Im Raum Triest gibt es einige bedeutende Forschungsinstitute, z. B. das „International Centre for Genetic Engineering and Biotechnology" (ICGEB), das „International Centre for Theoretical Physics" (ICTP) von Miramare und den Teilchenbeschleuniger ELETTRA im „Area Science Park" von Basovizza..

Mit den Stränden von *Grado* und *Lignano* ist natürlich der Fremdenverkehr seit langem eine feste Größe. Aber auch im Wintersport spielt das Friaul eine Rolle, gemeinsam mit Kärnten und Slowenien hatte sich das Tarvisiano sogar um die Austragung der Olympischen Winterspiele 2006 beworben.

Umwelt

Im dünn besiedelten Norden des Friaul liegen die größten und intaktesten Waldgebiete Italiens, es ist damit eines der naturkundlich wertvollsten Gebiete im Land. Dazu gibt es mehrere wichtige Naturparks.

Aber auch von Gefährdungen der Natur ist zu berichten: So gilt der Tagliamento als letzte große Wildfluss-Landschaft im gesamten Alpenraum, denn seine Uferlandschaften blieben bisher – abgesehen vom südlichsten

Abschnitt – von menschlichen Eingriffen nahezu verschont. Doch die Regionalregierung plant seit Längerem große Rückhaltebecken und andere Hochwasser-Schutzmaßnahmen, die das in Europa einzigartige natürliche Gefüge der Tagliamento-Landschaft zerstören würde. Der WWF und andere Umweltschutzorganisationen kämpfen gegen dieses Vorhaben.

Naturparks in Friaul-Julisch Venetien

Parco Naturale Dolomiti Friulane (www.parcodolomitifriulane.it): Der mit 37.000 ha größte friulanische Naturpark liegt mit einer Reihe von majestätischen Zweitausendern und endlosen Waldgebieten im Nordwesten der Region, begrenzt vom oberen Tagliamento-Tal, im Westen vom Fluss Piave. Er ist groß und völlig unbesiedelt, die wenigen Orte der Region liegen alle außerhalb der Parkgrenzen (→ S. 77).

Parco Naturale di Fusine: Das Gebiet um die beiden beschaulichen Seen bei Tarvisio wurde 1971 als erster Naturpark des Friaul eingerichtet (→ S. 52).

Parco Naturale Prealpi Giulie (www.parcoprealpigiulie.it): Der Naturpark der Julischen Voralpen ist das zweitgrößte Schutzgebiet der Region Friaul-Julisch Venetien. Er erstreckt sich über die von Ost nach West verlaufenden Bergketten südlich des Val Resia. Besiedelt ist ausschließlich das Tal, so kann man hier lange Wanderungen in unberührter Natur unternehmen (→ S. 60).

Riserva Naturale del Lago di Cornino (www.riservacornino.it): Der idyllische Lago di Cornino ist Zentrum eines kleinen Naturparks bei Cornino, nicht weit vom Tagliamento. Hier wurden Gänsegeier und Uhus heimisch gemacht, die man mit etwas Glück beobachten kann (→ S. 93).

Riserve Naturali Regionali delle Foci dello Stella e della Valle Canal Novo (http://visitmaranolagunare.it): Die beiden Naturschutzgebiete umfassen Teile der großen Lagune von Marano. Der Naturpark Foci dello Stella kann im Rahmen von organisierten Bootsausflügen besucht werden, das Valle Canal Novo kann zu Fuß begangen werden (→ S. 174).

Riserva Naturale Regionale Foce dell'Isonzo (http://riservafoceisonzo.it): Das Mündungsgebiet des Isonzo steht auf beiden Seiten des Flusses unter Naturschutz, zahlreiche Vögel nisten in den ausgedehnten Schilfgebieten. Die Area Naturale Caneo liegt am Westufer, die Isola della Cona an der Ostseite des Isonzo (→ S. 192).

Parco Naturale Prealpi Giulie

Ein bisschen wie in Wien: Die k.u.k.-Monarchie hat deutliche Spuren hinterlassen (Triest, Piazza dell'Unità d'Italia)

Geschichte

Nicht so richtig Italien, nicht Slowenien, nicht Österreich bzw. alles auf einmal – die Grenzregion am oberen Ende der Adria war jahrhundertelang kulturell hin- und hergerissen zwischen Venetien, dem Balkan und der österreichisch-ungarischen k.u.k.-Monarchie. Ihre wechselvolle Geschichte ist bedingt durch die exponierte geografische Lage im Schnittpunkt der Kulturen und Machtsphären.

Schon seit der Antike war Friaul stets umkämpftes Grenzland mit wechselnden Herrschaften unter Kelten, Rom, Byzanz, den Langobarden und den deutschen Kaisern. Im Mittelalter konnte sich dank einer klugen, kaisertreuen Politik der Patriarchenstaat etablieren, der 343 Jahre Bestand hatte. Seit Anfang des 16. Jh. teilten sich Venedig und die österreichischen Habsburger das Land, der Westen war venezianisch (= Friaul), der Osten gehörte zu Habsburg (= Julisch Venetien). Das 19. und das beginnende 20. Jh. waren geprägt von den Auseinandersetzungen zwischen dem neuen Nationalstaat Italien und der österreichischen k.u.k.-Monarchie. Diese Spannungen entluden sich im Ersten Weltkrieg, der mit der Niederlage des deutschen Kaiserreichs und der österreichischen Doppelmonarchie endete, Friaul-Julisch Venetien wurde damit endgültig italienisch. Die Jahre nach dem Zweiten Weltkrieg waren im Bereich Triest und Istrien vom Ost-West-Konflikt bestimmt und erst 1963 wurde die Doppelregion Friuli Venezia Giulia gegründet.

Kelten und Römer

Im 1. Jt. v. Chr. wanderten die *Karnier*, ein aus dem Osten kommender keltischer Stamm (= Gallier), im heutigen Friaul ein. Sie ließen sich zunächst in den Bergregionen und im Hügelland

Friuli Venezia Giulia: zweimal Julius

Friaul-Julisch Venetien – ein eigenartiger Regionsname, der seine Wurzeln in der römischen Antike hat. Aus der von Gajus Julius Cäsar gegründeten Stadt *Forum Iulii* – dem heutigen Cividale del Friuli – wurde im Lauf der Jahrhunderte „Friuli" (Friaul). Aber auch der Name „Giulia" (Julisch) weist auf Cäsar zurück. Insofern ist der Name ein wenig „doppelt gemoppelt".

nieder, von den Römern wurden sie „Galli carni" genannt, karnische Gallier also. Von diesem Namen leitet sich *Carnia* (Karnien) ab, aber auch Kärnten in Österreich und Krain in Slowenien. Ihr Hauptort lag beim heutigen Zuglio im Tal des Bût (→ S. 29). Als die Kelten in die Küstenebenen vordrangen, kam es zum Konflikt mit den Römern. Diese griffen im Jahr 183 v. Chr. die Karnier an und drängten sie zurück. Um ihre Besitzansprüche wahren zu können, gründeten die Römer bereits zwei Jahre später nahe der adriatischen Küste die militärische Kolonie *Aquileia*. Diese Stadt wurde bald eine der wichtigsten des Reiches, denn sie war ein idealer Standort für die militärische Expansion im gefährlichen Nordosten des Reiches, gleichzeitig wurden von hier alle Handelswege nach Norden und Osten kontrolliert – die *Via Julia Augusta* verlief von Aquileia nach Norden über die Alpen, ins heutige Ljubljana ging die *Via Gemina*, weitere Straßen führten nach Westen ins Kernland des Reiches. Julius Cäsar (100–44 v. Chr.) weitete dann die Herrschaft ins Hinterland aus und gründete in den Jahren 56–50 v. Chr. die Stadt *Forum Iulii*, das heutige Cividale del Friuli. Die Region hieß damals „Decima Regio Venetia et Histria" und sie reichte über Tergeste (das heutige Triest) hinaus bis zur istrischen Halbinsel, die die Römer den illyrischen Histrer abgerungen hatten. *Tergeste* („Terg" = „Markt") wurde zur starken Grenzfestung gegen die Stämme der Ostalpen ausgebaut und entwickelte sich dank seiner strategischen Lage zur wichtigen Hafen- und Handelsstadt.

Zerfall des römischen Reiches, Christentum und Langobarden

Vierhundert Jahre später zerfiel das römische Imperium in ein West- und ein Ostreich. Das Christentum setzte sich als Staatsreligion durch, Aquilea wurde *Bischofssitz* und weitete seinen Einfluss auf das gesamte heutige Friaul aus und sogar noch darüber hinaus. Bereits im frühen 4. Jh. begann man mit dem Bau des mächtigen Doms, der noch heute die herausragende Sehenswürdigkeit von Aquileia darstellt. Doch in seiner exponierten Lage war die Stadt den ständigen Einfällen der „Barbaren" aus dem Osten ausgesetzt und verlor rasch an Stärke. Anfang des 5. Jh. kamen die *Westgoten* unter Alarich, konnten zunächst noch abgewehrt werden, doch 409 n. Chr. wurde Rom erobert. 452 n. Chr. belagerten die *Hunnen Attilas* Aquileia und zerstörten es völlig, seine einstige Macht war damit gebrochen. Danach folgten die *Ostgoten* Theoderichs und die *Byzantiner*, die sich auf dem Gebiet des heutigen Friaul erbittert bekämpften.

Die *Langobarden*, ursprünglich in Skandinavien ansässig, kamen 568 n. Chr. ins Land. Sie trafen nach den vorangegangenen Kämpfen vermutlich auf keinen großen Widerstand, besetzten das Friaul und machten das stark befestigte *Cividale del Friuli* zur Haupt-

Der Feudalismus manifestierte sich im Friaul mit zahlreichen Burgen und Festungen (Museo dei Castell Attimis)

stadt ihres ersten Herzogtums in Italien. Die Küste war zu dieser Zeit noch von den Byzantinern besetzt. Die langobardische Herrschaft sollte über 200 Jahre dauern, in dieser Zeit assimilierten sie sich allmählich, nahmen den katholischen Glauben an, verwendeten Latein als Schriftsprache und sprachen ab dem 7. Jh. Vulgärlatein. In diesen Jahrhunderten begann sich auch die friulanische Sprache zu bilden (→ S. 258). Die Langobarden erkannten zunächst auch den aus theologischen Gründen romfeindlich eingestellten Bischof von Aquileia an, der bei ihrem Einmarsch auf die Laguneninsel Grado geflohen war und sich mittlerweile *Patriarch von Aquileia* nannte. Doch als einer seiner Nachfolger sich wieder Rom zuwandte, kam es im Jahr 607 zu einem Schisma, d. h. es wurde ein Gegenpatriarch gewählt – der romfreundliche Patriarch saß nun auf Grado, der andere in Aquileia. Letzterer wurde von den Langobarden bevorzugt und schlug seinen Sitz in Córmons auf, danach in Cividale del Friuli. Grado und das maritime Istrien blieben im Einflussbereich von Byzanz, während sich das langobardische Herzogtum in ständiger Auseinandersetzung mit den Byzantinern, den ungarischen Awaren und den Slawen befand.

Ende des 8. Jh. wurde das *langobardische Reich*, das sich mittlerweile in weiten Teilen Oberitaliens etabliert hatte, vor allem in der heutige Lombardei (= Langobardia), nach einem Hilferuf des Papstes von *Karl dem Großen* erobert. Zum Dank empfing er im Jahr 800 aus der Hand des Papstes die Kaiserkrone. Sein Sohn Pippin übernahm die Herrschaft im neuen „Regnum Italiae".

Von Karl dem Großen zur Entstehung des Patriarchenstaats

776 wurde das Friaul als letzter Teil des Langobardenreichs von Karl dem Großen erobert und einige Jahrzehnte später zur *Mark Friaul* (d. h. Grenzgrafschaft) bestimmt. Die fränkischen Herrscher führten damit den Feudalis-

mus ein und schufen somit die Voraussetzungen für die Liquidation der Überreste der romanischen Gesellschaft. Gegen die Awaren aus dem Osten wurden ständige Garnisonen eingerichtet und auch Istrien wurde von den Franken dauerhaft besetzt. Karl der Große begann mit einer Reihe von Schenkungen an den Patriarchen von Aquileia, dessen Unterstützung er sich versichern wollte. Diese Praxis wurde von seinen Nachfolgern und von den italischen Königen fortgesetzt, sodass die Institution des Patriarchen stark an Einfluss gewann. Otto I. trennte schließlich die friaulische Mark und Istrien vom italischen Reich ab und vereinte sie mit dem Herzogtum Bayern und Kärnten. Dadurch wurden sie an die germanische Welt angebunden und weite Ländereien an deutsche Adelsfamilien vergeben.

Die Patriarchen von Aquileia erhielten jedoch weiterhin Schenkungen und blieben im Gegenzug den Kaisern treu und ergeben. Vor allem der aus Kärnten stammende *Patriarch Poppone* (1019-1045) tat sich hervor, baute das Land auf und brachte den Handel mit den Ländern jenseits der Alpen zum Blühen. Mit den zahlreichen Schenkungen und Privilegien, die den Patriarchen seit langobardischen Zeiten zugestanden worden waren, war so der größte kirchlich regierte Herrschaftsbereich in Europa entstanden. Als der schwer in Not geratene Kaiser *Heinrich IV.* 1076 schließlich auf der Rückkehr aus Canossa vom Patriarchen Sigeard sicher durch das Friaul geleitet wurde, gestand er ihm schließlich die Herrschaft über die *Grafschaft Friaul* mit allen herzoglichen Rechten zu, einschließlich des Cadore (Venetien). Damit war der friulanische *Patriarchenstaat* entstanden, der 343 Jahre lang bis zur Eroberung durch Venedig Bestand haben sollte. Sein Regierungssitz lag zunächst in Cividale, später zogen die Patriarchen nach Udine um.

Der Patriarchenstaat

Die Patriarchen stammten im 12. Jh. durchweg aus deutschen Familien und verfolgten eine ghibellinische (kaisertreue) Politik. Anfang des 13. Jh. fiel Istrien mit kaiserlicher Billigung an die Patriarchen. Doch mit dem Niedergang der kaiserlichen Macht im 13. Jh. kam eine neue Entwicklung, die Patriarchen entstammten nun italienischen Familien und verfolgten eine guelfische Politik. Istrien ging an Venedig verloren und im Hinterland entwickelten sich die Grafen von Görz zum mächtigen Widersacher. Diese legten ihren Herrschaftssitz nach Cividale, während das geschwächte Patriarchat in Udine regierte. Die *Herzöge von Österreich* mischten sich nun ebenfalls in das Spiel der Mächte ein und auch die nahe *Dogenrepublik Venedig* stand drohend vor den Toren der Handelsstadt Triest,

denn nach der immer schwieriger werdenden Expansion im Mittelmeer konzentrierte sich die „Serenissima" zusehends auf die Eroberung der näheren Umgebung und des Hinterlands. 1368 eroberten die Venezianer die unbequeme Konkurrentin – doch schon 1382 gelang es den Triestinern nach der Schlacht von Chioggia, in der Venedig nur unter Aufbietung aller militärischen Kräfte den großen Konkurrenten Genua bezwingen konnte, sich den Venezianern zu entziehen und sich unter den Schutz der Habsburger zu stellen. Damit erhielt das Habsburger Reich seinen einzigen Zugang zum Meer, den es bis zum Ende des Ersten Weltkriegs behalten konnte.

Anfang des 15. Jh. kam es zum Konflikt zwischen König Sigismund von Ungarn und Venedig. 1411 besetzten die Truppen Sigismunds Udine, die Patriarchen waren gezwungen, sich ihm zu unterwerfen Damit war für Venedig der Kriegsgrund gegeben – Cividale ergab sich schon bald, Udine fiel ein Jahr später und auch die Grafen von Görz wurden gezwungen, ihre Investitur künftig von Venedig entgegenzunehmen.

Unter venezianischer und österreichischer Herrschaft

In Udine regierte ab 1420 ein venezianischer Statthalter und das Stadtzentrum wurde nach dem Vorbild Venedigs prachtvoll ausgebaut. Doch der lokale Adel und das Volk blieben von jeder Mitwirkung an der Macht ausgeschlossen, so dass es wiederholt zu Aufständen kam. Die Wirtschaft verfiel zunehmend und auch das Kunstschaffen der Renaissance fand in Friaul-Julisch Venetien nicht statt. In Istrien förderte Venedig die slawische Einwanderung, um die Landwirtschaft zu sanieren.

Jahrhundertelang wehte die Fahne Venedigs auch über dem Friaul

Mit dem ausgehenden 14. Jh. verstärkten die Türken ihre Expansionsbestrebungen im östlichen Mittelmeer und fielen immer wieder marodierend und brandschatzend in Friaul-Julisch Venetien ein. 1500 marschierte *Kaiser Maximilian I.* in Görz ein, denn der letzte kinderlose Graf hatte seine Ländereien Österreich vermacht. Wenige Jahre später kam es zum Krieg zwischen Venedig und den Habsburgern, die sich in der *Liga von Cambrai* mit Frankreich, Spanien und dem päpstlichen Rom verbündet hatten. Die Niederlage Venedigs gegen die übermächtige Liga bedeutete das Ende seiner Großmachtpolitik. Es behielt nur das *Friaul*, d. h. den westlichen Teil des heutigen Friaul-Julisch Venetien, während der durch den Fluss Judrio getrennte östliche Teil um die Stadt Görz unter habsburgischer Herrschaft stand, ebenso wie das benachbarte Triest. Dieser Landesteil wurde später *Julisch Venetien* genannt. Diese Machtverhältnisse blieben bis zum Ende des 18. Jh. im Wesentlichen unverändert.

Ein Aufbruch voller Enthusiasmus …

Venedig förderte in dieser Zeit zwar die Städte, doch auf dem Land herrschten Armut und Niedergang. Das venezianische Friaul blieb feudal zersplittert, das zunehmend kraftlosere Venedig griff kaum noch ein. Die Pest wütete wiederholt in der Stadt und im 17. Jh. gingen die letzten Besitztümer im östlichen Mittelmeer verloren. Venedig wurde von einer globalen Militärmacht zur Stadt der schönen Künste, aber auch der Vergnügungen und der Lust.

19. Jahrhundert und „Irredenta“

Am Ende des 18. Jh. begann die Expansion der französischen Revolutionsheere in Europa, gefolgt von den Armeen *Napoleons*. 1796 besiegte Napoleon die Habsburger in Oberitalien und zwang den letzten venezianischen Dogen zur Abdankung – mehr als 1000 Jahre Unabhängigkeit hatten damit ihr Ende gefunden. 1797 verzichtete der österreichische Kaiser Franz II., der auch das Heilige Römische Reich Deutscher Nation vertrat, im *Frieden von Campo-Formio* auf die Niederlande und erkannte als Frankreichs Ostgrenze den Rhein an. Damit hatte er zwar jahrhundertealte Ansprüche aufgegeben, erhielt dafür aber die Verfügungsgewalt über Venetien bis zur Etsch, Friaul-Julisch Venetien, Istrien und Dalmatien. Der Friedensvertrag wurde unter demütigenden Bedingungen in der *Villa Manin* unterzeichnet, etwa 25 km westlich Udine, wo Napoleon Quartier genommen hatte. Dort ließ er die Österreicher bis spät in die Nacht warten, bevor er zur Unterzeichnung erschien.

Nach der Niederlage Napoleons wurden den Habsburgern im *Wiener Kongress* von 1815 die Lombardei, Venetien, Südtirol-Trentino und Friaul-Julisch Venetien zugesprochen. Doch die italienische Einigungsbewegung des *Risorgimento* erkämpfte im 19. Jh. in drei Unabhängigkeitskriegen mit schweren Schlachten (z. B. Solferino) die Befreiung von der österreichischen

Fremdherrschaft. 1861 wurde das *Königreich Italien* unter Vittorio Emanuele II ausgerufen. 1866 mussten die Österreicher nach der verlustreichen Schlacht von Königgrätz gegen die Preußen die Lombardei, Venetien und Udine mit dem einstigen venezianischen Teil des Friaul abtreten, Görz und Triest blieben dagegen bis zum Ersten Weltkrieg in österreichischer Hand. Vor allem in Triest wurde nun die Bewegung der *Irredenta* immer stärker (Irredenta Italia = Unerlöstes Italien), deren Anhänger für die Angliederung der italienischsprachigen Gebiete Österreichs an den neu entstandenen Nationalstaat Italien kämpften. Die Triestiner waren zu drei Viertel Italiener und überzeugte Irredentisten – trotz der Überzeugungsarbeit der österreichischen Behörden, dass es ihnen im einzigen Hafen des Kaiserreichs besser gehen würde als unter italienischer Flagge, wo es jede Menge großer Hafenstädte gäbe. Doch die Triestiner entzogen sich dieser zweifellos richtigen politischen Analyse und kämpften für den Anschluss an Italien – im Gegensatz zur Region um Görz, die lieber bei Österreich bleiben wollte.

Erster Weltkrieg und faschistische Epoche

Bei der Teilnahme am Ersten Weltkrieg – in Italien „La Grande Guerra" genannt – verfolgte Italien u. a. den Anschluss von Friaul-Julisch Venetien. Die Kämpfe gegen das Habsburgerreich wurden zum größten Teil im Friaul selbst ausgefochten, die Frontlinie verlief für Jahre quer durch die Region. Zwischen Juni 1915 und Oktober 1917 war das Gebiet östlich und westlich des *Isonzo* Schauplatz von zwölf erbittert geführten Schlachten mit spärlichen Landgewinnen, aber extrem hohen Verlusten an Menschen (→ S. 157). Auf dem Soldatenfriedhof von *Redipúglia* bei Gradisca d'Isonzo liegen die Überreste von 40.000 identifizierten und 30.000 nicht identifizierten Gefallenen der Isonzo-Schlachten, es ist Italiens größter Militärfriedhof.

Im Oktober 1917 gelang den österreichischen und deutschen Truppen in der zwölften und letzten Isonzo-Schlacht bei *Kobarid* (Karfreit/Caporetto) im heutigen Slowenien der Durchbruch und sie verdrängten die Italiener in die Region Veneto, wo es ihnen mit britischer und französischer Hilfe jedoch gelang, den entscheidenden Durchmarsch der Mittelmächte in die Poebene zu verhindern und sich wieder neu zu formieren. Im Herbst 1918 erlitt Österreich bei *Vittorio Veneto* eine schwere Niederlage und schloss mit Italien einen Waffenstillstandsvertrag, der am 3. November unterzeichnet wurde. Damit war der Krieg zwischen beiden Ländern offiziell beendet. Noch am selben Tag landeten italienische Truppen in Triest und besiegelten die *Vereinigung der ehemaligen österreichischen Gebiete mit Italien.* Auch Istrien und Teile Dalmatiens gehörten damals dazu, ebenso wie bald darauf das *Val*

... gefolgt von Trauer und Tod

Canale, das 1919 von Kärnten und Krain abgetrennt und dem Friaul zugesprochen wurde. Wenig später setzte sich der nationalheroische Literat *Gabriele d'Annunzio* an die Spitze einer Bewegung, die die dalmatinische Stadt Rijeka (ital. Fiume) „heim ins Reich" holen wollte. Im September 1919 besetzte er mit faschistischen Abenteurern Rijeka, wurde aber 15 Monate später in der „Blutigen Weihnacht" von regulären italienischen Truppen aus der Stadt vertrieben.

Wegen der schweren Kriegszerstörungen und der katastrophalen Wirtschaftslage fand die *faschistische Bewegung* in den 20er Jahren im Friaul großen Zulauf. Aufgrund des Anspruchs des 1918 gegründeten *Königreichs der Slowenen, Kroaten und Serben* auf die Städte in Dalmatien und Istrien herrschte ein starker Irredentismus, die slawischen Einwohner und ihre Kultur wurden unterdrückt. Im Januar 1924 nahm Italien Rijeka in Besitz und hielt es bis 1941.

Zweiter Weltkrieg bis heute

Im Zweiten Weltkrieg war die Region Friaul eine Hochburg der italienischen Faschisten. 1939 wurden die sog. „Volksdeutschen des gemischtsprachigen Gebietes von Tarvis", des Val Canale, das 1919 dem Friaul zugeteilt worden war, ähnlich wie in Südtirol vor die Wahl („Option") gestellt, die italienische Staatsangehörigkeit anzunehmen oder auszuwandern. Die große Mehrheit ging nach Kärnten und in die Steiermark, nur die Slowenen blieben und das Kanaltal wurde in den folgenden Jahren schnell italienisch besiedelt.

Nach der Kapitulation Italiens im September 1943 wurde aus der Region Friuli Venezia Giulia der großdeutsche Gau *Operationszone Adriatisches Küstenland* mit den Provinzen Udine, Triest, Görz, Pula, Rijeka und Ljubljana gebildet. Diese letzte europäische Eroberung des nationalsozialistischen Imperialismus war dem österreichischen Gauleiter von Kärnten, Friedrich Rainer unterstellt. Er hasste Italien und hielt es aus seiner rassistischen Ideologie heraus für gerechtfertigt, Friaul aus dem italienischen Staat herauszulösen, da es als Drehscheibe für die Expansion nach Südosteuropa für die Nazis von großer Bedeutung war.

Es begann ein *Partisanenkrieg*, der ursprünglich von slowenischem Territorium ausging, sich aber rasch auf italienisches Gebiet ausbreitete und sogar bis Kärnten übergriff. Bereits seit 1941 hatten die slowenischen Kommunisten den Widerstand organisiert: Sie gründeten Partisanen-Einheiten, schlossen sich Titos Untergrundarmee und der kommunistischen Partei Jugoslawiens an und kämpften bis 1945 gegen die Nazis, aber auch gegen die eigenen, mit den Nazis kollaborierenden Landwehrmänner, die sog. „Leghe bianche" (Weiße Garden). Da sie anti-italienisch eingestellt waren, kam es auch zu Übergriffen gegenüber den Italienern im Friaul, von denen viele im Karst ihr Leben verloren (→ S. 240).

In der Region von Triest hatten es die deutschen Besatzungsmächte sehr schwer, ihre Präsenz zu festigen. Der berüchtigte, in Triest geborene SS-Führer Odilo Lotario Globocnik, der bereits in Polen an der Ermordung von 2,5 Millionen Juden beteiligt gewesen war, leitete die brutalen Polizeiaktionen, unterstützt von „Experten" der „Aktion Reinhardt" (auch: Einsatz Reinhardt), die vorher in den Vernichtungslagern Osteuropas aktiv gewesen waren. (Die Aktion Reinhardt war ein Tarnname für die vollständige Vernichtung des Judentums, der Name war von Reinhardt Heydrich abgeleitet, dem Chef der Sicherheitspolizei, des Sicherheitsdienstes und des Reichssicherheitshauptamtes). Es gab Massaker an der Bevölkerung, ganze Dörfer wurden niedergebrannt und am Stadtrand von Triest entstand ein Konzentrationslager, das einzige

Historisches Grado

Vernichtungslager auf italienischem Boden (→ S. 214), in dem unter Leitung von SS-Sturmbannführer Christian Wirth Juden, zivile Geiseln, Antifaschisten und jugoslawische Partisanen ermordet wurden. Wirth wurde am 26. Mai 1944 von Partisanen erschossen.

Nach dem Rückzug der Wehrmacht wurde Triest im Mai 1945 von den *jugoslawischen Partisanenarmeen* unter Tito eingenommen. Tito ging es darum, den – von Moskau unterstützen – jugoslawisch-slowenischen Anspruch auf Triest (Trst) zu untermauern. Zwischen den italienischen antifaschistischen Partisanen und den Tito-Leuten kam es immer wieder zu Zusammenstößen, hunderte Friulaner wurden verschleppt und in den Karsthöhlen ermordet. 40 Tage dauerte die blutige Besetzung Triests, dann mussten die Jugoslawen im Juni 1945 auf Druck englischer und amerikanischer Truppen aus der Triestiner Region abziehen. Mit dem *Pariser Friedensvertrag* vom 10. Februar 1947 wurde Istrien und Dalmatien zusammen mit dem größten Teil des Karstgebietes Jugoslawien zuerkannt, die Stadt Gorizia wurde zwischen Italien und Jugoslawien geteilt. Der übrige Teil des heutigen Friaul-Julisch Venetien gehörte damals als Provinz zur Region Veneto. Da die Jugoslawen die Italiener in den ihnen zugesprochenen Gebieten Repressalien aussetzten, flohen diese nach Triest, während sich die Slowenen aus Triest nach Jugoslawien absetzten. Die wichtige Hafenstadt wurde nun zum Zankapfel zwischen Ost und West. Über ihre Zugehörigkeit konnte zunächst keine Einigung erzielt werden, deshalb wurde sie als UNO-Schutzzone verwaltet.

Erst im Jahr 1954 konnte die Verwaltung von Triest und Muggia endgültig Italien zugesprochen werden (bei Muggia hatte die englisch-amerikanische Besatzung von 1945 geendet) und 1963 wurde Friaul-Julisch Venetien als *autonome Doppelregion* in der italienischen Verfassung verankert. Die Region hat seitdem kulturelle Eigenrechte, vor allem auf sprachlichem Gebiet, denn neben Italienisch sind auch Slowenisch, Friulanisch und Deutsch durch Regionalgesetze als geschützte Sprachen anerkannt. Schon seit 1947 gibt es eine friulanische Autonomiebewegung, den *Movimento Friul (MF)*, die die Fremdbestimmung der Region bekämpft, und auch die *Lega Friuli* versucht, die Rechte der Minderheiten zu wahren.

Furlan: die friulanische Sprache

Das Friulanische, im Friaul „Furlan“ genannt, ist eine eigene romanische Sprache mit mehreren ausgeprägten, lokalen Dialekten, z. B. dem West- und Ostfriulanischen und dem Karnischen. Die Hauptstadt Triest gehört nicht zum friulanischen Sprachverbund, dort wird ein venezianischer Dialekt gesprochen.

Etwa 700.000 Menschen sprechen und verstehen Furlan, damit ist es die drittgrößte Minderheitensprache in Italien. Ob es zusammen mit dem Dolomit-Ladinischen (Südtirol) und dem Bündner-Romanischen (Graubünden) zur rätoromanischen Sprachgruppe gehört, ist umstritten. Erste Dokumente in friulanischer Sprache stammen aus dem 13. Jh., doch die Wurzeln liegen weitaus früher (→ S. 251). Auffallend ist seine starke Latinisierung, die bereits durch die Patriarchen gefördert wurde und die durch die jahrhundertelange Verbindung mit Venetien noch verstärkt wurde. Deutsche Elemente sind dagegen eher selten. Seit dem 15. Jh. sprach das Volk weitgehend Friulanisch, der Adel dagegen Latein oder Deutsch.

Heute ist das Friulanische in der Region gesetzlich geschützt, doch die intensive Verwendung des Italienischen in Wirtschaft und Tourismus hemmt seine Verbreitung. Auch in den Medien findet es nur geringe Verbreitung: So gibt es nur einen einzigen Radiosender namens „Onde Furlane“ (www.ondefurlane.eu), der Friulanisch sendet, und in den Zeitungen erscheinen immer nur einzelne Artikel auf Friulanisch. Wichtigster Förderer des Friulanischen ist die 1919 gegründete „Friulanische Philologische Gesellschaft“ (Società Filologica Friulana), die Sprachkurse und Tagungen veranstaltet (www.filologicafriulana.it).

„Zuvièl“ liegt in den Karnischen Bergen

Fresko von Gianfrancesco da Tolmezzo in Forni di Sopra (Karnien)

Kunst und Kultur

Im Schatten der übermächtigen Kunststadt Venedig war es für Friaul-Julisch Venetien nicht einfach, eine eigene künstlerische Handschrift zu entwickeln. Doch im 16. Jh. entstanden in der Freskenkunst wichtige neue Impulse, die sich vor allem in der sog. *Schule von Tolmezzo* zeigten. Sie band neben der venezianischen und florentinischen Tradition auch künstlerische Elemente von der Nordseite der Alpen ein.

Die wichtigsten Künstlerpersönlichkeiten des Friaul

Amalteo, Pomponio, 1505–1588, geboren und gestorben in San Vito al Tagliamento. Er war weniger ein künstlerisches Genie, als vielmehr ein fleißiger Schüler des großen Pordenone, bei dessen Werken er wahrscheinlich mitwirkte. Aber auch Pordenones großer Widersacher Tizian war ihm ein Vorbild. Im Friaul finden sich seine Gemälde z. B. in den Kirchen von San Vito und Udine.

Il Pordenone, eigentlich Giovanni Antonio de'Sacchis, 1483–1538, geboren in Pordenone. Die vielleicht eigenwilligste Künstlerpersönlichkeit des Friaul begann seit etwa 1520 seine Fresken in einem neuen, kraftvollen Stil zu malen, so dass sein Ruf bis Venedig drang. Er wurde mit seiner leidenschaftlichen Malerei dem großen Tizian aus dem benachbarten Cadore ein fast ebenbürtiger Konkurrent und starb überraschend in Ferrara, kurz nachdem ihn die Este-Herzöge dorthin berufen hatten. Gerüchteweise ist er ermordet worden.

Pellegrino da San Daniele, 1476–1547, geboren in Udine, gestorben in San Daniele, wo auch sein Hauptwerk erhalten ist. Eigentlich hieß er nach seinem Geburtsort Martino da Udine. Dort malte er mehrere Kirchen aus, bevor er Aufträge für die städtische Kathedrale und die Basilika von Aquileia bekam. Er wirkte danach längere Zeit bei den Este in Ferrara, dann ging er nach San Daniele.

In der Kirche Sant'Antonio Abate von San Daniele ist ein einzigartiger Freskenzyklus erhalten, der als bedeutendster im Friaul angesehen wird. Er entstand im Laufe vieler Jahre, wobei sich Pellegrinos Stil mehrfach änderte, was sich an den Bildwerken in Sant'Antonio Abate gut erkennen lässt.

Fresko von Pellegrino da San Daniele in der Kirche Sant'Antonio Abate (San Daniele del Friuli)

Tiepolo, Giambattista (1696–1770), geboren in Venedig, gestorben in Madrid. Der letzte große Maler des venezianischen Spätbarock (Rokoko) schuf zahlreiche Altar- und Tafelbilder für Kirchen in Venedig, im Dom von Udine sind ebenfalls mehrere Ölgemälde erhalten. Seine eigentliche Domäne war aber die Freskenkunst. In Friaul-Julisch Venetien gestaltete er herrliche Wandbilder für den Erzbischöflichen Palast in Udine. Berühmt sind auch die Wand- und Deckengemälde in der Würzburger Residenz. Letztes großes Werk des Künstlers war die Ausstattung des Königsschlosses in Madrid. Seine Malereien sind geprägt von leuchtend hellen Farben, dem berühmten „Tiepolo-Blau".

Tolmezzo, Gianfrancesco da, um 1450–1510, geboren und gestorben in Karnien. Der erste Renaissancemaler des Friaul stand unter dem Einfluss von Andrea Mantegna aus Padua und der Florentiner Renaissance, nahm aber auch nordische Elemente auf. Er begründete die sog. Schule von Tolmezzo und malte mehrere Kirchen in Karnien nach den Vorlagen von Ghirlandaio und Botticelli aus, die bis heute bestens erhalten sind. Seinen bedeutendsten Freskenzyklus schuf er in der Pfarrkirche San Leonardo in Provesano, südlich von Spilimbergo.

Literatur

Im 19. Jh. war Triest eine mitteleuropäische Metropole, gleichzeitig eine kosmopolitische Handelsstadt und Österreichs Tor zur Welt.

Als Schmelztiegel der Kulturen an der Nahtstelle zwischen Ost und West übte es große Anziehungskraft auf Schriftsteller aus. James Joyce, Italo Svevo und Umberto Saba machten Triest zu einer Hochburg der Literatur und Claudio Magris, der bedeutendste zeitgenössische Triestiner Autor und Träger des Friedenspreises des Deutschen Buchhandels 2009, sieht Triest sogar als „literarische Hauptstadt Mitteleuropas". Die alte Tradition lebt in den klassischen Cafés und Konditoreien der Hafenstadt weiter, die bis heute Treffpunkte der literarischen Welt sind.

Beim Flanieren an der Hafenmole und über die majestätische Piazza

Umberto Saba und James Joyce in Triest

d'Unità d'Italia spürt man noch ein wenig von der Atmosphäre, die hier Dichter und Schriftsteller zu ihren Werken anregte. Italo Svevo und Umberto Saba machten Triest und die städtische Gesellschaft oft zum Schauplatz ihrer Romane und Erzählungen. James Joyce legte hier die Grundzüge zu seinem epochemachenden „Ulysses", aber auch Rainer Maria Rilke war an der Triestiner Riviera zu Gast und schrieb auf Schloss Duino die ersten seiner weltberühmten „Duineser Elegien". Heute lebt in Triest Veit Heinichen, der sich durch seine Kriminalromane mit dem sympathischen Commissario Proteo Laurenti einen Namen gemacht hat, wobei immer der spezielle politisch-historische Hintergrund der Grenzstadt Triest eine wichtige Rolle spielt.

Neben der Triestiner Belletristik haben sich friulanische Autoren gerne auf kulinarischem Gebiet betätigt. Ein Vorreiter war der Önologe Walter Filiputti mit seinem Werk „Friaul-Julisch Venetien - Die Straße der Genüsse", eine genussvolle Reise zu 20 charakteristischen Restaurants mit exakten Beschreibungen von Gerichten, Rezepten und Weinen, in denen sich die einfache Küche einer ehemals armen Region widerspiegelt, die sich mittlerweile großer Beliebtheit erfreut.

Ein bedrückendes Kapitel in der Geschichte der Region Friauls behandelt Thomas Harlan in seinem Buch „Heldenfriedhof", erschienen 2006 im Eichborn Verlag. Thomas Harlan ist Sohn von Veit Harlan, dem Regisseur des Nazipropagandafilms „Jud Süß". Ausgangspunkt des Werks, das präzise recherchierte historische Fakten mit freier Fiktion mischt, ist der (fiktive) Selbstmord von 15 Angehörigen des „Einsatz Reinhard", die im Konzentrationslager Risiera di Santa Sabba bei Triest tausende von zivilen Geiseln, Partisanen, politischen Gefangenen und Juden umbrachten. (→ S. 214).

Zum Literaturschaffen in Triest siehe den Abschnitt „Literaten in Triest" auf S. 218/219.

Panoramareiche Fahrt durch das pittoreske Tal der Drau (Kärnten)

Anreise

Mit dem eigenen Kraftfahrzeug

Mit dem eigenen Fahrzeug ist Friaul-Julisch Venetien von Süddeutschland aus leicht in einem Tag zu erreichen – von Österreich können es, je nach Wohnort, gar nur ein paar Stunden sein, bis man im Weingebiet von Cormòns zum genussvollen Degustieren einkehrt oder sich an den Stränden von Lignano und Grado im warmen Adriawasser tummeln kann.

Das Straßennetz in Friaul-Julisch Venetien ist hervorragend ausgebaut und die fast uneingeschränkte Mobilität lässt viel Raum für Unternehmungen aller Art. Kleinere Unannehmlichkeiten sollte man allerdings einkalkulieren. Alle Autobahnen sind kostenpflichtig, vielerorts sind die Altstadtzentren für den Verkehr gesperrt, zudem ist der italienische Großstadtverkehr in Triest und Udine nicht jedermanns Sache.

Anfahrt von Süddeutschland

Wer aus bzw. über Süddeutschland anreist, wird in aller Regel zunächst die Autobahn A 8 nehmen. Vom Inntaldreieck bei Rosenheim gibt es dann im Wesentlichen vier Optionen:

- Man fährt auf der A 8 weiter in Richtung Salzburg und auf der *Tauernautobahn* A 10 bis Villach, ab hier auf der A 2 Südautobahn zur Staatsgrenze Österreich/Italien. Diese Strecke bevorzugen meist diejenigen, die über Tarvisio auf der A 23 ins Friaul einreisen wollen.
- Man wechselt auf die A 93 in Richtung Innsbruck und fährt kurz nach der Staatsgrenze Deutschland/Österreich in *Kufstein Süd* ab, um auf die *Felbertauernstraße* zu gelangen, die zum Plöcken- oder Nassfeldpass führt. Leider ist dieses kurze Stück auf der österreichischen Autobahn seit 2013 nicht mehr vignettenfrei und wird auch kontrolliert! Vignet-

tenfreie Alternative: Kurz vor der Grenze die Ausfahrt *Oberaudorf/Niederndorf* nehmen, auf der B 172 bis Weidach/Kössen und dort die B 176 nach Süden fahren, bis man bei St. Johann in Tirol auf die B 161 trifft.

- Staufreie Option ist die *Autoschleuse Tauernbahn* westlich der Tauernautobahn, zwischen Böckstein und Mallnitz werden die Fahrzeuge dabei per Bahn transportiert.
- Auf der *Großglockner Hochalpenstraße* durch die Tauern – die Erlebnisstraße Österreichs schlechthin, entsprechend viel wird sie befahren. Wermutstropfen ist die hohe Mautgebühr, doch wegen der überwältigenden Panoramen ist das Geld gut angelegt.

Hinweis: 2019 ließ die Tiroler Landesregierung für Transitreisende Ausweichrouten von den Autobahnen sperren. Informieren Sie sich über die aktuelle Situation.

Tauernautobahn: Die A 10 führt in den Radstädter Tauern und am östlichen Ende der Hohen Tauern durch zwei 6-km-Tunnels, den *Tauerntunnel* und den *Katschbergtunnel* (Streckenmaut ca. 12 €, über 3,5 t teurer), die Mautstelle St. Michael im Lungau liegt vor dem Katschbergtunnel. Mit dem vorherigen Kauf einer digitalen Streckenmautkarte (www.asfinag.at) spart man Zeit (Autokennzeichen wird elektronisch erkannt). Die Tauernautobahn ist stauanfällig, es gibt immer wieder lange Baustellen, auch in den Tunnels, die dann z. T. einspurig befahren werden müssen.

Ab *Villach* wechselt man auf die A 2 Südautobahn, die an der Staatsgrenze Österreich/Italien in die A 23 übergeht und über *Tarvisio* (→ S. 51) rasch ins Friaul führt. Wer stattdessen über Plöckenpass oder Nassfeldpass fahren will, kann schon bei Spittal von der Autobahn auf die Bundesstraße 100 abfahren. Zum *Plöckenpass* geht es über Oberdrauburg und auf der B 110 nach Kötschach-Mauthen, dort beginnt die Auffahrt zum Pass. Zum *Nassfeldpass* kann man die Bundesstraße 87 über den Kreuzbergsattel nach Hermagor nehmen und auf der Bundesstraße 90 zum Pass hinauffahren.

Felbertauernstraße: Reizvolle Alpenstrecke durch den Nationalpark Hohe Tauern. Von der Autobahn kommend (→ oben), auf der B 161 über Kitzbühel bis Mittersill. Dort beginnt die eigentliche Felbertauernstraße (B 108), auf der der 5286 m lange *Felbertauerntunnel* durchquert wird (PKW und Wohnmobil 11 €, Motorrad 10 €). Weiter fährt man über Matrei (Osttirol) nach *Lienz* ins schöne Tal der Drau hinunter und

Mach mal Pause

Vom Südportal des Felbertauerntunnels erreicht man rasch das autofreie Gschlößtal. Man kann bis zum Matreier Tauernhaus fahren, von dort lässt sich eine leichte, kindergeeignete Wanderung ins Tal unternehmen – oder man nimmt die Pferdekutsche. Unterwegs kann man die „Felsenkapelle" besichtigen, die zum Schutz vor Lawinen im 19. Jh. in eine Höhle gebaut wurde. Am Talschluss (ab Matreier Tauernhaus auf dem Wanderweg ca. 1:30 Std., auf dem Fahrweg ca. 1 Std.) bietet der Gasthof „Venedigerhaus" mit seiner Panoramaterrasse die verdiente Ruhepause und den Blick auf den „schönsten Talschluss der Ostalpen".

Der Wilde Kaiser (2344 m)

wechselt auf die B 100. Bei Dölsach, einige Kilometer weiter östlich, wurde die große Römerstadt *Aguntum* ausgegraben. Die beeindruckenden Ausgrabungen mit Museum können besichtigt werden. Weiter geht es bis Oberdrauburg, wo man nach Kötschach-Mauthen im Gailtal abzweigt. Von dort sind es noch zwölf kurvige und steile Kilometer zur italienischen Grenze am *Plöckenpass* (→ S. 21), dann geht es auf der SS 52bis nach Karnien hinein. Alternative ist der weiter östlich gelegene *Nassfeldpass* (→ S. 49), von wo man nach Pontebba im wichtigen Durchgangstal *Val Canale* auf die Autobahn A 23 und die SS 13 trifft.

▪ **Aguntum**, Museum und Grabungsgelände, Mai bis Mitte Juni u. Mitte Sept. bis Ende Okt. Mo–Sa 9.30–16 Uhr, Mitte Juni bis Mitte Sept. tägl. 9.30–16 Uhr, Eintritt ca. 7 €, Kinder, Jugendliche u. Stud. ca. 4 €. ✆ 04852-61550.

Autoschleuse Tauernbahn: Die Shuttle-Züge zwischen Böckstein und Mallnitz verbinden das Gasteinertal in Salzburg mit dem Mölltal in Kärnten. Von Mallnitz ist man rasch in Spittal, weiter fährt man entweder auf die Autobahn nach Villach oder zum Plöcken- bzw. Nassfeldpass (→ Tauernautobahn). Die Züge verkehren ganzjährig im Stundentakt, etwa von 6 Uhr morgens bis 23 Uhr, Preis für PKW bis 3,5 t und Motorrad 17 €, Wohnmobil (dreiachsig) 50 €. Verladebeginn ist 15 Min. vor Abfahrt, Verladeschluss 5 Min. vor Abfahrt. Aktuelle Informationen unter www.gasteinertal.com/autoschleuse.

Großglockner Hochalpenstraße: Bei Auto-, Motorrad- und Fahrradfahrern gleichermaßen beliebt ist diese grandiose Passstraße durch den Nationalpark Hohe Tauern mit dem *Großglockner*, dem höchsten Berg Österreichs (3798 m). Sie ist eine der bekanntesten Bergstraßen der Welt und nach Schloss Schönbrunn mit über einer Million Touristen pro Jahr die meistbesuchte Sehenswürdigkeit Österreichs. Die Straße ist etwa 35 km lang, der Höhenunterschied beträgt 1700 m, ihre durchschnittliche Steigung 9 %, befahrbar ist sie etwa von Anfang Mai bis Anfang November. Entlang der Straße gibt es zwei Informationszentren, mehrere Lehrwege und zahlreiche Schautafeln, mit dem Mautticket hat man überall freien Eintritt. Die Tagesmaut beträgt für PKW 36,50 €, für Motorrad 26,50 € (30-Tageskarte 57 bzw. 46 €).

Man erreicht die Großglockner Hochalpenstraße wie oben unter „Felbertauernstraße" beschrieben, zweigt aber nicht auf die B 161 nach Kitzbühel ab, sondern bleibt auf der B 312 und fährt auf die B 311 ab, die über Zell am See nach Bruck am Großglockner führt, wo die Hochalpenstraße beginnt. Vom *Fuscher Tal* (805 m) geht es hinauf zu *Fuscher Törl* (2428 m) und *Hochtor* (2505 m) und wieder hinunter nach *Heiligenblut* (1300 m), von dort weiter ins Mölltal, von wo man über Lienz rasch zum Plöckenpass kommt (→ Felbertauernstraße). Abzweige führen zu den Aussichtspunkten *Edelweißspitze* (2571 m) und *Kaiser-Franz-Josefs-Höhe* (2369 m) mit Blick auf den Großglockner und die gewaltige Pasterze, den größten Gletscher der gesamten Ostalpen. Viele weitere Informationen unter www.grossglockner.at.

Autobahngebühren Österreich: Österreichische Autobahnen und Schnellstraßen sind gebührenpflichtig. Die Zehntagesvignette für einen PKW kostet ca. 9,20 €, Zweimonatsvignette 26,80 €, Jahresvignette 89,20 € (Motorrad 5,30, 13,40, 35,50 €). Für einen Aufenthalt, der länger als zehn Tage dauert, sollte man nicht die Zweimonatsvignette nehmen, sondern für Hin- und Rückreise je eine Zehntagesvignette. Vignetten, in Österreich „Pickerl" genannt, sind bei den Automobilclubs, an grenznahen Raststätten und an der Grenze erhältlich (für die Rückreise erst auf österreichischer Seite). Auf einigen baulich kostenintensiven Autobahnabschnitten werden gesonderte **Streckenmauttarife** verlangt (dort gibt es keine Vignettenpflicht) und auch auf einigen österreichischen Alpenstraßen sind **Mautgebühren** fällig.

Benzinpreise: günstiger als in Deutschland und Italien, vor allem abseits der Autobahnen sind die Unterschiede spürbar. Unter www.spritpreisrechner.at gibt es detaillierte Hinweise, bei welchen Tankstellen der Kraftstoff am preiswertesten ist.

In Österreich drohen z. T. drastische **Strafen für Verkehrsdelikte**. Ab einer Höhe von 25 € werden die Strafgebühren auch in Deutschland eingetrieben.

Alternativen

Wenn man nicht durch die Tauern, sondern über Innsbruck auf der *Brenner-Autobahn* anreist, bieten sich vom Etschtal auf italienischer Seite mehrere interessante Varianten, die alle durch Venetien führen, die Nachbarregion Friaul-Julisch Venetiens. Die Autobahnauffahrt zum Brenner mit der eindrucksvollen Europa-Brücke ist streckenmautpflichtig (PKW, Kleinbusse und Motorräder ca. 9,50 €).

Zahlreiche Informationen zu *Venetien* finden Sie in unserem Reiseführer zu dieser Region.

Spartipp Um die österreichische Brennermaut zu umgehen, kann man den **Zirler Berg** und die **Alte Brennerstraße** nehmen. Allerdings wird man dafür in der Regel einiges mehr an Zeit benötigen. Von München fährt man auf der Starnberger Autobahn nach **Garmisch-Partenkirchen** (Autobahnende 17 km vor Garmisch) und auf der Landstraße weiter zum Grenzübergang **Mittenwald/Scharnitz**. Abenteuerlich ist dann die Fahrt den Zirler Berg hinab ins Inntal (15 % Gefälle, in umgekehrter Richtung für Gespanne verboten!), beeindruckender Blick aufs Tal und Innsbruck. Zum Ende des Bergs hin Vorsicht: wenn man auf dieser Straße bleibt, gerät man unweigerlich auf die Inntal-Autobahn! Man muss deshalb vorher nach **Zirl** abbiegen und auf der B 171 nach Innsbruck fahren. Dort nimmt man die **alte Brennerstraße (B 182)** durchs reizvolle Wipptal hinauf zum Brenner (Achtung: nur für Fahrzeuge bis 3,5 t zulässiges Gesamtgewicht, keine Anhänger!).

Von Brixen: Mehrere schöne Routen stehen hier zur Auswahl.

Kurz vor *Brixen (Bressanone)* die SS 49 Richtung Osten nehmen und das *Pustertal (Val Pusteria)* entlang. Über das freundliche Städtchen *Bruneck (Brunico)* geht es parallel zum Fluss Rienz. Kurz nach dem See von *Welsberg (Monguelfo)* lohnt ein Abstecher zum *Pragser Wildsee*. Mit seinem tiefgrünen Wasser zwischen mächtigen Berghängen gilt er neben dem Karersee an der Großen Dolomitenstraße (→ unten) als schönster See der Dolomiten. In *Toblach (Dobbiaco)* biegt man nach Süden ins enge und fast völlig unbesiedelte *Höhlensteintal (Val di Landro)* ab und überquert kurz nach dem *Dürrensee (Lago di Landro)*, der direkt an der Straße liegt, die Grenze zum Veneto. Bis in den berühmten Wintersportort *Cortina d'Ampezzo*, 1956 Austragungsort der Olympischen Winterspiele, sind es von hier noch knapp 20 km. Südlich von Cortina geht es durch das *Valle d'Ampezzo* am Fluss Boite entlang zum lang gestreckten, gut 10 km langen Stausee *Lago di Pieve di Cadore*. Nach dem See muss man in *Pélos di Cadore* rechts abbiegen und fährt auf der SS 52 ins Friaul. Erster größerer Ort ist *Forni di Sopra* im oberen Tagliamento-Tal (→ S. 38).

Alternative: Kurz nach dem Dürrensee zum herrlich gelegenen *Lago di Misurina* abzweigen und das Tal des an mehreren Stellen gestauten Flusses Ansiei entlang bis *Auronzo di Cadore* am Nordufer des 2 km langen Stausees *Lago di Santa Caterina*. Über Pélos di Cadore geht es weiter ins Friaul wie oben beschrieben.

Interessant ist auch folgende Variante: Man nimmt von Pieve di Cadore die SS 51 nach Süden und fährt in *Longarone* zum Stausee *Lago del Vajont* hinauf, der 1963 Schauplatz eines schrecklichen Unglücks war (→ S. 80). Weiter geht es am Rande des Nationalparks *Parco Naturale Dolomiti Friulane* bis Maniago.

Und schließlich bietet die Strecke von Pélos di Cadore nach *Sauris* (SR 619, SP 33 und 73) die herrlichsten Bergpanoramen (→ S. 41).

Von Bozen: Herrliche Tour auf der „Großen Dolomitenstraße" ab *Bozen (Bolza-*

Schon in Kärnten erreicht man Karnien

no) quer durch die Dolomiten: Bozen – Karer Pass – Canazei – Pordoi-Joch – Falzarego-Pass – Cortina d'Ampezzo.

Zunächst nimmt man von Bozen/Kardaun die SS 241, die schmal und kurvig dem Wildbach in der extrem steilwandigen Schlucht des *Eggentals (Valle d'Ega)* folgt. Um *Welschnofen (Nova Levante)* weitet sich die Schlucht, bald hat man linker Hand einen imposanten Blick auf den *Rosengarten*. Obligater Stopp ist der winzige *Karersee (Lago di Carezza)* inmitten von sattem Nadelwald, in dessen tiefgrünem Wasser sich die schroffen Zinnen des Látemar-Gebirgszugs spiegeln. Ein Rundweg führt um den See, von dem man zu mehreren schönen Aussichtspunkten absteigen kann (ca. 45 Min.).

Jetzt überquert man den *Karer-Pass* (1745 m) und kurvt hinunter ins *Fassa-Tal*. Im viel besuchten Fremdenverkehrsort *Vigo di Fassa* trifft man auf die SS 48. Schnelle Fahrt das *Val di Fassa* entlang mit einer Reihe von Urlaubsorten, dann beginnt bei *Canazei* eine steile Serpentinenstrecke mit herrlichen Panoramen hinauf zum 2239 m hohen *Pordoi-Joch (Passo Pordoi)*, das die Grenze zur Region Venetien bildet. Auf der Passhöhe kann man die Gelegenheit nutzen und mit der eindrucksvoll konstruierten Seilbahn auf den 2950 m hohen *Sass Pordoi* hinaufgondeln (hin und zurück ca. 19,50 €, nur hinauf ca. 12 €), unterwegs genießt man fantastische Ausblicke auf die steilen Felswände und die Dreitausender im Umkreis: Marmolada, Rosengarten und Langkofel. Die Bergstation oben steht auf einem Plateau mit ewigem Schnee. Wer etwas Zeit zur Verfügung hat, kann auf einem gut sichtbaren Weg in einer Dreiviertelstunde wieder zum Pass hinunterlaufen.

In zahllosen Serpentinen kreist man nun vom Pass wieder hinunter, dann zügige Fahrt bis zum Abzweig nach Belluno (SS 203) und hinauf zum *Passo di Falzarego* (2117 m), wo wieder eine Seilbahn auf den mächtigen *Lagazuoi* lockt (2752 m), der Sage nach ein zu Stein erstarrter König. Der Berg wurde im oberen Bereich zum Freilichtmuseum ausgebaut – dort verlief im Ersten Weltkrieg die Frontlinie, tausende von Soldaten lagen sich hier gegenüber, die Bauten und Geschützstellungen wurden restauriert.

Im Anschluss geht es in langen Kurven hinunter in die Ebene von Cortina d'Ampezzo und weiter wie im Abschnitt „Von Brixen" beschrieben.

Von Trento: Über die beiden Badeseen *Lago di Caldonazzo* und *Lago di Lévico* auf der SS 47 das lang gezogene *Valsugana* entlang, immer wieder bieten sich reizvolle Panoramen.

Ein lohnender Stopp im Veneto ist die Grappastadt *Bassano del Grappa* mit der berühmten überdachten Holzbrücke über die Brenta, genannt „Ponte degli Alpini". Ursprünglich bereits Anfang des 13. Jh. erbaut, musste sie infolge von Kriegen und Überschwemmungen mehrfach neu konstruiert werden, u. a. 1569 vom berühmten Architekten Palladio. Das letzte Mal wurde der Ponte Vecchio im Zweiten Weltkrieg zerstört und danach von den italienischen Gebirgsjägern (Alpini) wiederaufgebaut, woher sein jetziger Name stammt. Im Umkreis haben sich zahlreiche Osterien und Grapperien etabliert. Noch vor der Brücke lädt die Destillerie von Jacopo Poli (seit 1898) ein, ihr liebevoll aufgemachtes *Museo della Grappa* zu besuchen. Im Brückenkopf links findet sich die Verkaufs- und Probierstube des führenden Grappaherstellers *Nardini* (seit 1779), sein „Acquavit di puro graspa" wird alljährlich in Millionen von Flaschen abgefüllt und in alle Welt exportiert.

Von Bassano fährt man weiter nach *Padua* und auf der A 4 ins Friaul (→ nächster Abschnitt). Oder man nimmt die Strecke über *Treviso*, wo man ebenfalls auf die Autobahn wechseln kann

Rund um den italienischen Verkehr

Autobahngebühren: Die Gebühren auf den italienischen „Autostrade" (www.autostrade.it) werden nach gefahrenen Kilometern berechnet. Für PKW kostet beispielsweise die Fahrt vom Brenner bis Triest ca. 37,20 €, Gespanne mit drei bzw. vier Achsen zahlen höhere Preise. Kontrollstellen (Alt stazione!) gibt es am Beginn jedes neuen Autobahnabschnitts und an jeder Einfahrt. Dort wird ein Ticket ausgegeben, beim Verlassen oder Wechseln der Autobahn wird zur Kasse gebeten (Mautkarte nicht verlieren, sonst muss die mögliche Gesamtstrecke gezahlt werden). Gezahlt werden kann in bar, per Kreditkarte oder per Viacard, einer Prepaid-Karte, die man u. a. beim ACE (Auto Club Europa) und an grenznahen Raststätten bekommt. Für die unterschiedlichen Zahlarten (Barzahlung vs. Kreditkarte/Viacard) stehen jeweils entsprechend gekennzeichnete Fahrspuren zu Verfügung. Falls Sie sich falsch eingeordnet haben, stoßen Sie keinesfalls zurück (kann als Rückwärtsfahren auf der Autobahn geahndet werden – hohe Bußgelder, sogar Fahrverbot!), sondern drücken Sie die Hilfstaste („assistenza" o. Ä.). Sie erhalten dann einen Quittungsstreifen, mit dem Sie die Maut bei einer anderen Mautstelle bezahlen bzw. nachträglich überweisen können.

Fahrzeugpapiere/Versicherung: Mitzuführen sind der nationale Führerschein (patente di guida) und der Fahrzeugschein (libretto di circolazione), bei Schadensfällen wird außerdem immer noch die grüne Versicherungskarte verlangt. Auch einen Auslandsschutzbrief sollte man abschließen (Hilfsleistungen bei Panne, Unfall oder Diebstahl), alle Automobilclubs und Versicherer bieten ihn an, Jahrespreis zwischen 30 und 50 €. Bei neuen Fahrzeugen ist außerdem eine vorübergehende Vollkaskoversicherung anzuraten, da die Deckungssummen italienischer Haftpflichtversicherer sehr niedrig sind.

Höchstgeschwindigkeit: innerorts 50 km/h; **außerorts,** PKW, Motorräder und Wohnmobile bis 3,5 t 90 km/h, Wohnmobile über 3,5 t 80 km/h, PKW mit Anhänger 70 km/h; **Schnellstraßen** (zwei Spuren in jeder Fahrtrichtung), PKW, Motorräder und Wohnmobile bis 3,5 t 110 km/h, Wohnmobile über 3,5 t 80 km/h, PKW mit Anhänger 70 km/h; **Autobahnen,** PKW und Wohnmobile bis 3,5 t 130 km/h, für Motorräder bis 149 ccm verboten, darüber 130 km/h, Wohnmobile über 3,5 t 100 km/h, PKW mit Anhänger 80 km/h.

Pannenhilfe/Notrufe: Notrufsäulen stehen in Abständen von 2 km an den Autobahnen. Der Straßenhilfsdienst des italienischen Automobilclubs ACI (www.aci.it) ist in ganz Italien rund um die Uhr unter ✆ 803-116 zu erreichen (aus den Mobilfunknetzen mit 800-116800). Die Pannenhilfe ist kostenpflichtig, auch für Mitglieder von Automobilclubs, besondere Konditionen gelten für die „ADAC PlusMitgliedschaft".

Polizeinotruf ✆ 112, **Straßenpolizei** ✆ 113, **Unfallrettung** ✆ 118, **deutschsprachiger Notrufdienst des ADAC** ✆ 0049-89-222222.

Stadtverkehr und Parken: Die meisten historisch gewachsenen Stadtzentren sind zeitweise oder ständig für den Autoverkehr gesperrt, ausgeschildert mit „zona a traffico limitato" (ZTL), nur autorisierte Fahrer und Anwohner dürfen dort parken. Urlaubern ist es gestattet, mit dem PKW vor Altstadthotels vorzufahren und auszuladen (Sondergenehmigung nötig, Nachfrage beim Hotel). In fußläufiger Entfernung zu den Sehenswürdigkeiten gibt es in vielen Städten oft gebührenpflichtige (und meist bewachte) Parkplätze (ca. 1–2,50 €/Std., bei längerem Aufenthalt wird es billiger). Im Zentrum kann man entweder an Gebührenautomaten oder gratis mit Parkscheibe in der „zona disco" parken. Parkverbot besteht an schwarz-gelb gekennzeichneten Bordsteinen sowie auf gelb markierten Parkflächen. .

Tankstellen: Tankstellen sind nur an den Autobahnen rund um die Uhr geöffnet, überall sonst sind sie nur etwa 7–12.30 Uhr und 15–19.30 Uhr geöffnet, sonntags ist ganz geschlossen. An vielen Zapfautomaten können Sie aber während der Schließzeiten im Self-Service-Verfahren tanken.

Unfälle: An der Windschutzscheibe eines in Italien zugelassenen Wagens ist ein Aufkleber mit der Adresse der Versicherungsgesellschaft und der Versicherungsnummer angebracht. Diese unbedingt notieren und Zeugen ermitteln. Außerdem unbedingt Formular „Unfallbericht" im Auto mitführen, auf Italienisch „CID" genannt. Bei einem Bagatellunfall füllt man es mit dem Unfallpartner zusammen aus (mit etwaiger Schuldanerkennung). Jeder Beteiligte erhält eine identische Kopie des Unfallberichts. Unter www.unfallskizze.de/formularcenter.html kann man ihn auch auf Italienisch herunterladen.

Wichtige Verkehrsvorschriften: Abblendlicht ist auch tagsüber auf allen Autobahnen und Landstraßen vorgeschrieben, für Zweiräder gilt generell „Licht an"; **Abschleppen** auf Autobahnen ist verboten; bei **Kreisverkehren**, die mit Verkehrsschild als solche ausgewiesen sind, hat der im Kreis Fahrende Vorfahrt vor den Einfahrenden; **Ladungen**, die über das Wagenende hinausragen, müssen mit einem reflektierenden, 50 x 50 cm großen, rot-weiß gestreiften Aluminiumschild (kein Kunststoff!) abgesichert werden (in Italien an Tankstellen erhältlich); Fahrrad- oder Lastenträger mit Heckleuchten und Nummernschild, die im Kfz-Schein eingetragen sind, sind von dieser Regelung ausgenommen; **Motorräder unter 150 ccm** sind auf italienischen Autobahnen verboten; die **Promillegrenze** liegt bei 0,5, die Strafen bei Alkohol am Steuer sind sehr hoch; das **Telefonieren** während der Fahrt ist nur mit einer Freisprechanlage gestattet.

Achtung: Die italienischen Bußgelder gehören zu den höchsten in Europa (www.bussgeldkataloge.eu/bussgeldkatalog-italien.html), Parkverstöße (Mindestgebühr 40 €) und Geschwindigkeitsüberschreitungen werden deutlich strenger geahndet als in Deutschland. Ein Knöllchen sollte man nach Möglichkeit innerhalb der vorgegebenen Frist bezahlen, sonst zahlt man mehr. 2016 ist eine EU-Verordnung in Kraft getreten, wonach Verkehrsverstöße ab 70 € auch außerhalb von Italien vollstreckt werden können. Weitere Informationen unter www.bussgeldkatalog.org/ausland.

oder auf der SS 53 nach Oderzo und *Portogruaro* (→ S. 71) fährt.

Von Verona: Vom Brenner bis *Verona* auf der Autobahn A 22 oder Staatsstraße SS 12, dort ggf. Besichtigungsstopp mit Besuch der römischen Arena auf der Piazza Bra, der Altstadt um Piazza delle Erbe (Markt) und Piazza dei Signori sowie der Casa di Giulietta (Romeo und Julia). Weiter auf der A 4 über *Padua* – berühmte Basilika mit dem Grab des heiligen Antonius, in der nahe gelegene Kirche Santa Giustina ein Sarkophag mit den sterblichen Überresten des Evangelisten Lukas – und an *Venedig* vorbei ins Friaul. Achtung: Im Bereich um das Nadelöhr Venedig kommt es immer wieder zu Staus auf der Autobahn.

Anfahrt aus Österreich

Aus dem Westen Österreichs nimmt man die *Brennerroute* (→ S. 265) oder fährt über *Lienz* und den *Plöckenpass* nach Friaul-Julisch Venetien. Schnellster Einstieg für alle, die aus dem Osten der Alpenrepublik kommen, ist die Südautobahn A 2 von Wien über Graz, Klagenfurt und Villach zur Staatsgrenze Österreich/Italien, wo sie in die *Alpen-Adria-Autobahn A 23* übergeht und über *Tarvisio*, *Tolmezzo* und *Udine* nach Süden führt. Bei *Palmanova* trifft man auf die A 4, von wo es nach Triest weitergeht. Die Fahrtzeit ab Villach bis zur Adriaküste beträgt so kaum mehr als ca. 2 Std.

Wer mehr von den Alpen sehen will, kann auch die schöne Bergstrecke auf der Schnellstraße S 6 und S 36 über den *Semmering*, Bruck an der Mur und Leoben nach *Judenburg West* wählen. Danach auf der B 317 bis *St. Veit/Nord*, auf der S 37 weiter bis Klagenfurt Nord und auf der A 23 zur Adria.

Eine interessante Alternative ist die Anreise über *Slowenien*, dafür nimmt man die A 9 ab Graz bis Maribor und weiter die A 1 über *Ljubljana* (Achtung Vignettenpflicht: Woche 15 €, Monat 30 €). Schon in k.u.k.-Zeiten war diese „Strada per Vienna" genannte Verbindung die gängige Route von Wien zum Freihafen Triest und umgekehrt. Falls man über Tarvisio anreist und nach Gorizia und Triest weiter will, kann man über den *Passo del Predil* (→ S. 58) nach Slowenien abzweigen. Bei *Bovec* erreicht man den Isonzo, fährt immer dem Fluss nach und gelangt bei *Gorizia* wieder über die Grenze ins Friaul.

Anfahrt aus der Schweiz

Die Autobahn N 2 führt durch den gebührenfreien *St.-Gotthard-Tunnel*, mit 16,3 km längster Straßentunnel durch die Alpen, und weiter auf malerischer Strecke mit bereits prächtiger mediterraner Vegetation auf einem Damm über den Luganer See zum schweiz./ital. Grenzübergang *Chiasso*. Achtung: Wegen des Baus einer neuen Tunnelröhre für die Eisenbahn gibt es auf Schweizer

Kühne Trasse: Die A 23 überquert den Lago di Cavazzo

Seite zwischen Faido und Bodio Behinderungen. Unmittelbar nach der Grenze geht es an *Como* vorbei, nach *Mailand* zügige Fahrt auf der A 9, weiter auf der A 4 durch die flache Poebene über *Verona* ins Friaul.

Ausweichroute ist die N 13 via Chur durch den ebenfalls gebührenfreien *San-Bernardino-Tunnel*.

Autobahngebühren Schweiz: Alle Schweizer Autobahnen (Nationalstraßen) und autobahnähnlichen Straßen sind gebührenpflichtig. Pauschal wird der Preis von 40 CHF (ca. 36,50 €) für eine Vignette (Plakette) erhoben. Die Vignette ist nicht übertragbar und jeweils für ein Jahr gültig. Für Anhänger wird eine zusätzliche Vignette benötigt. Die Plaketten sind an den Grenzen und auf jeder Schweizer Poststelle erhältlich, man kann sie aber bereits vor der Fahrt bei einem Automobilclub erstehen.

Mit der Bahn

Zug zu fahren ist eine umweltverträgliche Art des Reisens und lohnt wegen der vergleichsweise günstigen Tarife in Italien.

Das Streckennetz in Friaul-Julisch Venetien ist allerdings relativ grob gestrickt, vor allem in den Alpenregionen und im Bereich der Adria muss man häufig in den Bus umsteigen. Eine Küstenlinie gibt es nur nordwestlich von Triest, die bekannten Badeorte Lignano und Grado haben keine Bahnverbindung.

Aus Deutschland reist man am besten über Villach in Österreich an, von München gibt es auf dieser Strecke mehrmals täglich Verbindungen nach Triest, die kürzeste Fahrt dauert 7:30 Std., umsteigen muss man in der Regel in Salzburg, Villach und Udine bzw. Gorizia. Mehr Zeit benötigt man auf der Brenner-Linie über Innsbruck nach Verona und von dort über Mestre (Venedig) nach Triest bzw. über Treviso nach Udine, dabei ist man etwa 10 Std. unterwegs und muss ebenfalls zwei Mal umsteigen (Verona und Venezia Mestre bzw. Padua). Von *Wien* gibt es bis zu 6-mal täglich Verbindungen nach Udine (Fahrtzeit ca. 6 Std.), dort steigt man nach Triest um (insgesamt ca. 7:30 Std.).

Die Fahrpreise kann man durch frühzeitige Buchung, mit den verschiedenen BahnCard-Varianten und dem „Super Sparpreis Europa" reduzieren. Wegen der Vielzahl von Sparmöglichkeiten ist eine Beratung in einem Servicecenter der Bahn sinnvoll. Kostengünstig sind die Nachtreisezüge „Nightjet" der ÖBB, die es auch von München nach Venedig gibt (www.nightjet.com).

Unterwegs in Italien sollte man sich aus den Fahrplänen der italienischen Eisenbahn *Trenitalia*, Tochtergesellschaft der Ferrovie dello Stato Italiane (abgekürzt FS), immer den geeigneten Zug heraussuchen: Die Nahverkehrs-

Tipps und Tricks für Bahnreisende

- Am Fahrkartenschalter sagt man: **„Un biglietto (due biglietti) per Trieste (Udine, Gorizia ...), solo andata (andata/ritorno)"** – „einen Fahrschein (zwei Fahrscheine) nach Triest (Udine, Gorizia ...), einfache Fahrt (hin und zurück)"
- **Wichtig:** bevor man den Bahnsteig betritt, muss man sein Zugticket an einem der Automaten **entwerten,** die an den Zugängen aufgestellt sind. Andernfalls gilt man als potenzieller „Schwarzfahrer" – und das kann einiges kosten!
- Wenn der Fahrkartenschalter geschlossen ist, gibt es die Zugtickets in der Regel in der **Bahnhofsbar** oder im **Zeitschriften-** bzw. **Tabacchi-Laden,** immer häufiger auch ausschließlich in **Automaten.**
- **Nachlösen im Zug** ist nur möglich, wenn der Schalter des Abfahrtsbahnhofes geschlossen ist. Sollte das nicht der Fall sein, zahlt man beim Schaffner mehr als das Doppelte des regulären Fahrpreises.
- **Zuschlagspflichtige IC-Züge** sind auf den aushängenden Fahrplänen mit gestrichelter Linie gekennzeichnet (Zuschlag = supplemento).
- Auf den Fahrplänen immer die Spalte „Servizi diretti e annotazioni" beachten, dort ist vermerkt, ob der betreffende Zug nur **werktags** („si effetua nei giorni lavorativi") oder nur **feiertags** („si effetua nei festivi") fährt.
- Auf kleineren Bahnhöfen hängen oft zusätzlich die Abfahrts-/Ankunftszeiten der **nächstgrößeren Bahnhöfe** bzw. Städte aus – nicht verwechseln!
- Oft werden noch in letzter Minute die **Gleise gewechselt.** Bis zuletzt auf Durchsagen und Mitwartende achten, außerdem immer noch einmal fragen, bevor man einen Zug besteigt.
- Gut zu wissen: **partenza** = Abfahrt, **arrivo** = Ankunft, **binario** = Gleis, **coincidenza** = Anschluss, **orario** = Fahrplan, **prezzo del biglietto** = Fahrpreis.

Bahnfahren in Italien: häufig verkehrende Züge und erfreulich preiswert

züge *Locale* (L) bzw. *Regionale* (R) und *Regionale Veloce* (RV) sind langsam und halten an jeder Station. Etwas flotter bewegen sich *Diretto* (D) und *Interregionale* (IR), die aber ebenfalls häufig halten. Der *Espresso* (E) ist dagegen durchweg schnell. Am schnellsten (in der Spitze bis 300 km/h) fahren die komfortablen Inter/Eurocity-Züge (IC/EC) *Frecciarossa*, *Frecciabianca* und *Frecciargento*, allerdings mit teils erheblichen Zuschlägen und nur auf bestimmten Hauptstrecken.

Mit dem Flugzeug

Die ökologisch kaum vertretbaren Billigflugangebote nach Norditalien haben so manchen Urlauber vom Auto auf den Flieger umsteigen lassen. Auch Kurztrips von wenigen Tagen sind dadurch populär geworden, weil finanziell erschwinglich.

Wichtig ist jedoch eine frühzeitige Buchung, denn je näher der Abflugstag rückt, desto teurer wird das vermeintliche Schnäppchen. Falls man nicht mit öffentlichen Verkehrsmitteln unterwegs sein will, muss außerdem die Anmietung eines Leihwagens in die Kosten einbezogen werden.

Friaul-Julisch Venetien besitzt nur einen einzigen Flughafen, den beschaulichen „Aeroporto Friuli Venezia Giulia" bei Monfalcone, der im internationalen Flugverkehr als Flughafen Triest firmiert (TRS). Angeflogen wird er von *München* und *Frankfurt* aus täglich mit Lufthansa (Flugdauer ca. 45 Min. bzw. 1:15 Std.). Außerdem gibt es seit 2019 von Anfang Juni bis Anfang Oktober zweimal wöchentlich eine Verbindung mit Eurowings aus *Köln*. Die bekannten Low Cost Carrier wie Ryan Air und Easy Jet landen dagegen vor allem in der Nachbarregion Venetien und im nahen Kroatien.

Triest (Friaul-Julisch Venetien) Der Flughafen Aeroporto Friuli Venezia Giulia liegt bei Ronchi dei Legionari, am Beginn des triestinischen Karstes, etwa 30 km von Triest (→ S. 193). ✆ 0481-773224, https://triesteairport.it.

APT-Bus E51 fährt von und nach Udine und Triest, die Busse E01 und E26 von und nach Gorizia und Grado (www.aptgorizia.it, ✆ 800-955957).

Treviso (Veneto) Der Flughafen Canova liegt etwa 2 km westlich vom Zentrum. Alle 30 Min. fährt ACTT-Bus 6 zum Bahnhof in der Stadt (Tickets am Infoschalter in der Ankunftshalle). ✆ 0422-315111, www.trevisoairport.it.

Venedig (Veneto) Der Flughafen Marco Polo liegt etwa 8 km östlich von Mestre, direkt am Rand der Lagune. ATVO- und ACTV-Busse fahren zum Bahnhof Mestre-Venezia, von dort gibt es häufige Zugverbindungen ins Friaul. ✆ 041-2606111, www.veniceairport.it.

Verona (Veneto) Der Flughafen Valerio Catullo di Villafranca/Verona liegt 10 km südwestlich von Verona. Der ATV-Aerobus fährt alle 20 Min. zur Busstation Porta Nuova beim Hauptbahnhof in Verona, von dort gibt es stündliche Verbindungen über Padua und weiter ins Friaul. ✆ 045-8095666, www.aeroportoverona.it.

Rijeka (Kroatien) Der Airport von Rijeka liegt ca. 75 km südlich von Triest. Nach Triest Flixbus oder Zug (umsteigen in Pivka). ✆ 385-51-841222, www.rijeka-airport.hr.

Pula (Kroatien) Der Airport von Pula liegt in Istrien, ca. 120 km von Triest. Shuttle-Busse fahren zur Hauptbusstation, dort mehrmals tägl. nach Triest. ✆ 385-52-550926, www.airport-pula.hr.

Mietwagen online: Unter www.billiger-mietwagen.de kann man die Angebote diverser Broker vergleichen und buchen. Alle Verleiher verlangen bei der Anmiete eine Kaution, dafür ist fast immer eine Kreditkarte nötig. Prüfen Sie außerdem genau den gebotenen Versicherungsschutz, Vollkasko mit oder ohne Selbstbeteiligung ist zu empfehlen (Tipp: bei Anmietung über www.billiger-mietwagen.de wird eine etwaige Selbstbeteiligung zurückerstattet, allerdings nur mit Unfallbericht der Polizei etc.).

Weitere Anreisemöglichkeiten

Fernbus: Zeitaufwendig, aber preislich kaum zu unterbieten sind die Fahrten per Fernbus (www.flixbus.de). Verbindungen gibt es aus deutschen Großstädten vor allem nach Triest, meist mit Umsteigen.

Mitfahrzentralen: Preisgünstige Lösung für Fahrer und Mitfahrer – Ersterer spart Benzinkosten, Letzterer kommt ein ganzes Stück billiger als mit der Bahn über die Alpen. Infos bei www.mifaz.de, www.blablacar.de usw.

Fahrrad: Für sportliche Naturen bietet sich die Tour nach Venetien und ins benachbarte Friaul geradezu an. Wenn man einmal den Alpenkamm überwunden hat (große Herausforderung und absolutes Highlight ist die Großglockner Hochalpenstraße!), geht es bis zur Adria weitgehend bergab – allerdings muss noch die Wasserscheide Schwarzes Meer/Adria westlich von Tarvisio überwunden werden. Um die großen Lagunen entlang der brettflachen Adriaküste gibt es zahllose Radwege.

Wer nicht über die Alpen strampeln will, kann den Drahtesel auch in vielen *internationalen Zügen* mitnehmen, vom Bummelzug bis zum IC. In Fernzügen von Deutschland nach Italien muss für ca. 10 € eine *internationale Fahrradkarte* erworben werden, damit ist auch gleich ein Radstellplatz reserviert. Achtung: Hin- und Rückreise können im Fall Italien nicht zusammen gebucht werden, die Rückfahrkarte muss in Italien gekauft werden (nur Nachtzüge möglich, ca. 15 €). Die Deutsche Bahn bietet auf ihrer Internetseite (www.bahn.de) unter „Reise & Services" Informationen für Radfahrer und unterhält außerdem die Hotline ✆ 01806-996633.

Eine weitere komfortable Alternative bietet die Anreise mit dem *Flugzeug*. Die Billigflieger berechnen dafür ca. 50–65 € pro Flug, rechtzeitige Anmeldung ist obligatorisch. Das Rad muss gut verpackt sein: Lenker nach innen drehen, Pedale entfernen und das Rad in Plastikfolie, Pappe etc. einwickeln.

Kurz vor Triest durchquert man auf der Küstenstraße die eindrucksvolle „Galleria Naturale“

Käse gehört zu den wichtigsten kulinarischen Produkten

Essen und Trinken

Friaul liegt an der Nahtstelle zwischen Italien, Österreich und Slowenien, aber auch auf engstem Raum zwischen Hochalpen und Meer. Kein Wunder also, dass es sich als eine kulinarisch höchst multikulturelle Region zeigt, in deren Küche sich auf kreative Weise alpenländisch-österreichische mit venezianischen und slowenischen Einflüssen mischen.

Höhepunkt im Mix der Kulturen ist die alte Hafenstadt Triest, wo die Traditionen der österreichisch-ungarischen k.u.k.-Monarchie mit griechischen, ungarischen, jüdischen und slawischen Essensgewohnheiten einen anregenden Cocktail bilden. Aber natürlich werden im Sommer vor allem in den großen Badeorten an der Adria die friulanischen Traditionen durch die gesamtitalienische Küche zurückgedrängt – Pizza und Pasta heißt dann auch hier die Losung.

Nicht verleugnen lässt sich die ursprüngliche, sehr schlichte Küche des Friaul. Sie resultiert aus der schwierigen Situation der Landwirtschaft in der bergigen Region am Rande Italiens. Kartoffeln, Rüben, Gerste und Mais sind die wichtigsten Rohstoffe, dazu kommt die Zucht von Schweinen und Kühen – aus ersteren macht man Schinken und Würste, letztere sind für Milch und Kuhkäse zuständig, Schafskäse gibt es kaum. Auf dieser Basis sind eine Fülle von Gerichten entstanden, die sich bis heute resistent gegenüber äußeren Strömungen zeigen. Gemeinsam ist ihnen, dass als Beilage sehr häufig *polenta* gereicht wird. Der weiße oder gelbliche Maiskuchen bzw. -brei ersetzte jahrhundertelang das Brot, war oft das Hauptgericht und ist eine nicht wegzudenkende Grundlage der friulanischen Küche. Bis heute gibt es nur wenige Gerichte auf der Basis von Fleisch, das Schweinefleisch wird hauptsächlich für Schinken und Wurstwaren verwendet, die noch viele Metzger in Eigenproduktion herstellen, z. B. die große, unregelmäßig geformte *soppressa* im Rinderdarm und die dicke

Schlackwurst *muset*. Geflügel wie Gans, Ente, Huhn oder *faraona* (Perlhuhn) nehmen dagegen im Küchenalltag einen großen Platz ein. Die venezianische Tradition des *Risotto* ist nicht ganz so stark ausgeprägt, auf der friulanischen Speisekarte erscheinen die Reisgerichte oft in lokal-ländlichen Varianten, z. B. mit Spargel, Kürbis, Sellerie oder Wurst. Oft präsent sind dagegen die *gnocchi* (gesprochen: njocki), in Österreich Nockerln genannt, die in vielen Varianten zubereitet werden. Sie bestehen aus gekochten Kartoffeln, Mehl, Topfen (Quark), Gries (Mais oder Weizen), Polenta oder Kürbis, werden aber auch als große Semmelknödel aus geschnittenem altbackenem Brot serviert, genannt *gnocchi de pan*. Der Geschmack Habsburger Zeiten findet sich darin wieder, ebenso in dem wesentlichen Merkmal der friulanischen Küche, der gemeinsamen Verwendung von süß und sauer, herb und salzig, am besten zu schmecken in den sog. *cjarsòns* (→ unten).

Coperto e Servizio (Gedeck und Bedienung): Vorsicht bei der Preiskalkulation anhand aushängender Speisekarten: Bei jeder Mahlzeit werden pro Person noch zwischen 1,50 und 3 € für *Coperto* (Gedeck) aufgeschlagen. *Servizio* (Bedienung) ist dagegen meist im Preis enthalten – jedoch nicht immer, vor allem in gehobeneren Lokalen muss man dafür noch oft 10–15 % Aufpreis in Kauf nehmen. Erfreulicherweise ist verstärkt der Trend zu bemerken, dass diese Extras aus Gründen verschärfter Konkurrenz nicht mehr überall berechnet werden.

Die Küche der Berge und des Hügellands

Grundsätzlich sieht die Speisekarte in den Bergen erheblich anders aus als in den küstennahen Gebieten: Mit Gemüse, Kartoffeln, Ricotta und Kräutern gefüllte Teigtaschen, viel Käse, Polenta und einfache Pfannengerichte prägen die Bergregionen Karnien und Tarvisien, Fleisch ist kein tragender Bestandteil.

Ein typisches Utensil der friulanischen Gastronomie ist der **fogolar** oder **fogher,** ein großer Grillofen, der mitten in der Küche oder im Gastraum steht und gleichzeitig wärmt. Man sieht ihn noch in vielen Restaurants und Wohnhäusern.

Eine typisch friulanische Spezialität des Inlands ist die Gerstensuppe mit Bohnen namens *mignestròn di uardi e fasui* (minestra di orzo e fagioli). Aus den karnischen Alpen stammen die *cjarsòns* (auch: cjalsòns), Teigtaschen mit deftig-süßer, salziger oder süßsaurer Wurstfüllung, von denen es mehr als 40 Varianten gibt. *Frico* steht über-

Unverzichtbar in den höheren Lagen: Am Fogolar grillt man und wärmt sich all auf der Speisekarte und ist ein deftiges Käsegericht aus der Pfanne, oft wird dafür der typische Montasio-Käse verwendet, dazu werden Polenta und/oder Rohsalami serviert und Merlot oder Refosco gereicht. Dieses typische Gericht entstammt der alten, genügsamen Bauernkultur: Bevor die Frauen die Herden auf die Weide führten, ließen sie auf der Herdstelle eine kleine Pfanne mit Käseresten stehen. Bei ihrer Rückkehr waren diese geschmolzen und bildeten eine Art Omelett, das mit Kartoffeln angereichert wurde. Die Käsesorten des Friaul sind zahlreich, der *Montasio* ist der bekannteste (→ unten), es gibt aber auch noch den zarten und delikaten *Latteria* aus dem Tagliamento-Gebiet, ein mittelfester Käse mit regelmäßigen Löchern, der bekannteste ist der Latteria von Fagagna. Der *Asíno* (hat nichts mit dem „Esel" zu tun = àsino) ist ein cremiger, streichfähiger Käse mit langer Tradition aus dem Westen Friauls, ein wirklicher Spezialist in seiner Herstellung ist „Tosoni" mit Niederlassungen in Udine, Tolmezzo und Spilimbergo (Anmerkung: Der Asíno wird in einer Lake aus Milch, Rahm und Salz gebadet. Die in Holzbottichen, den sog. Salmúeries, aufbewahrte Mischung regeneriert sich bei der Käseherstellung immer wieder neu und ist bei Tosoni fast 200 Jahre alt!).

Im hügligen Voralpengebiet um die gleichnamige Stadt nordwestlich von Udine reift der luftgetrocknete *prosciutto San Daniele*. Nach dem Parmaschinken gilt er als die Nr. 2 der norditalienischen Schinkenproduktion. San Daniele ist aber auch für seine Forellen bekannt, die hier in mehreren Zuchten gezogen werden. *Muset con brovade* (musetto con brovada) ist ein Gericht aus Kochwurst (cotechino) und sauren weißen Rüben, die bis zu zwei Monate in Trester oder Wein mariniert werden. Unter *frittata* versteht man eine Art Omelett, das mit Spinat und diversen Kräutern (con le erbe) zubereitet wird.

Häufig als Dessert serviert wird die *gubana*, ein grappagetränkter Nusskuchen mit Rosinen, der aus den Valli Natisone nördlich von Cividale del Friuli stammt (→ unten).

In der Region um Gorizia ist die Küche bereits vom nahen Slowenien geprägt, so gibt es hier z. B. häufig *Ćevapčići* und *Ljubljanska* (paniertes Kotelett, gefüllt mit Schinken und Käse).

Die Küche am Meer

An der Küste sind natürlich die Fischgerichte vorherrschend – frittierten oder gegrillten Fisch findet man überall, stark in der Tradition verankert ist *fritto misto*, in Olivenöl gebackene Fische und Scampi, serviert mit Polenta. Sehr lecker, allerdings auch teuer, ist Fisch in Salzkruste, wobei die Frische des Fischs für dem Geschmack entscheidend ist. Das typische Fischgericht in Grado heißt *boreto* und wird aus mehreren Fischsorten und Meeresfrüchten im eigenen Sud zubereitet, wobei traditionell nur Öl, Pfeffer und Essig verwendet werden dürfen – ihre genaue Zusammensetzung wird von Generation zu Generation weitergegeben und ist ein streng gehütetes Geheimnis. Ein sehr spezielles Gericht sind auch die *sardoni* oder *sardelle in saor*, frittierte Sardinen/Sardellen, eingelegt in Zwiebeln und Essigsud und verfeinert mit Pinienkernen und Rosinen – diese Zubereitung ermöglicht die Aufbewahrung des fertigen Fischs für mehrere Tage, es ist deshalb bis heute ein Gericht der Volksküche und wird gerne für große Gesellschaften zubereitet. Weiterhin gibt es die vom Aussterben bedrohten Krabben namens *grancevola* (Meeresspinne), die leckeren *capesante* (Jakobsmuscheln), *seppie in nero* (Tintenfisch in seiner „Tinte"), *zottoli* (kleine Tintenfische aus der Lagune) und *capelunghe*, lange, stabförmige Muscheln, die in der kalten Jahreszeit gefangen werden.

Triestiner Küche

In der großen Hafenstadt treffen seit Jahrhunderten die verschiedensten Einflüsse aufeinander, wodurch die Triestiner Küche ihre ganz typische Eigenheit erhalten hat. In den sog. „Buffets“ (→ S. 223) ist *porcina con senape e kren* ein Favorit – geräuchertes Schweinefleisch (Kaiserfleisch) mit Senf und Kren, das gerne mit reichlich Sauerkraut serviert wird. Dazu kommen der *riso alla greca* (Reis auf griechische Art), das ungarische *Gulasch*, Prager Schinken sowie Leberknödel- und Grießnockerlsuppe, aber auch das *costoletta viennese* (Wiener Schnitzel) ist anzutreffen. *Jota*, die schwere Suppe aus Bohnen, Sauerkraut und Speck, stammt ursprünglich aus Slowenien, wird nun aber bevorzugt in Triest und Gorizia gegessen. Erwähnenswert ist auch die Käsecreme *Liptauer*, eine typische Spezialität österreichisch-ungarischen Ursprungs aus Ricotta, Anchovis und Kapern, die die meisten Wurstwaren- und Käsegeschäfte selber zubereiten und die man aufs Brot streicht.

Eine maritime Triestiner Spezialität sind die *canocie a la busara*, das sind in einer Soße aus Semmelbröseln, Weißwein und geschälten Tomaten geschmorte Heuschreckenkrebse. Unter *Anchovis* versteht man kleine Sardellenfilets, sie werden auf vielerlei Art zubereitet, sehr wohlschmeckend sind sie z. B. roh und in Zitronensaft mariniert.

Die Süßspeisen sind großteils von der österreichisch-mitteleuropäischen Tradition beeinflusst. So gibt es in den altehrwürdigen Konditoreien und Cafés warme *struccoli* (Strudel) mit Äpfeln, Pinienkernen und Rosinen, *cuguluf* (Gugelhupf), Krapfen und Wiener Sacher- und Dobostorte. Und auch die beliebten *palacinche* (Palatschinken) sind kein Fremdwort in Triest. James Joyce war Stammkunde in der Konditorei Pirona, die sich auf die typischen Triester Torten spezialisiert hat, von der *putizza* bis zum *presnitz* (ungarisch). Die Putizza besteht aus Hefeteig und einer Füllung, die der der friulanischen Gubana ähnelt. Auch im Aussehen ist sie ihr verwandt, denn die gefüllte Teigrolle wird in eine spiralförmige Form gelegt und im Ofen gebacken. Presnitz wird ähnlich hergestellt, jedoch ohne Hefe, und besitzt eine Füllung, die mit Rum und Wein sowie Zimt, Muskatnuss und Gewürznelken angereichert ist.

Typische Produkte des Friaul

Die idealen klimatischen Gegebenheiten zwischen Bergen und Meer, die hier an der nördlichsten Stelle des Mittelmeers besonders nahe zusammenrücken, sind zum Gutteil dafür verantwortlich, dass sich das Friaul in den letzten Jahrzehnten fast zu einer Art Schlaraffenland entwickelt hat, wo es von Wein über Grappa, Wurstwaren, Schinken und Käse bis zu Olivenöl eine erstaunliche Fülle von hochwertigen Produkten gibt – tatsächlich findet man wohl in kaum einer anderen Region Italiens so viele verschiedenartige

Wo dieses Symbol aushängt, isst man typisch Friulanisch

Schinken aus San Daniele

kulinarische Erzeugnisse, die mit dem Siegel „DOP" (Denominazione Origine Protteta) bzw. „DOC" (bei Weinen) ausgezeichnet wurden, d. h. deren Ursprungsregion und Herstellung als besonders schützenswert erachtet werden.

Prosciutto di San Daniele: Der weltberühmte San-Daniele-Schinken gehört zu den bedeutendsten kulinarischen Produkten Italiens und hat 1996 die geschützte Ursprungsbezeichnung DOP (Denominazione di Origine Protetta) erhalten. 27 Schinkenfabriken, die alle Mitglieder der Schutzgenossenschaft „Consorzio del Prosciutto di San Daniele" sind, produzieren im Jahr gut zwei Millionen Keulen, für deren Herstellung strenge Regeln gelten (→ S. 94). Sein Geschmack aus Walnuss- und Haselnussnuancen wird hervorragend ergänzt durch einen klassischen (Tocai) Friulano oder einen süßen Verduzzo.

Prosciutto di Sauris: Im Gegensatz zum San-Daniele-Schinken wird der Schinken aus den Bergen von Sauris mit Buchenholz aus den umliegenden Wäldern geräuchert. Die Keulen werden mehrmals mit Salz eingerieben und anschließend einige Tage in den Rauch gehängt, schließlich gebeizt und zwölf Monate getrocknet (→ S. 48).

Montasio: Das Ursprungsgebiet des Montasio-Käse sind die Weiden am Fuß des *Monte Montasio* (→ S. 60), die ersten Aufzeichnungen dazu stammen aus dem 18. Jh. Heute hat sich die Herstellung auch in die friulanische Ebene, ins östliche Venetien um Belluno und Treviso sowie in die venetische Tiefebene zwischen den Flüssen Piave und Brenta verlagert, wobei jedoch seine Charakteristik strikt beibehalten wurde. Der berühmteste Käse des Friaul entsteht in einem perfekten Zusammenspiel aus dem Mikroklima der Bergregion, dem speziellen Heu der Weidegebiete, der Qualität der Frischmilch und den überlieferten Kenntnissen der „Latterie Friulano". Er ist einer der wenigen Käse mit DOP-Siegel, d. h. er ist ein Produkt mit geschütztem Herkunftsort, der nach genau festgelegten Bestimmungen hergestellt wird. Die Hersteller haben sich zur Schutzgemeinschaft „Consorzio per la Tutela del Formaggio Montasio" zusammengeschlossen (www.montasio.com). Richtig gelagert (zwischen 12 und 14 Grad, Luftfeuchtigkeit von gut 80 %) entfaltet der Montasio-Käse sein Aroma nach etwa 80 Tagen: Der frische Käse ist 60 bis 100 Tage alt, der mittlere 120 bis 300 und der reife Käse über 300 Tage. Zu bekommen ist er überall im Friaul.

Gubana: Dieser leichte traditionelle Kuchen stammt aus den Natisone-Tälern zwischen Cividale del Friuli und Slowenien. Hergestellt wird die Gubana aus Hefeteig, der kunstvoll gewickelt wird, um die typische Schneckenform zu erhalten (das slowenische Wort „gubat" bedeutet soviel wie „umwickelt"), und der eine Füllung aus Rosinen, Haselnüssen, Amaretto, Grappa, Nüssen und Pinienkernen umschließt – bis zu 18 Zutaten werden verwendet.

Der Legende nach entstand die Gubana, als eine arme Mutter ihren Kindern zur Weihnachtszeit einen Kuchen backen wollte und dazu alles verwendete, was sie gerade im Haus hatte. Da früher noch nicht in jedem Haushalt ein Backofen zu finden war, bereitete jede Familie die Füllung mit allem, was an Köstlichem im Haus zu finden war, und brachte sie danach zum Bäcker. Dieser stellte den Teig her und backte die Gubana, die dann bei allen wichtigen Familienereignissen wie Ostern, Weihnachten, Hochzeit, Taufe etc. dabei sein musste – alle Gäste bekamen etwas von der Gubana geschenkt. Aus diesen Anfängen hat sich die Gubana heute zu einer alltäglichen Süßspeise gewandelt, die zum Frühstück gegessen wird, als Zwischenmahlzeit, zum Tee oder als Abschluss einer Mahlzeit. Der größte Hersteller von Gubana ist das Familienunternehmen „Vogrig" bei Cividale del Friuli, S. 125 (www.gubana.it).

Olivenöl: Von allen Regionen Italiens produziert Friaul-Julisch Venetien die geringste Menge an Olivenöl – gerade mal 0,01 % bzw. 70 Tonnen der italienischen Gesamtproduktion sind es, die hier hergestellt werden. Es handelt sich

Fast reif: Oliven kurz vor der Ernte im Spätherbst

also um deutlich begrenzte Quantitäten, doch die Qualität ist oft überdurchschnittlich und seit wenigen Jahren hat die Region sogar ein eigenes DOP-Siegel, nämlich das begehrte Attribut „Tergeste DOP". Früher ging fast die gesamte Produktion an die Restaurants der Region, so dass Endverbraucher kaum etwas erwerben konnten. Das hat sich mittlerweile geändert (→ S. 241). Der Preis des friulanischen Öls liegt allerdings – vor allem wegen des niedrigen Ertrags – etwas höher als im gesamtitalienischen Vergleich.

Insgesamt werden Olivenbäume auf etwa 175 ha kultiviert, und zwar in den Hügeln zwischen Udine und der slowenischen Grenze, im Weinbaugebiet *Collio* und vor allem im Gebiet von *San Dorligo della Valle* an der slowenischen Grenze südlich von Triest. Wichtigste lokale Sorte ist die hier heimische „Belica" (ital. Bianchera), die sich als besonders witterungsbeständig erwiesen hat. Viele weitere Hinweise zum friulanischen Olivenöl gibt es auf der Website www.tergestedop.it.

In den Colli Orientali del Friuli

Die Weine des Friaul

Seit den 1970er Jahren hat sich im Friaul ein wahres „Weinwunder" ereignet. Die Namen der Winzer, die dazu beigetragen haben, sind schon beinahe legendär: Silvio Jermann, Livio Felluga, Joško Gravner, Mario Schiopetto, Girolamo Dorigo u. a. Sie alle machten aus dem rückständigen Friaul eines der innovativsten Anbaugebiete Italiens, in dem nun die körperreichsten Weißweine des Landes produziert werden.

Tatsächlich sind die Bedingungen für den Weinbau vor allem im östlichen Friaul optimal, denn die dortigen Moränenhügel besitzen wertvolle mineralreiche Böden, es regnet wenig und die Durchschnittstemperaturen sind hoch, da die nahe Adria ausgleichend wirkt. Schon die Römer hatten das erkannt und kultivierten vor über 2000 Jahren hier Reben, wahrscheinlich hatten aber schon die Kelten lange vorher damit begonnen. Heute sind insgesamt acht DOC-Zonen in der kleinen Region ausgewiesen (→ unten) – mit Abstand am wertvollsten ist jedoch die Erde in den *Colli Orientali del Friuli* südöstlich von Udine und im *Collio*, dem Hügelland an der slowenischen Grenze. Sie wird hier „Ponca" genannt. Es handelt sich dabei um „Flysch", eine Mischung aus Mergel- und Sandsteinschichten, die im Eozän durch Meeresablagerungen entstanden sind (man findet auch Fossilien) und Kalk, Kaliumkarbonat und Phosphor enthalten. Die charaktervollsten und komplexesten Weine des Friaul entstehen hier aus den Rebsorten *(Tocai) Friulano*, *Ribolla gialla*, *Picolit*, *Refosco*, *Verduzzo* und *Ramandolo*, fast ausschließlich sind sie weiß.

Doch das war nicht immer so. Noch in den ersten Jahrzehnten nach dem Zweiten Weltkrieg wurden in der armen und stark von Auswanderung betroffenen Region fast ausschließlich rote Massenweine ohne besondere Charakteristik hergestellt. Initialzündung für die Entwicklung zur Hochburg hochwertiger Weißweine waren paradoxerweise die zerstörerischen Erdbeben von 1976 – damals flossen Fördermittel in die schwer getroffene Region, neue Infrastrukturen wurden aufgebaut und so manche innovative Idee konnte jetzt umgesetzt werden. Viele Quereinsteiger begaben sich damals in die Weinwirtschaft (nur wenige der heutigen Produzenten entstammen alten Winzerfamilien), bauten hochmoderne Produktions- und Kellereitechniken auf (z. B. übernahmen sie die Technik der gekühlten Gärung aus Deutschland) und kümmerten sich liebevoll und leidenschaftlich um die zahlreichen importierten, aber auch um die viel interessanteren autochthonen (= heimischen) Rebsorten. So mancher Winzer kam damals zur Erkenntnis, dass die Erzeugung von Weinen aus internationalen Rebsorten wie Chardonnay, Cabernet und Merlot zu einem Wettkampf mit der Konkurrenz auf dem Weltmarkt führte, während man bei der Erzeugung aus autochthonen Reben auf ein einmaliges Produkt bauen konnte, das durch Rebsorte, Geschichte und „Terroir" (von franz. „terre" = Boden, Kleinklima, regionale Eigenheiten etc.) geprägt ist. Mittlerweile sind in den international hoch angesehenen Gütern von Colli Orientali und Collio oft schon die Nachkommen der Weinpioniere am Ruder und produzieren Tropfen, die von Kennern zu den besten Italiens gezählt werden und auch die entsprechenden Preise erzielen. Doch wenn der Preis für eine Flasche Wein in einer Trattoria mittlerweile den einer gesamten Abendmahlzeit übersteigt, ist auch Platz für kleine, unbekannte Winzer. Fast schon inflationär ist mittlerweile die Zahl der Weingüter. In den Weinbaugebieten wird nichts anderes mehr produziert, ein Feld liegt am anderen, denn jeder kleine Bauer stellt auf Weinwirtschaft um.

Mit Abstand am häufigsten wird heute die einheimische Rebe (Tokai) Friulano angebaut, gefolgt von den internationalen Gewächsen Sauvignon Blanc, Chardonnay, Pinot Bianco, Riesling Italico, Riesling Renano, Traminer und Müller-Thurgau, danach kommen die autochthonen Sorten Verduzzo Trevigiano, Ribolla und Malvasia. Bei den roten Rebsorten dominiert Merlot, gefolgt von Cabernet Sauvignon, Pinot Nero, Ribolla Nera, Pignolo und Refosco. Die Qualität ist insgesamt hoch, denn rund 45 % der Produktion entfallen auf DOC-Weine. Trotzdem sind noch immerviele Produzenten stark an globalen Moden ausgerichtet, statt die Stärken der einheimischen Sorten engagiert zu fördern.

Weinverkostung im Friaul

Jeder größere Ort im Weingebiet besitzt mindestens eine Weinstube, meist „Osteria" oder „Enoteca" genannt. Dort können Sie in angenehmer Atmosphäre die Weine der Region kennen lernen, dazu oft auch die jeweiligen kulinarischen Eigenheiten genießen, wobei

---

Collio & Co: Weine aus dem Friaul

Haben Sie Geschmack an den Weinen des Friauls gefunden? Eine gute Adresse in Deutschland, die exklusiv friulanische Weine vertreibt, ist *Collio & Co.* Sigfrid Backer und Thomas Schierer sind langjährige und leidenschaftliche Friaul-Liebhaber. Bei ihnen sind Sie in guten Händen, ihre kleine, aber feine Auswahl ist sorgfältig getroffen und sie freuen sich darauf, ihre Überzeugung mit Ihnen teilen zu können (www.collio-co.de).

nicht selten traditionelle Rezepte sorgfältig gepflegt und fantasievoll aufbereitet werden. Speziell in den gut sortierten Enoteche von *Cormòns* und *Gradisca d'Isonzo* finden Sie eine große und repräsentative Auswahl an friulanischen Weinen.

Für den wahren Weinliebhaber unverzichtbar ist jedoch die Verkostung in den Weingütern selbst. Leider sind die großen, renommierten Adressen in der Regel nicht an privater Verkostung interessiert, da sie ihre Produkte längst in alle Welt exportieren. Doch im Bereich der vielen kleinen Anbieter wird man immer wieder erfreuliche Entdeckungen machen können. Anregungen dazu finden Sie im praktischen Reiseteil, doch bei der Vielzahl der Weingüter sind der eigenen Recherche selbstverständlich keine Grenzen gesetzt. Hinweis dazu: Etwa ab Mitte September bis in den Oktober hinein sind die Weinbauern ganztägig mit der Ernte beschäftigt, in dieser Zeit kann es also Probleme bei Besuchen der Weingüter geben.

Wer sich gern den lokalen Gewohnheiten anpassen möchte: der *Tajut*, das Gläschen Wein, in Österreich gern „Stehachterl" genannt, ansonsten als Aperitif bekannt, ist für viele Friulaner zwischen elf und ein Uhr mittags und am späten Nachmittag ab 17 Uhr ein festes Alltagsritual.

Die acht DOC-Zonen des Friaul

Wegen der deutlich unterschiedlichen Bodenstruktur gibt es im Friaul sehr eigenständige Anbaugebiete, die entsprechend auch deutlich unterschiedliche Weine generieren. Generell gilt überall die Faustregel, dass die Weine der Hügel denen der Ebenen überlegen sind.

Friuli Grave: Das große DOC-Gebiet Friuli Grave liegt im zentralen und westli-

Gut bestückt: Enoteca in Cormòns

chen Teil von Friaul-Julisch Venetien zwischen dem Fluss Tagliamento und der Grenze zur Region Veneto. Die „alluvialen" Böden sind durch die Ablagerungen der Flüsse Meduna, Cellina und Tagliamento entstanden, die im Lauf von Jahrtausenden riesige Materialmengen angeschwemmt haben. Sie sind vorwiegend kiesig, z. T. allerdings auch lehmhaltig, so dass hier aus den Reben *Merlot*, *Pinot Grigio* und *Tocai friulano* eher einfache Weine entstehen. Höher ist die Qualität in den Hügelgebieten.

Friuli Annia, Friuli Aquileia und Friuli Latisana: Diese drei DOC-Zonen liegen im südlichen küstennahen Friaul und um die Lagunen. Die Böden sind hauptsächlich sand- und lehmhaltig sowie reich an Mineralsalzen, das Klima ist konstant mild. Die leichten Weine trinkt man meist jung, sie passen gut zu Fischgerichten.

Colli Orientali di Friuli: Das Gebiet der Colli Orientali erstreckt sich östlich von Udine entlang der grünen Hügel an der Grenze zu Slowenien. Die terrassenförmig angelegten Böden sind geprägt durch den Wechsel von Mergel und Sandstein (Flysch), was für die Herausbildung kostbarer Weine besonders förderlich ist. Und auch die klimatischen Voraussetzungen sind hervorragend: Die Julischen Voralpen schützen die Reben vor den kalten Nordwinden, während der Einfluss der nahen Adria die Temperaturunterschiede abmildert.

In den Colli Orientali werden neben den internationalen Sorten wie *Cabernet*, *Chardonnay* und *Sauvignon* die traditionellen autochthonen Rebsorten *Schioppettino*, *Pignolo* und *Refosco* angebaut, die nur in kleinen Mengen gekeltert werden, es aber zu großer Reputation gebracht haben. In diesem DOC-Gebiet gibt es drei besonders wertvolle Unterzonen, „Cru" genannt: *Rosazzo*, *Cialla* und *Ramandolo*. Vor allem das Gebiet um Ramandolo bei Nimis ist durch die Produktion der Süßweine *Ramandolo* und *Verduzzo* berühmt geworden.

Collio: So heißt das Hügelland im Norden der Provinz Gorizia an der Grenze zu Slowenien. Die Julischen Voralpen schützen es vor den kalten Winden und durch die Nähe zum Mittelmeer entfaltet sich ein besonders mildes und gemäßigtes Klima. Da es viele nach Süden ausgerichtete Anbauflächen besitzt, ist es für den Weinanbau wie geschaffen. Der Boden besteht auch hier aus Schichten von Mergel und Sandstein. Grundsätzlich sind die Winzer des Collio mehr nach Osten, also nach Slowenien hin orientiert, denn an seiner Westgrenze verlief jahrhundertelang die Grenze zwischen dem österreichischen und dem venezianischen Herrschaftsgebiet. Kultiviert werden hier besonders fruchtige und komplexe Weißweine, Joško Gravner ist der berühmteste Pionier (→ S. 155).

Friuli Isonzo: Der Landstrich in der Provinz von Gorizia wird vom Fluss Isonzo durchzogen, im Nordwesten ist er von den Hügeln des Collio, im Osten vom Karst begrenzt. Die charakteristischen Sand- und Schwemmlandböden und das durch die Nähe zum Meer günstige Mikroklima bilden eine gute Grundlage für den Weinanbau, besonders für die weißen Trauben. In letzter Zeit hat die Reputation dieses Gebiets zugenommen und man beginnt mit dem Collio zu konkurrieren.

Carso: Der Triestiner Karst ist eine aus Kalkfelsen bestehende Hochebene, die sich vor 30 Mio. Jahren aus dem Meer emporhob. Sie ist trocken und schwierig zu bebauen, die starken Windböen der Bora fegen oft hindurch. Der lokale Rotwein *Terrano* zeichnet sich durch seinen ausgeprägten, stark tanninhaltigen Charakter und einen sehr herben, bestimmenden Geschmack aus, der meist nur erfahrenen Trinkern Genuss bereitet.

Edler Tropfen: Picolit aus dem Collio

Die autochthonen friulanischen Weine

Malvasia: Diese Traube kam im Mittelalter aus Griechenland ins Friaul (der Name stammt von der Hafenstadt Monemvasia am Peloponnes). Sie wird hauptsächlich in den Hügeln angebaut, hat sich dort den Böden ausgezeichnet angepasst und bringt in diversen Varianten gute Erträge sowie beste Qualität.

Picolit: Ein edler weißer Süßwein, der schon in römischer Zeit bekannt war, wegen seiner Anfälligkeit (viele Blüten sind beschädigt und können nicht befruchtet werden) aber nur niedrige Erträge bringt. Er wird spät und mit der Hand gelesen und muss dann noch lange in Holzfässern gären – und kann deshalb nur zu hohen Preisen verkauft werden. Ein Wein für Spezialisten und Liebhaber (→ S. 135).

Pignolo: Die rote Pignolo-Rebe wurde im Friaul schon seit Jahrhunderten angebaut, war aber im 20. Jh. beinahe ausgestorben. In der Abtei von Rosazzo hat man sie vor einigen Jahrzehnten wieder neu entdeckt (→ S. 137). Durch

Die Osmizze: Buschenschenken des Triestiner Karst

Die Weinschenken im Karstgebiet hinter Triest werden „Osmizze" (slowenisch *osmica* = acht) genannt, weil den Bauern seit 1784 von den Grundbesitzern auf Grund eines Dekrets von Kaiser Joseph II. für eine Zeitspanne von acht Tagen der direkte Verkauf von Eigenbauwein und Eigenprodukten zugestanden wurde. Wenn heute in den Osmizze der neue Wein kredenzt wird (Dezember bis Mai), erkennt man die Weinstuben an einem draußen aufgehängten, frischen Efeuzweig (*frasca*) oder einem kleinen Licht (→ S. 234).

In der Enoteca

den Ausbau in Barrique-Fässern gewinnt der Wein deutlich an Qualität, sein Geschmack ist fruchtig und leicht tanninhaltig, er erinnert ein wenig an Himbeeren.

Ramandolo: Eine sehr alte Rebsorte, die bereits in der Antike existierte und die heute in den Hügeln von Nimis und Ramandolo angebaut wird. Der süße, goldgelbe Wein mit kräftigem Charakter schmeckt voll und weit und ist der einzige DOCG-Wein der Colli Orientali.

Refosco: Ebenfalls eine antike Rebsorte, sie ist im Friaul stark verbreitet und gilt als eine der besten friulanischen blauen Trauben. Der Wein ist intensiv rot, schmeckt nach Beeren und ist leicht bitter im Hintergrund. Er passt hervorragend zur regionalen Küche und zu Fleisch und Wild.

Ribolla Gialla: Einer der ältesten friulanischen Weißweine und früher geradezu ein Symbol für die Weine des Friaul. Vor allem im Collio und in den Collio Orientali wird die Rebe angebaut. Der Geschmack ist trocken und oft ausgeprägt zitronig.

Schioppettino: Seinen Ursprung hat dieser rubinrote Wein in Prepotto in der Grenzregion zu Slowenien (→ S. 133). Wie der Pignolo wäre er beinahe ausgestorben. Er gilt als besonders edler und interessanter Wein.

Tazzelenghe: Ein rustikaler und herber Rotwein mit hohem Tanningehalt, die Traube hat einen stark „zungenbeißenden" Geschmack (ital. *tazzalingua*). Er reift vor allem um Manzano, Bùttrio und Ipplis. Passt gut zu Wild und Schweinefleisch.

Terrano: Der Rotwein vom triestinischen Karst gedeiht in den Dolinen in roter Erde, daher sein Beiname „Karstblut". Er ist herb, säuerlich und tanninhaltig, kann jung kaum getrunken werden und passt hervorragend zur deftigen lokalen Küche.

(Tocai) Friulano: Der (Tocai) Friulano ist die meist angebaute Rebsorte im Friaul und wird hier seit jeher kultiviert, davon sind die Weinproduzenten des Friaul fest überzeugt. Mit dem Tokaji aus Ungarn hat er nichts zu tun – dessen Name bezeichnet eine geografische Region und keine Rebsorte (der ungarische „Tokaji" wird vornehmlich aus Furmint-Trauben gekeltert). Nichtsdestotrotz führten die Ungarn

„Wir sind eines Teils unserer Kultur beraubt worden“: (Tocai) Friulano

Die Winzer des Friaul trauern um ihren „Tocai“. Nach 13-jährigem Kampf mussten sie resignieren: Seit April 2007 genießen die Ungarn uneingeschränkten Markenschutz für ihren Tokajer. Der Kampf um den Namen ging bis zum höchsten europäischen Gericht, Rechtsmittel sind keine mehr möglich. Der italienische Tocai heißt deshalb nur noch schlicht und einfach „Friulano“. Hintergrund: Bereits 1993 hatten die Ungarn mit der EU ein Abkommen geschlossen, das ihnen den alleinigen Gebrauch des Namens Tocai garantierte. In einer 13-jährigen Übergangsfrist hätten die italienischen Winzer eine alternative Bezeichnung einführen sollen, was sie nicht getan haben und auch nicht wollten. Dazu O-Ton Marco Felluga, Leiter des Konsortiums DOC Collio: „Es ist, als dürften wir unsere Pizza nicht mehr 'Pizza' nennen“.

wegen der Namensgleichheit einen heftigen Prozess, denn sie wollten den Namen exklusiv für sich. Dieser Kampf ist seit 2007 entschieden (→ Kasten). Der (Tocai) Friulano ist auf Grund seiner hohen Erträge sowie seines freundlich-fruchtigen Geschmacks der Hauswein des Friaul schlechthin, ein Tropfen für zwischendurch, zum Aperitif – ein „Tajut“ (Gläschen Wein) für jede Gelegenheit.

Verduzzo friulano: Die alte Rebsorte wird als „Verduzzo verde“ in der Ebene angebaut und erzeugt einen trockenen Wein, während der „Verduzzo giallo“ in den Hügeln der Colli Orientali angebaut wird und ein lieblicher Dessertwein ist.

Vitovska: Die Vitovska ist eine weiße Traube, die seit langem in der Provinz Triest angebaut wird, im Karst und entlang des Küstenstreifens bis nach Istrien. Trocken, fruchtig und säuerlich-

Bodenmosaik im Weingut Schiopetto (Capriva del Friuli)

würzig passt der Wein gut zu Fleisch und Meeresfrüchten.

Cuvées: Die vorstehenden Weine werden in vielen Weingütern ergänzt durch Mischungen verschiedener Rebsorten, die sog. Cuvées. So werden z. B. im Weingut „Le Due Terre" in Prepotto die Spitzenweine *Sacrisassi Rosso* aus Refosco und Schioppettino und *Sacrisassi Bianco* aus (Tocai) Friulano und Ribolla Gialla kreiert. Der fassvergorene *Col Disore* vom Weingut Russiz Superiore besteht aus (Tocai) Friulano, Ribolla Gialla, Pinot Bianco und Sauvignon.

Degustazione di Grappa

Nicht nur Weine können degustiert werden, auch Schnäpse lassen sich geschmacklich durchaus unterscheiden. *Grappa* (Mehrzahl: Grappe) nennt man den hochprozentigen Destillierschnaps, der durch Verdampfung aus „Trester", den Trauben- und Stängelresten, die nach der Weinproduktion übrig bleiben, hergestellt wird. Für eine Degustation ist folgende Unterscheidung in Kategorien hilfreich: junge Grappe, abgelagerte Grappe, aromatische Grappe und aromatisierte Grappe. In dieser Reihenfolge sollte degustiert werden, wobei man, falls mehrere Grappe einer Kategorie verkostet werden, die Sorte mit dem niedrigsten Alkoholgehalt als erste wählt und zum Schluss jene mit dem höchsten. Um die Geschmacksnerven zu neutralisieren, sollte man zwischen den Verkostungsgängen ein halbes Glas pasteurisierte Frischmilch trinken und dabei die Mundhöhle gut durchspülen. Ebenfalls hilfreich sind gesalzene Pistazien, geröstete Weißbrotschnitten mit Akazienhonig und Käsestückchen, z. B. Montasio.

Einer der renommiertesten Grappa-Hersteller Italiens ist „Nonino" im Örtchen Percoto, 4 km westlich von Manzano (→ S. 138).

Übernachten

Gemütliche Bergchalets, rustikale Ferienwohnungen in umgebauten Bauernhöfen, komfortable Apartments in historischen Villen, stilvolle Landhotels, Luxusetablissements in edlen Weingütern, einfache Stadtpensionen in Triest oder Udine, Ferienwohnungen am Meer, private Bed & Breakfast-Angebote, Campingplätze in den Bergen und an der Adria – die Palette der Unterkunftsmöglichkeiten im Friaul ist kaum zu überblicken.

Auf der Website www.turismofvg.it sind unter dem Stichwort „Wohin" alle Unterkünfte der Region aufgeführt, allerdings ohne Preisangaben, da diese wegen der hohen Schwankungsbreite (Sonderangebote, Buchungsportale etc.) nicht mehr erfasst werden können. Oft gibt es lokale Druckverzeichnisse für Ferienwohnungen, Agriturismo und Bed & Breakfast, sie erhalten sie kostenlos bei den Informationsämtern vor Ort.

> In unseren Texten im praktischen Reiseteil finden Sie zahlreiche Unterkunftsempfehlungen. Für die nächste Auflage freuen wir uns auch auf Ihre persönlichen Erfahrungen und Tipps.

Problemmonate für individuell Reisende sind in den Badeorten am Meer *Juli* und *August*. Vor allem im August, dem traditionellen Reisemonat für italienische Familienferien, ist dort ein Großteil der verfügbaren Betten und Stellplätze ausgebucht! Vorbestellung ist dann ratsam, sollte jedoch am besten zeitig im Jahr erfolgen, um Erfolg zu haben. In manchen Unterkünften besteht dann Pensionspflicht, d. h. Übernachtung mit Frühstück und mindestens einer Mahlzeit (Halbpension = HP) wird berechnet, außerdem muss man mindestens drei Nächte bleiben. In der Nebensaison kann man dagegen hier und dort Schnäppchen machen.

> Die Preise im praktischen Reiseteil dieses Buches sind Circa-Preise und beziehen sich auf ein **Doppelzimmer mit Bad und Frühstück (DZ/F)**. Saisonale Abweichungen sind durchaus möglich, da viele Buchungsportale spezielle Preise bieten. **Zimmer ohne eigenes Bad** sind als solche kenntlich gemacht und verfügen nur über eine Etagendusche. Wenn eine Preisspanne angegeben ist (z. B. 60–90 € fürs DZ), meint die erste Zahl den Zimmerpreis in der **Nebensaison**, die zweite bezieht sich auf die **Hauptsaison** (Juli/August).

Hotels: In den größeren Städten wie Triest und Udine wird oft Park Service (Valet Parking) angeboten und das Fahrzeug in ein nahe gelegenes Parkhaus gefahren. Gelegentlich wird von der Unterkunft auch ein Anwohner-Parkausweis ausgehändigt. Über eigene Garagen verfügen nur wenige Hotels.

Albergo diffuso ist ein Sammelbegriff für mehrere in einer Ortschaft „verteilte" Zimmer und/oder Apartments. Es gibt sie hauptsächlich in den bergigen Regionen, z. B. in *Sutrio* im Flusstal des Bût, in *Comeglians* im Valcalda, in *Claut* im Naturpark Parco Naturale Dolomiti Friulane und im Gebiet des *Monte Prat*, nördlich von Forgaria nel Friuli.

Bed & Breakfast: Privatzimmer werden sehr häufig angeboten, Tipps dazu finden Sie unter den jeweiligen Orten. Die Informationsbüros haben einschlägige Listen vorliegen, hilfreich sind z. B. die Websites www.bed-and-breakfast.it und www.bbfriuli.it.

Ferienwohnungen: Das Angebot in der gesamten Region ist vielfältig und groß. In der Hochsaison muss man sich in der Regel für mindestens eine Woche einquartieren, in der Nebensaison für drei Tage. Buchen kann man im Internet oder bei Vermittlungsbüros in den

Badeorten. Spezialisiert auf Ferienwohnungen haben sich z. B. **Inter Chalet** (www.interchalet.com) und **Interhome** (www.interhome.de), weitere Angebote gibt es unter www.fewo-direkt.de.

Agriturismo: Im ländlich strukturierten Friaul findet man praktisch überall die Möglichkeit, „Urlaub auf dem Bauernhof" zu machen. Die Zimmer sind in der Regel ordentlich und sauber, mit etwas Glück bekommt man authentische und reichhaltige Küche (für Nichthausgäste nur nach Voranmeldung), oft stehen Fahrräder zur Verfügung oder es werden verschiedene Aktivitäten angeboten, in einigen Fällen darf man auch sein Zelt oder sein Wohnmobil auf dem Grundstück aufstellen („Agricampeggio"). Ü/F kostet je nach Saison pro Tag ca. 25–35 € pro Person, mit HP ca. 40–60 €. Mittlerweile gibt es aber vor allem in den Weinbaugebieten auch schon Luxus-Agriturismohöfe, wo die Preise deutlich höher liegen. Hilfreich sind z. B. die Websites www.agriturismo.it und www.agriturismo.fvg.it. Viele Agriturismi verfügen auch über eigene Websites, über die man online buchen kann.

Jugendherbergen: gibt es im Friaul nur drei, nämlich in *Aquileia*, in *Campo Sacro* bei Villa Opicina (oberhalb von Triest) und beim *Schloss Miramare* in der Nähe von Triest. Nur letztere gehört dem internationalen Jugendherbergsverband IYHF an (www.aighostels.it). Detaillierte Informationen unter den jeweiligen Orten.

Rifugi (Berghütten): Für Wanderer und Kletterer bieten von Juni bis September Dutzende von Berghütten Unterkunft, die dem *Club Alpino Italiano* (CAI, www.cai.it) angeschlossen sind. Eine Übernachtung in einem „Rifugio" kostet etwa 15–25 € pro Pers. Die Einrichtung ist meist aufs Notwendigste beschränkt (Stockbetten, Matratzenlager), jedoch entschädigt dafür die oft herrliche Lage der Hütten. Bei einer geplanten Übernachtung unbedingt vorher anrufen und reservieren.

Camping: Am Meer findet man große und gut ausgestattete Vier-Sterne-Plätze bei *Lignano* und *Grado*. Weitere Plätze liegen um *Triest*, bei *Sistiana* und *Muggia*. Im Inland dünnt das Netz stark aus. Mehrere Plätze gibt es in Karnien, zwei am *Lago di Caldonazzo*, weitere liegen bei *Gemona*, in *Forni di Sopra*, im einsamen Val Tramontina sowie im Naturschutzgebiet *Parco Naturale Dolomiti Friulane*.

Stellplätze für Wohnmobile: Zahlreiche Stellplätze sind auf der Website www.campercontact.com aufgelistet.

> Neben den gängigen Online-Portalen kann man die meisten Unterkünfte – Hotels, Privatzimmer, Agriturismi, Jugendherbergen und Camping – auch über die hauseigene Website buchen, manchmal sogar etwas günstiger als über die Portale.

Behagliche Bleibe: Holzhotel in Sàuris

Schwergewichtig: Souvenirs aus Resiutta (Canal del Ferro)

Wissenswertes von A bis Z

Ärztliche Versorgung

In den Badeorten Lignano und Grado werden in den Sommermonaten Erste-Hilfe-Stationen betrieben, genannt *Guardia Medica Turistica*. Urlauber mit der Europäischen Krankenversicherungskarte (European Health Insurance Card – EHIC) , die auf der Rückseite der Versichertenkarte aufgedruckt ist, werden dort in kleineren Notfällen kostenfrei ärztlich behandelt. Ohne EHIC kostet eine Behandlung ca. 20 €, ein Hausbesuch 30 €, ein Rezept (ricetta) 10 €. Auch staatliche Krankenhäuser sind bei Vorlage der EHIC kostenfrei, einige niedergelassene Vertragsärzte, die dem staatlichen Gesundheitssystem angeschlossen sind, ebenfalls. Die meisten niedergelassenen Ärzte behandeln allerdings nur gegen Barzahlung – Ihre heimische Krankenkasse erstattet die Kosten jedoch ganz oder anteilig zurück (je nach Kasse und Höhe der Summe verschieden), wenn eine ordnungsgemäße Quittung (*ricevuta*) des behandelnden Arztes ausgestellt wird, die die Diagnose sowie Art und Kosten der Behandlung beinhalten sollte. Falls Ihnen ein Rezept verschrieben wurde, werden auch die Apothekenkosten verrechnet. Beachten sollte man allerdings, dass die ärztlichen Honorare in Urlaubsgebieten oft unverhältnismäßig hoch ausfallen – unter Umständen muss man also größere Beträge vorschießen.

Sinnvoll ist der Abschluss einer zusätzlichen *Auslandskrankenversicherung*, die die meisten privaten Krankenversicherer (auch für Mitglieder gesetzlicher Kassen) und manche Automobilclubs preiswert anbieten (unter 0,60 € pro Tag). Darin enthalten ist auch ein aus medizinischen Gründen notwendig gewordener Rücktransport nach Hause (auch Überführung), den die gesetzlichen Krankenkassen nicht übernehmen.

Notruf *(pronto soccorso)*: Notarzt und Krankenwagen erreicht man kostenlos von allen öffentlichen Apparaten in ganz Italien unter ✆ **118**, alternativ kann man die **112** wählen.

Apotheken *(farmacia)*: können bei kleineren Wehwehchen den Arzt ersetzen. Viele Medikamente sind rezeptfrei erhältlich. Ungefähre Öffnungszeiten Mo–Sa 8.30–13 und 16.15–19.45 Uhr, Not- und Wochenenddienste sind an jeder Apotheke angeschlagen.

Baden

Die Strände der friulanischen Adria zwischen den Flüssen Tagliamento und Isonzo sind durchweg feinsandig, kilometerlang und völlig schattenlos. Fast immer fallen sie extrem flach ins Wasser ab und sind so ideal für Kinder.

Da große Teile der Küste von den weit verzweigten Lagunen von Marano und Grado eingenommen werden, gibt es nur zwei Badeorte: *Lignano* und *Grado*, doch diese gehören zweifellos zu den populärsten Badeorten der Adria. Von Juni bis August tummeln sich hier halb Italien und Österreich, dazu noch zahllose deutsche Urlauber. Weite Strandbereiche sind mit gebührenpflichtigen Badeanstalten belegt, den sog. „Stabilimenti" oder „Bagni". Diese bestehen – je nach Strandbreite und Andrang – aus zehn bis zwanzig Liegestuhl-/Sonnenschirmreihen hintereinander, besitzen Sanitäranlagen und Umkleidekabinen, oft auch eine Strandbar sowie Sport- und Spieleinrichtungen. Pro Tag zahlt man im Schnitt je nach Reihe ca. 14–25 € für die Benutzung aller Serviceeinrichtungen inkl. der Miete von zwei Liegestühlen und einem Sonnenschirm, auch Wochen- und Monatsabonnements sind möglich. Bademeister überwachen überall den Betrieb und während der Saison werden diese Strände täglich intensiv sauber gehalten. Kostenfreie Strandabschnitte, die „Spiagge libere", gibt es ebenfalls in jedem Badeort, allerdings nicht immer in zentraler Lage. Gänzlich unorganisierte Strände findet man kaum. Im Mai und September hat man jedoch so manchen Strand fast für sich allein, sieht dann aber auch mit Erschrecken, was so alles an Strandgut angeschwemmt wird.

Östlich des Isonzo beginnt die felsige *Triestiner Riviera* mit vereinzelten eingelagerten Stränden bei *Duino* und *Sistiana*. Südlich vom Schloss Mira-

Badezone am Lago di Cavazzo im nördlichen Friaul

mare zieht sich entlang der Straße eine kilometerlange, befestigte Küstenpromenade bis nach *Bárcola*, das bereits zu Triest gehört. Die Triester stellen hier ihre mitgebrachten Liegestühle aufs Pflaster und springen über die Kaimauer ins Meer, im Hochsommer ist jeder Platz belegt.

Im friulanischen Binnenland kann man vor allem im kalten *Lago di Cavazzo* baden (→ S. 89), die Badezonen bestehen dort aus Kies oder Grasflächen und sind z. T. durch Bäume beschattet.

Wichtig zu wissen: Im Sommer ist die gesamte obere Adria mit ihren flachen Lagunengewässern ein riesiges Brutgebiet für Mücken. Wer diese Region als Ziel hat, sollte sich darauf einstellen und geeignete Mittel mitnehmen, z. B. ätherische Öle, Autan, Zedan oder Zanzarin. In Italien werden u. a. Citronella-Öl und Ultraschallgeräte angeboten, die die Biester vertreiben sollen. Leider ist nicht gesagt, dass all diese Mittel wirklich helfen, die tägliche Dosis Fenistil-Tropfen und -Gel gehört deshalb einfach dazu. In Ferienanlagen und auf Campingplätzen wird oft mit dem Aussprühen von Chemikalien versucht, die Plage einzudämmen, was so schön nicht ist und meist nur kurzfristig Linderung verschafft.

Einkaufen

Für Feinschmecker ist das Friaul eine wahre Fundgrube. Prall gefüllt und farbig präsentieren sich die Theken der Feinkostläden mit frischem Obst und vielfältigem Gemüse, dazu gibt es Wein en masse, Olivenöle diverser Produzenten, Grappa und Liköre in ansprechenden Flaschen, fantasievolle Nudelsorten, Schinken in ganzen Keulen aus San Daniele, Wurstwaren wie die typische in Rinderdarm gefüllte „Soppressa“, frischen Fisch und Meeresgetier aus der Adria, den berühmten Montasio-Käse und andere naturreine Sorten, wertvollen Essig, verschiedene Sorten Reis aus dem benachbarten Veneto, getrocknete und frische Pilze, eingelegte Früchte, Honig verschiedener Blüten, Gewürze und so manches mehr. In jedem Fall lohnt die Mitnahme eines leckeren Tropfens, entweder aus einer gut sortierten *Enoteca* (Weinhandlung mit Verkostung), z. B. Córmons oder Gradisca d'Isonzo, oder von einem der Weingüter, die Direktkauf anbieten. Auch Olivenöl kann man direkt bei den Produzenten einkaufen. Hinweise dazu finden Sie im Kapitel „Essen & Trinken“ und unter den jeweiligen Orten.

Antiquitäten: Interessant und vielseitig sind die Antiquitäten- und Flohmärkte namens *Mercatino Antiquariato*, *Mercatino delle pulci* etc., die ein- bis mehrmals monatlich in vielen Orten stattfinden. Vor allem in Triest und Gorizia gibt es außerdem zahlreiche Antiquitätenläden, die aus dem reichen Erbe des österreichisch-ungarischen Kaiserreichs schöpfen.

Eintrittspreise

Museen, Ausgrabungen und sonstige Sehenswürdigkeiten kosten fast immer Eintritt (meist zwischen 2 € und 6 €). Wer EU-Bürger ist und nachweislich unter 18 J. ist, erhält in staatlichen Museen freien Eintritt, Besuchern zwischen 18 und 25 J. wird Ermäßigung gewährt, ebenso Senioren über 65 J. Am ersten Montag im Monat können staatliche Museen freien Eintritt gewähren (die bisherige Verpflichtung dazu hat die neue italienische Regierung 2018 abgeschafft). Der Besuch von Kirchen ist im Friaul – im Gegensatz zur Nachbarregion Veneto – in der Regel noch frei, eine Ausnahme bildet die Krypta des Doms von Aquileia.

Feste, Festspiele und Feiertage

So gut wie jeder Ort feiert alljährlich ein oder mehrere Feste, die oft historische Ursprünge haben. In den Weinbaugebieten Colli Orientali und Collio

Einkauf beim Käsespezialisten Tosoni

dreht sich natürlich alles um den Wein, in San Daniele um den Schinken, am Meer gibt es Prozessionen übers Wasser, in den Bergen Trachtenfeste, dazu kommen Bikertreff, Jazz und Folk, Marathon, Bootsregatten und vieles mehr.

Lassen Sie sich vor Ort die aktuellen Veranstaltungskalender geben, denn während der warmen Jahreszeit ist eigentlich immer irgendwo etwas geboten. Viele weitere Informationen finden Sie im Internet unter www.turismo fvg.it (Stichwort „Veranstaltungen").

Feste und Veranstaltungen **Trieste Film Festival**, alljährlich im Januar findet dieses Filmfestival statt, bei dem hauptsächlich Werke aus Mittel- und Osteuropa gezeigt werden (www.triestefilmfestival.it).

Carnevale di Sàuris, zum großen Faschingsumzug werden geschnitzte Holzmasken oder Schleier getragen oder man schwärzt sich das Gesicht mit rues (Ruß). Der Zug folgt dem „Kheirar", der mit einem Besen bewaffnet in die Lokale geht und zum Tanzen einlädt. Der Besen steht für das Verjagen des Winters und der bösen Geister.

Carnevale Muggesano, größtes Fest in Muggia ist der farbenfrohe Karneval, der mit Umzügen und Veranstaltungen sieben Tage lang gefeiert wird. Höhepunkt ist der Umzug mit aufwändigen Wagen und Kostümen am Faschingssonntag. (www.carnevaldemuja.com).

Trieste Running Festival, am ersten Sonntag im Mai ist die Triestiner Riviera Schauplatz des großen Triest „Half Marathon" (21,097 km). Der Start erfolgt in Aurisina, Endpunkt ist die imposante Piazza Unità d'Italia in Triest. Dazu gibt es einen kürzeren Lauf für Familien, den „Family Run" (www.triesterunningfestival.com).

Cantine Aperte, alljährlich am letzten Samstag und Sonntag im Mai öffnen einige Dutzend Weinkellereien ihre Tore für Besucher. Den ganzen Tag über finden Verkostungen und Führungen statt. Die teilnehmenden Kellereien und viele weitere Hinweise unter www.mtvfriulivg.it.

Bikerfest, eins der größten Bikerfeste weltweit (jährlich seit 1986), die Internationale der Motorradfahrer trifft sich im Mai in Lignano Sabbiadoro. Zehntausende von Teilnehmern werden zu dem viertägigen Event erwartet (www.bikerfest.com).

Aria di Festa, das größte Schinkenfest der Welt findet alljährlich am letzten Juniwochenende (Fr–Mo) in San Daniele del Friuli statt: Verkostung in den Straßen, zahllose Besucher, Volksfeststimmung (www.ariadisandaniele.it).

No borders, Ende Juli und Anfang August in Tarvisio, großes Musikfestival mit internationalen Künstlern von Jazz bis Pop (www.nobordersmusicfestival.com).

Perdón de Barbana, eindrucksvolle Schiffsprozession am ersten Julisonntag durch die Lagune von Grado zur Insel Barbana mit ihrer bekannten Wallfahrtskirche (www.santuariodibarbana.it).

Schinkenfest in Sàuris, der bekannte Räucherschinken von Sàuris wird am zweiten und dritten Wochenende im Juli gefeiert.

Folkest, das große Folkfestival gibt es seit 1979. Vier Wochen lang treten von Ende Juni bis Ende Juli in wechselnden Orten Gruppen aus verschiedenen Ländern auf, die große Abschlussveranstaltung Ende Juli in Spilimbergo dauert vier Tage, u. a. war dabei schon Joan Baez zu Gast (www.folkest.com).

Fiesta tas corts, in der zweiten Augusthälfte in Ravascletto (Karnien), großes gastronomisches Fest, in dessen Rahmen die Frauen des Dorfes traditionelle Gerichte vorstellen, dazu folkloristische Darbietungen und Verkostungen.

Sagra dei Osei, in Sacile (Pordenone) am Sonntag nach Mariä Himmelfahrt, großer Vogelmarkt, dazu in der Morgendämmerung ein Gesangswettbewerb der Singvögel. Italien ist ungekrönter Weltmeister in der Jagd auf Singvögel, Protest gegen dieses Fest gibt es unter www.nosagraosei.org, Infos auch bei www.komitee.de (Komitee gegen den Vogelmord e. V.)

Nozze carsiche, die traditionelle Karsthochzeit findet alle zwei Jahre am letzten Augustsonntag im Karstdorf Rupingrande statt, die nächsten Male 2019 und 2021. Bereits am Mittwoch wird mit dem Feiern begonnen, am Sonntagmorgen folgt eine Trachtenprozession vom nahe gelegen Zola zur Kirche, wo die Messe stattfindet. Bis abends wird dann getanzt und gefeiert. Alle Zeremonien finden in Slowenisch statt.

Festa Provinciale dell'uva, seit 1938 großes Weinfest Anfang September in Cormòns (Collio).

Barcolana, seit 1969 große Segelregatta am zweiten Sonntag im Oktober, mit 2000 teilnehmenden Booten eine der größten der Welt. Gestartet wird in Bárcola vor Triest. In den Tagen davor und danach buntes Rahmenprogramm (www.barcolana.it).

Gesetzliche Feiertage An folgenden Tagen sind alle Läden und Ämter geschlossen:

Capodanno (Neujahrstag), **Epifania** (Dreikönigstag), **Pasqua/Lunedì dell'Angelo** (Ostersonntag/Ostermontag), **Festa della Liberazione** (Tag der Befreiung vom Faschismus) am 25. April, **Festa dei Lavoratori** (Tag der Arbeit) am 1. Mai, **Festa della Repubblica** (Tag der Gründung der Republik) am 2. Juni, **La Solennità dei Santi Pietro e Paolo** (Peter und Paul) am 29. Juni, **Assunzione di Maria Vergine/Ferragosto** (Mariä Himmelfahrt) am 15. August, **Ognissanti** (Allerheiligen) am 1. November, **Immacolata** (Mariä Empfängnis) am 8. Dezember, **Natale** (Weihnachten) am 25. Dezember und **Santo Stefano** (Tag des heiligen Stephanus) am 26. Dezember.

Geld

Mit Bankkarte und Geheimnummer kann man in allen größeren Orten von *Geldautomaten* rund um die Uhr Bares abheben (Bedienungshinweise meist in Deutsch oder Englisch). Man sollte allerdings auf die Aufkleber achten, nicht alle Automaten können mit der Girocard (= ec-Karte) bedient werden. Falls ein Automat gelegentlich außer Betrieb ist („fuori servizio"), findet man sicher schnell einen anderen. Eine Abhebung kostet in der Regel ca. 4,50 €, manchmal auch mehr. Einige Banken bieten auch Gratisabhebungen an.

Wer nicht allzu viel Cash mit sich herumtragen will, kann auch problemlos auf die *Bankkarte* und alle gängigen *Kreditkarten* zurückgreifen, die als Zahlungsmittel weithin akzeptiert werden.

> Die Lebenshaltungskosten liegen im Friaul leicht über deutschem Niveau. Günstiger sind öffentliche Verkehrsmittel, dagegen sind Benzin und Essen im Restaurant teurer. Auch Hotels und Campingplätze sind nicht billig, Supermärkte ebenso.

Im Notfall Bei Verlust von Geldkarte, Kreditkarte, Reiseschecks etc. diese sofort telefonisch sperren lassen. Die zentrale **Sperrnummer** für Bank- und Kreditkarten ist ✆ 0049-116116. Auch verloren gegangene Handys können so gesperrt werden (Sie benötigen dafür die Handyrufnummer, SIM-Kartennummer, eine Kundennummer oder ein Kennwort).

Holzkunst in den karnischen Alpen

Informationen

Italien betreibt je ein Fremdenverkehrsamt namens ENIT in Deutschland und Österreich. Für Anfragen aus der Schweiz ist die deutsche Niederlassung zuständig.

Das Fremdenverkehrsamt in Friaul-Julisch Venetien ist zentral organisiert (www.turismofvg.it) und betreibt in allen Städten und touristisch bedeutsamen Orten Informationsstellen, genannt „Ufficio turistico" (Tourist Office) oder Infopoint. Diese Büros sind in der Regel ausgezeichnet bestückt mit Prospekten, Broschüren und Infos jeglicher Art. Erhältlich sind meist Stadtpläne und Umgebungskarten, Hinweise zu Sehenswürdigkeiten, Tipps für Sport und Freizeit, Veranstaltungskalender sowie Unterkunftslisten. Fragen Sie bei Interesse auch nach Wander- und/oder Radwegkarten zur Umgebung. Oft sprechen die Mitarbeiter Deutsch.

Italienische Fremdenverkehrsämter (ENIT) **Deutschland**, Barckhausstr. 10, D-

Bezahlt machen kann sich die **Friuli Venezia Giulia Card (FVGcard)**, mit der man bei zahlreichen Einrichtungen Gratiseintritt oder Ermäßigung bekommt, von Burgen und Museen über Seilbahnen, Schiffe und Strandliegen bis hin zu Thermen, Vergnügungsparks und Theatern sowie dem Erwerb von lokalen Spezialitäten. Man erhält sie in mehreren Versionen: die 48-Std.-Karte kostet 18 €, für 72 Std. zahlt man 21 €, für sieben Tage 29 €. Ein Prospekt in Buchdicke listet die über 200 Unternehmen auf, die sich daran beteiligen. Erhältlich ist die Karte bei den örtlichen Informationsbüros oder online über www.turismofvg.it.

60325 Frankfurt am Main, ✆ 0049-69-237434, frankfurt@enit.it, www.enit-italia.de; Mo–Fr 9.15–17 Uhr, Sa/So geschl.

Österreich, Mariahilfer Str. 1b/XVI, A-1060 Wien, ✆ 0043-1-5051639, vienna@enit.it, www.enit.at; Di, Mi und Do 9–12.30 Uhr.

Internet

Eine Vielzahl von Seiten bietet umfangreiche Informationen über Friaul-Julisch Venetien. Eine Auswahl im Folgenden, weitere Seiten im praktischen Reiseteil unter den jeweiligen Orten und auf der Website www.michael-mueller-verlag.de unter „Reiselinks".

www.regione.fvg.it: Offizielle Seite der Region Friuli Venezia Giulia.

www.turismofvg.it: Touristische Website der Region. Umfassende Informationen zu vielen Aspekten, z. B. Gastronomie, Unterkunft (mit Buchungsmöglichkeit), Sport, Kultur etc.

www.mtvfriulivg.it: Die Seite des „Movimento Turismo del Vino Friuli Venezia Giulia" bietet zahlreiche Hinweise zu Weinanbau und -gütern, zu Veranstaltungen, Verkostung u. v. m.

www.fvg.info: umfangreiche Site mit zahlreichen Tipps zu Unterkünften, Agriturismo, Camping, Restaurants, Museen, Schlössern u. a. Mit Buchungsmöglichkeit.

www.consorziocastelli.it: Die Gesellschaft zur Bewahrung der historischen Schlösser im Friaul (Il Consorzio per la Salvaguardia dei Castelli Storici del Friuli Venezia Giulia) stellt ausführlich ihre Objekte vor, dazu gibt es Infos zur Besichtigung.

http://meineadria.com: nett aufbereitete Infos zu Friaul, Venetien und Emilia-Romagna, darunter ein Hotelführer (mit Buchungsmöglichkeit), Sporttipps und Fahrradtouren.

www.pordenonewithlove.it: offizielle Tourismusseite der Provinz Pordenone, viele Hinweise zu Kultur, Architektur, Natur und Sport.

www.tutto-friuli.com: Zwei Liebhaber der friulanischen Küche verraten ihre Tipps zu Weingütern, Restaurants, lokalen Produkten etc.

www.discover-trieste.it: Umfangreiche Seite mit zahlreichen Informationen zur Hauptstadt von Friaul-Julisch Venetien.

www.trieste.com, **www.udine.com**, **www.grado.it**, **https://lignanosabbiadoro.it**, **www.lignano.it**, **www.lignanoholiday.com** u.a.: vielfältige Tipps zu den Städten und Umgebung.

Kartenmaterial

Die besten Landkarten zu Friaul-Julisch Venetien produziert der lokale Verlag *Tabacco* (www.tabaccoeditrice.com) aus der Nähe von Udine. Es gibt sowohl große Übersichtskarten, z. B. eine Karte zur gesamten Region (1:150.000), wie auch mehr als 40 regionale Einzelkarten zu den Alpen- und Voralpengebieten mit Wanderwegen. Sie sind alle hervorragend detailgenau und auf gutem Papier gedruckt. Die reiche Farbpalette sorgt zudem dafür, dass die Übergänge zwischen den verschiedenen Höhenregionen und Landschaftsformen deutlich zu erkennen sind. Höhenlinien und Schattierungen vermitteln eine gute Vorstellung vom dreidimensionalen Aufbau der Landschaft.

Post

Die italienische Post genoss früher nicht den besten Ruf. Doch mittlerweile werden Briefe und Postkarten ins Ausland mit „Posta Prioritaria" verschickt, damit liegt die Versanddauer bei nur noch drei Tagen. Eine Briefmarke kostet dabei innerhalb Europas ca. 1 €, ins übrige Ausland ca. 3,50 € aufwärts.

Öffnungszeiten: regional verschieden, meist Mo–Fr 8.15–14, Sa 8–13 Uhr. In Städten oft auch nachmittags offen, meist 16–20 Uhr.

Briefmarken: „Francobolli" kann man nicht nur bei der Post erstehen, sondern auch in vielen Tabacchi-Läden und Souvenirshops, die Postkarten verkaufen.

Sport

Aktivurlauber haben gute Karten, denn Friaul-Julisch Venetien verfügt wegen seines abwechslungsreichen Terrains über eine riesige Palette von Sportmöglichkeiten.

Im Sommer sind die Julischen und Karnischen Alpen sowie die Naturparks *Parco Naturale Dolomiti Friulane*

Willkommene Erfrischung für Radler

und *Parco Naturale Prealpe Giulie* ein Dorado für Wanderer, Kletterer und Mountainbiker. In den Bergseen kann man Schwimmen, Angeln, Windsurfen und Kanu fahren und auch Paraglidern bieten sich interessante Möglichkeiten. In den bislang fast durchweg schneesicheren Wintermonaten sind zahlreiche Skilifte in Betrieb. Zentrum des Wintersports ist *Tarvisio*, aber auch das hoch gelegene Gebiet von *Sàuris*, *Forni di Sopra* im oberen Tal des Tagliamento und der *Monte Zoncolàn* bei Ravascletto sind sehr beliebt und verfügen über einschlägige Einrichtungen. Als reizvollste Piste gilt die 3,5 km lange Abfahrt „Prampero", die vom Monte Lussari bei Tarvisio mit 1000 m Höhenunterschied bis Camporosso im Val Canale führt.

Am Meer findet man keinen Badestrand ohne provisorisches Beachvolleyball- oder Fußballfeld. In Lignano wird sogar alljährlich der Beach Volley-Weltcup abgehalten und im Fußball sind die Italiener bekanntermaßen Weltmeister und absolut ballvernarrt. Aber auch sonst gibt es in den touristisch hoch entwickelten Küstenorten der Adria zahlreiche Möglichkeiten, sich sportlich zu betätigen. Vom Bootsverleih über Windsurfschulen bis Wasserski und Fallschirmsegeln ist meist alles geboten. Tennisplätze gibt es häufig auf Campinggeländen und bei größeren Hotels bzw. in Feriendörfern. Auch für Radler gibt es im Bereich der Küste zahllose Wege, die durch die flache Lagunenlandschaft führen – kilometerweit kann man hier radeln und ist oft völlig allein.

Golf Von den Bergen des Tarvisianer Gebiets bis zur Küste wurden bisher sieben Golfplätze im Friaul angelegt. Bewertungen zu den Plätzen findet man unter www.1golf.eu/golfclubs/italien/friaul.

Golf Club Castel d'Aviano (PN), 18-Loch-Platz, ganzjährig, www.golfclubcasteldaviano.it.

Tarvisio Golf & Country Club (UD), 18-Loch-Platz, April bis Okt., www.golfsenzaconfini.com.

Udine Golf Club Fagagna (UD), 18-Loch-Platz, ganzjährig, www.golfudine.com.

Golf Club Lignano (UD), 18-Loch-Championship Anlage, ganzjährig, www.golflignano.it.

Golf & Country Club Castello di Spessa (GO), 18-Loch-Championship Anlage, ganzjährig, www.golfcastellodispessa.it.

Grado Golf Club (GO), 18-Loch-Championship Anlage, ganzjährig, www.tenuta-primero.com.

Trieste Golf Club (TR), 18-Loch-Platz, ganzjährig, www.golfclubtrieste.net.

Reiten Reiterhöfe gibt es im Friaul häufig, Informationen in diesem Buch z. B. bei **Arta Terme** (Karnien) und **Basovizza** (Karst).

Wandern Neben den unerschöpflichen **Alpenregionen** mit ihren ausgeschilderten Alm- und Höhenwegen sind vor allem der **triestinische Karst**, das **Val di Rosandra** nahe der slowenischen Grenze, die **Valli Natisone** nördlich von Cividale del Friuli und die geschützten Naturparks der **Lagunen** reizvolle Wanderterrains. Wandertipps siehe S.303ff.

Windsurfen Windsurfer sind nicht nur am Meer anzutreffen, sondern auch an den Seen im Alpenvorland, wo die Fallwinde von den Bergen gute Bedingungen schaffen. Beliebt ist vor allem der **Lago di Cavazzo**, aber auch am **Lago del Predil** und am **Lago di Sàuris** wird gesurft. Windigste Monate der warmen Jahreshälfte sind April und Oktober, gefolgt von Mai und September. Im Hochsommer ist der Wind dagegen eher flügellahm.

Telefon

Öffentliche Telefone funktionieren in Italien mit Münzen oder *magnetischen Telefonkarten* (carta telefonica), erhältlich für 5 € bzw. 10 € in Tabak- und Zeitschriftenläden. Als Alternative dazu gibt es *internationale Telefonkarten* (scheda telefonica internazionale), die etwa 10 € kosten. Damit fährt man deutlich günstiger als mit den normalen Telefonkarten.

Mobiltelefon: Sobald sich das Handy in eines der italienischen Handynetze eingebucht hat, kann man fast überall problemlos telefonieren und Anrufe entgegennehmen, Funklöcher treten nur vereinzelt in den Bergen auf. Man zahlt dann die jeweiligen Tarife des italienischen Netzbetreibers, die sog. Roaming-Gebühren der Mobilfunk-Provider sind seit 2017wegfallen. Achtung: Wenn Sie in Italien angerufen werden, zahlen Sie immer die Weiterleitungsgebühren – selbst wenn der Anrufer in Italien ist, wird das Gespräch über Deutschland umgeleitet. Auch für Anrufe auf Ihre Mailbox zahlen Sie doppelt: den Anruf aus Deutschland und die Umleitung auf die Mailbox in Deutschland (Tipp: absolute Rufumleitung Ihres Handys deaktivieren).

Für den, der viel telefoniert bzw. im Internet surft oder längere Zeit in Italien bleibt, lohnt sich eventuell der Kauf einer wieder aufladbaren Prepaid-SIM-Karte mit Gesprächsguthaben und Internet-Flatrate von einer der vier italienischen Mobiltelefongesellschaften (TIM = Telecom Italia Mobile, Vodafone, Wind und Tre), die es z. T. sehr günstig gibt. Beim Kauf wird allerdings eine italienische Steuernummer erstellt, dafür muss man den Personalausweis vorzeigen und eine Adresse (auch Hotel o. Ä.) in Italien haben.

- Wenn Sie **aus Italien** ins Ausland anrufen: Deutschland = 0049, Österreich = 0043, Schweiz = 0041, danach jeweils die Null der Ortsvorwahl weglassen.
- Wenn Sie aus Deutschland, Österreich und der Schweiz **nach Italien** anrufen = 0039. Wichtig: Die **Null der Ortsvorwahl** muss immer mitgewählt werden!
- Werktags zwischen 22 und 8 Uhr und an Sonntagen von 0 bis 24 Uhr telefoniert man billiger.
- Italienische **Mobiltelefonnummern** beginnen mit einer 3.

Urlaub mit Kindern

Die obere Adria ist dank ihrer kilometerlangen und mehrere hundert Meter breiten Sandstrände, die extrem flach ins Wasser abfallen, seit Jahrzehnten ein beliebtes Familienurlaubsziel.

Vor allem die Badestadt *Lignano* bietet eine gute Infrastruktur für Familien (wenn auch mittlerweile einiges renovierungsbedürftig ist): Vom Spaßbad über den Themenpark Gulliverlandia und den Parco Junior (Tret-Carts,

Kanufahren u. m.) bis zu einem schön angelegten Zoo und dem Luna Park gibt es hier alles, was das Herz der Kids begehrt – falls das Strandleben wirklich einmal langweilig werden sollte. Und zur Abwechslung kann man in der Umgebung endlos Fahrrad fahren und dabei die Pineta und Lagune erforschen oder Schiffsausflüge in die Lagune machen.

Natürlich lassen sich im Friaul auch reichlich Burgen und Schlösser besichtigen, z. B. die „Ritterburg" von *Gorizia*, das malerisch über der Küste thronende *Castello di Duino* und das märchenhaft ausgestattete *Castello di Miramare* bei Triest. Im Örtchen Bordano beim schönen *Lago di Cavazzo* steht die *Casa delle Farfalle*, ein großes Schmetterlingshaus, in dem über 400 Arten aus aller Welt beobachtet werden können. Auf dem unteren der beiden *Laghi di Fusine* bei Tarvisio lässt es sich entspannt Boot fahren, ein schönes Erlebnis sind auch Kajakfahrten auf dem Stausee *Lago di Barcis*. Im karnischen Bergdorf Forni di Sopra kann man in einem Sessellift mit viersitzigen Gondeln auf den *Monte Tiarfin* hinauf schweben, weitere Sessellifte und Seilbahnen gibt es bei Ravascletto auf den Monte Zoncolàn und auf den Monte Lussari bei Tarvisio. Das Innere der Erde erforscht man schließlich in den herrlichen Tropfsteinhöhlen *Grotta Nuova di Villanova* und *Grotta Gigante* bei Triest, letztere die größte Einraumhöhle der Welt. Angenehmer Nebeneffekt: Beide Höhlen liegen in bekannten Weinbaugebieten, so dass die zahlreichen Verkostungsmöglichkeiten auch den Eltern die nötige Kurzweil verschaffen. Und schließlich ist die einzigartige Lagunenstadt *Venedig* nirgends unüberwindlich weit entfernt, so dass auch der obligate Familienurlaub gerettet ist.

Junge Strandkünstler finden ein reiches Betätigungsfeld

Zoll

Innerhalb der EU dürfen Waren zum eigenen Verbrauch unbegrenzt ein- und ausgeführt werden. Es existiert allerdings ein Katalog über Richtmengen von Waren. Überschreitet man diese, muss man im Fall einer Stichprobenkontrolle glaubhaft machen, dass diese Mengen nicht gewerblich genutzt werden, sondern nur für den persönlichen Verbrauch bestimmt sind. Erfreulich: Für den Import von Wein aus anderen EU-Mitgliedsstaaten wurde in Deutschland keine Richtmenge festgelegt. Man kann also Wein in unbegrenzter Menge für die Verwendung zu privaten Zwecken mitbringen.

Richtmengenkatalog (Warenmenge pro Person ab 17 Jahre): 800 Zigaretten, 400 Zigarillos, 200 Zigarren, 1 kg Rauchtabak, 10 l Spirituosen, 10 l alkoholhaltige Süßgetränke (Alkopops), 20 l Zwischenerzeugnisse (z. B. Sherry, Portwein), 60 l Schaumwein, 110 l Bier, 10 kg Kaffee und 10 kg kaffeehaltige Waren.

Achtung: Die *Schweiz* ist nicht Mitglied der EU. Bei der Rückreise über die Schweiz sind deshalb die schweizerischen Einfuhrgesetze zu beachten. Die Grenzbeamten haben das Recht, jederzeit Warenkontrollen vorzunehmen.

Wanderweg bei Sauris

Wandern

in Friaul-Julisch Venetien

GPS-kartierte Touren sind mit dem Symbol GPS gekennzeichnet. Download der GPS-Tracks inkl. Waypoints unter https://mmv.me/45801

Kleiner Wanderführer

„Ein kleines Kompendium der ganzen Erde", so charakterisierte der norditalienische Schriftsteller Ippolito Nievo Mitte des 19. Jh. liebevoll und etwas poetisch übertreibend das Friaul.

Was die abwechslungsreichen Landschaften im Nordosten Italiens betrifft, hat er damit allerdings nicht ganz Unrecht, denn auf engem Raum kann man hier tatsächlich eine enorme Vielfalt erleben: Von den Julischen und Karnischen Alpen zu den Tälern des Tagliamento und seiner Seitenflüsse, von den mediterranen Weinbergen hinauf auf die vegetationsreiche Hochebene des Karst, von den Hügeln der Voralpen über die friulanische Ebene bis zu den ausgedehnten Lagunen der Adria. Wanderwege jeglicher Länge sind hier überall zu finden, vor allem natürlich in den beiden großen Naturparks *Parco*

Durch schwere Unwetter im Herbst 2018 sind einige Wanderwege stark beschädigt oder abschnittsweise sogar zerstört worden. Eine bis auf Weiteres ständig aktualisierte Liste dieser gesperrten oder nicht begehbaren Wege findet man unter www.cai-fvg.it/sentieri-cai-fvg/elenco-sentieri-inagibili-2018 (Stand Frühjahr 2019).

Naturale Dolomiti Friulane und *Parco Naturale Prealpe Giulie*. So gibt es im Friaul allein 55 vom italienischen Alpenverein CAI markierte Trekkingrouten, die sich durch die ganze Region schlängeln.

Die folgenden neun Wandervorschläge sollen ein Anreiz sein, die Region auch einmal zu Fuß zu entdecken. Es sind familiengeeignete Touren, die nicht übermäßig anstrengend sind und nicht länger als einige Stunden dauern – ein „Kleiner Wanderführer" also, der natürlich kein ganzes Wanderbuch ersetzen will. Man kann die Strecken leicht auf eigene Faust laufen, wobei technisch Versierte auf GPS-Daten zurückgreifen können. Wer dagegen gerne unter Führung von Landeskennern wandern möchte, dem empfehle ich gerne die Touren von Heideker Reisen (www.heideker.de) unter Begleitung des Kunsthistorikers Dr. Christoph Ulmer mit Standquartier in der schönen Villa di Tissano südlich von Udine (→ S. 118).

Wanderer am Plöckenpass

GPS-Wanderung 1

Von Timau zum Plöckenpass

Weitgehend leichte Bergaufwanderung, jedoch mit einem sehr steilen Wegabschnitt, wo Trittsicherheit und Kondition erforderlich sind. Im Anfangsteil schöne Blicke auf das Tal von Timau, am Ende der Wanderung wunderbare Panoramen des Plöckenpasses mit Umgebung. Je nach persönlicher Vorliebe kann man den Weg auch in umgekehrter Richtung laufen. So oder so muss man sich zum Anfangs-/Endpunkt bringen oder dort abholen lassen, wenn man den Weg nicht wieder zurückwandern will. Höhenunterschied ca. 540 m.
Dauer: ca. 2 Std.; mit „Exkurs" gut 45 Min. länger.

Wegbeschreibung: Wir beginnen die Wanderung auf dem Parkplatz der **Trattoria Laghetti**, nördlich von Timau **1**. Wir steigen hinauf zur **Straße** **2** und gehen ein kleines Stück in Richtung Plöckenpass. Etwa 5 Min. ab dem Parkplatz markieren Schilder auf der rechten Straßenseite den Wegbeginn **3**. Der breite Weg steigt zwischen Brombeerbüschen leicht an, man hat schöne Blicke zurück aufs Tal, auf der anderen Talseite sieht man einen großen **Marmorbruch**. Nach 10 Min. passiert man einen abzweigenden Weg zum 1866 m hohen **Pal Piccolo** **4** oberhalb vom Plöckenpass (→ S. 21). Am Waldrand entlang kommt man nach weiteren 10 Min. zu einem Bildstock **5**, wo ein zweiter Weg zum Pal Piccolo abgeht. 30 Min. ab Beginn der Wanderung treffen

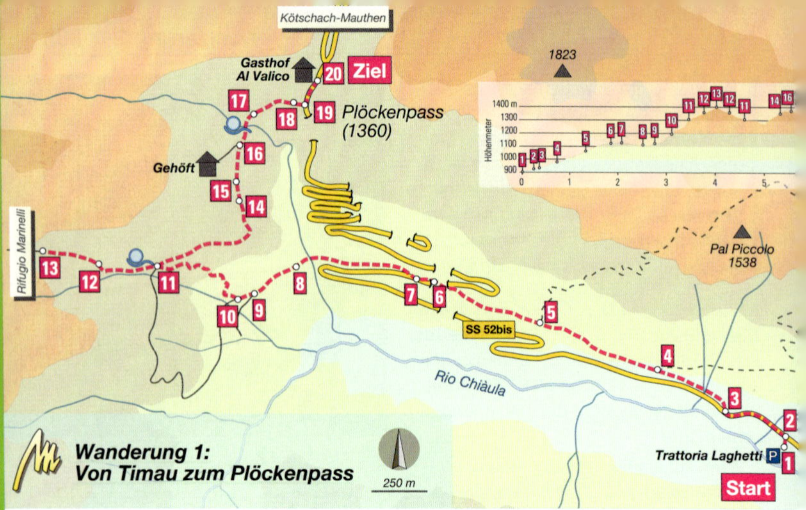

wir an einer Galerie auf die **SS 52bis** 6 und überqueren sie. Der Weg geht ein kleines Stück nach links versetzt auf der anderen Seite weiter 7. Ca. 5 Min. später treffen wir auf einen **Fahrweg** 8, wieder 5 Min. weiter halten wir uns an einer **Gabelung** rechts 9. Nur 2 Min. darauf verlassen wir den Fahrweg nach rechts 10 und kürzen auf einem **Pfad** durch den Wald ab (Hinweis: Wem das zu anstrengend erscheint, der kann einfach auf dem Fahrweg bleiben). Wir müssen durch den Wald steil bergauf steigen und treffen nach etwa 20 Min. wieder auf den **Fahrweg** 11. Hier ist der geeignete Platz, um eine längere Pause einzulegen. Wir sind nun etwas über eine Stunde unterwegs.

Exkurs: Wenn man nun den Fahrweg weitergeht, kommt man nach etwa 20 m an einer **Quelle** mit eiskaltem Wasser vorbei. Kurz darauf führt der Weg mit gut erhaltener Pflasterung aus dem Wald heraus 12, wir befinden uns hier auf einem erhaltenen Teilstück der römischen **Via Julia Augusta**. Wenige Minuten später prächtiger **Blick** zurück auf Timau 13. Vor uns türmt sich eine Felswand auf, in die ein Weg hineinführt. Hier im Umkreis leben viele Murmeltiere. Der Hauptweg führt weiter zum **Rifugio Marinelli** (→ S. 23) in 2122 m Höhe am Hang des Monte Cogliàns, mit 2780 m der höchste Berg des Friaul.

Zurück am Platz, wo wir Pause gemacht haben 11, führt der Weg zum Plöckenpass jetzt scharf abknickend wieder in den **Wald** zurück. Zunächst geht es eine Weile bergab und bergauf, dann auf schmalem Steig zwischen Felsblöcken sehr steil nach oben. Vorsicht: bei nasser Witterung ist es hier glitschig! Wir steigen hinauf, kommen aus dem Wald heraus und gehen durch Wiesen weiter. Hier hören wir schon die Autos von der nun schon recht nahen Passstraße und haben bald sogar Sicht darauf 14. Kurz darauf erreichen wir einen kleinen **Teich** mit Absperrung 15. Wir gehen daran entlang, passieren einen Abzweig nach rechts, gehen aber weiter geradeaus zum vor uns sichtbaren **Fahrweg** 16, der zu einem **Gehöft** führt. Diesen gehen wir nach rechts, vorbei an einer **Quelle** 17 und den Resten einer **Inschrift** zur alten Römerstraße 18, → S. 23. Nun sind es nur noch wenige Meter bis zum Pass 19, wo wir uns im **Gasthof Al Valico** 20 stärken können. Für das Wegstück vom Pausenplatz bis zum Pass benötigt man ca. 45 Min.

Wanderung 2

Von Sauris di Sopra über den Agriturismo Monte Ruke zum Lago di Sauris

Bis zum Ort Beinte wandert man auf bequemer Waldstraße (Weg 1A), die den Rücken des Monte Ruke überquert. Bei Beinte öffnet sich ein herrlicher Panoramablick über den See. Weiter bis La Maina (1020 m) geht es dann teilweise steil hinunter, dieses Wegstück erfordert Trittsicherheit und festes Schuhwerk, sollte zudem nur nach einer längeren Trockenperiode begangen werden. Zurück kann man mit dem Bus fahren, wobei es ratsam ist, sich im Vorfeld über die Abfahrtszeiten zu informieren. **Dauer:** bis Beinte ca. 1 Std., bis La Maina ca. 3 Std.

Wegbeschreibung: Wir starten die Wanderung am Ortsende von **Sauris di Sopra** (1312 m) kurz nach dem Bed & Breakfast „Pa' Mairlan". An einer Gabelung folgen wir links dem Weg 1A (beschildert mit „Agriturismo"). Er schlängelt sich im ersten Stück den Wiesenkamm entlang, der im Süden des Dorfes liegt, und erreicht dann den Nadelwald. Nach einigem leichten Auf und Ab treffen wir nach etwa 20 Min. auf den **Agriturismo Monte Ruke** (→ S. 45) mit weitem Blick in die Berge hinter Sauris. Anschließend führt die Straße in der Nähe des waldreichen Gebirgskamms des Monte Ruke weiter bis zur Lichtung der Häuser von **Beinte** (1424 m), von wo man ein wunderbares Panorama über den See und die Berggipfel des Tals genießt. Hier kann man die Wanderung beenden und auf demselben Weg zurückgehen.

Wer nun noch über gute Kondition und etwas Abenteuerlust verfügt, kann nun über einen kaum gekennzeichneten, jedoch gut erkennbaren Steig von der Straße links abzweigen (immer noch 1A) und durch dichten Nadelwald bis La Maina hinuntersteigen. Achtung jedoch, das sollte man nur im Sommer und keinesfalls nach Regenfällen versuchen, sonst kann die Angelegenheit reichlich schlammig und rutschig werden! Der Weg ist teilweise ziemlich steil und an einzelnen Stellen durch Geländer und Erdstufen gangbar gemacht,

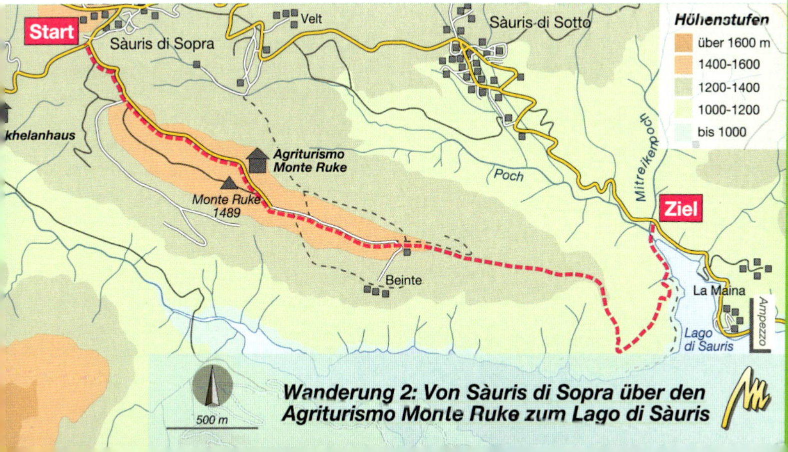

Wanderung 2: Von Sàuris di Sopra über den Agriturismo Monte Ruke zum Lago di Sàuris

mehrere Steilstellen sind allerdings nicht gesichert. Es geht durch den Wald teilweise auf dem Bergrücken entlang, immer mit herrlichen Ausblicken auf den See und auf Sauris. Unten angekommen treffen wir auf das Flussbett des **Mitreikenpoch**, gehen rechts den Weg unter der Brücke hindurch und steigen zur Straße hinauf. Von dort können wir links nach Sauris oder rechts zur Bushaltestelle nach **La Maina** gehen.

GPS-Wanderung 3

Von Lateis über die Malga Novarzutta zur Malga Losa

Eine längere Wanderung, Höhenunterschied ca. 600 m, Schwierigkeitsgrad leicht bis mittel. Oben überwältigendes Panorama mit Blick bis in die Dolomiten. Eine Auffahrt mit PKW ist möglich, man kann sich also abholen lassen.
Dauer: Hinweg 3 Std., Rückweg 2:30 Std.

Wegbeschreibung: Start ist oberhalb von **Lateis** an einem Parkplatz mit Rastplatz **1**. Von hier aus gehen wir durch den Wald die Asphalt- und später Schotterstraße entlang (Wanderweg 2B), ein gemütlicher Beginn. Nach etwa 45 Min. kommen wir zur **Kapelle des St. Antonius** **2**, des Schutzheiligen der Tiere. Wer möchte, kann zum Erhalt der Kapelle einen kleinen Obolus entrichten. Wir wandern weiter und halten uns nach ca. 10 Min. rechts in Richtung Malga Losa **3**. Auf dem Wanderweg 3A geht es bis zu einem Bach, den wir nach rechts auf der normalen Straße überqueren. Hier lädt uns ein schön gelegener **Rastplatz** **4** mit Tisch und Bänken zu einer kleinen Verschnaufpause ein. Wieder zu Kräften gekommen, gehen wir die Straße (Wanderweg 3A) in leichten Serpentinen weiter. Nach einigen Höhenmetern durch den Wald treffen wir auf eine Abzweigung **5** und gehen den Wanderweg 220 (rot/weiß) geradeaus in Richtung Malga Losa weiter. Nach etwa 10 Min. könnten wir ihn nach links verlassen 6 und die Straße zur **Alm Novarzutta** nehmen, die man nach etwa 20 Min. in einer Höhe von 1625 m erreicht **7**. In den letzten Jahren war sie allerdings geschlossen (aktuelle Hinweise vorher im Informationsbüro einholen).

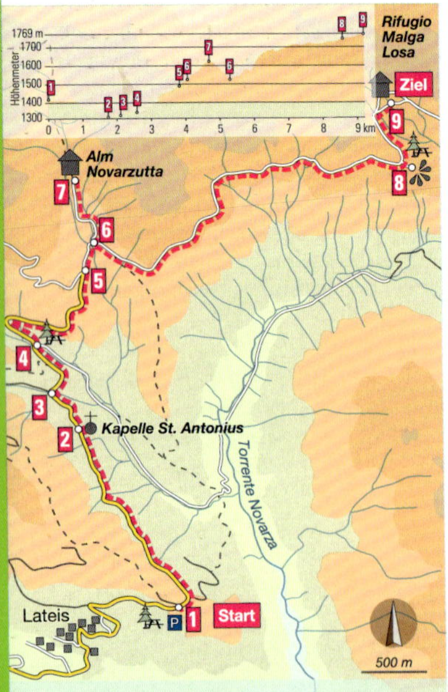

Wanderung 3: Von Lateis über die Malga Novarzutta zum Rifugio Malga Losa

Von der Weggabelung aus **6** setzen wir unsere Wanderung auf dem Weg 220 fort. Nach etwa 45 Min. können wir schon die Malga Losa erkennen. Doch kann man hier nach rechts gehen, wo man nach wenigen Metern auf einen Platz mit Tisch und Bänken stößt, der einen herrlichen Ausblick ins Tal gewährt **8**. Nach ein paar genussvollen Augenblicken geht es weiter, das Ziel immer vor Augen. 10 Min. später Ankunft bei der **Malga Losa** auf 1765 m **9**. Hier kann man sich stärken und darf vielleicht auch die Käserei besichtigen (→ S. 46). Nach einer ausgiebigen Rast treten wir den Rückweg zum Ausgangspunkt an **1**.

GPS-Wanderung 4

Durch das Tal des Torrente Glagno bis Stavoli

Schöne Flusswanderung von Campiolo, westlich von Moggio Udinese, ins kleine Bergdorf Stavoli, das nur in den Sommermonaten bewohnt und gerade Stück für Stück restauriert wird. Ein Unikum: Es gibt keine Straße in den Ort, alles muss zu Fuß heraufgeschafft werden. Hin und zurück sind es etwa 10 km, Höhenunterschied etwa 500 m (steil). **Dauer:** Hin und zurück ca. 4 Std., keine Einkehrmöglichkeit.

Wegbeschreibung: Wir starten in **Campiolo di Sopra**. Dafür gibt es zwei Varianten:

1) Wir nehmen die Straße rechts hinauf und dann den **Wanderweg 417** (rotweiß). Rechts zwischen den Häusern geht es über eine Wiese oberhalb des Flusstals in etwa 30 Min. zu einem Tunnel unter der **„Pontebbana"-Eisenbahn** (→ S. 50), den wir durchqueren. Danach steigen wir eine **Eisentreppe** an einem wunderschönen Wasserfall hinunter, wo wir auf die im Folgenden beschriebene zweite Variante ab Campiolo treffen.

2) Man wandert in Campiolo di Sopra **1** links hinunter bis zu einem kleinen **Bach** **2**, der rotweißen Markierung nach und unter der **Autobahnbrücke** hindurch bis zum **Torrente Glagno** **3**. Von hier aus geht es rechts ins Tal den Fluss entlang. Vorsicht, wer diesen Weg wählt, bekommt nasse Füße, da man mehrmals durch den Fluss waten muss – macht aber riesig Spaß! Nach etwa 40 Min. kommen wir unterhalb des unter Variante 1 beschriebenen Eisenbahntunnels und Wasserfalls an. Hier treffen wir rechts oben auf den **Wanderweg 417** **4**.

Von hier geht es weiter über eine **Brücke** und danach etwa 500 m in Serpentinen steil bergauf, bis man aus dem Wald auf eine **Hochebene** **5** kommt. Hier sieht man schon Stavoli vor sich.

Im weiteren Verlauf gehen wir über zwei **Eisenbrücken**, wo man einen wunderschönen Blick in die verschiedenen Täler und Schluchten hat. In

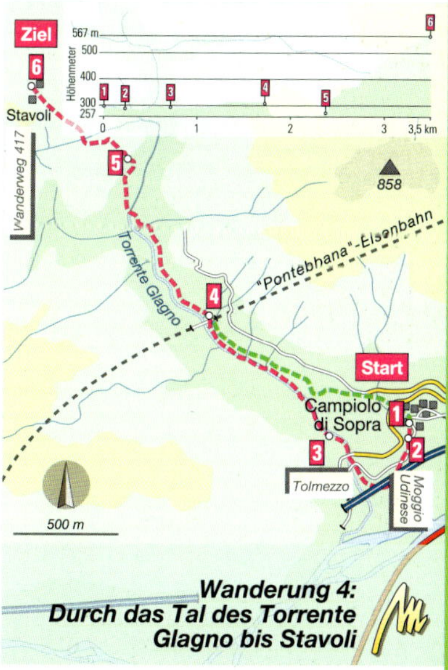

Wanderung 4: Durch das Tal des Torrente Glagno bis Stavoli

Stavoli 6 angekommen, kann man sich an einem Brunnen erfrischen und in den Gassen etwas umherstreifen oder eine alte Felsenstraße hinunter noch ein Stück weiter gehen.

Der Weg 417 führt hier noch lange weiter in die Berge. Doch wie weit man auch geht, in jedem Fall muss man zurück den gleichen Weg nehmen.

GPS-Wanderung 5

Bei Prato di Resia

Schöner Panoramaweg rund um Prato di Resia, wobei man immer wieder auf den Torrente Resia trifft und dort auch genussvoll baden kann. **Dauer:** 2 Std.

Wegbeschreibung: Wir starten in Prato di Resia dort, wo der Fußpfad **Ponte Rop** von der Straße nach rechts ins Flusstal hinunterführt 1. Wir folgen der Straße, passieren die Kirche und gehen am Gästehaus des Besucherzentrums vorbei in Richtung Crisaze. Am Ortsschild Origne 2 nehmen wir rechts die kleine Panoramastraße, die uns einen wunderschönen Blick ins Resia-Tal gewährt. Bei der Gabelung 3 halten wir uns links (Hinweis: Der eigentliche Weg führt geradeaus zu einem Bauernhof , jedoch sind dort laut Leserzuschrift Wanderer nicht erwünscht) und gehen zu den wenigen Häusern von **Martignilas** hinauf, wo die Straße endet. Dort biegen wir rechts ab, um über einen kleinen Wiesenweg entlang des genannten Bauernhofs einen **Waldpfad** zu erreichen, der uns nach wenigen Metern in Richtung Fluss **Torrente Resia** führt 4. Bei der dortigen Abzweigung geht es wieder links 5. Wir treffen nun auf ein Schild (Nr. 9 Vivi Stolvizza), wo es zwei Möglichkeiten gibt: Links die große Runde „Ta Lipa Pot“ über Stolvizza die Hauptstraße hinunter Richtung Zamlin (ca. 1:30 Std. länger als unsere Wanderung) oder rechts

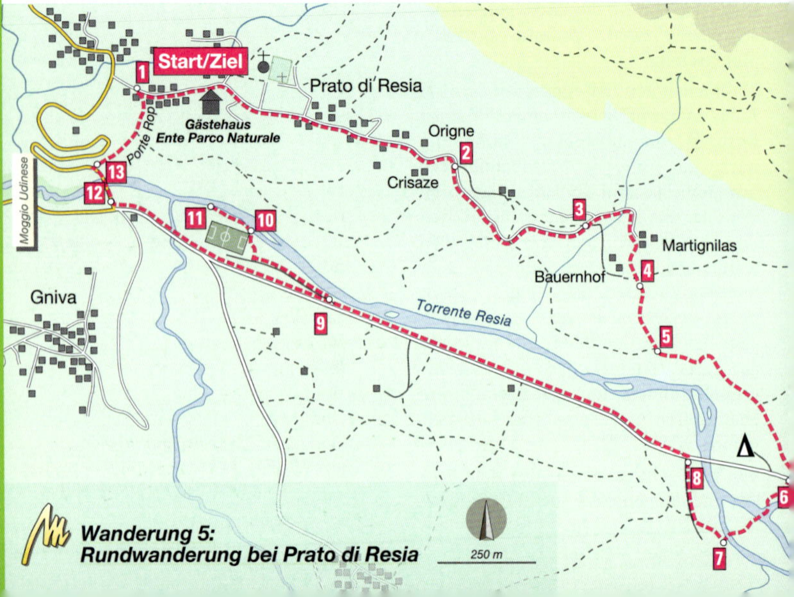

Wanderung 5:
Rundwanderung bei Prato di Resia

nach unten den **Percorso Circulare** über eine Wiese an Bienenstöcken vorbei zur Hauptstraße. Diesen Weg nehmen wir im Folgenden. An der Straße angekommen **6**, halten wir uns rechts, um gleich wieder – kurz vor einem Campingplatz – links in einen Weg zu biegen, der uns einen Abstecher und eine Rast am Fluss ermöglicht. Danach überqueren wir das Wasser zweimal (Achtung, evtl. nasse Füße) und gehen am anderen Ufer rechts weiter auf einem Waldpfad, der von Zamlin kommt **7**. Er führt uns über eine **Brücke** **8** wieder zur Straße. Hinweis: Wer nasse Füße scheut oder gemütlich weiter wandern möchte, geht zurück zur Straße und läuft links bis zur Brücke, hier treffen beide Wege wieder aufeinander.

Im Folgenden gehen wir die Straße entlang, vorbei an einigen verlassenen Häusern und mit Blick rechts oben auf unseren Ausgangspunkt **Prato di Resia**. Wenn noch genügend Zeit zur Verfügung steht, kann man noch einen Badeaufenthalt am Torrente machen – vor allem mit Kindern sehr zu empfehlen. Wir zweigen von der Straße ab **9**, gehen zum Sportgelände des **AS Resia** **10** und dort rechts hinunter zum Fluss, dort gibt es reichliche Badeplätze **11**.

Nach dem Spaß geht es zurück zur Straße und zur Abzweigung nach San Giorgio über die Brücke **12**. Nochmals ein genussvoller Blick auf den Fluss, dann nach der Brücke rechts über Treppen den schön begrünten Pfad **Ponte Rop** **13** hinauf nach **Prato di Resia**.

GPS-Wanderung 6

Zum Wasserfall Fontanone di Barman und über die Scharte „La Forchia“ (1192 m) zum Ricovero Casera Rio Nero (865 m)

Zunächst kleine Wanderung zum schönen Wasserfall Fontanone di Barman (mit Bademöglichkeit), auf den Steinen im und um den Bachlauf muss man trittfest sein. Danach kann man eventuell noch den steilen Aufstieg zum Ricovero Casera di Nero (Ricovero = unbewirtschaftetes Rifugio/Schutzhütte) anschließen. Der Höhenunterschied beträgt etwa 1000 m, Kondition ist dafür nötig. **Dauer:** bis zum Wasserfall und zurück ca. 45 Min., bis zum Rifugio und zurück 3:30 Std., insgesamt ca. 4:15 Std.

Wegbeschreibung: Beginn der Wanderung ist ein **Parkplatz** **1**, 500 m nach **Lischiazze**. Dort starten wir rechts in einen Waldweg, beschildert mit **CAI 703**. Er führt uns sehr angenehm durch den Wald bis zu einer **Weggabelung** **2**. Wer zum Fontanone di Barman will, geht hier geradeaus weiter. Der ideale Tageszeitpunkt dafür ist die Mittagszeit, da die Sonneneinstrahlung im August den ganzen Wasserfall einnimmt. Der Weg führt weiter durch den Wald, bis wir auf ein steiniges Wegstück treffen. Nach 20 Min. sind wir fast am Ziel, wir stoßen direkt auf den Wildbach **Rio Barman**. Nun müssen wir den Bach überqueren – keine Angst, das geht relativ problemlos, jedoch immer Vorsicht auf den teilweise rutschigen Steinen! Auf der anderen Seite gehen wir hinter den Felsen ein Stück den Bach hinauf, überqueren ihn nochmals (natürlich immer an einer geeigneten Stelle) und sind fast da. Um den besten Blickwinkel zu haben, überqueren wir abermals den Bach und stehen dann direkt vor dem **Fontanone di Barman** **3**, der hier ein schönes Wasserbecken bildet – ein traumhafter Platz, der zum erfrischenden Bad einlädt (im Hochsommer kann der Wasserstand allerdings recht niedrig sein). Nach ausgiebiger Pause geht es auf der gleichen Strecke zurück bis zur **Weggabelung** **2**.

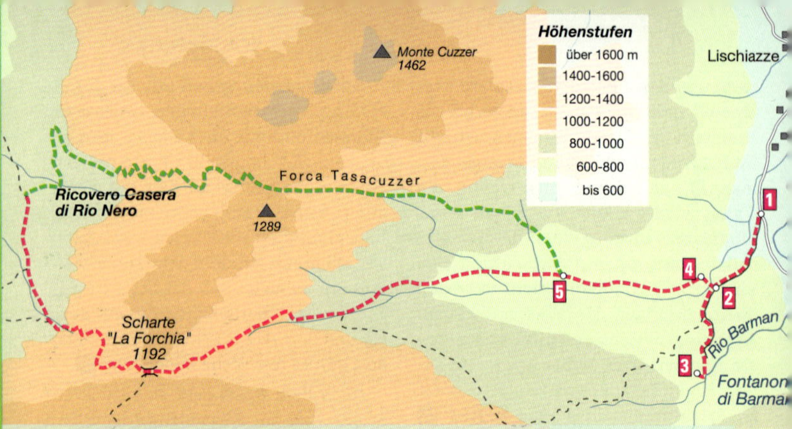

Wanderung 6:
Zum Wasserfall Fontanone di Barman und über die Scharte "La Forchia" zum Rifugio Casera di Rio Nero

500 m

Hier kehren wir entweder zurück zum Parkplatz oder wir schließen noch die Wanderung zum **Ricovero Casera Rio Nero** an. Der **Wanderweg 703** führt hier rechts (vom Fontanone di Barman kommend natürlich links) über ein ausgetrocknetes „Flussbett" **4** und dann links hinauf mitten durch einen Laubwald, bis wir nach ca. 30 Min. an eine **Gabelung** **5** kommen. Wir können nun die schwierigere und anstrengendere Möglichkeit wählen, d. h. rechts den **Wanderweg 707** in die **Forca Tasacuzzer** (1231 m) und von dort als Weg 707a hinunter zum **Ricovero**. Oder wir nehmen geradeaus den **Wanderweg 703** über die **Scharte La Forchia**. Der letzte Teil des Wegs bis zur Scharte in 1192 m Höhe ist sehr steil, Kondition ist hier Voraussetzung. Oben angekommen, gelangt man in etwa einer halben Stunde zum immer geöffneten und unbewirtschafteten **Ricovero Casera Rio Nero** (865 m).

GPS-Wanderung 7

Durch die Weinberge zu den Laghetti del Preval

Leichte Wanderung von etwa 8 km Länge, anfangs durch Wald, dann zwischen üppigen Weinreben zu den kleinen Seen von Preval. Man geht abwechselnd auf Wegen, Naturstraßen und Asphalt, unterwegs öffnen sich immer schöne Panoramen. Zum Ende der Wanderung hin gibt es Einkehrmöglichkeiten. Hinweis: Man kann die Wanderung auch bei der Chiesa della Subida beginnen, dort gibt es beschränkte Parkmöglichkeiten. **Dauer:** ca. 2:15 Std., ab Chiesa della Subida 1:45 Std.

Wegbeschreibung: Wir beginnen unsere Wanderung in Cormòns vor dem **Palazzo Locatelli** auf der zentralen Piazza XXIV Maggio **1** und gehen die **Via Dante** nach Osten. Bald mündet die Via Battisti von rechts auf unsere Straße ein **2**, einige Minuten später eine zweite, die Via Roma **3**. Wir bleiben auf der Hauptstraße, diese führt als **SR 409** im Bogen in Richtung Plessiva aus dem Ort heraus. Wir passieren den Abzweig zur Località Pradis und gehen

Wanderung in den Weinbergen bei Cormòns

zwischen allein stehenden Häusern und Weinreben leicht bergauf.

30 Min. nach Beginn der Wanderung erreichen wir die **Chiesa della Subida** (Kirche des heiligen Jesuskreuzes der Subida), die rechts oberhalb der Straße steht **4**. Bei der Kirche ist Platz für zwei, drei PKW – wer will, kann sich den Weg von Cormòns sparen und hier parken. Der Wanderweg führt uns an der Kirche vorbei in den Wald. An der ersten **Weggabelung** **5** gehen wir geradeaus weiter und treffen nach wenigen Minuten erneut auf eine **Gabelung** **6**,

Viele Gabelungen sind beschildert

an der wir uns ebenfalls links bzw. geradeaus halten (Schilder Russiz, Subida). Der Fahrweg verlässt nun den Wald und geht an Rebstöcken vorbei direkt durch die Weinberge, dabei hat man wunderbare Ausblicke, bei klarer Sicht bis zu den Voralpen. Bei einer weiteren **Gabelung** **7** gehen wir wieder geradeaus weiter, ein rotes Schild „Russiz" weist den Weg.

Kurz darauf treffen wir vor einer großen Weinplantage auf einen **Querweg** **8**, diesen gehen wir nach links in Richtung „Piana del Preval". Der folgende Teil der Wanderung ist besonders schön, denn hier öffnet sich ein außerordentliches Panorama auf die Ebene des Preval und die Hügel des slowenischen Collio. Wir folgen dem Weg, der an Rebstöcken entlang und durch eine **Allee** aus Olivenbäumen **9** führt. Am Ende der Allee hat man kurz einen Blick auf die Seen links unten. Der Weg führt nun durch Wald hinunter, bis wir auf eine teilweise asphaltierte **Straße** treffen **10**. Hier geht es nach rechts in Richtung slowenische Grenze, bis wir nach etwa 300 m links über eine **Brücke** **11** abzweigen. Die Straße führt uns nun am **Bach** entlang, bis wir auf eine **Gabelung** treffen **12**. Hier gehen wir links und folgen der langen Erdstraße parallel zum Bach. Nach etwa 2 km treffen wir auf die **SR 409** von Cormòns nach Plessiva **13**, vom Beginn der Wanderung in Cormòns sind wir jetzt etwa 1:45 Std. unterwegs. Hier gehen wir auf der wenig befahrenen Straße nach links zum Ausgangspunkt der Wanderung zurück, dabei können wir unterwegs linker Hand in die Trattoria „La Subida/Al Cacciatore" einkehren oder kurz darauf rechts der Straße in die dazugehörige Osteria (→ Cormòns/Essen & Trinken).

GPS-Wanderung 8

Aufstieg von Sagrado zum Monte Lanaro und über Rupingrande zurück

Leichte Bergaufwanderung auf breitem Waldweg zum Gipfel des Monte Lanaro, mit 544 m die höchste Erhebung im Karst. Bei Nässe etwas rutschig, sonst keine Schwierigkeiten. Am Wochenende gibt es Einkehrmöglichkeiten in Sagrado (→ S. 238). **Dauer:** ca. 2:30 Std.

Wegbeschreibung: Auf der Straße von Sgonico über Rupinpiccolo nach Rupingrande treffen wir beim Abzweig zur **Località Sagrado** auf einen kleinen Parkplatz. Direkt an der Straße beginnt bei einem großen Hinweisschild zum Monte Lanaro unsere Wanderung auf dem Weg 5a **1**. Der Forstweg zieht sich durch dichten Eichenwald den Berg hinauf, ab und zu erhascht man einen Blick auf den Golf von Triest. Nach etwa 10 Min. führt der Weg kurz bergab, dann wieder weiter bergauf, bis von links der Weg 5 kommt **2**. Etwa 40

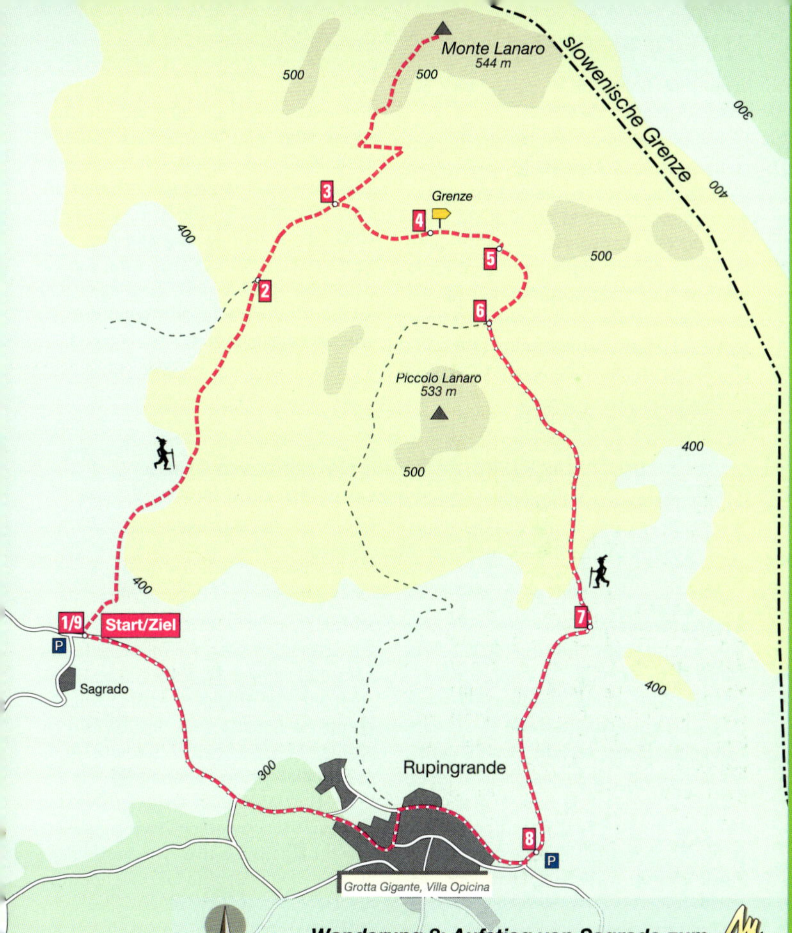

Wanderung 8: Aufstieg von Sagrado zum Monte Lanaro und über Rupingrande zurück

Min. ab Parkplatz erreichen wir auf einem kleinen Sattel eine **Kreuzung** **3**, wo es links weiter auf den Monte Lanaro und rechts nach Repen (Rupingrande) geht. Bis zum **Gipfel** ist es von hier aus noch etwa 1 km, 100 Höhenmeter sind dabei zu überwinden, nach 20 Min. sind wir oben angelangt. Eine **Aussichtsplattform** ermöglicht an klaren Tagen einen umfassenden Blick aufs Meer, bis hinunter nach Kroatien und im Norden bis zu den Karnischen und Julischen Alpen.

Zurück zur Kreuzung brauchen wir etwa 10 Min., dort geht es weiter in Richtung Rupingrande. Bald erreichen wir ein Hinweisschild zur **slowenischen Grenze**, die hier nur 600 m entfernt ist **4**. Im rechten Winkel führt der Weg nach rechts weiter bis zu einer Abzweigung, wo ein Schild geradeaus nach Repen weist **5**. Nun geht es nur noch bergab, vorbei an einem weiteren Grenzschild **6**. Reste der alten Wegpflasterung sind nun zu erkennen und bald sind unter uns die Verkehrsgeräusche der Landstraße zu hören, die durch Rupingrande führt.

Etwa 1:30 Std. ab Wanderbeginn treffen wir auf **Asphalt** **7** und folgen dem Fahrweg weiter nach Rupingrande. In der Ferne ist kurzzeitig die Wallfahrtskirche **Santuario di Monrupino** zu sehen. Wir kommen zu einem **Parkplatz** oberhalb von Rupingrande **8** und erreichen den Ort nach wenigen Minuten. An einer **Kreuzung** nehmen wir die Straße, die nach links unten führt und biegen kurz darauf nach rechts auf dieLandstraße nach **Sagrado** ab. Zwischen Wald und Weinfeldern führt sie ansteigend hinauf, bis wir nach etwa 30 Min. wieder den Ausgangspunkt unserer Wanderung erreichen, den **Parkplatz** bei Sagrado **9**. **Sagrado** liegt einige hundert Meter entfernt, zwei Agriturismohöfe bieten dort gute ländliche Küche, sind aber in der Regel nur am Wochenende geöffnet.

GPS-Wanderung 9

Durch das Val Rosandra zur slowenischen Grenze

Panoramareiche Wanderung das Val di Rosandra entlang bis zur slowenischen Grenze, zurück auf der anderen Talseite. Unterwegs Bademöglichkeiten und ein Wasserfall. **Dauer:** ca. 2 bis 2:30 Std.

Wegbeschreibung: Wir beginnen die Wanderung beim **Rifugio Mario Premuda** **1** in Bagnoli Superiore und gehen dort in einem Hohlweg **2** nach rechts bis zur **Asphaltstraße** **3**, die zum Talbeginn führt. Auf der Straße gehen wir nach links, bis wir nach 50 m einen **Parkplatz** erreichen. Hier beginnt der Fußweg entlang der westlichen Talseite. Kurz darauf kommen wir zum Fluss. Wenn man ihn überquert, erreicht man einige malerische **Wasserbecken** zwischen den Felsen, wo man schön baden kann.

Für unsere Wanderung nehmen wir vor dem Fluss die **Abzweigung** rechts **4**. Nach einigen Minuten treffen wir auf einen breiten **Weg** und gehen rechts hinauf **5**, kurz darauf folgt eine **Gabelung** mit Beschilderung „Val di Rosandra", wo wir links gehen **6**. Der Pfad tritt nun aus dem Wald heraus und verläuft sonnig und luftig etwa 30 m über dem Flusslauf. Voraus ist das Ende des Tals bereits sichtbar, dort tritt die Rosandra als ein im Sommer nur spärlich fließender **Wasserfall** aus den Felsen heraus. Etwa 25 Min. nach Beginn der Wanderung kommen wir zu **Stufen** **7**, etwa 10 Min später zu einem abzweigenden Weg, wo die Markierung nach links weist **8**. Kurz darauf erreichen wir eine **Brücke** über die Rosandra **9**, die im Sommer nur ein Rinnsal ist. Wenige Meter weiter treffen wir auf einen **asphaltierten Fahrweg** **10**, die Zufahrt zum einsamen Örtchen **Botazzo**, das nur aus wenigen Bauernhäusern besteht **11**. Hier haben wir nun, knapp 60 Min. nach Beginn der Wanderung, die **slowenische Grenze** erreicht, symbolisiert durch einen blau-weiß-rot gehaltenen **Zollbaum** **12**. Eine kleine **Quelle** lädt zur Erfrischung ein. Der Weg setzt sich hier über die seit dem Jahr 2000 offene Grenze als sog. **„Sentiero dell'amicizia"** (Freundschaftsweg) nach **Beka** (Slowenien) fort, Wegverlauf → Karte „Carso Triestino", S. 234.

Für den Rückweg nehmen wir zunächst die **Asphaltstraße**, sie führt an der Ostseite des Tals steil bergauf. Ein Aussichtspunkt **13** bietet einen schönen Blick über das Tal auf die andere Bergseite. 30 Min. ab Botazzo trifft man am **Bivio Gabrio Modugno** **14** auf einen breiten Radweg, der die Straße nach links verlässt. Bald sieht man unten

Begegnung mit Heimwanderern

Bagnoli liegen, im Hintergrund erblickt man Triest und das Meer. Wir durchqueren zwei **Tunnels** und verlassen nach etwa 45 Min. den Weg bei einer **Brücke** über ein Bachbett nach links. Der Abzweig ist hier deutlich auf Bäumen markiert **15**. Der **Fußpfad** senkt sich nun durch den Wald allmählich ab, bei einem Abzweig links gehen wir geradeaus weiter **16** und erreichen bald darauf einen breiten **Querweg** **17**, den wir überqueren. Unter uns ist das **Rifugio Mario Premuda** schon gut in Sicht. Wir steigen auf schönem Waldweg hinunter und erreichen das **Rifugio** **1**, wo wir gemütlich im Freien essen können.

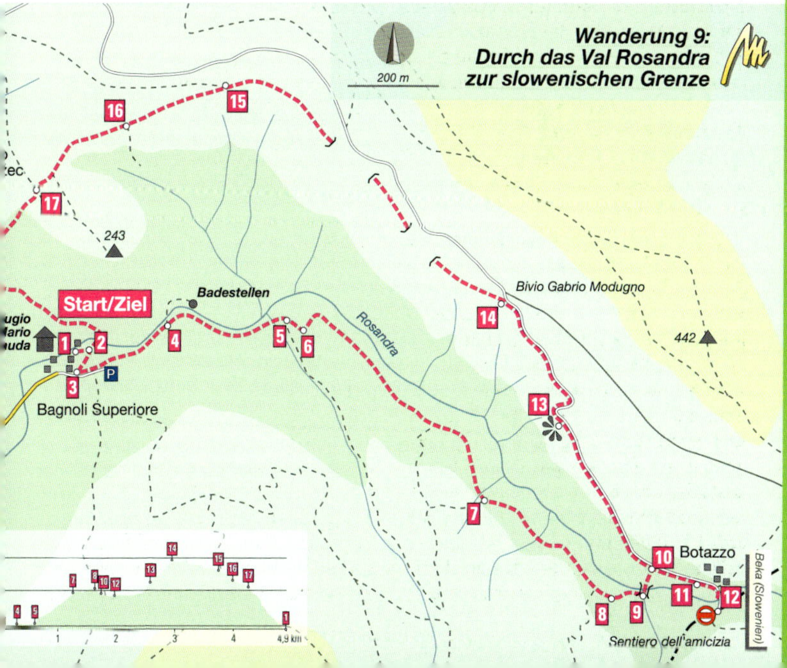

Etwas Italienisch

Mit ein paar Worten Italienisch kommt man erstaunlich weit – es ist nicht mal schwer, und die Italiener freuen sich auch über gut gemeinte Versuche. Oft genügen schon ein paar Floskeln, um an wichtige Informationen zu kommen. Der Übersichtlichkeit halber verzichten wir auf wohlgeformte Sätze und stellen die wichtigsten Ausdrücke nach dem Baukastensystem zusammen. Ein bisschen Mühe und guter Wille lohnen sich wirklich – besonders in abgelegeneren Gegenden, in denen die Italiener nicht auf den „Würstel con Kraut"-Tourismus eingestellt sind.

Aussprache

Hier nur die Abweichungen von der deutschen Aussprache:

c vor e und i immer *„tsch"* wie in *rutschen*, z. B. *centro* (Zentrum) = *„tschentro"*. Sonst wie *„k"*, z. B. *cannelloni* = *„kannelloni"*.

cc gleiche Ausspracheregeln wie beim einfachen **c**, nur betonter *faccio* (ich mache) = *„fatscho"*; *boccone* (Imbiss) = *„bokkone"*.

ch wie *„k"*, *chiuso* (geschl.) = *„kiuso"*.

cch immer wie ein hartes *„k"*, *spicchio* (Scheibe) = *„spikkio"*.

g vor e und i *„dsch"* wie in *Django*, vor a, o , u als *„g"* wie in *gehen;* wenn es trotz eines nachfolgenden dunklen Vokals als *„dsch"* gesprochen werden soll, wird ein i eingefügt, das nicht mitgesprochen wird, z. B. in *Giacomo* = *„Dschakomo"*.

gh immer als *„g"* gesprochen.

gi wie in *giorno* (Tag) = *„dschorno"*, immer weich gesprochen.

gl wird zu einem Laut, der wie *„lj"* klingt, z. B. in *moglie* (Ehefrau) = *„mollje"*.

gn ein Laut, der hinten in der Kehle produziert wird, z. B. in *bagno* (Bad) = *„bannjo"*.

h wird am Wortanfang nicht mitgesprochen, z. B. *hanno* (sie haben) = *„anno"*. Sonst nur als Hilfszeichen verwendet, um c und g vor den Konsonanten i und e hart auszusprechen.

qu im Gegensatz zum Deutschen ist das u mitzusprechen, z. B. *acqua* (Wasser) = *„akua"* oder *quando* (wann) = *„kuando"*.

r wird kräftig gerollt!

rr wird noch kräftiger gerollt!

sp, st gut norddeutsch zu sprechen, z. B. *specchio* (Spiegel) = *„s-pekkio"* (nicht *schpekkio)*, *stella* (Stern) = *„s-tella"* (nicht *„schtella")*.

v wie *„w"*.

z wie „z" in Zug, z.B. *polizia* (Polizei) oder aber weich wie *„ds"*, z. B. *zero* (Null).

Die Betonung liegt meistens auf der vorletzten Silbe eines Wortes. Im Schriftbild wird sie bei der großen Mehrzahl der Wörter nicht markiert. Es gibt allerdings Fälle, bei denen die italienischen Rechtschreibregeln Akzente als Betonungszeichen vorsehen, z. B. bei mehrsilbigen Wörtern mit Endbetonung wie perché (= weil, warum).

Der Plural lässt sich bei vielen Wörtern sehr einfach bilden; die meisten auf „a" endenden Wörter sind weiblich, die auf „o" oder „e" endenden männlich; bei den weiblichen wird der Plural mit „e" gebildet, bei den männlichen mit „i", also: una ragazza (ein Mädchen), due ragazze (zwei M.); un ragazzo (ein Junge), due ragazzi (zwei J.). Daneben gibt es natürlich diverse Ausnahmen, die wir bei Bedarf im Folgenden zusätzlich erwähnen.

Elementares

Frau ...	*Signora*
Herr ...	*Signor(e)*
Guten Tag, Morgen	*Buon giorno*
Guten Abend (ab nachmittags!)	*Buona sera*
Guten Abend/gute Nacht (ab Einbruch der Dunkelheit)	*Buona notte*
Auf Wiedersehen	*Arrivederci*
Hallo/Tschüss	*Ciao*
Wie geht es Ihnen?	*Come sta?/Come va?*
Wie geht es dir?	*Come stai?*
Danke, gut.	*Molto bene, grazie/ Benissimo, grazie*
Danke!	*Grazie/Mille grazie/ Grazie tanto*
Entschuldigen Sie	*(Mi) scusi*
Entschuldige	*Scusami/Scusa*
Entschuldigung, können Sie mir sagen ...?	*Scusi, sa dirmi ...?*
Entschuldigung, könnten Sie mich durchlassen/ mir erlauben ...	*Permesso ...*
ja	*si*
nein	*no*
Ich bedaure, tut mir leid	*Mi dispiace*
Macht nichts	*Non fa niente*
Bitte! (im Sinne von „gern geschehen")	*Prego!*
Bitte (als Einleitung zu einer Frage oder Bestellung)	*Per favore ...*
Sprechen Sie Englisch?	*Parla inglese*
... Deutsch?	*... tedescso?*
... Französisch?	*... francese?*
Ich spreche kein Italienisch	*Non parlo l'italiano*
Ich verstehe nichts	*Non capisco niente*
Könnten Sie etwas langsamer sprechen?	*Puo parlare un po` più lentamente?*
Ich suche nach ...	*Cerco ...*
Okay, geht in Ordnung	*va bene*
Ich möchte/Ich hätte gern	*Vorrei*
Warte/Warten Sie!	*Aspetta/Aspetti!*
groß/klein	*grande/piccolo*
Es ist heiß	*Fa caldo*
Es ist kalt	*Fa freddo*
Geld	*i soldi*
Ich brauche ...	*Ho bisogno ...*
Ich muss ...	*Devo ...*
in Ordnung	*d'accordo*
Ist es möglich, dass ...	*È possibile ...*
mit/ohne	*con/senza*
offen/geschlossen	*aperto/chiuso*
Toilette	*gabinetto*
verboten	*vietato*
Was bedeutet das?	*Che cosa significa? (sprich sinjifika)*
Wie heißt das?	*Come si dice?/ cosa significa?*
zahlen	*pagare*

> **Equivoco!**
> Eine Art Allheilmittel: „Es liegt ein Missverständnis vor". Wenn etwas schief gelaufen ist, ist dies das Friedensangebot. Ein Versprechen wurde nicht eingehalten? – Nein, nur „è un equivoco"!

Fragen

Gibt es/Haben Sie ...? (auszusprechen als tsche)	*C'è ...?*
Was kostet das?	*Quanto costa?*
Gibt es (mehrere)	*Ci sono?*
Wann?	*Quando?*
Wo? Wo ist?	*Dove?/Dov'è?*
Wie?/Wie bitte?	*Come?*
Wieviel?	*Quanto?*
Warum?	*Perché?*

Smalltalk/Orientierung

Ich heiße ...	*Mi chiamo ...*
Wie heißt du?	*Come ti chiami?*
Wie alt bist du?	*Quanti anni hai?*
Das ist aber schön hier	*Meraviglioso!/Che bello!/ Bellissimo!*
Von woher kommst du?	*Di dove sei tu?*

Ich bin aus München/Hamburg	*Sono di Monaco, Baviera/di Amburgo*
Bis später	*A più tardi!*
Wo ist bitte ...?	*Per favore, dov'è ..?*
... die Bushaltestelle	*... la fermata*
... der Bahnhof	*... la stazione*
Stadtplan	*la pianta della città*
rechts	*a destra*
links	*a sinistra*
immer geradeaus	*sempre diritto*
Können Sie mir den Weg nach ... zeigen?	*Sa indicarmi la direzione per ..?*
Ist es weit?	*È lontano?*
Nein, es ist nah	*No, è vicino*

Ecco!
Hat unendlich viele Bedeutungen. Es ist eine Bestärkung am Ende des Satzes: Also! Na bitte! Voilà ... Zweifel sind dann ausgeschlossen.

Bus/Zug/Fähre

Fahrkarte	*un biglietto*
Stadtbus	*il bus*
Überlandbus	*il pullman*
Zug	*il treno*
hin und zurück	*andata e ritorno*
Ein Ticket von X nach Y	*un biglietto da X a Y*
Wann fährt der nächste?	*Quando parte il prossimo?*
... der letzte?	*... l'ultimo?*
Abfahrt	*partenza*
Ankunft	*arrivo*
Gleis	*binario*
Verspätung	*ritardo*
aussteigen	*scendere*
Ausgang	*uscita*
Eingang	*entrata*
Wochentag	*giorno feriale*
Feiertag	*giorno festivo*
Fähre	*traghetto*
Tragflügelboot	*aliscafo*
Deck-Platz	*posto ponte*
Kabine	*cabina*

Auto/Motorrad

Auto	*macchina*
Motorrad	*la moto*
Tankstelle	*distributore*
Volltanken	*il pieno, per favore*
Bleifrei	*benzina senza piombo*
Diesel	*gasolio*
Panne	*guasto*
Unfall	*un incidente*
Bremsen	*i freni*
Reifen	*le gomme*
Kupplung	*la frizione*
Lichtmaschine	*la dinamo*
Zündung	*l'accensione*
Vergaser	*il carburatore*
Mechaniker	*il meccanico*
Werkstatt	*l'officina*
funktioniert nicht	*non funziona*

Bank/Post/Telefon

Geldwechsel	*il cambio*
Wo ist eine Bank?	*Dove c' è una banca*
Ich möchte wechseln	*Vorrei cambiare*
Ich möchte Reiseschecks einlösen	*Vorrei cambiare dei traveller cheques*
Wie ist der Wechselkurs	*Qual è il cambio?*
Geld	*i soldi*
Postamt	*posta/ufficio postale*
ein Telegramm aufgeben	*spedire un telegramma*
Postkarte	*cartolina*
Brief	*lettera*
Briefpapier	*carta da lettere*
Briefkasten	*la buca (delle lettere)*
Briefmarke(n)	*il francobollo/i francobolli*
Wo ist das Telefon?	*Dov' è il telefono?*
Ferngespräch	*comunicazione interurbana*

Camping/Hotel

Haben Sie ein Einzel-/Doppelzimmer?	*C'è una camera singola/doppia?*
Können Sie mir ein Zimmer zeigen?	*Può mostrarmi una camera?*
Ich nehme es/ wir nehmen es	*La prendo/ la prendiamo*
Zelt	*tenda*
kleines Zelt	*canadese*
Schatten	*ombra*
Schlafsack	*sacco a pelo*
warme Duschen	*docce calde*
Gibt es warmes Wasser?	*C'è l'acqua calda?*
mit Dusche/Bad	*con doccia/bagno*
ein ruhiges Zimmer una	*camera tranquilla*
Wir haben reserviert	*Abbiamo prenotato*
Schlüssel	*la chiave*
Vollpension	*pensione (completa)*
Halbpension	*mezza pensione*
Frühstück	*prima colazione*
Hochsaison	*alta stagione*
Nebensaison	*bassa stagione*
Haben Sie nichts Billigeres?	*Non ha niente che costa di meno?*

Zahlen

der Erste	*il primo*	6	*sei*	21	*ventuno*
Zweite	*il secondo*	7	*sette*	22	*ventidue*
Dritte	*il terzo*	8	*otto*	30	*trenta*
einmal	*una volta*	9	*nove*	40	*quaranta*
zweimal	*due volte*	10	*dieci*	50	*cinquanta*
halb	*mezzo*	11	*undici*	60	*sessanta*
ein Viertel	*un quarto di*	12	*dodici*	70	*settanta*
ein Paar	*un paio di*	13	*tredici*	80	*ottanta*
einige	*alcuni*	14	*quattordici*	90	*novanta*
0	*zero*	15	*quindici*	100	*cento*
1	*uno*	16	*sedici*	101	*centuno*
2	*due*	17	*diciassette*	102	*centodue*
3	*tre*	18	*diciotto*	200	*duecento*
4	*quattro*	19	*diciannove*	1.000	*mille*
5	*cinque*	20	*venti*	2.000	*duemila*

Maße & Gewichte

Liter	*un litro*
halber Liter	*mezzo litro*
Viertelliter	*un quarto di un litro*
Gramm	*un grammo*
100 Gramm	*un etto*
200 Gramm	*due etti*
Kilo (gesprochen wie im Deutschen)	*un chilo, due chili*

Uhrzeit

Wie spät ist es?	*Che ora è?*
mittags (für 12 Uhr gebräuchlich)	*mezzogiorno*
Mitternacht	*mezzanotte*
Viertel nach	*... e un quarto*
Viertel vor	*... meno un quarto*
halbe Stunde	*mezz'ora*

Tage/Monate/Jahreszeit

ein Tag	*un giorno*
die Woche	*la settimana*
ein Monat	*un mese*
ein Jahr	*un'anno*
ein halbes Jahr	*mezz'anno*
Frühling	*primavera*
Sommer	*l'estate*
Herbst	*autunno*
Winter	*inverno*

Wochentage

Montag	*lunedì*
Dienstag	*martedì*
Mittwoch	*mercoledì*
Donnerstag	*giovedì*
Freitag	*venerdì*
Samstag	*sabato*
Sonntag	*domenica*

Monate

Januar	*gennaio*
Februar	*febbraio*
März	*marzo*
April	*aprile*
Mai	*maggio*
Juni	*giugno (sprich dschunjo)*
Juli	*luglio (sprich luljo)*
August	*agosto*
(Feiertag des 15.8.	*ferragosto)*
September	*settembre*
Oktober	*ottobre*
November	*novembre*
Dezember	*dicembre*

Gestern, heute, morgen

heute	*oggi*
morgen	*domani*
übermorgen	*dopodomani*
gestern	*ieri*
vorgestern	*l'altro ieri*
sofort	*subito*
(dehnbarer Begriff)	
später	*più tardi*
jetzt	*adesso*
der Morgen	*la mattina*
Mittagszeit	*l'ora di pranzo*
Nachmittag	*il pomeriggio*
der Abend	*la sera*
die Nacht	*la notte*

Einkaufen

Haben Sie	*Ha ...?*
Ich hätte gern ...	*Vorrei ...*
etwas davon	*un poco di questo*
dieses hier	*questo qua*
dieses da, dort	*quello là*
Was kostet das?	*Quanto costa questo?*

Geschäfte

Apotheke	*farmacia*
Bäckerei	*panetteria*
Buchhandlung	*libreria*
Zeitungskiosk	*edicola*
Fischhandlung	*pescheria*
Laden, Geschäft	*negozio*
Metzgerei	*macelleria*
Reinigung (chemische)	*lavanderia/ lavasecco*
Reisebüro	*agenzia viaggi*
Touristen-information	*informazioni turistiche*
Schreibwarenladen	*Cartoleria*
Supermarkt	*alimentari, supermercato*

Drogerie/Apotheke

Seife	*il sapone*
Tampons	*i tamponi, i o.b.*
Binden	*assorbenti*
Waschmittel	*detersivo*
Shampoo	*lo shampoo*
Toilettenpapier	*carta igienica*
Zahnpasta	*pasta dentifricia*
Schmerztabletten	*qualcosa contro il dolore*

Kopfschmerzen	*mal di testa*
Abführmittel	*lassativo*
Sonnenmilch	*crema solare*
Pflaster	*cerotto*

Arzt/Krankenhaus

Ich brauche einen Arzt	*Ho bisogno di un medico*
Hilfe!	*Aiuto!*
Erste Hilfe	*pronto soccorso*
Krankenhaus	*ospedale*
Schmerzen	*dolori*
Ich bin krank	*Sono malato*
Biss/Stich	*puntura*
Fieber	*febbre*
Durchfall	*diarrea*
Erkältung	*raffreddore*
Halsschmerzen	*mal di gola*
Magenschmerzen	*mal di stomaco*
Zahnweh	*mal di denti*
Zahnarzt	*dentista*
verstaucht	*slogato*

Im Restaurant

Haben Sie einen Tisch für x Personen?	*C'è uno tavolo per x persone?*
Die Speisekarte, bitte	*Il menu/la lista, per favore*
Was kostet das Tagesmenü?	*Quanto costa il piatto del giorno?*
Ich möchte gern zahlen	*Il conto, per favore*
Ich habe Hunger	*Ho fame*
Ich habe Durst	*Ho sete*
Gabel	*forchetta*
Messer	*coltello*
Löffel	*cucchiao*
Aschenbecher	*portacenere*
Mittagessen	*pranzo*
Abendessen	*cena*
Eine Quittung, bitte	*Vorrei la ricevuta, per favore*
Es war sehr gut	*Era buonissimo*
Trinkgeld (lässt man aber ohne große Erklärungen am Tisch liegen)	*mancia*

Speisekarte

Extra-Zahlung für Gedeck, Service und Brot	*coperto/pane e servizio*
Vorspeise	*antipasto*
erster Gang	*primo piatto*
zweiter Gang	*secondo piatto*
Beilagen zum zweiten Gang	*contorni*
Nachspeise (Süßes)	*dessert*
Obst	*frutta*
Käse	*formaggio*

Getränke

Wasser	*acqua*
Mineralwasser	*acqua minerale*
mit Kohlensäure	*con gaz (frizzante)*
ohne Kohlensäure	*senza gaz*
Wein	*vino*
weiß	*bianco*
rosé	*rosato*
rot	*rosso*
Bier	*birra*
hell/dunkel	*chiara/scura*
vom Fass	*alla spina*
Saft	*succo di ...*
Milch	*latte*
heiß	*caldo*
kalt	*freddo*
Kaffee (das bedeutet espresso)	*un caffè*
Cappuccino (mit aufgeschäumter Milch, niemals mit Sahne!)	*un cappuccino*
Kaffee mit wenig Milch	*un caffè macchiato*
Milchkaffee	*un caffelatte*
Kalter Kaffee	*un caffè freddo*
Tee	*un tè*
mit Zitrone	*con limone*
Cola	*una coca*
Milkshake	*frappè*
ein Glas	*un bicchiere di ...*
eine Flasche	*una bottiglia*

Kartenverzeichnis

Zeichenerklärung für die Karten und Pläne

Autobahn	Grenzübergang	Museum	Taxistand
Fernstraße	Badestrand	Allg. Sehenswürdigkeit	Flughafen
Hauptstraße	Aussichtspunkt	Schloss/Burg	Parkplatz
Landstraße	Berggipfel	Turm	Information
Piste	Höhle	Tor	Post
Fußweg/Pfad	Felsen	Kloster	Ärztl. Versorgung
Wanderung	Olivenbaum	Kirche	Apotheke
GPS-Punkt	Weinanbau	Campingplatz	Supermarkt
Fährlinie	Quelle	Rastplatz	Seilbahn
Gewässer	Wasserfall	Hütte	
Park/Grünanlage	Anlegestelle	Bushaltestelle	

Alles im Kasten

Fotonachweis

Alle Fotos Eberhard Fohrer, bis auf: Colli Orientali del FVG_credit Mario Verin: S. 14, S. 123 | Colli Orientali_credit Mario Verin: S. 134 | corso Vittori Emanuele_palazzo_Ricchieri_Pordenone_Elio e Stefano Ciol (Por FESR 2007-2013): S. 67 | Sigi Backer: S. 60, 156, 233, 248 | Emily Fohrer: S. 2 | O.H.: S. 27, 87, 255, 257 | interno_Duomo_Spilimbergo_(FotoCiol_0100038960): S. 102 | Maurizio Valdemarin Presepe Lignano: S. 26 | Palmanova 1 @Ulderica Da Pozo (Por FESR 2007-2013): S. 175 | Palmanova_ph_Gianluca_Baronchelli: S. 178 | Pesariis_credit Maro Verin: S. 37 | Terrazza Mare_Archivio PromoTurismoFVG: S. 164

Was haben Sie entdeckt?

Haben Sie ein besonderes Restaurant, ein neues Museum oder ein nettes Hotel entdeckt? Wenn Sie Ergänzungen, Verbesserungen oder Tipps zum Buch haben, lassen Sie es uns bitte wissen!

Schreiben Sie an: Eberhard Fohrer, Stichwort „Friaul-Julisch Venetien"
c/o Michael Müller Verlag GmbH | Gerberei 19, D – 91054 Erlangen
eberhard.fohrer@michael-mueller-verlag.de

Vielen Dank!

Herzlichen Dank unseren Lesern, die in ihren Mails und Briefen wertvolle Tipps gegeben haben: H. & C. Weinl, J. Kossmann, Ch. Weigl, E. Zimmermann, G. & W. Theil, T. Efinger, M. Schönböck, Prof. Dr. B. Czerwenka, außerdem an Helmut Lang, der den Führer genau durchgesehen hat und so manche korrigierende Anmerkung machen konnte. Er hat auch einen umfassenden Wanderführer zur Region geschrieben.

Impressum

Text und Recherche: Eberhard Fohrer **Lektorat:** D&M Services GmbH: Sabine Senftleben **Redaktion:** Annette Melber **Layout:** D&M Services GmbH: Dirk Thomsen **Karten:** Hans-Joachim Bode, Carlos Borrell, Theresa Flenger, Susanne Handtmann, Judit Ladik, Tobias Schneider **GIS-Consulting:** Rolf Kastner **Covergestaltung:** Karl Serwotka **Covermotive:** Piazza Municipio mit Palazzo Comunale in Venzone

ISBN 978-3-95654-580-1

 Druck: Westermann Druck Zwickau GmbH.

Im Schlosshof von
Castello di Duino

Abruzzen ■ Ägypten ■ Algarve ■ Allgäu ■ Allgäuer Alpen ■ Altmühltal & Fränk. Seenland ■ Amsterdam ■ Andalusien ■ Andalusien ■ Apulien ■ Australien – der Osten ■ Azoren ■ Bali & Lombok ■ Barcelona ■ Bayerischer Wald ■ Bayerischer Wald ■ Berlin ■ Bodensee ■ Bremen ■ Bretagne ■ Brüssel ■ Budapest ■ Chalkidiki ■ Chiemgauer Alpen ■ Chios ■ Cilento ■ Cornwall & Devon ■ Comer See ■ Costa Brava ■ Costa de la Luz ■ Côte d'Azur ■ Cuba ■ Dolomiten – Südtirol Ost ■ Dominikanische Republik ■ Dresden ■ Dublin ■ Düsseldorf ■ Ecuador ■ Eifel ■ Elba ■ Elsass ■ Elsass ■ England ■ Fehmarn ■ Franken ■ Fränkische Schweiz ■ Fränkische Schweiz ■ Friaul-Julisch Venetien ■ Gardasee ■ Gardasee ■ Genferseeregion ■ Golf von Neapel ■ Gomera ■ Gomera ■ Gran Canaria ■ Graubünden ■ Hamburg ■ Harz ■ Haute-Provence ■ Havanna ■ Ibiza ■ Irland ■ Island ■ Istanbul ■ Istrien ■ Italien ■ Italienische Adriaküste ■ Kalabrien & Basilikata ■ Kanada – Atlantische Provinzen ■ Kanada – Der Westen ■ Karpathos ■ Kärnten ■ Katalonien ■ Kefalonia & Ithaka ■ Köln ■ Kopenhagen ■ Korfu ■ Korsika ■ Korsika Fernwanderwege ■ Korsika ■ Kos ■ Krakau ■ Kreta ■ Kreta ■ Kroatische Inseln & Küstenstädte ■ Kykladen ■ Lago Maggiore ■ Lago Maggiore ■ La Palma ■ La Palma ■ Languedoc-Roussillon ■ Lanzarote ■ Lesbos ■ Ligurien – Italienische Riviera, Genua, Cinque Terre ■ Ligurien & Cinque Terre ■ Limousin & Auvergne ■ Limnos ■ Liparische Inseln ■ Lissabon & Umgebung ■ Lissabon ■ London ■ Lübeck ■ Madeira ■ Madeira ■ Madrid ■ Mainfranken ■ Mainz ■ Mallorca ■ Mallorca ■ Malta, Gozo, Comino ■ Marken ■ Marseille ■ Mecklenburgische Seenplatte ■ Mecklenburg-Vorpommern ■ Menorca ■ Midi-Pyrénées ■ Mittel- und Süddalmatien ■ Montenegro ■ Moskau ■ München ■ Münchner Ausflugsberge ■ Naxos ■ Neuseeland ■ New York ■ Niederlande ■ Niltal ■ Norddalmatien ■ Norderney ■ Nord- u. Mittelengland ■ Nord- u. Mittelgriechenland ■ Nordkroatien – Zagreb & Kvarner Bucht ■ Nördliche Sporaden – Skiathos, Skopelos, Alonnisos, Skyros ■ Nordportugal ■ Nordspanien ■ Normandie ■ Norwegen ■ Nürnberg, Fürth, Erlangen ■ Oberbayerische Seen ■ Oberitalien ■ Oberitalienische Seen ■ Odenwald ■ Ostfriesland & Ostfriesische Inseln ■ Ostseeküste – Mecklenburg-Vorpommern ■ Ostseeküste – von Lübeck bis Kiel ■ Östliche Allgäuer Alpen ■ Paris ■ Peloponnes ■ Pfalz ■ Pfälzer Wald ■ Piemont & Aostatal ■ Piemont ■ Polnische Ostseeküste ■ Portugal ■ Prag ■ Provence & Côte d'Azur ■ Provence ■ Rhodos ■ Rom ■ Rügen, Stralsund, Hiddensee ■ Rumänien ■ Rund um Meran ■ Sächsische Schweiz ■ Salzburg & Salzkammergut ■ Samos ■ Santorini ■ Sardinien ■ Sardinien ■ Schottland ■ Schwarzwald Mitte/Nord ■ Schwarzwald Süd ■ Schwäbische Alb ■ Schwäbische Alb ■ Shanghai ■ Sinai & Rotes Meer ■ Sizilien ■ Sizilien ■ Slowakei ■ Slowenien ■ Spanien ■ Span. Jakobsweg ■ Sri Lanka ■ St. Petersburg ■ Steiermark ■ Stockholm ■ Südböhmen ■ Südengland ■ Südfrankreich ■ Südmarokko ■ Südnorwegen ■ Südschwarzwald ■ Südschweden ■ Südtirol ■ Südtoscana ■ Südwestfrankreich ■ Sylt ■ Tallinn ■ Teneriffa ■ Teneriffa ■ Tessin ■ Thassos & Samothraki ■ Toscana ■ Toscana ■ Tschechien ■ Türkei ■ Türkei – Lykische Küste ■ Türkei – Mittelmeerküste ■ Türkei – Südägäis ■ Türkische Riviera – Kappadokien ■ USA – Südwesten ■ Umbrien ■ Usedom ■ Varadero & Havanna ■ Venedig ■ Venetien ■ Wachau, Wald- u. Weinviertel ■ Westböhmen & Bäderdreieck ■ Wales ■ Warschau ■ Westliche Allgäuer Alpen und Kleinwalsertal ■ Wien ■ Zakynthos ■ Zentrale Allgäuer Alpen ■ Zypern

Reisehandbuch **MM-City** **MM-Wandern**

Bummel am Corso Vittorio Emanuele in Pordenone

Register

Wem die Stunde schlägt: historischer Uhrenturm in Udine

Sonniger Januartag in Aquileia

Der Umwelt zuliebe

Unsere Reiseführer werden klimaneutral gedruckt.

Eine Kooperation des Michael Müller Verlags mit myclimate

Sämtliche Treibhausgase, die bei der Produktion der Bücher entstehen, werden durch Ausgleichszahlungen kompensiert. Unsere Kompensationen fließen in das Projekt »Kommunales Wiederaufforsten in Nicaragua«:

- Wiederaufforstung in Nicaragua
- Speicherung von CO_2
- Wasserspeicherung
- Überschwemmungsminimierung
- klimafreundliche Kochherde
- Verbesserung der sozio-ökonomischen und ökologischen Bedingungen
- Klimaschutzprojekte mit höchsten Qualitätsstandards
- zertifiziert durch Plan Vivo

Plan Vivo
Carbon management and rural livelihoo

Einzelheiten zum Projekt unter myclimate.org/nicaragua.

Michael Müller Reiseführer

So viel Handgepäck muss sein.

myclimate
shape our future

Die Webseite zum Thema:
www.michael-mueller-verlag.de/klima